交通工程教学指导分委员会"十三五"规划教材
高等学校交通运输与工程类专业教材建设委员会规划教材

Road　　Traffic　　Safety

道路交通安全

（第 2 版）

鲁光泉　　王云鹏　**主　编**

林庆峰　刘淼淼　马社强　**副主编**

人民交通出版社

北京

内 容 提 要

本书是针对研究型大学本科生开设的"交通安全""交通安全工程""道路交通安全"等课程,考虑本硕一体化专业教学需求,以培养学生道路交通安全量化分析能力为重点而编写的教材。全书共分11章,内容包括:绪论、道路交通事故调查与处理、道路交通安全统计分析基础、人与交通安全、车与交通安全、路与交通安全、道路交通事故预测、道路交通安全评价、道路交通安全分析、道路交通安全管理概述和道路交通安全保障体系。

本书可供高等学校交通工程、交通运输工程等专业本科生和研究生教学使用,也可供相关单位从业人员参考学习。

图书在版编目(CIP)数据

道路交通安全 / 鲁光泉,王云鹏主编. — 2 版. — 北京:人民交通出版社股份有限公司,2024.3(2024.11重印)
ISBN 978-7-114-19320-0

Ⅰ.①道⋯ Ⅱ.①鲁⋯ ②王⋯ Ⅲ.①公路运输—交通运输安全—中国—高等学校—教材 Ⅳ.①U492.8

中国国家版本馆 CIP 数据核字(2024)第 020421 号

交通工程教学指导分委员会"十三五"规划教材
高等学校交通运输与工程类专业教材建设委员会规划教材

Daolu Jiaotong Anquan

书　　名:	道路交通安全(第 2 版)
著 作 者:	鲁光泉　王云鹏
责任编辑:	卢　珊　李　晴
责任校对:	孙国靖　刘　璇
责任印制:	刘高彤
出版发行:	人民交通出版社
地　　址:	(100011)北京市朝阳区安定门外外馆斜街 3 号
网　　址:	http://www.ccpcl.com.cn
销售电话:	(010)85285911
总 经 销:	人民交通出版社发行部
经　　销:	各地新华书店
印　　刷:	北京虎彩文化传播有限公司
开　　本:	787×1092　1/16
印　　张:	22.5
字　　数:	562 千
版　　次:	2018 年 8 月　第 1 版
	2024 年 3 月　第 2 版
印　　次:	2024 年 11 月　第 2 版　第 2 次印刷　总第 5 次印刷
书　　号:	ISBN 978-7-114-19320-0
定　　价:	55.00 元

(有印刷、装订质量问题的图书,由本社负责调换)

第2版前言

"交通安全"是交通运输类专业的必修课程,《道路交通安全》教材于2018年出版以来,受到业内同行的关注,并被数十所高校选为教材或教学参考书。在使用过程中,我们不断发现教材还有需要修改完善的地方,因此在征求同行及读者意见之后,对教材进行了修订。

第2版教材保持了第1版教材的知识体系结构,重点修订了第1版教材中文字表述不准确的地方,并更新了部分统计数据,同时新增了案例以强化学生对基础知识的理解。在教材修订过程中,我们也考虑到新技术的应用给交通安全分析带来的影响,如在新增的案例中增加了自动驾驶系统可靠性对交通安全的影响分析等内容。

本书的修订工作主要由北京航空航天大学的鲁光泉、王云鹏、林庆峰、刘淼淼和中国人民公安大学的马社强、陈发城完成,其中鲁光泉修订了第二、七、八、九章;王云鹏对第1版表述不准确的文字进行了修订;林庆峰修订了第二、五章;刘淼淼修订了第四、六章;马社强修订了第十一章;陈发城更新了第一章的数据及相应文字,并参与了第三、七、八、九章的修订。

本教材的编写得到了北京航空航天大学教材/专著出版基金支持,在此表示感谢。

尽管我们尽力完善,教材难免还有不足,敬请广大同行、读者批评指正。

作　者

2023年7月

第1版前言

本教材主要针对研究型大学本科生开设的"交通安全""交通安全工程""道路交通安全"等课程,考虑本硕一体化专业教学需求,以培养学生进行道路交通安全量化分析能力为重点。教材主要特色包括:

第一,体现系统性,建立完备的道路交通安全知识体系。

教材重点围绕交通事故预测、交通安全评价、交通安全分析三个核心,构建道路交通安全知识体系,并将其分为以下四个层次:①基础理论层:人—车—路及其相互作用机理对交通安全的影响;②核心方法层:交通事故预测、交通安全评价、交通安全分析;③支撑技术层:交通事故调查与处理、相关统计学模型及应用;④应用技术层:道路交通安全管理概述、道路交通安全保障。同时,为了适应不同学时的课程教学,本教材尽量保持各章的独立性,使用者可以根据学科特色和学生情况,自主选择教学内容和教学重点。

第二,突出量化分析方法,培养学生的分析能力。

让学生学会用定量的方法来分析和解决交通安全问题是本教材的主要特色,也是进行研究型教学的基础。为了让学生更充分地理解这些结论的来源,同时学会用量化分析模型对交通安全问题进行分析,本教材加大了定量化分析方法的分量,并单独用一章对交通安全分析中用到的,作为定量分析重要支撑技术基础的各种统计学模型进行了介绍。

第三,引进吸收国外最新的交通安全研究方法和研究成果。

近年来,以美国为代表的发达国家对交通安全问题开展了一系列研究,取得了丰富的研究成果。这些成果集中体现在近年来出版的一些手册、专著和教材中,如美国的 *Highway Safety Manual*(HSM)、*Human Factors Guidelines for Road Systems*,Robert E. Dewar 和 Paul L. Olson 主编的 *Human Factors in Traffic Safety*,Leonard Evans 的著作 *Traffic Safety* 等。本教材通过引入国外新的研究方法和研究成果,帮助学生熟悉交通安全管理的流程,交通安全研究的主要方法、模型和结论,加深学生对交通安全的理解。

第四,通过案例,提升学生对理论方法的应用能力。

交通安全是实践性非常强的课程,本教材通过丰富的应用案例帮助学生更深入地理解研究交通安全的方法、模型、技术。同时,把课后习题作为应用案例的延伸,拓展学生的事件分析能力,丰富教师的教学素材。

本书主要由北京航空航天大学的鲁光泉、王云鹏、林庆峰和中国人民公安大学的马社强编著。其中,鲁光泉负责第三、四、六、八、九章的编写,王云鹏负责第一、七、十章的编写,林庆峰负责第二、五章的编写,马社强负责第十一章的编写,刘淼淼参加了第八章的编写。此外,编者的研究生蔡品隆、赵鹏云、张俊杰、熊莹、喻饶、罗毅、杨家骐、陈小会、王馨、张亚男、潘日佩、翟俊达、刘倩、宋阳等先后参与了书稿的整理。

为了适应不同院校不同学时的需求,本书编写过程中尽量使各章相对独立。本书按照64学时的教学需求编写,不同学时安排的课程可根据教学对象的需求对教学内容进行选择。48学时的课程建议选择第三章以外的各章教学;32学时的课程建议选择第一章、第四~十章开展教学,并对其中的内容进行适当选择。16学时的课程建议根据教学对象选择:偏重规划、设计方向的建议选择第一章、第四~六章、第十章;偏重交通安全管理、执法方向的建议选择第一章、第二章、第七~十一章。

本教材的编写得到了北京航空航天大学教材/专著出版基金支持。

由于作者水平有限,缺点和错误在所难免,敬请广大同行、读者批评指正。

作 者
2017年10月

目录

第一章　绪论 ·· 1
  第一节　交通安全与交通事故 ·· 1
  第二节　国内外的道路交通事故概况 ··· 6
  第三节　道路交通安全研究的主要内容 ··· 12
  第四节　本书的主要内容及结构 ··· 15
  【复习思考题】 ·· 16
第二章　道路交通事故调查与处理 ··· 17
  第一节　道路交通事故调查的内容与方法 ·· 17
  第二节　交通事故现场勘查 ·· 19
  第三节　交通事故损失 ·· 28
  第四节　交通事故再现分析基础 ··· 31
  第五节　道路交通事故处理 ·· 41
  【复习思考题】 ·· 47
第三章　道路交通安全统计分析基础 ·· 48
  第一节　数理统计基础 ·· 48
  第二节　回归分析 ··· 56
  第三节　时间序列分析 ·· 65
  第四节　贝叶斯方法 ·· 70
  第五节　蒙特卡洛建模方法 ·· 73
  第六节　基于风险分析持续期模型 ··· 74
  第七节　泊松回归模型 ·· 77
  第八节　隐性变量（潜变量）模型 ·· 78
  【复习思考题】 ·· 86

第四章 人与交通安全 ... 88
- 第一节 人的认知特性 ... 88
- 第二节 驾驶人的行为特性 ... 99
- 第三节 行人与骑行人的交通特性 ... 115
- 第四节 非法驾驶行为与交通安全 ... 121
- 【复习思考题】 ... 126

第五章 车与交通安全 ... 127
- 第一节 碰撞与事故伤害 ... 127
- 第二节 交通事故人体伤害与乘员保护 ... 138
- 第三节 汽车主动安全技术 ... 145
- 第四节 汽车被动安全技术 ... 149
- 【复习思考题】 ... 151

第六章 路与交通安全 ... 152
- 第一节 从使用者的角度认识道路条件对安全的影响 ... 152
- 第二节 道路线形与交通安全 ... 155
- 第三节 道路交叉口与交通安全 ... 168
- 第四节 视距与交通安全 ... 174
- 第五节 交通流状态与交通安全 ... 180
- 第六节 道路交通标志标线与交通安全 ... 183
- 第七节 道路交通监测与交通安全 ... 185
- 第八节 道路不良气候条件与交通安全 ... 187
- 第九节 多因素作用下的道路交通安全分析 ... 188
- 【复习思考题】 ... 190

第七章 道路交通事故预测 ... 192
- 第一节 交通事故预测概述 ... 192
- 第二节 交通安全的定性预测方法 ... 194
- 第三节 交通事故的定量预测方法 ... 199
- 【复习思考题】 ... 210

第八章 道路交通安全评价 ... 211
- 第一节 道路交通安全评价指标 ... 212
- 第二节 基于事故数据的安全评价方法 ... 214
- 第三节 非事故数据评价方法 ... 236
- 【复习思考题】 ... 241

第九章 道路交通安全分析 ... 242
- 第一节 概述 ... 242
- 第二节 事故致因理论 ... 244
- 第三节 安全分析数据表述方法 ... 255

| 第四节 | 交通安全分析方法 | 260 |
| 第五节 | 典型道路交通事故的主要致因 | 281 |

【复习思考题】 286

第十章 道路交通安全管理概述 288

第一节	道路交通安全管理流程	288
第二节	交通安全改善措施的选择	289
第三节	道路交通安全改善措施的效益分析	291
第四节	交通安全改善措施的效能评价	296
第五节	道路运输企业交通安全管理	302
第六节	风险动态平衡理论及其对安全管理的影响	309

【复习思考题】 311

第十一章 道路交通安全保障体系 312

第一节	道路交通安全教育	312
第二节	道路交通安全执法	319
第三节	道路交通安全工程技术规范	328
第四节	道路交通事故应急救援	334

【复习思考题】 341

参考文献 342

第一章

绪论

随着我国汽车保有量的持续增长和人们出行需求的日益增多,交通安全问题越来越受到人们的关注。不断提高交通安全水平始终是广大交通从业者不懈努力的方向。本章将在解析交通安全基本概念的基础上,着重介绍国内外交通安全发展情况及道路交通安全主要关注的内容,同时简要介绍本教材的主要内容。

第一节 交通安全与交通事故

道路交通事故几乎是伴随着汽车诞生而出现的。1769 年,法国的一名炮兵工程师尼古拉斯·古诺将一台简陋的蒸汽机装在一辆木制的三轮车上,准备用它来牵引大炮,这便是第一辆蒸汽汽车。1770 年,古诺制造了第二辆蒸汽汽车,该车拖着一门大炮试车,在兵工厂附近下坡时,撞到兵工厂的墙上,这是世界上第一起机动车事故。

世界上有记载的第一次道路交通死亡事故发生在 1889 年 9 月的美国纽约,一辆汽车撞死了在路上行走的一名妇女。世界卫生组织发布的《全球道路安全行动十年计划(2021—2030)》指出,道路交通事故每年造成全球近 130 万人死亡,约 5000 万人受伤,是导致儿童和青壮年死亡的首要原因。自从汽车出现以来,道路交通安全问题就一直是道路交通管理的核心问题。交通安全问题最直观的体现就是交通事故。提升交通安全水平的目的即减少交通事故数量及其带来的伤害和损失。

一、交通安全

1. 安全(Safety)的定义

绝对安全观认为,安全是指没有危险、没有威胁、不出事故,即消除能导致人员伤害,发生疾病、死亡或造成设备破坏、财产损失,以及危害环境的条件。《简明牛津词典》将安全定义为:不存在危险和风险。由于事故的发生有一定的概率,不能忽视在概率论中所谓"没有零概率现象"的理论。从严格意义上讲,不存在绝对安全,它只是安全的一种理想的状态。

因此,许多学者提出了相对安全的观点,如《英汉安全专业术语词典》将安全定义为:安全意味着可以容许的风险程度,人身伤害或财产损失概率降低的通用术语。相对安全观认为:安全是在具有一定危险性条件下的状态,安全并非绝对无事故。

安全是伴随着生产过程而存在的,是与生产过程共存的。因此,安全不是瞬间的结果,而是对系统在某一时期、某一阶段过程状态的描述。换言之,安全是一个动态过程,是关于时间的连续函数。然而在现有技术条件下,要确定某一生产系统的具体安全函数形式是非常困难的。因此,在对系统安全状况进行考查时,通常舍弃了求安全函数的做法,而采用概率法来估算系统处于安全状态的可能性,或者利用模糊数学来说明在非概率情形下的不精确性。

综上,安全可定义为:在生产活动过程中,将人员伤亡或财产损失控制在可接受水平状态。人员或财产遭受损失的可能性超过可接受水平,就是不安全。

由上述可知,安全的定义具有下述含义:

(1)安全不是瞬间的结果,而是对于某种过程状态的描述。

(2)安全是相对的,绝对安全是不存在的。

(3)构成安全问题的矛盾双方是安全与危险,而非安全与事故。因此,衡量一个生产系统是否安全,不应仅仅依靠事故指标。

(4)不同的时代、不同的生产领域,可接受的损失是不同的,因而衡量系统是否安全的标准也是不同的。

2. 交通安全(Traffic Safety)概述

交通(Traffic)是运输工具或行人的运动过程。"交通"的主要含义是通行、往来,关注的重点主要是载运方式、运行过程以及运行的整体状态。

运输(Transportation)是用设备和工具,将物品或人从某一地点向另一地点运送的活动。"运输"的主要含义是运送、搬运,关注的重点是载运工具载运对象(即人和货物)的位移及实现位移所提供的各项服务,具有产出产品的性质,是载运工具运行的目的和结果。

根据绝对安全观,运输安全(Transportation Safety)是指用设备和工具将物品或人从某一地点向另一地点运送的过程中没有危险、伤害、损失;交通安全(Traffic Safety)是指运输工具和行人的运动过程没有危险、伤害、损失;道路交通安全(Road Traffic Safety)是指道路运输工具和行人的运动过程没有危险、伤害、损失。

根据相对安全观,运输安全是指用设备和工具将物品或人从某一地点向另一地点运送的过程中,将人员伤亡或财产损失的可能性控制在可接受水平的状态;交通安全是指运输工具和行人的运动过程中,将人员伤亡或财产损失的可能性控制在可接受水平的状态;道路交通安全是指道路运输工具和行人的运动过程中,将人员伤亡或财产损失的可能性控制在可接受水平的状态。

道路交通安全,从微观层面上可理解为:针对人、车、道路环境三个要素,通过法律法规、工程技术、宣传教育、应急救援等手段,采取事故前的预防对策、事故中的降低损伤对策和事故后的挽救对策,将人身伤亡或者财产损失控制在可接受的水平;从宏观层面可理解为:道路交通安全是交通运行质量的一个指标,是经济发展和社会文明进步的重要指标和内容,关系到交通的可持续发展。

二、交通事故

根据相对安全观,事故与安全是对立的,但并非不安全的全部内容,而只是在安全与不安全这对矛盾变化过程中某些瞬间突变结果的外在表现。安全科学已经揭示,系统故障或事故的根本原因在于系统诸要素及其相互作用中存在的各种危险或隐患,是这些危险或隐患经过积累或加强并获得适当的条件组合的结果。因此,故障或事故是系统的危险或隐患在一定条件下的外在表现形式。

1. 危险(Hazard)、危险性(Danger)、风险(Risk)、隐患(Accident Potential)

《英汉安全专业术语词典》将 hazard 译为危险,而将 danger 译为危险性。Hazard(危险)被解释为"存在着负伤、致病或财产损失可能性的情况,或变化着的环境状态,可能产生不良结果或有害结果的活动、状况或环境的潜在特性或固有特性";Danger(危险性)则被解释为"造成损害的倾向性或可能性"。《安全技术手册》一书也认为危险是造成事故的现实的或潜在的条件,而将危险性与风险(risk)等同。在一些资料中,hazard 是指可能引起人员伤亡事故或设备损坏的集合,即在系统运行的任何阶段,可能引起事故序列初始事件的条件的集合;而 danger 是指造成损害的倾向性和可能性。

作为安全的相对面,可以将危险定义为:生产活动过程中,人员或财产遭受损失的可能性超出可接受范围的一种状态。危险与安全一样,也是与生产过程共存的,是一种连续型过程状态。

危险包含了各种隐患。隐患(Accident Potential)是指潜藏的祸患。从系统的角度看,人们所说的隐患包括一切可能对人-机-环境系统带来损害的不安全因素。可将隐患定义为:在生产活动过程中,由于人们受到科学知识和技术力量的限制,或由于认识上的局限,未能有效控制的有可能引起事故的一种行为(一些行为)或一种状态(一些状态)或两者的结合。

2. 事故(Accident)

《简明牛津词典》将 Accident 定义为意外的、特别有害的事件;美国安全工程师海因里希(H. Henrich)认为事故是非计划的、失去控制的事件。国内研究学者在对以往事故定义深入分析的基础上,认为"事故是在与自然界的斗争中和进行生产劳动的过程中,人们受到科学(不仅是自然科学,还有社会科学及其他科学)知识和技术能力的限制,当前还不能有效防止或在科学技术综合应用方面的知识缺乏或协调不足,能预防但没能防止而发生的与意愿相违,并导致物质损失或人的身心伤害或两者并有的偶然现象。"此定义反映了事故的本质具备如下属性：

(1) 事故是违背人们意愿的一种现象；

(2) 事故发生的原因及后果，有的已经认识，有的尚未认识，所以有的可以预防，有的还无能为力；

(3) 事故的原因可分为两大类，一类是人力不可控制的天灾，另一类是可控制的物理、化学、生物等能量作用的结果；

(4) 事故是不确定事件，其发生形式既受必然性的支配，也不可避免地受到偶然性的影响。

3. 交通事故的含义

交通事故会造成人员伤亡或财产损失，对交通事故进行明确的定义是进行交通事故调查、处理的基础。

各个国家对道路交通事故的定义不尽相同。美国将其定义为：与一辆运行的机动车有关的、发生在通行道路上，或当车辆驶出道路后仍在运动时，造成人员伤害或财产损失的事件。加拿大将其定义为：发生在公共道路上的交通冲突，涉及至少一辆机动车，并且导致一人或一人以上受伤或死亡，或者财产损失超过一定的数额（由各省或各地区的法律规定）。英国将其定义为：发生在公共道路上，涉及至少一辆车，并且造成人员受伤或死亡的事件，不包括仅造成财产损失的事故。德国将其定义为：发生在公共道路或广场上，涉及至少一辆运动的车辆，并且造成了人员受伤或死亡，以及（或）财产损失的事件，对于只引起财产损失的事故，仅当事故原因是由于违法行为（如酒后驾驶）时，才算作交通事故。法国明确对于仅造成财产损失的事故不列为交通事故，除此之外，没有官方定义。意大利将其定义为：由至少一辆运动的车辆造成人员受伤和死亡的事件。日本将其定义为：由车辆交通或市内有轨电车在道路上行驶造成的人员死亡或（和）受伤的事件。联合国欧洲经济委员会将其定义为：发生在或者来源于开放交通的街道或街巷，涉及至少一辆运动的车辆，造成一个或一个以上人员死亡或受伤的事件。

从上述定义看，一般对交通事故的定义包括：对发生地点的界定，如是否在公共道路上；对损失的界定，如人员伤亡或财产损失；对参与者的界定，一般都要有车辆参与。

我国对道路交通事故的定义也经历了一个不断发展的过程。

1991年9月22日国务院第89号令发布的《道路交通事故处理办法》第二条对道路交通事故进行了定义：道路交通事故（以下简称交通事故）是指车辆驾驶人、行人、乘车人以及其他在道路上进行与交通有关活动的人员，因违反《中华人民共和国交通管理条例》和其他道路交通管理法律、规定的行为，过失造成人身伤亡或者财产损失的事故。其中，道路是指公路、城市街道和胡同（里巷），以及公共广场、公共停车场等供车辆、行人通行的地方（1988年发布的《中华人民共和国交通管理条例》第二条）；车辆是指在道路上行驶的机动车和非机动车（1988年发布的《中华人民共和国交通管理条例》第三条）。机动车和非机动车也有相应的划分标准，机动车是指各种汽车、电车、电瓶车、摩托车、拖拉机、轮式专用机械车，非机动车是指自行车、三轮车、人力车、畜力车、残疾人专用车。

2003年通过、2004年实施的《中华人民共和国道路交通安全法》（以下简称《道路交通安全法》）第八章附则第一百一十九条又重新定义了交通事故：车辆在道路上因过错或者意外造成的人身伤亡或者财产损失的事件。其中，"道路"是指公路、城市道路和虽在单位管辖范围但允许社会机动车通行的地方，包括广场、公共停车场等用于公众通行的场所；"车辆"是指机动车和非机动车。"机动车"是指以动力装置驱动或者牵引,在道路上行驶的供人员乘用或者用于运送物品以及进行工程专项作业的轮式车辆;"非机动车"是指以人力或者畜力驱动,在道路上行驶的交通工具,以及虽有动力装置驱动但设计最高时速、空车质量、外形尺寸符合有关国家标准的残疾人机动轮椅车、电动自行车等交通工具。

我国"交通事故"定义的构成要素主要包括四个方面,即车辆要素、道路要素、运动要素和后果要素。

(1)车辆要素是指在交通事故中仅限于车辆造成的人身伤亡或财产损失的事件。界定某事件是否属于交通事故的基本标准是必须有车辆参与其中,这是构成交通事故的前提条件,否则,不认为是交通事故。

(2)道路要素是指车辆必须行驶在道路上,此处的"道路"是指公路、城市道路和虽在单位管辖范围但允许社会机动车通行的地方,包括广场、公共停车场等用于公众通行的场所。判断是否在道路上,应以事故发生时人、车所在的位置为准,而不是以最后停靠的位置为准。在非道路上发生的事故不适用交通事故的有关规定。正确理解道路的含义在交通事故的处理中尤为重要。《道路交通安全法》第七十七条及《交通事故处理程序规定》第二条明确规定:车辆在道路以外通行时发生的事故,公安机关交通管理部门接到报案的,参照本法有关规定办理。这一条扩大了道路交通事故处理法律法规的适用范围。

(3)运动要素是指在事件发生时各当事方至少有一方车辆处于运动状态且发生碰撞才属于交通事故,车辆都处于停放状态发生的事故不属于交通事故。

(4)后果要素是指交通事故必须有造成人身伤亡或者财产损失的损害后果,这种后果并不包括间接的损害后果,如果没有此类损失后果,就不能形成交通事故。

4. 交通事故的特征

车辆行驶在道路上,即有可能发生交通事故。交通事故具有以下五个明显的特点。

(1)随机性。交通运输系统本身就是一个复杂系统。由于影响交通事故的因素具有随机性,导致交通事故的发生也具有极大随机性。换句话说,车辆行驶在道路上,会在什么时间、什么地点发生事故具有很强的随机性,无法提前预测。但对交通系统而言,交通事故的发生是具有统计规律特征的。

(2)突发性。交通事故的发生往往是没有前兆、突如其来的。从驾驶人感知到危险到交通事故发生的过程是短暂的。交通事故的突发性意味着很难在事故发生前的瞬间采取有效的措施避免交通事故,因此事故的预防与预警对减少交通事故具有十分重要的意义。

(3)频发性。随着经济的发展,城镇化进程的加快,人们对道路及交通工具的使用也越来越频繁。而机动车保有量的急剧增长、不良的交通行为以及交通管理的局限性,导致道路交通事故频发。道路交通事故已成为全世界亟须解决的社会公共安全问题。

(4)社会性。道路交通是随着经济和社会的发展而产生的一种社会活动,它依附于人类活动。人际活动越密切,人们对道路的使用也越频繁,这是一种社会活动的客观需求。交通事故是道路交通的伴生物,道路交通事故是社会和经济发展的必然产物,也是客观存在的社会现象,所以说它具有社会性。

(5)不可逆性。道路交通事故是不可重现的。事故是交通系统内部发展的产物,与该系统组成因素有关,并受其他外部因素的影响,其过程是不可逆的。

三、交通安全与交通事故的关系

安全与危险是一对此消彼长的矛盾,它们都是与生产过程共存的"过程状态"。描述安全与危险的指标分别是安全性与危险性(风险),两者间的关系可表示为:安全性 = 1 - 危险性。

当道路交通系统的危险性降低至可接受的程度时,道路交通系统处于"安全"状态;反之,则处于危险状态。处于危险状态的交通系统可能会导致事故发生或事故增加。

道路交通系统是一个由人、车、路、环境等要素构成的动态系统。在正常的运行状况下,系统各要素在时间和空间上同时保持均衡有序、相互协调的运行状态,这种状态为道路交通的安全运行状态。然而,作为一个动态系统,绝对的均衡和协调是难以维持的。一旦安全运行状态遭到破坏,就可能发生交通事故。但是,通过对道路交通安全影响因素进行分析,发现存在的交通安全隐患,制订相应的对策,能够减少交通事故的数量和减轻交通事故的严重程度,从而提高道路交通的安全水平。

交通安全既然是一种状态,就有不同的量化方式,其中一种方法是用事故来量化安全。但并不是发生事故多的地方就危险,有可能是因为这个地方车多,所以,用事故量化交通安全有各种各样的方式及参数;也并不是说有些地方没有发生事故就安全,只能说某一时期没发生事故,但只要导致事故的隐患还存在,未来就有发生事故的可能性。

第二节　国内外的道路交通事故概况

道路交通事故已成为当今世界的一大公共安全问题,道路交通安全问题一直困扰着世界各国。如何治理交通事故,保证道路交通安全,已成为各国政府普遍关注的焦点问题。经过近几十年的科学研究,发达国家已积累了不少成功的经验,我国也在一直不懈地探索,寻求解决我国交通安全问题的有效对策。

一、交通事故的常用统计指标

为了反映交通事故总体的数量特征,必须建立相应的统计分析指标,主要分为绝对指标、相对指标、平均指标、动态指标。

(1)绝对指标是用来反映事故总体规模和水平的绝对数量,如交通事故数、受伤人数、死亡人数以及直接经济损失。其中,直接经济损失是指因交通事故造成人身伤亡善后处理支出的费用和毁坏财产的价值。

(2)相对指标是通过事故总体中有关指标进行对比得到的,如万车死亡率、亿车公里(英里)死亡率(受伤率)等。其中,万车死亡率表示在一定时间和空间范围内,按机动车拥有量所平均的交通事故死亡人数的一种相对指标,即平均每万辆机动车(不包括自行车折算)的年交通事故死亡人数。亿车公里(英里)死亡率是指每1亿车公里(英里)发生的交通事故死亡人数。亿车公里(英里)受伤率是指每1亿车公里(英里)发生的交通事故受伤人数。

(3)平均指标是说明事故总体的一般水平的统计指标,通常用以表明某地或某一时段内交通事故的总体水平。如某地区的年平均事故数、年平均万车事故率等。

(4)动态指标是指交通事故现象随时间变化的规律,可分为动态绝对值、动态相对数以及动态平均数。如某地区的事故数相对上一年度的减少量、相对上一年度事故导致的财产损失降低百分比等。

二、交通安全与交通事故发展的总体趋势与特征

道路交通事故作为一个社会问题,它的发生是不可避免的。因此,世界各国对交通安全也越来越重视。世界道路交通事故发展的总体趋势呈现出以下特征:

1. 2011—2020 年道路安全十年行动开始以来,道路交通年死亡人数逐渐下降

根据世界卫生组织发布的《道路安全全球现状报告(2023)》,自 2011—2020 年道路安全十年行动开始以来,道路交通死亡人数从 2012 年的峰值(126 万人)开始逐渐下降,一直持续到 2021 年(图 1-1)。比较特殊的是 2020 年,道路交通死亡人数出现暂时性的大幅下降,而在随后的 2021 年出现反弹。

如果考虑人口和机动车数量的大幅增长,道路交通死亡人数的下降趋势则更加明显。2010—2021 年,全球人口增加了近 10 亿,而道路交通死亡人数却减少了 5%。从 2010 年每 10 万人死亡 18 人下降到 2021 年每 10 万人死亡 15 人,降幅为 16%(图 1-2);2011—2020 年,全球机动车保有量增加了 160%。在此背景下,每 10 万辆机动车年死亡人数从 2010 年的 79 人下降到 2021 年的 47 人,降幅高达 41%(图 1-3)。

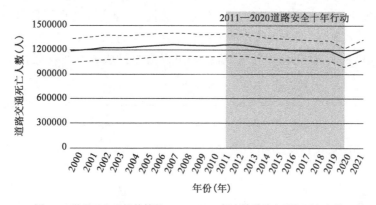

图 1-1 世界卫生组织估算的 2000—2021 年全球道路交通年死亡人数

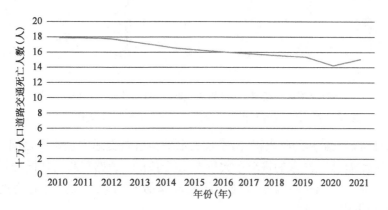

图 1-2 世界卫生组织估算的 2010—2021 年全球十万人口道路交通死亡人数

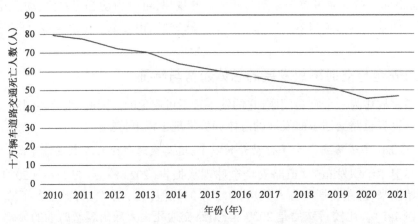

图1-3 世界卫生组织估算的2010—2021年全球十万辆车道路交通死亡人数

2. 道路交通事故是5~29岁儿童和青少年死亡的首要原因

根据世界卫生组织发布的《道路安全全球现状报告(2023)》,2019年的数据显示:道路交通伤害仍然是5~29岁儿童和青少年首要死亡原因,同时也是全球第12大致死原因(对所有年龄段)。

3. 国家收入水平与道路交通安全水平密切关联

根据《道路安全全球现状报告(2023)》公布的数据,道路交通死亡与各国的收入水平存在密切联系。如图1-4所示,低收入国家的平均死亡率为十万人口21人,高收入国家的平均死亡率仅为十万人口8人,且在全球各区域内,均可以观察到收入水平与死亡率之间的负相关关系。

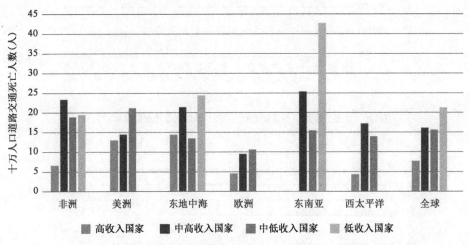

图1-4 各区域国家收入水平对应的十万人口道路交通死亡人数(2021年)

如果考虑机动车数量和公路里程,国家收入水平与道路交通安全水平之间的反差更加惊人。如图1-5所示,低收入国家的机动车数量占比低于1%,道路里程占比同样低于1%,但死亡人数占比却达到了13%;而高收入国家的机动车数量占比为28%,道路里程占比高达88%,但死亡人数占比仅为8%。

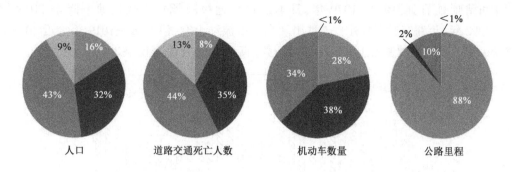

图1-5 不同收入水平国家的人口、道路交通死亡人数、机动车数量、公路里程比例

三、国外道路交通事故概况

由于世界各国在交通发展状况、文化素质和汽车保有量等方面的差异,各国的道路安全状况也有较大差异。

1. 美国的道路交通事故概况

从近二十多年美国道路交通事故亿车英里死亡率(图1-6)和亿车英里受伤率(图1-7)可以看出,美国发生的道路交通事故每年可致 30000~37000 人死亡,最高死亡人数约为 44000 人。美国的亿车英里受伤率和亿车英里死亡率呈整体下降趋势,且最近十年死亡数在 35000 人上下小幅波动。可见,美国的道路交通事故得到了有效的控制,这与多年来美国有关部门的重视是分不开的。

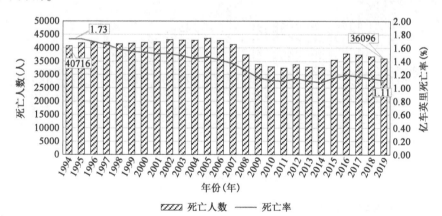

图1-6 1994—2019 年美国道路交通事故死亡人数及亿车英里死亡率
来源:FARS 1994—2019,美国联邦公路局(FHWA)。

2. 日本的道路交通事故概况

第二次世界大战后,日本经济快速发展,机动车保有量以每年 10% 的速度递增,道路交通事故数也随之迅速增加。为了遏制急速上升的交通事故数,1966 年日本开始制定和实施《交通安全综合计划》,经过几十年的努力,日本终于使其道路交通事故死亡人数从 1970 年的最高值 21795 人,降至 2019 年的 3920 人。图1-8 是 1970—2019 年日本交通事故死亡人数统计图,从图中可清晰地看到,1970—1979 年,日本道路交通事故死亡人数快速下降至 11006 人;1979—1992 年,道路交通事故死亡人数出现小幅度波动上升;但 1992—2019 年这近 30 年间,道路交通事故死亡人数基本上呈逐年递减态势,直至 2019 年降至仅 3920 人。

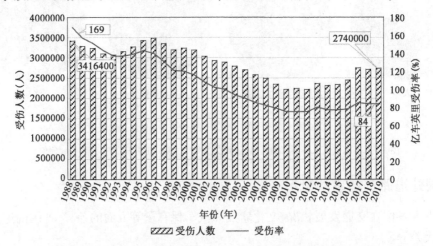

图 1-7 1988—2019 年美国道路交通事故受伤人数及亿车英里受伤率
来源:NASS GES 1988—2015/CRSS 2016—2019,美国联邦公路局(FHWA)。

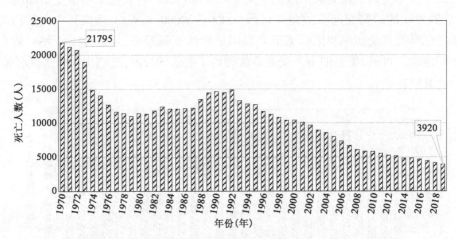

图 1-8 1970—2019 年日本道路交通事故死亡人数
来源:IRTAD Japan 1970—2019。

3. IRTAD 成员国的道路交通事故概况

国际道路交通事故数据库(IRTAD)2022 年度报告给出了世界上一些国家的十万人口死亡人数,如图 1-9 所示。

IRTAD 根据不同道路使用者类型,分别就行人、自行车骑行人、两轮动力车用户、汽车驾驶人以及所有道路使用者,比较了死亡率情况,如图 1-10 所示。与 2017—2019 年的平均值相比,2021 年度,除两轮动力车用户死亡率稍微升高外,行人、自行车骑行人、汽车驾驶人以及所有道路使用者的死亡人数均有较大幅度下降,特别是行人死亡人数下降了 22.7%,这与交通管理者制定了规范的交通制度有很大关系。

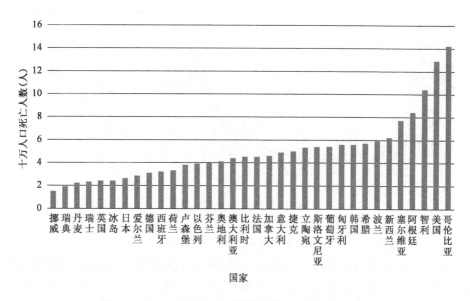

图1-9 IRTAD成员国十万人口道路事故死亡人数(2021年)

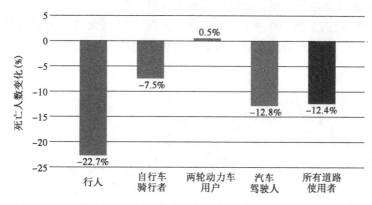

图1-10 2021年IRTAD成员国中不同类型道路使用者的死亡人数变化(与2017—2019年的平均值相比)

四、我国道路安全与交通事故概况

我国的道路交通事故的发展可分为三个阶段。第一阶段,国民经济水平总体较低,交通运输业发展缓慢,机动车保有量不高,道路交通事故数量虽逐年增加,但总量保持在较低水平。第二阶段,随着国民经济实力不断增强,汽车工业和交通运输业迅速发展,机动车保有量急剧增加,而相应的道路设备和管理体制并不完善,导致道路交通事故数量不断上升。第三阶段,虽然机动车保有量仍然不断增加,但随着道路设施的完备、监管措施的实行以及安全意识的提升,道路交通事故数量显著减少并逐渐趋于稳定。

根据公安部公布的数据,20世纪五六十年代,每年全国道路交通事故死亡人数不过几千人,70年代上升至2万人左右,从80年代中期至21世纪初,我国的道路交通事故数量及死亡人数急剧上升,在2002年达到峰值,并在之后呈现出较明显的下降趋势。我国1970—2020年道路交通事故情况如图1-11所示。

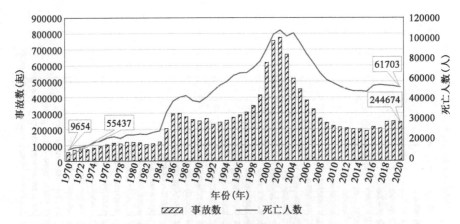

图 1-11　1970—2020 年中国道路交通事故情况

数据来源：《中国统计年鉴》。

当前，相对于道路交通安全状况较好的国家，我国的道路交通事故的指标仍然偏高。以万车死亡率为例，2019 年公安部交通管理局公布的数据为 1.80。尽管在我国车辆保有量持续升高的情况下，我国的万车死亡率近年来快速下降，但与交通安全状况较好的地区比较，还存在较大差异，我国的道路交通安全水平还有较大提升空间。

1990—2021 年，我国全国一次死亡 10 人以上的特大道路交通事故情况如图 1-12 所示。可以看出，自 1996 年后，特大道路交通事故数量呈现出明显下降趋势。

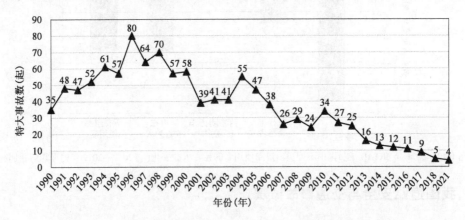

图 1-12　1990—2021 年全国一次死亡 10 人以上特大道路交通事故情况

第三节　道路交通安全研究的主要内容

面对严峻的交通安全态势，对道路交通安全问题进行科学、系统的研究，是有效降低事故发生率、提升安全水平的基础。交通安全研究可以从交通安全科学与交通安全工程两个角度开展。交通安全科学主要是发现制约交通安全的基本规律，交通安全工程主要是探讨提高安全水平的手段。两者是不可分离的，交通安全科学研究为交通安全工程提供理论依据，而安全工程为安全科学研究积累数据，并对安全科学研究结论进行检验和应用。

一、发现制约交通安全的基本规律

道路交通安全科学研究可以从四个方面开展:交通安全的影响因素、主要因素对交通安全的影响规律、多种影响因素对交通安全的相互作用机理、多因素作用下交通安全的变化规律。

1. 交通安全的影响因素及其影响规律

从人、车、路、环境等道路交通系统构成要素出发,深入分析影响交通安全的因素,并掌握这些影响因素对交通安全的影响规律,是理解交通系统运行安全机理最基础的工作。

(1)影响交通安全的人的主要因素。人对交通安全的影响主要是通过人的行为形成的。影响人的行为的主要因素有短时因素和持续因素,又分为心理和生理两个方面。短时生理因素如疲劳、酒精作用、药物作用、病理作用等;短时心理因素包括情绪不稳定、精神不集中等。持续生理因素包括人的反应时间、身体素质、年龄效应、性别差异等;持续心理因素包括驾驶习惯、精神干扰、智力水平等。

(2)影响交通安全的机动车安全性能。影响交通安全的机动车安全性能分为主动安全性和被动安全性。汽车主动安全性是指汽车本身防止或减少道路交通事故发生的性能,如制动性、行驶稳定性、操纵性等。汽车的被动安全性是指交通事故发生后,汽车本身减轻人员伤害和货物损失的能力,如安全带性能、安全气囊性能等。

(3)影响交通安全的道路与环境因素。影响交通安全的道路条件包括道路本身的几何特性、路面的状况以及道路的交通设施。车辆行驶在道路上受自然环境和人工环境的影响。自然环境包括地理位置、气象条件、生态环境等;人工环境包括土地的使用、路障、路侧干扰等。这些环境因素都会影响驾驶人对外部环境的客观预判,从而影响驾驶人的操作行为。传统的交通环境下,道路与环境主要通过影响驾驶人和行人的行为,对交通安全产生影响。在自动驾驶车辆参与的交通环境中,道路与环境会影响自动驾驶系统的感知可靠性,进而产生交通安全问题。

2. 多种影响因素对交通安全的相互作用机理

近年来,有关学者、专家主要从人、车、路、环境等影响因素构成的系统角度来对道路交通事故成因进行分析,研究它们之间的相互关系,普遍认为道路交通事故的发生是人、车、路、环境等因素综合作用的结果。分析交通事故问题,不能仅仅分析道路交通事故的各影响因素,而是需要从道路交通系统的组成要素及其相互作用的角度,研究道路交通事故的发生机理,这样才能更好地为我国的交通安全工作提供指导。

道路交通是一个由人、车、路、环境等要素相互联系、相互依存、相互作用构成的复杂的动态系统。然而,人、车、路、环境因素在道路交通系统的运行过程中所处的地位和具有的功能、特性并不相同。其中,"人"是系统中唯一的自主型变量,与其他要素相比,只有人是能动、有意识地接收来自道路、车辆、环境的信息,经过分析、判断和加工后作出决策,实现对车辆的操纵和控制;"车"是系统中的可控性变量,人可以通过车辆的操纵系统去控制和改变车辆的运行状态;"路"和"环境"是系统中相对不可控的客观变量,二者都对人和车的运动构成影响,人和车的运动都必须符合实际的道路及环境条件。另外,环境对路也构成影响,例如雨、雪等自然环境条件都会影响道路的使用和安全性能。可见,道路交通系统的运行依赖人、车、路、环境之间的协调配合,在系统及其运行的任何一个环节出现失误,都会不同程度地影响系统的功能和安全。

3. 多因素作用下交通安全的变化规律

从道路交通系统组成来看,其中任何一个系统的功能出现缺陷,都极有可能导致道路交通事故的发生。如高速行驶的车辆,突然某个部件出现问题,驾驶人不能对车辆进行正常操作,从而发生交通事故;或者道路条件太差,直接影响驾驶人的判断进而引发交通事故等。事故分析专家总结出交通事故发生基本机理有三种,具体如下。

(1) 差错性事故发生机理。获取信息、处理信息、作出判断是基本的驾驶行为,其中任一环节出现偏差,就会造成驾驶人驾驶行为的差错。由此产生的这类交通事故有一个特点,即"事故是由驾驶人差错所引起的"。

(2) 突变性事故发生机理。"突变"是相对于驾驶人的驾驶期望而言的。当道路交通系统的某一组成部分与驾驶人的驾驶期望产生偏差,例如道路条件及交通环境的某一方面的缺陷或提供信息的不充分,都会对车辆的实际运行效果产生误导,从而引起"突变"。驾驶人此时必须在一定安全距离或时间内及时作出反应,以适应新的交通环境,否则就可能导致交通事故的发生。

(3) 综合性事故发生机理。绝大多数交通事故往往是道路交通环境条件和驾驶人的某种过失综合作用而引起的。因此,综合上述两种交通事故发生机理,由两种机理共同作用导致交通事故的发生,通常称之为综合性事故发生机理。

绝大多数道路交通事故是由多方面因素共同作用的结果。分析道路交通事故发生机理及其变化规律有助于更好地认识交通事故的发生和发展,以及人、车、路等因素间的互动机理,并从中找到影响道路交通安全的深层次原因,更好地指导道路安全改造,为道路安全设计提供理论基础和技术支持。

二、探讨提高交通安全水平的主要方法

对于道路交通事故本身来说,按其发生阶段可分为碰撞前、碰撞中和碰撞后。无论是从主动安全性出发,还是被动安全性出发,目的都是尽可能减少伤亡。事故前的措施以降低事故发生率为重点,事故中措施以减少事故造成的伤害为重点,事故后的措施以救援和减少次生损失为重点。传统的提高交通安全水平的方法主要包括:执法(Enforcement)、宣传教育(Education)、工程技术(Engineering)和应急救援(Emergency),也称为4E工程。

1. 道路交通安全管理法规

交通法律法规固有的强制性、规范性、社会性以及综合性的特点,在一定程度上能约束和规范驾驶人的行为,减少驾驶过程中因驾驶人操作不当和违规驾驶带来的交通事故,并且建立、巩固和发展了有利于我国人民的政治、经济、文化生活与国际交往的道路交通秩序,从而在一定程度上保障了道路交通安全和畅通。

2. 道路交通安全宣传教育

道路交通安全教育一般贯穿于学校和社会两个层面,主要针对两类人开展道路交通安全教育:一是对驾驶人的职业教育和安全教育;二是对其他交通参与者的出行安全教育。道路交通安全教育需要有针对性,对儿童、青少年、老年人需要采用不同的教育方式和教育内容。

3. 提高道路交通安全水平的工程技术

道路交通安全水平的提升是一项综合工程,不但需要不断改善人的行为,还需要利用工程技术对车辆、道路与环境进行不断的改造升级。从车辆的角度,可以通过新材料、新技术的应用,不断提升车辆的主动与被动安全性。对道路及其环境而言,需要在规划、设计、运营、管理等各个环节、各个阶段把安全作为重点目标。

4. 道路交通事故紧急救援

一旦交通事故发生,有效快捷的救援可以最大限度地降低交通事故所导致的人员伤亡和财产损失。正确合理的紧急救援系统对于缩短交通事故处理时间、降低高速公路交通阻塞、及时发现交通事故、方便各有关部门人员最快到达现场、迅速而有效地采取紧急救援措施,至关重要。

第四节 本书的主要内容及结构

本书重点围绕交通事故预测、交通安全评价、交通安全分析三个核心能力的培育(核心方法层),来构建道路交通安全知识体系。本书把交通安全课程的知识体系分为以下四个层次(图1-13)。

(1) 支撑层:道路交通事故调查与处理、交通安全研究涉及的统计学模型及应用(第二、三章)。

(2) 理论层:人、车、路及其相互作用机理对交通安全的影响(第四、五、六章)。

(3) 方法层:交通事故预测、交通安全评价、交通安全分析(第七、八、九章)。

(4) 应用层:道路交通安全改善流程、道路交通安全保障体系(第十、十一章)。

为了适应不同的教学学时安排,本书各章内容尽量相对独立,建议根据教学学时数选择适当的教学内容。全书的教学学时建议为64学时;对32学时左右的课程,建议选择第四～九章的重点内容讲授;对16学时左右的课程,建议选择第四、五、六章的重点内容讲授。

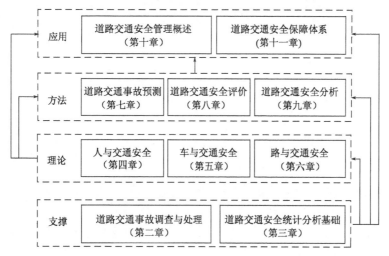

图1-13 本教材的知识体系

【复习思考题】

1. 简述交通安全和交通事故的定义及其相互联系。
2. 简述道路交通安全研究内容。
3. 我国交通事故的特点有哪些?
4. 影响道路交通安全的主要因素有哪些?
5. 简述道路交通系统的组成要素以及各要素之间的关系。

第二章
道路交通事故调查与处理

交通事故调查是指为了查明事故发生的原因、过程和后果,快速准确处理事故,而进行的勘查、询问、讯问、检验和鉴定等一系列工作。事故调查是分析与处理事故的基础,也可为道路交通安全持续改善提供基础数据。道路交通事故处理是指公安机关交通管理部门依法对发生交通事故勘查现场、收集数据、认定交通事故、处罚责任人、对损害赔偿进行调节的过程。正确处理道路交通事故可以保护国家利益和公民的正当权益。本章重点介绍道路交通事故现场勘查、道路交通事故损失、道路交通事故再现技术和道路交通事故处理等。

第一节 道路交通事故调查的内容与方法

交通事故调查的内容非常广泛,不同的调查目的,其调查内容不同。对于执法者而言,交通事故调查的主要目的是交通事故责任认定,所以调查的内容和方法也围绕实现这一目标展开。对于交通安全研究者而言,事故调查的内容和方法与研究目的紧密相关,因为研究目的不同,事故调查的内容和方法也会有较大差异。本节主要介绍道路交通事故调查的内容和方法。

一、交通事故调查的内容

道路交通事故调查(以下简称"事故调查")按照调查的先后顺序可分为事故现场勘查和

事后调查。事故调查的主要内容包括以下几个方面：

（1）事故相关人员调查：包括事故当事人的年龄、性别、家庭、工作、驾驶证、驾龄、心理和生理状况等。

（2）事故相关车辆调查：包括车辆的类型、出厂日期、荷载、实载、车辆的技术参数、车身上的碰撞点位置、车身破损变形情况（损毁变形位置、尺寸、形状等）。

（3）事故发生道路调查：包括道路的线形、几何尺寸、路面状况（沥青、水泥、土、砂石等材料状况，雨雪等湿滑状况）。

（4）事故发生环境调查：包括天气（风、雨、雪、雾、阴、晴等对视线的影响）、交通流（周围车辆的流量、速度、密度、车头时距、车头间距）、现场周围建筑、交通管理和控制方式等。

（5）事故现场痕迹调查：包括路面痕迹、散落物位置、人车损伤痕迹等。

（6）事故发生过程调查：主要对车辆和行人在整个事故过程中的运动状态进行调查，包括其速度大小、运动方向、加速度及其在路面上的行驶轨迹、路面碰撞点等。

（7）事故发生原因调查：包括主观原因（人的违法行为或故意行为）和客观原因（道路原因、车辆原因、自然环境原因等）调查。

（8）事故后果调查：包括人员伤亡和财产损失调查。

（9）其他调查：除了上述调查内容之外，还有对事故发生时间、地点（道路或交叉口名称）、当地民俗以及事故目击者、证人等的调查。

二、道路交通事故调查的方法

道路交通事故调查涉及很多内容，针对不同的内容，调查方法也多种多样。总体来说可以分为以下5类：

（1）人工方法。人工方法是通过事故调查人员的观察、询问、讯问、人工测量等进行的，适用于事故调查的大部分内容。

（2）仪器方法。仪器方法是利用各种仪器进行的调查。例如，通过照相机进行现场拍照来获取现场信息；通过酒精测试仪进行驾驶人的现场饮酒情况测定等；通过各种仪器设备获取事发前后车辆的运行数据。

（3）鉴定方法。鉴定方法是鉴定人员运用自身的专业知识和技术，对案件中需要解决的专业性问题作出结论性判断的方法，具有客观性和科学性的特点，在诉讼中有较强的证明力和可信性。鉴定往往是通过使用仪器和专家经验结合进行的。道路交通事故中的检验和鉴定主要是针对人、车辆、物证和事故过程进行的。

（4）试验方法。试验方法多在事故现场进行。例如，现场制动试验可以在相同的车辆、道路和环境下进行，测试车辆的制动性能，并分析事发前车速。

（5）录像方法。录像方法是一种事前使用的仪器法，某些发生交通事故的交叉口或者路段上安装有摄像设备，因而能够拍摄下事故发生的全过程，这也是一种非常有效的事故调查手段。随着我国交通监控设施水平的不断提高，交通监控视频为交通事故的调查处理提供了大量信息。如果事故车辆或者周围车辆装有行驶记录仪，其记录的事故相关数据可为事故分析提供大量信息。

第二节 交通事故现场勘查

交通事故现场有丰富的事故信息。后期的事故处理、交通安全分析所需的大部分数据都需要通过现场勘查获得。交通事故现场勘查是交通事故处理工作的基础，对于全面分析交通事故原因，准确认定交通事故责任，进行行政处罚，乃至对交通事故损害赔偿调解工作都有重要意义。本节重点介绍交通事故现场、交通事故现场勘查的基本知识和交通事故痕迹物证勘验。

一、交通事故现场

1. 交通事故现场的定义及构成

交通事故现场是指发生交通事故的地点及其相关的空间范围。交通事故现场由交通事故发生的地点、各种痕迹物证、散落物、道路条件，与交通事故有关的建（构）筑物、车辆、人、畜、天气条件以及自然因素等构成。

交通事故现场的构成要素通常包括时间、地点、当事人的交通行为、车、物五个要素。时间是指交通事故发生的时间，有时还包括公安机关交通管理部门的接警时间。地点是指交通事故发生的空间场所，既包括交通事故发生前后与交通事故有关的痕迹、物证存在的场所，又包括交通参与者为避免事故发生而采取措施时遗留下的痕迹、物证的场所。当事人的交通行为是指发生交通事故前、发生事故时和发生事故后当事人所进行的与交通事故有关的活动。车、物是交通事故现场的一部分，是交通事故现场勘查的对象，是各种痕迹、物证的承载体。这些要素之间通过特定的交通行为发生的损害后果，构成了各种各样的交通事故现场。

2. 交通事故现场的主要特点

（1）事故现场的整体性和形成的阶段性

交通事故现场是一系列过程演变后的静态表现形式，它体现出整个事故演变过程的整体性。交通事故过程分析必须由终结的静态表现逆向推演出事故的演变过程，以便还原事故发生的过程。

交通事故现场的形成一般分为三个阶段，即事故发生前的动态阶段、发生时的变化阶段和发生后的静态阶段。三个阶段依次衔接，最后形成具有整体性的交通事故现场。各个阶段的特点对交通事故现场的整体性产生重要影响，勘查人员有可能透过现场表象，了解事故的全过程。

（2）现场存在的客观性和现场状态的可变性

交通事故现场的客观性是由交通事故发生的客观性决定的。即使交通事故现场的表象不可见，交通事故发生的时间、空间也不会发生变化。但是，事故现场的某些现象、状态会随着时间的流逝，由于人为的原因或天气及其他自然因素的影响，发生变化甚至消失，即事故现场状态具有可变性。在勘查现场时，要从实际出发克服现场变化给勘查工作带来的困难，还原现场，从而推断交通事故发生的过程。

（3）现场现象的暴露性和因果关系的隐蔽性

交通事故的现象、损害后果都是有明显表象的，而这些表象的背后又存在着各种各样的内因。各种内因相互作用直接导致交通事故的发生,特别是当事人的行为与交通事故之间的关系十分复杂,并且具有一定的隐蔽性,不易辨别。反之,导致交通事故的原因是通过各种现象表现出来的,每一种现象只能反映事故本质的某一侧面。只有取得全面、合乎实际的证据,才能把握交通事故案件的实质。

(4)事故现场的共同性和具体现场的特殊性

交通事故现场的共同性是指交通事故现场中的共同现象,即规律性。利用共同性的规律可以帮助发现和鉴别痕迹、物证,从而判定交通事故的有关事实。所谓特殊性,是指一起交通事故与其他交通事故相区分的现象。共同性的规律可帮助揭示每起交通事故的特殊性,同时,每起交通事故的特殊性又丰富了共同性的规律。

现场勘查人员的任务就是要用交通事故现场的共同性来指导对每一具体现场的特殊性的认识,指出每一具体事故的特殊规律,从而为处理事故服务。

3. 交通事故现场的分类

根据完整和真实程度,交通事故现场可分为原始现场、变动现场、破坏现场和再现现场四类。

(1)原始现场

原始现场是指交通事故发生后,在交通事故现场的车辆和遗留下来的一切物体、痕迹仍保持着交通事故发生过程的原始状态,没有变动和破坏的现场。

原始现场中的各种痕迹、物证虽然是静态的,但是由于保留了与事故过程对应的各种变化形态,能真实地反映事故的发生、发展和结局,是分析事故原因和过程最有力的依据。

(2)变动现场

变动现场又称移动现场,是指在事故发生后到现场勘查前这段时间里,由于自然原因和非故意的人为原因,使现场的原始状态全部或部分地发生变动。通常引起现场变动的原因如下:

①抢救伤员或排险。有时为及时抢救伤员或排险,不得不变动现场的车辆或有关物体的痕迹。

②保护不力。事故发生后由于相关人员未及时赶到或封闭现场,有关痕迹被过往车辆和行人碾踏,致使痕迹模糊或消失。

③自然破坏。由于雨、雪、风、日晒等自然因素,使无遮盖的现场痕迹被冲刷、覆盖或遗失、挥发等。

④特殊情况。特殊车辆,如消防、警备、救险等有特殊任务的车辆在发生事故后,允许驶离现场;有时为了避免交通阻塞,在主要路段,经允许可以移动车辆或有关物件。

⑤其他原因。如车辆发生事故后,当事人没有察觉,车辆无意间离开了现场。

(3)破坏现场

破坏现场是指交通事故发生后,与交通事故有关或被唆使的人员故意改变交通事故现场车辆、物体、痕迹、物证等的原始状态,企图达到逃避责任或者嫁祸于人的目的。破坏现场属于变动现场的一种,但因其性质恶劣,所以单独列为一类。破坏现场通常可以分为伪造现场和逃逸现场两类。伪造现场是指事故发生后,当事人为了毁灭证据、逃避罪责或为了嫁祸于人,有意加以改变或布置的现场。逃逸现场是指肇事者在明知发生交通事故的情况下,为了逃避责任,驾车逃逸而导致变动的现场。由于性质完全不同,应严格区分故意逃逸现场行为与未知肇事驶离现场行为。根据有关法律规定,对肇事后故意逃逸者(其性质与伪造现场相同),应从重处罚。

(4)再现现场

再现现场是指交通事故办案人员根据需要,重新恢复、布置的现场。根据再现手段及目的的不同,再现现场又分为恢复现场和布置现场。其中,恢复现场是根据现场勘查记录等材料,重新恢复现场,以供交通事故分析或复查案件使用;布置现场则是根据目击证人或当事人的指认,对由于种种原因已经不存在的原始现场进行重新布置的现场。

二、交通事故现场勘查概述

1. 交通事故现场勘查的含义和目的

交通事故现场勘查是公安机关交通管理部门的现场勘查人员依据法律规定,运用科学的方法和现代化技术手段,对与交通事故有关的时间、地点、车辆、道路、物品、人身、尸体等进行的现场调查和实地勘验,包括对当事人和有关人员进行的现场调查访问,并将所得的结果客观、完整地记录下来,将有关证据提取、固定下来的整个工作过程。

交通事故现场勘查的目的主要有:

(1)查明事件的性质,判定是否是交通事故。通过现场勘查所获得的线索可以帮助判断所发生事故的性质,以区分交通事故与利用交通工具进行犯罪的行为。

(2)确定交通事故发生的原因。

(3)收集并提取交通事故证据。

(4)调查交通环境与交通事故的关系,为改善交通环境、创造安全的交通环境提供依据。

2. 交通事故现场勘查的内容

(1)实地勘查

实地勘查是以查明交通事故过程,发现和提取痕迹、物证为主要目的,对交通事故现场进行的勘验、检查、摄影、测量、绘图、记录等专项活动,具体包括:①勘验发生交通事故的肇事车辆、现场人员、现场路面和有关物体及其状态、痕迹的位置;②勘验发生交通事故的肇事车辆、现场人员行进的痕迹、物证;③勘验肇事车辆、现场人员、现场路面、有关物体接触部位、受力方向及有关的地面遗留物的分布情况;④勘验肇事车辆的安全技术状况及装载情况;⑤勘验道路及交通环境的情况;⑥重点勘验第一次接触的痕迹和物证,并在接触部位及周围寻找附着物等。

(2)现场访问

现场访问是以查明交通事故发生前后当事人、道路、交通环境、车辆等的基本情况,以开拓线索来源为目的而进行的询问、讯问当事人及证人的活动。通过现场访问具体了解的内容通常包括:交通事故当事人的基本情况、交通事故发生的基本事实、其他与交通事故有关的情况等。

(3)临场分析

临场分析是在交通事故现场勘查基本结束时,对现场勘查的全部材料进行全面、综合分析研究,初步作出符合实际的推理判断,揭示交通事故现场中各种现象的本质及其内在联系,初步分析交通事故当事人的道路交通安全违法行为以及导致交通事故的过错或者意外情况,判断案件性质以及交通事故成因的重要工作程序。

(4) 现场试验

现场试验是分析案情、查明事故事实、解释某些事故现象,以及审查判断某些证据的一种手段。在现场勘查或现场分析过程中,在对某些痕迹或者事实的认识上有分歧,或者有怀疑的情况下,可以通过现场试验来验证、查明某些痕迹或事实的形成原因。

3. 交通事故现场勘查的对象

根据勘验、检查客体的不同,现场勘查的对象可分为以下几种类型:

(1) 时间调查

时间调查是确定交通事故发生的准确时间以及与交通事故有关事件的发生时间,以便分析道路交通事故发生的基本过程,从而确定其合理性的活动。

(2) 空间调查

空间调查是调查交通事故发生的空间场所以及交通事故现场车辆、人体、物品、痕迹、散落物、道路设施等所在的位置及其相互关系,以便分析交通事故发生前当事各方运动的路线、速度、交通事故接触点等的活动。

(3) 事故车辆调查

事故车辆调查主要包括:①车辆所属单位、车辆所有权人、驾驶人与车辆的关系等;②事故车辆的车牌号码、车型、颜色、新旧程度;③车辆性能状况、装载及分布情况;④事故车辆有无保险,险种类型。

(4) 现场道路及周围环境调查

现场道路及周围环境调查主要包括:①对道路线形、视距、路面状况的调查;②对道路标志、标线等交通管理设施的调查;③对安全防护设施的调查。

(5) 生理和心理调查

生理和心理调查是指对当事人的生理和精神状况进行现场观察和初步检验。其目的是确认驾驶人是否有疲劳驾驶、酒后驾驶和服用违禁药物后驾驶的嫌疑,以确定是否有必要对有关当事人进行进一步的检验和鉴定。

(6) 损害后果调查

损害后果调查是调查因交通事故造成的人员伤亡、财产损失情况的活动。

4. 交通事故现场勘查的原则

(1) 迅速、及时原则

由于交通事故现场的特殊性,极易受到人为因素和自然因素的影响而发生变化或遭到破坏,导致交通事故现场失去勘查价值。因此,交通事故现场勘查是对时效性要求很高的工作,要求公安机关交通管理部门常备不懈,接到交通事故报案后,迅速作出反应,赶赴现场,为勘查工作争取时间。对可能因时间、地点、气象等原因,导致痕迹或者证据灭失的,应当及时测试、提取、保全。因此,在现场勘查过程中要注重效率,统筹安排,以便迅速及时地完成勘查工作。

(2) 全面、客观原则

诱发交通事故的原因是多方面的,勘验过程中要把现场的一切有关痕迹、物证毫无遗漏地记录、提取下来。只有全面地收集证据,才有可能查明事故发生的真正原因。

相同的交通事故现场的表象后面隐藏的未必是同样的导致事故发生的原因,因此,在进行道路交通事故现场勘查时要实事求是,不能主观臆断。

(3)细致原则

交通事故现场中有些痕迹、物证不易被发现,但有时恰恰就是这些证据对认定交通事故原因起着决定性作用。因此,在进行交通事故现场勘查时一定要细致、有序地进行。从现场实际情况出发,在进行交通事故原因分析时,要做到全面、严密,分析各种痕迹、物证与交通事故结果的关系,不能忽略任何一个细小的矛盾,更不能放弃对任何一个微小痕迹的分析,同时,要注意结合证人证言、当事人陈述,不能主观臆断,更不可以徇私枉法、歪曲事实。对于变动或者伪造现场更要分析变动的情况,得到合理的解释和有说服力的鉴定。

(4)合法原则

在现场勘查中,无论是提取痕迹、物证,还是询问、讯问当事人或证人都必须严格按照法律规定执行。在现场勘查中要爱护公私财产,尊重被询问人、讯问人的权利,尊重群众的风俗习惯,注意社会影响。

(5)科学原则

为了保证勘查结果的准确性和可靠性,应运用先进科学技术手段来勘查物证。由于现代新型材料在汽车工程、道路工程、服装织物等方面的广泛应用,许多交通事故物证已无法用传统方法加以鉴别,加之一些细小、浅淡痕迹难以用常规方法发现和提取,这就要求在现场勘查时,必须依据物证的物理和化学特性,相应地采用不同先进的科学技术来发现、固定、提取和检验物证,以提高交通事故现场勘查的质量,从而满足交通事故案件处理对证据可靠性的要求。

5.交通事故现场勘查的程序

交通事故现场勘查的程序包括前期准备、现场操作、撤除现场三个部分。在前期准备工作中,首先要保证有关现场勘查的工具、车辆完好,随时能投入使用。在此基础上要做好接警、出警工作,并尽快赶赴现场。在事故现场进行勘查时应遵守有关法律程序,做到迅速、准确、有效。在完成勘查工作后应迅速撤出现场,指挥恢复交通。交通事故现场勘查流程如图2-1所示。

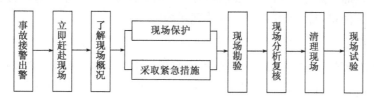

图2-1　交通事故现场勘查流程图

6.交通事故现场勘查的基本方法

(1)沿着车辆行驶路线勘查

沿着车辆行驶路线进行现场勘查适用于主要肇事方为机动车的交通事故,并且现场留有较为明显的痕迹,能够反映出肇事车辆在事故发生前的行驶路线,以及事故发生后车辆的运动轨迹。这种勘查方法有利于交通事故现场勘查人员快速地对交通事故发生的过程建立较为完整的认识。

现场勘查人员运用该方法时,应根据当事各方参与交通的方式选择主要的勘查对象。例如,机动车与非机动车之间的交通事故通常应以机动车的行驶路线为主要勘查对象;机动车之间的交通事故通常以留有明显行驶路线的一方为主要勘查对象。勘查的过程中,不仅要确定车辆的行驶路线,还要寻找证据证明行驶过程中当事人采取的措施。

(2) 从中心(接触点)向外勘查

从中心(接触点)向外勘查适用于现场各种痕迹、物证分布较为集中,现场中心明确,现场范围不大的交通事故现场。这种交通事故现场通常找不到较为明显的长距离的车辆制动印迹,而判断、分析交通事故发生过程的依据则主要来源于对车体痕迹的勘查。

(3) 从外向中心勘查

从外向中心勘查适用于现场没有较为明显地反映车辆行驶路线的痕迹、物证的情况。这种情况下,交通事故现场存在的痕迹、物证通常较为分散,现场范围较大。一方面,需要尽快记录各种痕迹、物证所在的位置,并加以提取,以防止随着时间的推移部分痕迹、物证被破坏;另一方面,需要全面收集外围证据,以利于与交通事故现场中心建立联系,便于现场勘查人员对交通事故发生过程建立全面的认识。

(4) 分片分段勘查

分片分段勘查适用于范围分散、散落物及痕迹凌乱的现场。在进行现场勘查时,根据事故形成的阶段或者现场的环境情况,通常把交通事故现场划分成几个片段,分别派遣现场勘查人员在各自负责勘查的区域范围内,同时开展调查工作,最后进行事故信息汇总。在交通事故现场勘查实践中,常见的采用分片分段勘查的交通事故主要包括:高速公路多车碰撞事故、交通肇事后驾车逃逸事故、车辆翻下悬崖事故、客运车辆造成多人死亡的事故等。

三、交通事故痕迹物证勘验

交通事故痕迹物证是指交通事故现场或从交通事故现场带走能证明交通事故真实情况的物品、物质和痕迹。交通事故痕迹物证勘验,是指交通事故现场勘查人员对交通事故现场的实地勘查与检验,并获取痕迹、物证的活动。主要勘验步骤包括对物证的搜寻、发现、提取、固定、保全和送检等。地面痕迹是交通事故发生过程中,事故车辆车体及相关部件、人体以及与事故有关的物件等与地面接触而遗留在交通事故现场的印迹。

1. 地面轮胎痕迹

轮胎痕迹是车辆轮胎相对于地面作滚动、滑移等运动时,留在地面上的印迹。在交通事故现场,根据轮胎相对于地面运动状态的不同,轮胎痕迹主要有4种:滚印、压印、拖印和侧滑印。

(1) 滚印

滚印是指车辆轮胎相对于地面作纯滚动运动时,留在地面上的印迹,制动开始阶段也会留下制动滚印。滚印能清晰反映轮胎胎面花纹形态、花纹组合形态、胎面磨损、机械损伤和行驶方向等特征。

通常,滚印宽度与轮胎胎冠宽度基本一致。根据滚印的数量、宽度和花纹形态可以确定车辆轮胎的种类、规格、数量及车辆的行驶方向、运行轨迹。如滚印能准确反映出车辆轮数和轴数,可据此确定车辆种类,然后依据胎冠宽度、轮距和轴距,参照车辆参数可确定车型。

横向花纹轮胎或横向花纹沟较宽的轮胎,在沥青、水泥或较硬的土路上行驶,花纹块先接触地面的一侧形成的痕迹颜色深,后接触路的一侧形成的痕迹颜色较浅。因此,在同一花纹块上,痕迹颜色由深至浅的方向为行驶方向。

(2)压印

压印是指车辆轮胎受制动力作用,沿行进方向相对于地面作滚动、滑移复合运动时,留在地面上的印迹。压印显示花纹结构加粗和畸变延长的形态。压印是制动拖印的前段,与拖印黑带接连,压印因受制动力影响,印痕形态一般都有纵向滑移,花纹结构拉长变形。

轮胎压印的宽度与轮胎胎冠宽度基本一致,所反映的胎冠花纹沿车辆行驶方向稍有延伸。轮胎制动压印总是出现在制动拖印之前,压印终点和拖印起点的位置很难确定,在测量拖印长度时应将两者一并测量。加速压印形成过程中,由于加速时车轮的转动向后产生作用力,可使一些小石块和砂料被剥掉并形成刮痕。转弯压印通常是一条窄线,颜色较深。泄气轮胎会形成中央凹入状,其压印为两条细长的痕迹,很像前轮拖印,但前轮拖印中常伴有由小石块、砂料等沿滑行方向所造成的刮痕线,而泄气轮胎压印中此类刮痕均为横向且为波形并常伴有转向特征。此外,装有 ABS(制动防抱死系统)的汽车在制动时会留下轮胎压痕(有些车型为轻微的拖印),痕迹的形态呈线条状,并可以看到变形的轮胎花纹形态,痕迹轻淡不易被发现且容易消失,痕迹终点处无遗留的橡胶颗粒。

当汽车急速起动时,砂土会在轮胎后下方产生隆起,形成起动痕迹。利用它可判断车辆加减速并辅助判断其行驶方向。此外,根据制动压印还可以确认车辆有无制动过程。

(3)拖印

拖印是指车辆轮胎受制动力作用,沿行进方向相对于地面作滑移运动时,留在地面上的印迹。其特征为带状,不显示胎面花纹,宽度与胎面宽度基本一致。印迹基本与车辆行驶方向一致,有时也会因制动跑偏或外加力矩的影响而有所偏离。

拖印受轮胎气压、车辆装载、荷载转移、地面状况及车辆运动状态等因素的影响,其宽度和形状也有所不同。横沟轮胎花纹的制动拖印内无槽的痕迹,纵沟轮胎花纹拖印内大多可见槽的痕迹,当纵沟轮胎倾斜地向前直线滑动时,因拖印宽度变大,其中槽的形状不明显。在无制动跑偏或侧滑的情况下,若车辆前后轮均为单轮,其制动拖印相互重合,当车辆后轮为双轮时,前轮制动拖印位于双后轮制动拖印中间。若两车追尾碰撞,后车在来不及制动的情况下碰撞已制动的前车,地面往往只留下前车轮胎拖印,若碰撞后车后退,则可能出现前轮印迹粗浓、后轮印迹暗淡的压印。根据制动拖印可以判断车辆行驶方向,还可以根据制动拖印的长度,推断车辆碰撞前的行驶速度,同时可以辅助判断车辆运行轨迹。

车辆制动不均衡时,左右车轮可能会形成长度不一的制动拖印,据此可判断车辆制动性能。在沥青、水泥及较硬的土路上制动时,轮胎花纹由清晰逐渐模糊的方向或拖痕由轻到重的方向为车辆行驶方向。另外,当汽车在松软的土路或夏季的沥青路上紧急制动时,在停止处会形成凹陷,利用它可辅助判断行驶方向。

(4)侧滑印

车辆轮胎受制动力或碰撞冲击力或转向离心力的作用,偏离原行进方向相对于地面作横向滑移运动时,留在地面上的印迹即侧滑印。其特征为印迹宽度一般大于或小于轮胎胎面宽度,不显示胎面花纹,有时可能出现一组斜向排列的平行短线状印迹。

制动侧滑印一般显示不出轮胎胎冠花纹且宽度大于胎冠宽度,根据制动侧滑印可计算制动前车速、判断车辆行驶方向。

当车辆急转弯时,转向侧滑印发生扭曲,其外侧颜色更深,同时车辆外侧车轮侧滑印痕较内侧车轮更为清晰。如果汽车是在沥青或水泥路面上转弯,则在转弯处的轮胎痕迹形成相互平行的倾斜线条,线条痕迹与车辆行驶方向呈锐角,据此可判断车辆行驶方向、计算车辆制动前的速度。

碰撞侧滑印的形态与碰撞类型、碰撞接触部位、地面状况、车体动能、速度等因素有关。其特征是轮胎印痕突然转折出现拐点且颜色较深,转折后印痕宽度较未转折前宽。

根据碰撞侧滑印痕转折的方向和角度可以确定第一接触点、碰撞的位置和受力方向,进而判断车辆行驶方向、计算碰撞前的速度。

2. 路面损伤痕迹

路面损伤痕迹是指交通事故发生时,除车辆轮胎外的坚硬物体相对于路面作撞击、滑移时所造成的痕迹。具体可以分为以下几种:

(1) 撞击痕迹

撞击痕迹是车辆碰撞过程中,沉重或尖锐的零部件或车辆装载砸压痕迹。常见的车体部件的撞击痕迹包括:转向横拉杆球头销脱落撞击痕迹、方向机脱落撞击痕迹、变速器撞击痕迹、传动轴脱落撞击痕迹、半轴脱出撞击痕迹、轮胎脱落撞击痕迹等。撞击痕迹通常会在路面上形成坑凹或者沟槽,容易被发现。

(2) 剐擦痕迹

剐擦痕迹是车辆零部件或所载货物虽然脱落,但没有与车体分离,在撞击痕迹形成后,由于车辆继续运动,拖动车体部件或货物与路面之间滑移而形成的痕迹。

剐擦痕迹一般呈条状,其运动方向通常与车辆的运行轨迹一致。交通事故现场常见的剐擦痕迹包括:汽车保险杠脱落造成的痕迹,两轮摩托车、自行车倒地后,滑移过程中方向把、脚踏板等在地面形成的痕迹。

(3) 挫压痕迹

挫压痕迹是受到一定压力的摩擦痕迹,一般按形成机理可以分为轮胎挫压痕迹、鞋底挫压痕迹等。车辆轮胎的挫压痕迹较正常的轮胎制动痕迹宽,且方向往往偏离车辆原行驶方向。自行车轮胎的挫压痕迹一般都是横向呈水纹状的。车辆碰撞行人常在路面上留下鞋底的挫压痕迹。挫压痕迹的特征是从重到轻,重端是车辆的驶来方向,并可将此端点定为事故的接触点。

挫压痕迹区别于撞击痕迹的重要特征是相互作用时间短,挫压痕迹大多是加层痕迹,对路面一般没有实质性破坏。

3. 路面散落物

路面散落物是指遗留在交通事故现场,能够证明交通事故真实情况的物品或物质。如损坏脱离的车辆零部件、玻璃碎片、油漆碎片、橡胶碎片、车辆装载物、结构性土砂碎块、人体抛落在地面上的穿戴物品和携带物品、人体被分离的器官组织、从其他物体上掉落在地面上的树皮、断枝、水泥及石头碎块等。

散落物在与车体分离后,由于具有一定的速度,因此多作平抛运动。根据散落物分布的方向可以判断碰撞的方向;根据散落物分布的形态可以判断车辆在碰撞时的运动状态;根据车辆的行驶速度及散落物在车体上所处的位置可以推算出接触点;根据散落物离开车体后的运动状况可以计算出散落物离开车体时的速度,为进一步推断车辆的碰撞速度提供依据。

对于与交通事故有关的地面散落物应确定其种类、形状、颜色及其分布位置,尤其要确定主要散落物第一次着地点和着地方向。

4. 车体痕迹

车体痕迹是指车辆在交通事故中与其他车辆、人体、物体接触，造成车辆变形和破损而遗留在车体上的印迹，以及车体上的灰尘或其他附着物等缺失留下的印迹。

（1）车体痕迹的形成要件

车体痕迹的形成要件主要有：造型体、承受体、作用力和介质。

①造型体是指在车体痕迹形成过程中，在车体表面留下自身表面结构形态特征的物体，车体痕迹的造型体包括与车辆接触的车辆或其他物体。

②承受体是指在车体痕迹形成过程中，在自己表面的接触部位留下造型体表面结构特征的载体。车体痕迹的承受体为车体。

③作用力即车辆与其他车辆或物体之间在接触过程中产生的机械作用。车体痕迹在形成过程中，作用力的大小、方向及作用方式决定了痕迹的形态和特征。如果作用力与接触平面垂直，则形成碰撞痕迹；当接触面积小、作用力大、作用时间短时，则形成空洞状破损痕迹。如果作用力与接触面平行，则形成剐擦痕迹；当接触面积大、作用力时间长时，一般形成凹陷状和塌陷状痕迹。

④介质是指两种接触物体表面的中介质，一般是呈现痕迹的某种涂料或附着物质。介质对车体平面痕迹形成也起着重要的作用。由于车体表面的油漆、涂料和尘土等的存在，车体平面痕迹的形成都会存在表面介质的转移，在形成结构形象痕迹的同时形成微量物质附着痕迹。

（2）车体痕迹的特点

①交通事故中的车体痕迹一般范围较大，种类和特征明显，容易被发现。

②造型体、承受体之间往往有微量物质转换，可以通过物质分析对其进行种属认定；特别是机动车与人体相接触形成的车体痕迹，大多数为附着痕迹，车体上一般有纤维、毛发、血迹、人体组织等附着物。

③车体痕迹以碰撞、剐擦痕迹为主。碰撞多为立体的凹陷状痕迹、空洞状痕迹和整体分离痕迹；剐擦痕迹一般是平面痕迹，有线条状痕迹和大面积的塌陷状痕迹。

④车体痕迹多数为动态痕迹。

⑤车体痕迹的形成遵循运动学、力学等客观规律，伪造的车体痕迹比较容易分辨。

（3）车体痕迹的分类

按车体痕迹的保留状态分为立体、平面和分离车体痕迹；按车体痕迹的特征分为静态和动态车体痕迹；按车体痕迹的形成过程分为初始损坏、撞击损坏、传导损坏和二次损坏痕迹；按车体痕迹的形成机理分为撞击、剐擦和其他车体痕迹；按车体痕迹的形成部位分为车体外部、车体内部、轮胎客体痕迹；按车体痕迹的外部结构特征分为凹陷状、塌陷状、孔洞状和分离破碎状痕迹。

5. 人体痕迹

人体痕迹是指在交通事故中与车辆、道路、物体接触，遗留在人体衣着和体表上的印迹。人体痕迹的作用包括：确认案件性质、查明痕迹形成的机理、判断损伤形成的过程和时间。根据人体痕迹形成的特点，在对人体痕迹进行勘查时，通常按人体衣着痕迹、人体体表痕迹分类进行。

(1) 人体衣着痕迹

人体衣着痕迹是指在交通事故中，人体与车辆或其他物体接触，因撞击、刮擦、碾压、挤压和摩擦等，在人体穿着的衣服上造成的印迹。按痕迹形成的机理不同，人体衣着痕迹可分为破损痕迹、附着痕迹和碾压痕迹。

①破损痕迹是指人体衣着被车辆、物体碰撞、刮擦、碾压后造成的衣着损坏痕迹，包括撕裂、孔洞、开缝、脱扣等痕迹。

②附着痕迹是指衣着表面的油漆、油污和其他物质。

③碾压痕迹是指衣着被轮胎碾压后，在衣着表面留下的胎面花纹、褶皱或散点状破损等痕迹。

(2) 人体体表痕迹

人体体表痕迹是指在交通事故中，人体因受外力作用而造成损伤，在人体体表留下的印迹。按事故损伤的性质，人体体表痕迹可分为表皮剥脱、皮下出血、挫伤、挫裂创、骨折和关节脱位等；按事故致伤的方式，人体体表痕迹可以分为撞击伤、碾压伤、摔跌伤、减速伤等；按事故损伤的后果，人体体表痕迹可以分为致死性损伤、致残性损伤、非致残性损伤等；按交通参与者身份，人体体表痕迹可以分为汽车驾驶人损伤、汽车乘员损伤、摩托车驾驶人损伤、摩托车乘员损伤、骑行人损伤、行人损伤、人体被抛出车外的损伤等。

6. 附着物及其他痕迹

(1) 附着物

附着物是指在交通事故中形成，黏附在事故车辆、人体、路面及其他物体表面，能证明交通事故真实情况的物质。如油漆、油脂、塑料、橡胶、毛发、纤维、血迹、人体组织、木屑、植物枝叶及尘土等微量附着物质。

(2) 其他痕迹

其他痕迹是指交通事故中车辆、物体或人体与树木、道路交通设施、建筑物等接触，遗留在树木、道路交通设施、建筑物等表面的印迹。

第三节　交通事故损失

交通事故的大量发生及其导致的人员伤亡和财产损失严重影响了社会经济的发展。交通安全经济分析是交通事故的发生与防治规律研究的重要内容。确定事故损失费用构成和测算方法是评价交通事故损失费用的基础。本节重点介绍事故损失费用的组成与划分、交通事故损失的计量方法和我国交通事故社会经济损失的指标体系及总体模型。

一、事故损失费用的组成与划分

1. 按直接损失与间接损失进行划分

(1) 直接损失

直接损失是由事故后果所产生的物质损失和必要的服务所产生的费用，包括：财产损失、急救和交通紧急服务费用、医疗费用(急诊、住院、护理、疗养等)、法律诉讼与裁判费用。

(2)间接损失

间接损失包含事故所涉及的人和社会所承受的不可弥补的损失,这些损失包括生活中不可见的部分(如痛苦和承受)、可见的部分(如服务性机构所完成行政工作),以及由于事故,个人在事故后一定时期不能生产产品或提供服务的损失。

2. 按资源的损失费用和恢复费用进行划分

一方面,由于交通事故致使人力或物力资源遭到破坏或损伤;另一方面,为了使遭到破坏的资源尽可能地恢复原状以及消除事故的后果,必须使用的人力和物力资源,即生产恢复性费用。这两种费用共同组成事故的经济损失。资源损失费用包括人力资源的损失、物力资源的损失。恢复性费用包括直接恢复性费用和间接恢复性费用。

3. 按事故损失组成分类

从整个社会的角度确定损失费用的组成,对事故损失分类如下:

(1)人员伤亡的损失

这部分损失是由于交通事故导致人员伤亡而对社会或国民经济造成的损失。具体包括:死亡者创造价值的损失、医疗、丧葬等费用;受伤者劳动能力下降而使社会劳动价值减少,受伤者及其家庭、亲友的生活质量及精神损失等费用。

(2)财物的损失

这里的财物损失仅指直接损失,即财物、车辆、道路交通设施的折款额。

(3)社会机构的服务消耗

这部分损失包括所有处理交通事故的社会机构所耗费的工作量及事故处理费用、紧急设施的消耗费用等。这些机构包括公安、消防、保险、福利机构、法务机构等。涉及有关机构的行政费用、相应紧急设施的消耗费用。

(4)交通延误等造成的社会经济损失

交通事故社会延误是指交通事故所造成的相应的车辆拥堵、使人的社会活动和生产活动受到影响等方面的损失。

(5)交通事故污染损失

交通事故污染损失是指交通事故导致的环境污染等方面的损失。

二、交通事故社会经济损失的指标体系及总体模型

在分析国内外对交通事故经济损失研究经验的基础上,结合我国交通事故经济损失的特点,评价交通事故社会经济损失指标体系的总体思路,主要包括以下5个部分:

1. 死亡者社会经济损失评价指标

(1)创造价值损失(包括死亡者工资、社会福利、贡献社会的劳动价值等),X_{11};

(2)家务劳动损失,X_{12};

(3)家庭成员精神损失,X_{13};

(4)家庭生活质量损失,X_{14};

(5)处理死亡者的医疗费用、丧葬费,X_{15};

(6)救护车费用,X_{16}。

2. 受伤者社会经济损失指标

交通事故受伤分为重伤和轻伤。其中,重伤又分为永久性致残和暂时性致残。

(1) 重伤

① 永久性致残的受伤人员社会经济损失。

永久性致残是指使人体至少 1 年时间不能恢复工作,且工作能力终身不能恢复到受伤前状态的重伤。其评价指标包括:

a. 伤者创造价值损失,X_{21};

b. 家务劳动损失,X_{22};

c. 医疗费用,X_{23};

d. 受伤者及其家庭的精神痛苦而造成的损失,X_{24};

e. 受伤者及其家庭的生活质量损失,X_{25};

f. 救护车的费用,X_{26}。

② 暂时性致残的受伤人员社会经济损失。

暂时性致残是指使人体有 1 个月以上的时间不能恢复工作,但工作能力在一年内能够恢复的重伤。它的评价指标与上述永久性致残相同,但每个指标的量化值相对减小。

(2) 轻伤

轻伤是指无须住院治疗的有关费用、精神损失、救护车费用等,X_{27}。

3. 财产损失指标

(1) 车辆损失(维修费用、零配件费用等),X_{31};

(2) 货物损失,X_{32};

(3) 道路及其设施的损失,X_{33}。

4. 社会服务损失指标

(1) 警方服务的费用,X_{41};

(2) 清障车服务的社会费用,X_{42};

(3) 行政复议、上访、司法过程费用,X_{43};

(4) 管理部门费用,X_{44}。

5. 交通事故社会延误损失指标

(1) 交通事故引起交通拥挤延误损失,X_{51};

(2) 交通事故影响了他人的社会活动而造成的损失,X_{52}。

根据前述评价指标体系,交通事故社会经济损失的总体计量模型为:

$$C = f(X_{ij}) = \sum_{i=1}^{m}\sum_{j=1}^{n} X_{ij} \tag{2-1}$$

式中:C——交通事故社会经济损失;

X_{ij}——评价指标;$m = 5$;

n——各部分损失中的指标数量。

第四节　交通事故再现分析基础

解析交通事故发生的直接原因、事故过程，是交通事故处理、交通事故致因分析、交通安全研究的基础。交通事故再现也称交通事故重建，是进行事故鉴定和确定事故原因的主要基础之一，用来解释说明事故发生的整个过程或其中的某一片段。它主要根据交通事故现场所遗留的种种物证，如：碰撞后车辆滑行距离、滑行方向、损毁程度、制动痕迹长度、路面特性、车辆特性等，运用弹塑性力学、运动学、动力学等相关理论对事故发生过程进行理论推演与印证。本节重点介绍利用碰撞力学方法再现事故发生前状态的技术。

一、碰撞过程与基本假设

交通事故再现的动力学理论以动量守恒和能量守恒为主，前者以碰撞前的动量总和与碰撞后的动量总和相等为基础，以此推导碰撞前后车速的变化；后者根据事故发生后车辆位移、损毁程度、塑性变形量等，推导出碰撞前、后车速的变化。

1. 车辆碰撞过程分类及特点

（1）车辆碰撞的三个过程

①碰撞前过程：以驾驶人察觉危险开始制动到两车刚接触，称为碰撞前过程。

②直接碰撞过程：从两车刚接触到两车刚分离，称为直接碰撞过程。

直接碰撞过程又分两个阶段。从两车刚接触开始，便在接触面上产生挤压应力与压缩变形。这个压力由小到大，两车的速度差由大到小，逐渐接近，直至两车达到相同速度，压缩变形达到最大。紧接着由于压缩变形的弹性部分逐渐恢复，两车压紧的程度逐渐放松，两车速度出现相反的差别，直至两车分离。在这一过程中，分为前后两个阶段：

a. 压缩变形阶段：从两车刚接触到压缩变形达到最大、两车速度相等时称为压缩变形阶段。

b. 弹性恢复阶段：从变形达到最大、两车速度相等到两车刚刚分离称为弹性恢复阶段。

有时因塑性变形很大，弹性变形很小，故可忽略不计，这时只有压缩变形阶段，没有弹性恢复阶段。此时压缩变形达到最大，两车具有相同速度时，就是碰撞后过程的开始。

③碰撞后过程：从两车刚分离到两车完全停止，称为碰撞后过程。

（2）碰撞的两个主要特点

①时间短：包括压缩变形阶段和弹性恢复阶段在内，一般仅经历 0.1s 左右，而且物体的刚度越大，经历的时间越短。

②碰撞冲力大：碰撞前后物体的速度变化很大，经历时间又短，加速度特别大，所以碰撞冲力也特别大，它可以等于物体重力的十几倍，甚至几十倍。

2. 碰撞的两个基本假设

在直接碰撞阶段，只考虑两物体间的碰撞力，不考虑其他的常见力，如重力、路面反力、摩擦力等。因为与碰撞力相比，这些常见力一般小到可以忽略不计。当然，在碰撞前过程和碰撞后过程中，碰撞力不存在，其他常见力则不能忽略，它们起主要作用。

在直接碰撞过程中,物体的位移小到可以忽略不计。因为碰撞时间特别短,速度乘以时间所得的位移很小。根据这一假设,直接碰撞阶段开始与结束瞬时,假定处于同一位置,因此在事故现场图中,道路上的碰撞位置,既是碰撞开始的位置,也是碰撞结束开始滑行的位置。

根据第一个假设,把两车作为整体,碰撞前后一定满足动量守恒公式,因为直接碰撞阶段只考虑碰撞力,而碰撞力对两车整体来说是内力,不影响整体的运动。但两车整体的动能不守恒,因为内力要做功。

二、用于车辆碰撞的力学定理

在交通事故的车辆碰撞过程中,把车体的运动分解成随质心的牵连平动和绕质心的相对转动,平动以质心为代表应用质心运动的冲量定理,转动应用相对质心的冲量矩定理。

1. 质心运动的冲量定理

若以单车为研究对象,车体质心的运动就代表车体的平动。设车体质量为 m,碰撞前后质心速度分别为 $\bar{v}_0$ 和 $\bar{v}$,碰撞力的冲量为 P,则由冲量定理有:

$$m\bar{v} - m\bar{v}_0 = P \tag{2-2}$$

也就是说,在直接碰撞过程中,质心动量的变化等于所受到的碰撞力冲量,其他非碰撞力的冲量忽略不计。

在碰撞前过程和碰撞后过程中,质心运动定理也是成立的,不过此时碰撞力不存在,要用摩擦力等其他常见力,质心运动定理可改用微分形式:

$$m\frac{d\bar{v}}{dt} = \sum \bar{F} \tag{2-3}$$

式中:$\bar{F}$——碰撞力。

2. 动量守恒定理

若以相互碰撞的两车为研究对象,由于只考虑碰撞力,而且对两车整体而言,碰撞力是内力,所以存在动量守恒方程式:

$$m_1\bar{v}_1 + m_2\bar{v}_2 = m_1\bar{v}_{10} + m_2\bar{v}_{20} \tag{2-4}$$

式中:m_1、m_2——1车、2车的质量;

$\bar{v}_1$、$\bar{v}_2$——1车、2车碰撞后的速度;

$\bar{v}_{10}$、$\bar{v}_{20}$——1车、2车碰撞前的速度。

值得注意的是,动量守恒定理只能用于直接碰撞的过程,在碰撞前与碰撞后都不成立。

3. 相对质心转动的冲量矩定理

若以单车为研究对象,设车体绕质心的转动惯量为 J,碰撞前后车体转动角速度为 ω_0 和 ω,碰撞力力矩为 $\bar{P}$,有相对质心转动的冲量矩定理:

$$J\omega - J\omega_0 = \sum m_c(\bar{P}) \tag{2-5}$$

也就是说,在直接碰撞过程中,车体绕质心转动动量矩变化等于所受到的碰撞冲力对质心的力矩,其他非碰撞力的力矩一概不计。

在碰撞前过程和碰撞后过程中,绕质心动量矩定理也是成立的,不过此时碰撞力不存在,要用摩擦力等其他常见力,绕质心动量矩定理也可改用微分形式:

$$J\frac{d\omega}{dt} = \sum m_c(\bar{P}) \tag{2-6}$$

4. 动能定理

在碰撞前过程和碰撞后过程中,如果车辆制动,路面摩擦力会使车辆减速,则由动能定理可得公式:

$$T_2 - T_1 = \sum W_{12} \tag{2-7}$$

式中:T_1、T_2——位置 1 与位置 2 处车辆的动能;

W_{12}——从位置 1 到位置 2 摩擦力、重力等做的功。

当车体在路面上又滑又转做平面运动时,车体动能分平动动能和转动动能两部分,即:

$$T = \frac{1}{2}mv^2 + \frac{1}{2}J\omega^2 \tag{2-8}$$

在直接碰撞过程中,两车整体的动能不守恒。虽然此时碰撞力是内力,等值、反向、共线,这两个力的矢量和等于零,但内力可以做功,因为车体有变形,弹性变形可以恢复,但塑性变形(也称永久变形)不能恢复,而且在重大交通事故中,车体变形主要是塑性变形。由于塑性变形吸收了大量的动能,使两车碰撞后的速度与碰撞前相比大为降低。

例如:有两车正面相撞,假设它们质量相等,即 $m_1 = m_2$,速度大小相等方向相反,即 $\bar{v}_{10} = -\bar{v}_{20}$。如果碰撞前速度很高,碰撞时塑性变形很大,弹性变形小到可以忽略不计,弹性恢复也就忽略不计,碰撞后的速度几乎等于零,也就是两车撞在一起几乎不动。这样碰撞后两车速度均接近于零,动能也均接近于零,而碰撞前速度很大,动能很大,显然碰撞前后,两车整体的动能不守恒。但两车整体的动量仍然守恒。

上述例子中,碰撞前车速很大,单车的动量 $m_1\bar{v}_{10}$、$m_2\bar{v}_{20}$ 都很大,但两者方向相反,互相抵消,两车整体的动量等于零。碰撞后两车速度均等于零,整体的动量当然仍保持为零。即使存在弹性恢复,碰撞后两车速度不等于零,单车的动量不等于零,但是两车整体的动量还是等于零,因为反弹的速度大小相等、方向相反,两车的动量互相抵消。

三、典型碰撞事故再现分析

1. 一维碰撞

1)正面碰撞

(1)恢复系数

汽车碰撞事故是一种碰撞现象。碰撞有三种形式,即弹性碰撞、非弹性碰撞和塑性碰撞。碰撞形式可用恢复系数 e 表示,即:

$$e = \frac{v_2 - v_1}{v_{10} - v_{20}} \tag{2-9}$$

式中:v_{10}、v_{20}——A、B 两车在碰撞前瞬间的速度(正碰时 v_{20} 为负值);

v_1、v_2——A、B 两车在碰撞后瞬间的速度。

例如,两个橡皮球均以 3m/s 的速度正面碰撞,当球变形到速度为零后,又分别以 3m/s 的速度分开,则碰撞后的相对速度 $v_2 - v_1 = 3 - (-3) = 6$m/s,故恢复系数为 $e = (v_2 - v_1)/(v_{10} - v_{20}) = 6/6 = 1$。如果同样的两个黏土球,碰撞的能量全部由永久变形而吸收,故碰撞后的相对速度为零,$e = 0$。所以,弹性碰撞 $e = 1$,塑性碰撞 $e = 0$,非弹性碰撞 $0 < e < 1$。

(2)碰撞基本规律

汽车是具有一定尺寸的物体,但是,如果在碰撞过程中,两辆汽车的总体形状对质量分布影响不大，则可将它们简化为两个只有质量大小的质点，从而使用质点的动量原理和能量守恒定理求解。由于恢复系数 e 等于两个碰撞物体离去动量与接近动量之比。所以，汽车正面碰撞时，若忽略其外力的影响，根据动量守恒原理，有：

$$m_1 v_{10} + m_2 v_{20} = m_1 v_1 + m_2 v_2 \tag{2-10}$$

式中：m_1、m_2 ——A、B 两车的质量，kg；

v_{10}、v_{20} ——A、B 两车在碰撞前瞬间的速度（正碰时 v_{20} 为负值）；

v_1、v_2 ——A、B 两车在碰撞后瞬间的速度。

由于 $e = (v_2 - v_1)/(v_{10} - v_{20})$，则 $v_2 = v_1 + e(v_{10} - v_{20})$，$v_1 = v_2 - e(v_{10} - v_{20})$，将上述两式代入式(2-10)，有：

$$v_1 = v_{10} - \frac{m_2}{m_1 + m_2}(1 + e)(v_{10} - v_{20}) \tag{2-11}$$

$$v_2 = v_{20} + \frac{m_1}{m_1 + m_2}(1 + e)(v_{10} - v_{20}) \tag{2-12}$$

这说明碰撞后的速度取决于碰撞时两车的相对速度 $v_{10} - v_{20}$、两车的质量比及恢复系数。如果恢复系数 e 为 0，摩托车、自行车和行人等与载货汽车碰撞时，由于载货汽车的质量（m_2）相对很大，即 $m_1/m_2 \approx 0$，则速度的变化为 $\Delta v_1 = v_{10} - v_{20}$。若两车为同型车，即 $m_1 = m_2$，则速度变化为 $\Delta v_1 = (v_{10} - v_{20})/2$。若碰撞车是对方车质量的 2 倍，即 $m_1/m_2 = 2$，则速度变化 $\Delta v_1 = (v_{10} - v_{20})/3$。

在非弹性碰撞中，碰撞前两车具有的总动能为：

$$E_{k0} = \frac{1}{2} m_1 v_{10}^2 + \frac{1}{2} m_2 v_{20}^2 \tag{2-13}$$

碰撞后的总动能为：

$$E_k = \frac{1}{2} m_1 v_1^2 + \frac{1}{2} m_2 v_2^2 \tag{2-14}$$

碰撞中的能量损失 ΔE，应是碰撞前后两车总动能之差：

$$\Delta E = \left(\frac{1}{2} m_1 v_{10}^2 + \frac{1}{2} m_2 v_{20}^2\right) - \left(\frac{1}{2} m_1 v_1^2 + \frac{1}{2} m_2 v_2^2\right)$$

$$= \frac{1}{2} \frac{m_1 m_2}{m_1 + m_2}(1 - e^2)(v_{10} - v_{20})^2 \tag{2-15}$$

(3) 汽车正面碰撞的等效模型

设正面碰撞中的两车是同型车，即 $m_1 = m_2$。若以 60km/h 的速度正面碰撞与用同样速度向墙壁碰撞相比较，前者碰撞激烈，相对速度达 120km/h，后者只有 60km/h。但是两车的运动和变形却是相同的，两车在对称面的接触处，各点的运动均为零（图 2-2），这样就可将接触面完全等效为刚性墙壁。

图 2-2　汽车正面碰撞示意图

如果两车不是同型车，即 $m_1 \neq m_2$。A 车和 B 车碰撞时速度分别为 v_{10} 和 v_{20}，在碰撞后，两车必然在某一时刻具有相同的速度 v_c。此时，根据动量守恒定律，$m_1 v_{10} + m_2 v_{20} = (m_1 + m_2) v_c$，则有：

$$v_c = \frac{m_1 v_{10} + m_2 v_{20}}{m_1 + m_2} \tag{2-16}$$

式中：m_1、m_2——A、B 两车的质量，kg；

v_{10}、v_{20}——A、B 车碰撞前瞬间的速度，m/s；

v_c——A、B 两车同速时的速度，m/s。

因此，A 车和 B 车的速度变化分别如下：

$$v_{e1} = v_{10} - v_c = \frac{m_2}{m_1 + m_2}(v_{10} - v_{20}) \tag{2-17}$$

$$v_{e2} = v_{20} - v_c = \frac{m_1}{m_1 + m_2}(v_{20} - v_{10}) \tag{2-18}$$

此时，可认为两车是以速度 v_c 向固定墙壁冲撞。v_{e1} 和 v_{e2} 称为有效碰撞速度。

（4）正面碰撞前后速度

小客车正面碰撞时，恢复系数 e 与有效碰撞速度的关系可用式(2-19)表示为：

$$e = 0.574 \exp(-0.0396 v_e) \tag{2-19}$$

式中：v_e——有效碰撞速度，km/h。

有效碰撞速度越大，恢复系数越小，碰撞越激烈，越接近塑性变形。在有驾乘人员伤亡的事故中，一般可按塑性变形（$e \approx 0.1$）处理。

在汽车正面碰撞的事故中，因伴随有人身的伤亡和车体的塑性变形，为此，必须了解车身变形与碰撞速度的关系。根据小客车正面碰撞实验，车身塑性变形量 x（凹损部下陷的深度）与有效碰撞速度的关系用方程式表示为：

$$v_e = 105.3x \tag{2-20}$$

式中：x——塑性变形量，m；

v_e——有效碰撞速度，km/h。

塑性变形量的确定方法，如图 2-3 所示。

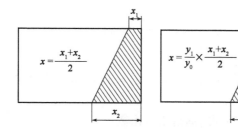

图 2-3 塑性变形量的计算方法

碰撞后汽车的剩余动能，要由轮胎和路面的摩擦做功来消耗，其表达式为：

$$\frac{m_1 v_1^2}{2} = \varphi_1 m_1 g L_1 k_1$$

则有：

$$v_1 = \sqrt{2\varphi_1 g L_1 k_1} \tag{2-21}$$

同理，根据 $m_2 v_2^2 / 2 = \varphi_2 m_2 g L_2 k_2$，有：

$$v_2 = \sqrt{2\varphi_2 g L_2 k_2} \tag{2-22}$$

式中：m_1——A 车的质量，kg；

φ_1、φ_2——A 车和 B 车滑移时的纵滑附着系数；

L_1、L_2——A 车和 B 车碰撞后的滑移距离，m；

k_1、k_2——附着系数的修正值，全轮制动时 $k=1$，只有前轮和后轮制动时，k 的取值视汽车类型而定；对于发动机前置前驱动的小客车在良好路面制动，只有前轮制动时取 0.6~0.7，只有后轮制动时取 0.2~0.3。

综合上面的内容，推算正面碰撞前速度的基本流程为：由式(2-21)和式(2-22)可求得 v_1 和 v_2，再由式(2-20)求出有效碰撞速度，并把所得的结果代入式(2-17)、式(2-18)及式(2-10)，解联立方程，可求出碰撞前的速度 v_{10} 和 v_{20}。

2）追尾碰撞

(1) 汽车追尾碰撞特点

追尾碰撞，同正面碰撞一样也是一维碰撞。因此，正面碰撞中的方程式也适用于追尾碰撞。追尾碰撞的特点主要有：①被撞车驾驶人认知的时间很晚，很少有回避的举动。因此，追尾碰撞中的斜碰撞少，碰撞现象与正面碰撞相比较单纯。②与正面碰撞相比，恢复系数小很多。这是因为汽车前部装有发动机，刚度大，而车身后部（指小客车）是空腔，刚度小。追尾变形主要发生在被撞车的后部，故恢复系数比正面碰撞小得多。

有效碰撞速度达到 20km/h 以上时，恢复系数近似为零。碰撞车停止后，有时被撞车还会继续向前滚动一段距离。

(2) 追尾碰撞速度推算

追尾碰撞的力学关系，除两碰撞车的速度方向相同外，其他的和正面碰撞相同。根据追尾碰撞速度和恢复系数的关系可知，追尾碰撞速度超过 20km/h 时，恢复系数接近于零。在这种情况下，碰撞后两车成一体（黏着碰撞）运动。另外，碰撞车驾驶人在发现有追尾发生的可能时，正常情况下要采取紧急制动措施，从而在路面上留下明显的制动印迹（非 ABS 汽车）。被撞车因为没有采取制动，碰撞后两车的运动能量几乎由碰撞车的轮胎和地面的摩擦来消耗，其计算式为：

$$\frac{1}{2}(m_1 + m_2)v_c^2 = \varphi_1 m_1 g L_1 k_1 \tag{2-23}$$

式中：m_1、m_2——碰撞车和被碰撞车质量，kg；

v_c——碰撞后两车的速度，m/s，因为 $e=0$，两车的速度相等，$v_c = (m_1 v_{10} + m_2 v_{20})/(m_1 + m_2)$；

φ_1——碰撞车的轮胎与路面的纵滑附着系数；

L_1——碰撞车碰撞后的滑移距离，m；

k_1——附着系数的修正值。

由式(2-23)得：

$$v_c = \sqrt{\frac{2\varphi_1 m_1 g L_1 k_1}{m_1 + m_2}} \tag{2-24}$$

如果考虑碰撞车停止后,被碰撞车与碰撞车分开,继续向前滚动也会消耗一部分能量,则得:

$$\frac{1}{2}(m_1 + m_2)v_c^2 = \varphi_1 m_1 g L_1 k_1 + f_2 m_2 g L_2 \tag{2-25}$$

式中:f_2——被碰撞车的滚动阻力系数;

L_2——与碰撞车分开后,被碰撞车的滚动滑行距离,m。

由式(2-24)得:

$$v_c = \sqrt{\frac{2g(\varphi_1 m_1 L_1 k_1 + f_2 m_2 g L_2)}{m_1 + m_2}} \tag{2-26}$$

在追尾事故中,如果是同型车,则碰撞车的减速度等于被碰撞车的加速度,如果不是同型车则与质量成反比。碰撞车前部变形很小,而被碰撞车的后部有较大的变形,故追尾事故中的机械损失应等于被碰撞车后部的变形能。根据式(2-16)得:

$$\frac{1}{2}\frac{m_1 m_2}{m_1 + m_2}(v_{10} - v_{20})^2(1 - e^2) = m_2 a_2 x_2 \tag{2-27}$$

式中:a_2——被碰撞车的加速度,m/s²;

x_2——被碰撞车的车体最大变形量,m。

$m_2 a_2$——塑性变形时的反作用力,其值取决于变形速度(即有效碰撞速度)。在塑性碰撞中,$e=0$,则由式(2-27)得:

$$\frac{1}{2}\frac{m_1 m_2}{m_1 + m_2}(v_{10} - v_{20})^2 = m_2 a_2 x_2 \tag{2-28}$$

被撞车的有效碰撞速度,由式(2-18)得:

$$v_{e2} = \frac{m_1}{m_1 + m_2}(v_{10} - v_{20}) \tag{2-29}$$

故式(2-28)可改写为:

$$\frac{1}{2}\left(\frac{m_1}{m_1 + m_2}\right)^2 (v_{10} - v_{20})^2 \frac{m_1 + m_2}{m_1} m_2 = m_2 a_2 x_2$$

将式(2-29)代入得:

$$\frac{1}{2}v_{e2}^2 \frac{m_1 + m_2}{m_1} = a_2 x_2$$

$$v_{e2}^2 = \frac{2m_1}{m_1 + m_2} a_2 x_2 \tag{2-30}$$

对于同型车 $m_1 = m_2$,则有:

$$v_{e2}^2 = a_2 x_2 \tag{2-31}$$

当有效碰撞速度 $v_{e2} < 32$km/h 时,表达式为:

$$v_{e2} = 17.9 x_2 + 4.6 \tag{2-32}$$

式中,x_2 的单位为 m;v_{e2} 的单位为 km/h。

当速度较高时,因车尾后部空腔已被压扁,变形触及刚性很强的后轴部分,故随有效碰撞速度的增加,变形并没有多大的增加。

$$x'_2 = \frac{2m_1}{m_1 + m_2} x_2 \tag{2-33}$$

式(2-33)为被撞车尾部塑性变形平均深度因两车质量不等而引进的换算公式，m_1 为主撞车质量，m_2 为被撞车质量。当 $m_1 = m_2$ 时，$x'_2 = x_2$，不用换算，因为式(2-32)是按照质量相等的两小客车进行追尾碰撞试验结果总结出来的，把它推广到质量不等的两小客车追尾碰撞中，应按式(2-33)进行计算。

这些分析适用于小客车之间的追尾碰撞。对于小客车与载货汽车之间的追尾碰撞，由于结构的巨大差异而有所不同，往往发生钻碰现象。

综合上面的内容，推算追尾碰撞前速度的基本流程为：从被撞车的变形导出与同型汽车等价的变形量，见式(2-33)，然后从等价变形量推算被撞车的有效碰撞速度，见式(2-32)，与此同时，可由滑移距离导出碰撞后两车的共同速度，见式(2-26)或式(2-24)，然后解联立方程式 $(v_{10} - v_{20}) = (m_1 + m_2)/v_{e2}m_1, m_1v_{10} + m_2v_{20} = (m_1 + m_2)v_c$，可以求得 v_{10} 和 v_{20}。

2. 二维碰撞

两车碰撞事故中，除了少量属于对心碰撞，碰撞后滑行过程中车体没有转动，或者转动不大，可以不予考虑之外，绝大部分都是非对心碰撞，碰撞后车体既平动又转动，平动和转动都消耗动能，两者同样重要。此处将二维碰撞事故分为二维对心碰撞及二维非对心碰撞进行介绍。

1）两车二维对心碰撞

两车发生对心碰撞时，由于碰撞力通过两车的质心，不会使车辆产生转动。有时不完全对心，虽有转动，但转动不大，可以忽略不计。

设 1 车与 2 车碰撞前行驶速度分别为 v_{10}、v_{20}，速度方向角分别为 α_{10}、α_{20}；碰撞后滑行速度分别为 v_1、v_2，速度方向角分别为 α_1、α_2。那么根据动量守恒方程有：

$$m_1\bar{v}_1 + m_2\bar{v}_2 = m_1\bar{v}_{10} + m_2\bar{v}_{20} \tag{2-34}$$

将它们分别投影在 x、y 轴得到：

$$m_1v_1\cos\alpha_1 + m_2v_2\cos\alpha_2 = m_1v_{10}\cos\alpha_{10} + m_2v_{20}\cos\alpha_{20} \tag{2-35}$$

$$m_1v_1\sin\alpha_1 + m_2v_2\sin\alpha_2 = m_1v_{10}\sin\alpha_{10} + m_2v_{20}\sin\alpha_{20} \tag{2-36}$$

如果已知各车速度方向和碰撞前两车速度，就可以求得两车碰撞后速度。反之，在交通事故分析中常常先按滑行距离计算出碰撞后速度，然后联立式(2-35)及式(2-36)，求解碰撞前速度：

$$v_{10} = \frac{m_1v_1\sin(\alpha_{20} - \alpha_1) + m_2v_2\sin(\alpha_{20} - \alpha_2)}{m_1\sin(\alpha_{20} - \alpha_{10})} \tag{2-37}$$

$$v_{20} = \frac{m_1v_1\sin(\alpha_{10} - \alpha_1) + m_2v_2\sin(\alpha_{10} - \alpha_2)}{m_2\sin(\alpha_{10} - \alpha_{20})} \tag{2-38}$$

2）两车二维非对心碰撞

(1) 描述二维非对心碰撞的三套坐标系

两车非对心碰撞的主要特点是碰撞后车辆滑行时，不仅发生平动，而且发生转动。为了描述方便，引入三套坐标系进行描述。

①车体坐标系 xCy。以车体质心 C 为原点，车体纵轴为 x 轴，将 x 轴逆时针旋转 $90°$ 为 y 轴。该坐标系主要用于确定碰撞点 D 相对于质心的位置坐标。

②碰撞面法向坐标系 $nD\tau$。以碰撞面法线为 n 轴，逆时针旋转 $90°$ 为 τ 轴。这个坐标系主

要用来分解法向碰撞冲力 P_n 及切向冲力 P_τ。

③地面固定坐标系 xOy。即日常使用的固定坐标系。

为了在法向坐标系建立动量方程,需要将碰撞点相对质心的车体坐标分量列阵 $(x,y)^T$ 转换为法向坐标系的分量列阵 $(x_n, y_\tau)^T$,即:

$$\begin{Bmatrix} x_n \\ x_\tau \end{Bmatrix} = \begin{bmatrix} \cos\beta & \sin\beta \\ -\sin\beta & \cos\beta \end{bmatrix} \begin{Bmatrix} x \\ y \end{Bmatrix} \quad (2-39)$$

式中,β 角为车体坐标 x 轴逆时针转到碰撞面法线 n 的角度。同时地面固定坐标系中的速度分量矩阵 $(v_x, v_y)^T$ 也要转换为碰撞面法向坐标系中的速度分量矩阵 $(v_n, v_\tau)^T$,即:

$$\begin{Bmatrix} v_n \\ v_\tau \end{Bmatrix} = \begin{bmatrix} \cos(\alpha+\beta) & \sin(\alpha+\beta) \\ -\sin(\alpha+\beta) & \cos(\alpha+\beta) \end{bmatrix} \begin{Bmatrix} v_x \\ v_y \end{Bmatrix} \quad (2-40)$$

式中:α——车体纵轴相对固定坐标 x 轴的夹角;

$\alpha + \beta$——碰撞法线相对于固定坐标系中 x 轴的夹角。

(2)二维非对心点碰撞动力方程

讨论二维非对心碰撞时,碰撞冲力作用点是已知的,故称为点碰撞。

如图 2-4 所示,分别以 1 车及 2 车为研究对象,受碰撞力 P_n、P_τ 作用,令碰撞前后两车速度在法向坐标系中的分量分别为 v_{1n}、$v_{1\tau}$ 和 v_{2n}、$v_{2\tau}$,碰撞前两车速度分量分别为 v_{10n}、$v_{10\tau}$ 和 v_{20n}、$v_{20\tau}$,两车碰撞前后转动角速度分别为 ω_{10}、ω_{20} 和 ω_1、ω_2。两车质量分别为 m_1、m_2,两车绕质心的转动惯量分别为 J_1、J_2。那么两车分别应用动量定理有:

$$m_1(v_{1n} - v_{10n}) = -P_n \quad (2-41)$$

$$m_1(v_{1\tau} - v_{10\tau}) = -P_\tau \quad (2-42)$$

$$m_2(v_{2n} - v_{20n}) = P_n \quad (2-43)$$

$$m_2(v_{2\tau} - v_{20\tau}) = P_\tau \quad (2-44)$$

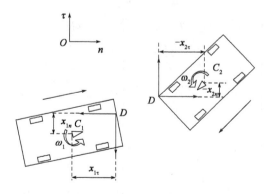

图 2-4 二维非对心点碰撞示意图

再利用动量矩定理分别得到:

$$J_1(\omega_1 - \omega_{10}) = P_n \cdot x_{1\tau} - P_\tau \cdot x_{1n} \quad (2-45)$$

$$J_2(\omega_2 - \omega_{20}) = -P_n \cdot x_{2\tau} + P_\tau \cdot x_{2n} \quad (2-46)$$

为了消去碰撞冲力 P_n、P_τ,引入碰撞点 D 处的弹性恢复系数 k 及摩擦系数 μ,即定义 D 点弹性恢复系数:

$$k = -\frac{v_{rn}}{v_{ron}} = -\frac{(v_D)_{1n} - (v_D)_{2n}}{(v_D)_{10n} - (v_D)_{20n}} \tag{2-47}$$

式中：v_{rn}——碰撞后，碰撞点 D 处两车公法线方向的相对速度，m/s；

v_{ron}——碰撞前，碰撞点 D 处两车公法线方向的相对速度，m/s。

分别以两车质心为基点，碰撞点 D 处法向速度之差为：

$$v_{rn} = (v_D)_{1n} - (v_D)_{2n} = (v_{1n} - \omega_1 \cdot x_{1\tau}) - (v_{2n} - \omega_2 \cdot x_{2\tau}) \tag{2-48}$$

$$v_{ron} = (v_D)_{10n} - (v_D)_{20n} = (v_{10n} - \omega_{10} \cdot x_{1\tau}) - (v_{20n} - \omega_{20} \cdot x_{2\tau}) \tag{2-49}$$

因此有：

$$k(v_{10n} - \omega_{10} \cdot x_{1\tau}) - k(v_{20n} - \omega_{20} \cdot x_{2\tau}) = -(v_{1n} - \omega_1 \cdot x_{1\tau}) + (v_{2n} - \omega_2 \cdot x_{2\tau}) \tag{2-50}$$

再定义碰撞点 D 处切向摩擦系数：

$$\mu = \frac{P_\tau}{P_n} \tag{2-51}$$

联立式(2-41)~式(2-44)，有：

$$\mu = \frac{m_1(v_{1\tau} - v_{10\tau})}{m_1(v_{1n} - v_{10n})} = \frac{m_2(v_{2\tau} - v_{20\tau})}{m_2(v_{2n} - v_{20n})} \tag{2-52}$$

再联立式(2-41)~式(2-46)，可用矩阵表示为：

$$[A_0]\{X_0\} = [A]\{X\} \tag{2-53}$$

式中，速度分量列阵为：

$$\{X_0\} = \begin{bmatrix} v_{10n} & v_{10\tau} & v_{20n} & v_{20\tau} & \omega_{10} & \omega_{20} \end{bmatrix}^T \tag{2-54}$$

$$\{X\} = \begin{bmatrix} v_{1n} & v_{1\tau} & v_{2n} & v_{2\tau} & \omega_1 & \omega_2 \end{bmatrix}^T \tag{2-55}$$

$$[A_0] = \begin{bmatrix} m_1 & 0 & m_2 & 0 & 0 & 0 \\ 0 & m_1 & 0 & m_2 & 0 & 0 \\ \dfrac{m_1 x_{1\tau}}{2} & -\dfrac{m_1 x_{1n}}{2} & \dfrac{m_2 x_{1\tau}}{2} & \dfrac{m_2 x_{1n}}{2} & J_1 & 0 \\ -\dfrac{m_1 x_{2\tau}}{2} & \dfrac{m_1 x_{2n}}{2} & \dfrac{m_2 x_{2\tau}}{2} & -\dfrac{m_2 x_{2n}}{2} & 0 & J_2 \\ \mu & -1 & \mu & -1 & 0 & 0 \\ k & 0 & -k & 0 & -kx_{1\tau} & kx_{2\tau} \end{bmatrix} \tag{2-56}$$

$$[A] = \begin{bmatrix} m_1 & 0 & m_2 & 0 & 0 & 0 \\ 0 & m_1 & 0 & m_2 & 0 & 0 \\ \dfrac{m_1 x_{1\tau}}{2} & -\dfrac{m_1 x_{1n}}{2} & \dfrac{m_2 x_{1\tau}}{2} & \dfrac{m_2 x_{1n}}{2} & J_1 & 0 \\ -\dfrac{m_1 x_{2\tau}}{2} & \dfrac{m_1 x_{2n}}{2} & \dfrac{m_2 x_{2\tau}}{2} & -\dfrac{m_2 x_{2n}}{2} & 0 & J_2 \\ \mu & -1 & \mu & -1 & 0 & 0 \\ -1 & 0 & 1 & 0 & x_{1\tau} & -x_{2\tau} \end{bmatrix} \tag{2-57}$$

第五节　道路交通事故处理

道路交通事故处理,是公安机关交通管理部门依据国家法律、法规、规章在其管辖和职权范围内,对交通事故进行立案登记、现场勘查、调查取证、责任认定、处罚交通事故责任人,对损害赔偿进行调解等专门业务工作的总称。本节重点介绍事故处理的相关规定。

一、交通事故处理的程序

交通事故处理程序,是指公安机关在处理交通事故案件时,依据《道路交通安全法》及其配套的法律法规、方针、政策,在职权和管辖范围内,对交通事故接警、出警、立案与调查、事故认定、经当事人申请后调解事故损害赔偿、对负有法律责任的当事人进行处罚以及对事故档案进行管理、对事故进行分析等一系列业务工作的过程。主要包括交通事故处理的简易程序、交通事故处理的一般程序和特别重大交通事故处理程序三种。下面重点介绍前两种。

1. 交通事故处理的简易程序

交通事故处理的简易程序是指,对于轻微和一般交通事故,由于情节比较简单,交通事故责任比较明确,损害比较轻,经济赔偿争议不大的,在事故处理中可适用简单便捷的程序。简易程序的处理方法有两种:一是交通警察依法定的简易程序处理的方法和保险公司依据快速处理规定处理的方法;二是当事人自行协商的处理方法。适用简易程序的事故,可以由一名交通警察处理。交通事故处理的简易程序的主要步骤如下:

(1)现场处置

接到交通事故报警后,公安交通管理部门应当立即指派交通警察赶赴现场进行调查处理。交通警察在执勤巡逻时发现可以适用简易程序处理的交通事故,也可以直接处理。

交通警察到达现场后,应首先向在场的当事人简单了解事故经过并查看现场情况,确认可以适用简易程序处理,应当对现场进行拍照或者采用其他方式固定现场证据,之后责令当事人立即撤离现场,将车辆移至不妨碍交通的地点。当事人拒不撤离的,应当强制撤离。对于事故车辆不能移动的,应立即通知施救车辆到场拖移。

撤离现场后,交通警察应当根据现场固定的证据和当事人、证人的叙述,认定并记录事故发生的时间、地点、天气、当事人姓名、机动车驾驶证号、联系方式、机动车种类和号牌、保险凭证号、交通事故形态、碰撞部位等,然后根据当事人的行为对发生事故所起的作用以及过错的严重程度,确定当事人的责任,制作"道路交通事故认定书"(简易程序)。

事故认定书制作完毕,交由各方当事人在认定书的"交通事故事实及责任"栏内签名。当事人对事故认定有异议或者拒绝签名的,由交通警察在认定书上予以记录后交付当事人,并告知当事人可以向人民法院提起民事诉讼。当事人拒绝接收的,应当在认定书上予以记录。

(2)损害赔偿调解

当事人对事故认定结论没有异议并在认定书的"交通事故事实及责任"栏签名的,交通警察应当询问当事人是否请求调解事故损害赔偿。当事人不同意调解的,将认定书当场交付事故各方当事人;当事人共同请求调解的,应当进行调解,并将调解结果记录在认定书的"损害赔偿调解结果"栏内,然后再次交由当事人签名并交付当事人。

（3）处罚

对于在事故中有违法行为的当事人，交通警察应当按照《道路交通安全法》和《道路交通安全违法行为处理程序规定》等法律规定对其违法行为进行行政处罚。

2. 交通事故处理的一般程序

交通事故处理的一般程序是指公安交通管理部门处理交通事故时通常适用的程序，又称普通程序。它规定了交通事故处理的各个主要环节，适用一般程序处理的交通事故包括：重特大交通事故、涉外道路交通事故、案情复杂的一般道路交通事故。适用一般程序处理的交通事故，必须由2名以上交通警察进行调查处理。交通事故处理的一般程序的步骤如下：

（1）立案

立案是指公安交通管理部门根据接警事故的现场勘查情况，决定予以并适用一般程序进行调查处理的登记确认过程。

（2）调查取证

调查取证是指公安交通管理部门为了查清事故的真实情况并获取相关证据，而依法开展的现场勘查、询问、讯问、检验鉴定的活动。调查取证结束，公安交通管理部门应当根据所掌握的案件情况和相关证据材料，对事故进行认定，并制作"道路交通事故认定书"。

（3）处罚

在调查取证完毕并作出交通事故认定之后，公安交通管理部门应当依据《道路交通安全法》和《道路交通安全违法行为处理程序规定》等法律规定，对当事人在事故中的违法行为进行行政处罚，并责令在6个月内发生2次以上特大事故并负有主要责任或全部责任的专业运输单位消除安全隐患。如果事故已经进行刑事立案的，则应当在案件侦查终结后，将当事人犯罪事实清楚，证据确实、充分，依法应当追究刑事责任的案件移送人民检察院，由人民检察院进行审查起诉，依法追究其刑事责任。

（4）损害赔偿调解

因事故所形成的损害赔偿纠纷，当事人可以自行协商处理，也可以请求公安交通管理部门或者人民调解委员会调解，还可以向人民法院提起民事诉讼。如果当事人一致请求公安交通管理部门调解的，公安交通管理部门经过审核认为符合调解要求的，应当指派交通警察进行调解。对于调解终结后未达成协议或者虽然达成协议但当事人事后反悔的，公安交通管理部门不再调解。

（5）结案

结案是指交通事故处理完毕，依法结束其处理程序。按照《道路交通事故处理工作规范》，交通事故处理遇有下列情形之一的应当结案：

①道路交通事故认定书生效后，已对当事人的违法行为行政处罚完毕，并且事故损害赔偿经调解达成协议、调解终结、终止调解，以及赔偿权利人和义务人在规定期限内未提出调解申请或者调解申请不予受理的。

②当事人涉嫌交通肇事犯罪，案件已移交检察机关审查起诉，并且公安交通管理部门已对犯罪嫌疑人以外的其他违法行为人行政处罚完毕的。

③其他应当结案的情形。

结案时，办案人员应当整理在事故处理过程中收集或形成的各种文书材料，按照《道路交通事故案卷文书》（GA 40—2018）的要求对事故案卷进行归档保存。

二、交通事故认定

交通事故认定是指公安交通管理部门在对事故进行现场勘查和调查取证后,根据所掌握的案件情况和相关证据材料,经过综合分析、鉴定和判断,依法对事故的基本事实、成因和当事人的责任作出确认。

交通事故认定的特征包括:①交通事故认定的主体是公安交通管理部门;②交通事故认定是人们认识事故发生情况和形成原因的思维过程;③交通事故认定是对事故基本事实、成因和当事人责任的法律确认;④交通事故认定是具有鉴定性质的调查取证行为。

交通事故认定的基本要求包括:①事实清楚、证据确实充分;②适用法律正确、责任划分公正;③程序合法。

1. 交通事故责任的概念及分类

当事人的责任,是指公安机关交通管理部门在查明道路交通事故原因后,依据当事人的行为以及过错程度对道路交通事故所起作用的定性、定量的描述。定性,是指当事人的行为以及过错是否对道路交通事故有作用、有联系;定量,是指在当事人的行为以及过错对道路交通事故有作用、有联系的前提下,确定其作用、联系的大小。

交通事故当事人的责任分为全部责任、主要责任、同等责任和次要责任。

(1) 全部责任

全部责任,是指交通事故完全由一方当事人的行为及过错造成,其他当事人对事故的发生没有过错,而由有过错的一方当事人承担事故的所有责任。

(2) 主要责任

主要责任,是指交通事故由两方以上当事人的行为及过错所共同造成,但是其中一方当事人的行为对事故所起的作用相对较大、主观过错也相对较重,而由该当事人承担事故的较大部分责任。

(3) 同等责任

同等责任,是指交通事故是由两方以上当事人的行为及过错所共同造成,并且各方当事人的行为对事故所起的作用大致相当、主观过错程度基本一致,而平等承担事故的责任。

(4) 次要责任

次要责任,是指交通事故是由两方以上当事人的行为及过错所共同造成,但是其中一方以上当事人的行为对事故所起的作用相对较小、主观过错程度相对较轻,而由该当事人承担事故较小部分的责任。

《道路交通事故处理程序规定》第60条规定:"公安机关交通管理部门应当根据当事人的行为对发生道路交通事故所起的作用以及过错的严重程度,确定当事人的责任。(一)因一方当事人的过错导致道路交通事故的,承担全部责任;(二)因两方或者两方以上当事人的过错发生道路交通事故的,根据其行为对事故发生的作用以及过错的严重程度,分别承担主要责任、同等责任和次要责任;(三)各方均无导致道路交通事故的过错,属于交通意外事故的,各方均无责任。一方当事人故意造成道路交通事故的,他方无责任。"

2. 交通事故责任认定的要件

确定交通事故责任时的要件,主要是当事人的行为对发生交通事故所起的作用及过错的严重程度。

1) 行为的作用

在分析行为的作用要件时,行为通常是指当事人的交通安全违法行为。具体分析时,应当分析当事人有无交通安全违法行为,如果有,这些安全违法与交通事故的发生之间有无因果关系,如有因果关系则应量化这些交通安全违法行为在事故发生中所起作用的大小。

2) 主观的过错

在分析主观过错时,应着重分析以下两个方面:

(1) 当事人在交通事故当中有无主观过错。一方面分析当事人在整个交通事故发生中的主观过错,另一方面重点把握当事人主观过错与交通事故发生之间的因果关系。

(2) 当事人主观过错的严重程度。过错即侵权行为人在实施侵权行为时,主观上所具有的故意或过失。这是一种错误的应受到责罚的心理状态,但这种错误却是通过行为人的外在行为表现出来的。它的外在表现特征一般为:①违反法定义务;②侵犯他人合法权益;③不具有负责的事由。过错一般分为故意或过失。故意是指侵害他人的行为时,明知会发生损害结果,但却希望或放任该结果发生的主观心理状态。过失是指行为人在行为时,应当预见其行为可能造成的损害结果,但却因疏忽没有预见或因盲目自信而未能避免的心理状态。

3. 交通事故责任认定的原则

(1) 以事实为依据的原则。客观事实是确定交通事故责任的基础,是事故处理人员必须遵循的一项基本原则,它要求事故处理人员在确定交通事故当事人责任时,首先要在查明交通事故真实情况的前提下进行,做到既不能扩大,又不能缩小,更不能虚构,必须真实可靠。

(2) 分析因果关系的原则。因果关系是当事人的行为及过错与事故发生之间合乎规律的联系,这种联系是不以人们的主观意志为转移的。基于当事人行为以及过错与事故之间存在的因果关系是构成当事人的责任的决定性要件的认识,必须分析出与造成事故有直接、内在、必然、主要的关系的当事人的行为以及过错。

(3) 依法定责的原则。依法定责的原则是以法律为准绳的原则在交通事故责任认定方面的具体体现。以法律为准绳,就要求公安机关交通管理部门对案件的办案手段及办案程序合法化。

三、对事故当事人的处罚

道路交通事故处罚是指国家行政或司法机关,根据道路交通事故责任人在道路交通事故中违反法律法规的情节轻重及所造成的后果情况,对其给予政治上、经济上或人身方面的制裁。其含义是:①执法主体必须是有权力的国家机关;②被处罚人必须是由于违法行为造成损害后果的道路交通事故责任者;③处罚与违法行为紧密相连,违法行为的性质和危害程度不同,所受的处罚也不同。一般道路交通事故处罚分为行政处罚和刑事处罚两种。

1. 对当事人刑事责任的追究

对造成道路交通事故构成交通肇事罪的当事人,应依法追究其刑事责任。交通肇事罪是指从事交通运输的人员违反交通法规和规章制度而发生重大事故,致人重伤、死亡或者使公私财产遭受重大损失的犯罪行为。

1) 交通肇事罪的构成

(1) 犯罪主体主要是从事交通运输人员;

（2）犯罪在客观上表现为违反交通法规而发生重大以上事故,致人重伤、死亡或者使公私财产受重大损失的行为;

（3）交通肇事罪的主观方面必须是出于过失。

2）交通肇事刑责罪的认定

根据相关规定,追究交通事故当事人的刑事责任必须具备的条件包括:①必须构成交通肇事罪;②犯罪者必须达到法定年龄并具有责任能力;③犯罪者主观上是出于过失而不是故意,也不是意外;④当事人要负交通事故主要或者全部责任。

交通肇事罪的量刑:量刑是根据犯罪事实、性质、情节和对社会危害后果的程度,依据《中华人民共和国刑法》(以下简称《刑法》)的有关规定来判决的,它是审判机关对犯罪人的处罚的种类及处罚的程度的具体体现。我国《刑法》第一百一十三条对交通肇事罪作了原则性的规定。《最高人民法院关于审理交通肇事刑事案件具体应用法律若干问题的解释》规定:

"第二条　交通肇事具有下列情节之一的,处三年以下有期徒刑或者拘役:

（一）死亡一人或者重伤三人以上,负事故全部或者主要责任的;

（二）死亡三人以上,负事故同等责任的;

（三）造成公共财产或者他人财产直接损失,负事故全部或者主要责任,无能力赔偿数额在三十万元以上的。

交通肇事致一人以上重伤,负事故全部或者主要责任,并具有下列情形之一的,以交通肇事罪定罪处罚:

（一）酒后、吸食毒品后驾驶机动车辆的;

（二）无驾驶资格驾驶机动车辆的;

（三）明知是安全装置不全或者安全机件失灵的机动车辆而驾驶的;

（四）明知是无牌证或者已报废的机动车辆而驾驶的;

（五）严重超载驾驶的;

（六）为逃避法律追究逃离事故现场的。

"第四条　交通肇事具有下列情节之一的,属于'有其他特别恶劣情节的',处三年以上七年以下有期徒刑:

（一）死亡二人以上或者重伤五人以上,负事故全部或者主要责任的;

（二）死亡六人以上,负事故同等责任的;

（三）造成公共财产或者他人财产直接损失,负事故全部或者主要责任,无能力赔偿数额在六十万元以上的。"

3）追究交通事故当事人刑事责任的条件

（1）从事交通运输的人员或非交通运输人员,违反道路交通法规,因而发生重大以上事故,构成交通肇事罪。无责任能力人、紧急避险,都是不构成交通肇事罪的,因此不能追究刑事责任。

（2）交通事故当事人负事故主要或者全部责任。如果当事人的行为符合交通肇事罪的全部构成要件,但是负次要或者同等责任的,也不能追究刑事责任。

2. 对当事人民事责任的追究

交通事故实际上是由于肇事者的侵权行为,而致使他人(包括公民和法人)的人身财产遭受损害的事件。因此,肇事者应承担侵权行为的民事责任,补偿受害人的损失。

交通侵权行为是指在交通事故中当事人不法侵害公民、法人、其他组织和国家民事权利的行为。根据成立的条件和表现的形式不同,可分为一般交通侵权行为和特殊交通侵权行为。前者是指直接因为当事人的故意或过失侵害他人权利的不法行为;后者是指在交通事故案件中,基于法律的特别规定,由特殊行为或行为意外的事实,不法对他人造成损害。

一般交通侵权民事责任属于过错责任,因此按照过错状态不同,可分为:

(1)单独过错责任,是指当事人一方过错造成的民事责任,体现在由一方当事人负全部交通事故责任的场合。全部损失应由其承担。

(2)混合过错责任,是指由于各方当事人的过错造成的民事责任,体现在各方当事人分担交通事故责任的场合。全部损失应由各方当事人分别承担。

(3)共同过错责任,是由共同交通侵权行为的当事人所应承担的民事责任。交通事故的受害人有权向负有共同过错责任的任一行为人,请求给自己造成的全部的事故损害赔偿费,也可以向任一行为人请求部分事故损害赔偿费。这样有利于保护受害人的正当权益。

3. 对当事人行政责任的追究

交通事故行政处罚是指公安机关交通管理部门,依据道路交通管理的法律、法规和规章,对由于违法行为而造成道路交通事故的责任者所实施的行政制裁措施。

(1)行政处罚应具备的条件,具体包括:①以违反公安交通管理法规为前提;②由公安交通管理机关负责实施;③处罚对象是违反法规的当事人;④按简易或普通程序处罚。

(2)道路交通事故行政处罚的特点:具有惩罚性、强制力和有效性、法律救济性和教育性。

(3)行政处罚的种类:警告、罚款、吊扣驾驶证、吊销驾驶证及拘留等。

四、交通事故检验与鉴定

交通事故检验、鉴定,是指公安机关交通管理部门指派或者委托,或者接受交通事故当事人的委托,由具有专业知识的人员对交通事故案件中的专业性问题进行技术分析的活动。

公安机关交通管理部门对当事人生理、精神状况、人体损伤、尸体、车辆及其行驶速度、痕迹、物品以及现场的道路状况等需要进行检验、鉴定的,应当在勘查现场之日起五日内指派或者委托专业技术人员、具备资格的鉴定机构进行检验、鉴定。检验、鉴定应当在二十日内完成;需要延期的,经设区的市公安机关交通管理部门批准可以延长十日。检验、鉴定周期超过时限的,须报经省级人民政府公安机关交通管理部门批准。对精神病的医学鉴定,应当由省级人民政府指定的医院进行。当事人因交通事故致残的,在治疗终结后,应当由具有资格的伤残鉴定机构评定伤残等级。对有争议的财产损失的评估,应当由具有评估资格的评估机构进行。

1. 交通事故人体损伤鉴定

交通事故人体损伤鉴定,是指运用临床医学的理论和技术,研究并解决涉及法律问题的人体伤残及其他生理、疾病等问题。主要包括损伤程度鉴定和伤残评定。

(1)损伤程度鉴定,又称伤情鉴定,具体包括确定损伤的性质与程度,推定致伤物体与作用方式,估价损伤的愈后及可能发生的后遗症,根据交通事故损伤的严重程度分为重伤、轻伤和轻微伤。

(2)伤残评定,是由法医或专门机构按照国家标准《人体损伤致残程度分级》的规定,对交通事故受伤者的伤残程度确定等级的活动。该标准将人体损伤致残程度划分为10个等级,从一级(人体致残率100%)到十级(人体致残率10%),每级致残率相差10%。

2. 交通事故尸体检验、鉴定

尸体检验分为尸体外表检验和尸体解剖检验，具体如下：

(1) 尸体外表检验。具体包括衣着检验和尸体外表检验。衣着检验是指在交通事故现场详细检查死者的衣着情况，查看衣服有无轮胎痕迹、油污和泥土等，有无凌乱、撕扯、纽扣脱落等；衣兜有无证件和财物等。尸体外表检验主要检验致伤部位、伤势情况、伤痕形状等。

(2) 尸体解剖检验。其主要作用是正确判明死亡原因和推断死亡时间，确定损伤部位、损伤形状和程度，与车辆的接触部位、生前伤还是死后伤，死者是自杀、他杀或事故灾害致死，有无疾病及其与死亡的关系等。

3. 交通事故车辆检验、鉴定

交通事故车辆检验、鉴定的目的是查明车辆技术状况与交通事故形成之间的关系。交通事故车辆检验、鉴定主要有常规检验、特定检验和解体检验。

(1) 交通事故车辆的常规检验，是根据《机动车运行安全技术条件》(GB 7258—2017)规定的机动车技术检验标准，结合《道路交通安全法》的相关规定，检验肇事机动车是否符合上路行驶标准。

(2) 交通事故车辆的特定检验，是为了分析交通事故成因，根据交通事故现场客观情况，对肇事车辆的某些性能进行特殊检验。检验的主要内容包括：车辆结构及使用参数检验、车辆制动性能的检验、转向系统性能的检验等。

(3) 交通事故车辆的解体检验，是由具有实验能力的专门机构对由于损坏而无法进行动态试验的车辆解体后，运用专门仪器检验车辆制动、转向、灯光等系统、部件的效能。

此外，有的车辆发生交通事故是由于其机件或者部件发生故障导致的，如车轴断裂、螺栓脱落、轮胎破裂等。在现实中通过鉴定可以查明车辆发生故障的原因，从而明确交通事故发生的基础原因，确定事故性质。

【复习思考题】

1. 什么是道路交通事故现场？它的构成要素是什么？
2. 地面轮胎痕迹都有哪些？
3. 交通事故现场勘查的主要内容有哪些？
4. 我国事故损失的组成及分类是什么？
5. 交通事故损失的计量方法有哪些？
6. 正面碰撞事故中的速度推算方法有哪些？
7. 追尾碰撞事故中的速度推算方法有哪些？
8. 简述交通事故责任的概念及分类。

第三章
道路交通安全统计分析基础

交通安全与人、车、路、环境组成的复杂系统密切相关,特别是在有人参与的情况下,由于个体交通行为具有较大差异,导致系统具有较高的不确定性。研究个体交通行为对交通安全问题的影响程度,需要在大量样本的基础上,通过统计学分析来发现问题,并寻找解决途径。统计分析是交通安全分析的常用方法,本章主要介绍几个常用的统计学模型的理论基础及应用实例,包括回归分析、时间序列分析、贝叶斯方法、蒙特卡洛建模方法、基于风险分析持续期模型、泊松分布模型、隐形变量模型等。

第一节 数理统计基础

在进行交通安全分析时,往往难以获得全部对象的数据,大多数情况下只能获得部分对象的数据。统计分析的主要目的就是根据部分对象的统计特征来推测全部对象的统计特征。基本的统计分析方法包括统计特征描述、区间估计和假设检验。

一、样本与总体

数理统计中,研究对象的全体称为总体,又称母体,而组成总体的成员称为个体。在实际研究过程中,常常会按照一定的抽样规则从总体中取出一部分个体,称为样本;样本中个体的数目称为样本容量或样本数。

【例3-1】 在研究驾驶人性格特征时,全体驾驶人为总体,其中一个驾驶人为个体。我们不可能研究所有驾驶人,只能按照一定的规则抽出一些驾驶人来研究,这些作为研究对象的驾驶人即为样本。

假设有总体 X,其中含有的个体个数为 N,且 $x_1, x_2, \cdots, x_n$ 均为来自总体 X 的个体,则总体均值(又称数学期望,EX)为:

$$\mu = \frac{1}{N}\sum_{i=1}^{N} x_i \tag{3-1}$$

总体方差为:

$$\sigma^2 = \frac{1}{N}\sum_{i=1}^{N}(x_i - \mu)^2 \tag{3-2}$$

若从总体中抽出 n 个个体作为样本,则样本均值为:

$$\overline{X} = \frac{1}{n}\sum_{i=1}^{n} x_i \tag{3-3}$$

样本方差为:

$$s^2 = \frac{1}{n-1}\sum_{i=1}^{n}(x_i - \overline{X})^2 \tag{3-4}$$

假设存在另外一个总体 Y,则 $E[(X-EX)(Y-EY)]$ 称为总体 X 与 Y 的协方差,记作 $\mathrm{Cov}(X,Y)$,有:

$$\mathrm{Cov}(X,Y) = E[(X-EX)(Y-EY)] \tag{3-5}$$

上式经变形,可得:

$$\mathrm{Cov}(X,Y) = E(XY) - E(X)E(Y) \tag{3-6}$$

总体相关系数为:

$$\rho = \frac{\mathrm{Cov}(X,Y)}{\sigma_X \sigma_Y} = \sum_{i=1}^{N} \frac{(x_i - \mu_x)(y_i - \mu_y)}{N\sigma_X \sigma_Y} \tag{3-7}$$

样本相关系数为:

$$r = \frac{\sum_{i=1}^{n}(x_i - \overline{X})(y_i - \overline{Y})}{n s_X s_Y} \tag{3-8}$$

二、置信区间

在交通安全研究中,需要获取的是总体特征,但实际得到的往往只是样本的数据。因此,需要样本特征来分析总体特征,这也是统计分析最基本的应用。在总体特征中,最典型的参数是均值和方差。总体的均值和方差是不变的,但样本的均值和方差会随着抽样方法和样本量的变化而变化,即使采用同样的抽样方法抽取相同大小的样本量,由于每次抽样的个体不完全相同,样本的均值和方差也会略有不同。因此,不能简单地将样本的均值和方差用来代替总体的均值和方差。置信区间的作用就是根据样本的特征参数来估计总体的特征参数在一定概率(即一定置信水平)条件下的变化范围。

假设总体分布含有未知参数 θ (如均值、方差等),$x_1, x_2, \cdots, x_n$ 为来自总体的样本,若对于给定的常数 $\alpha(0 < \alpha < 1)$、统计量 $\theta_1(x_1, x_2, \cdots, x_n)$ 和 $\theta_2(x_1, x_2, \cdots, x_n)$,使得 θ 满足:

$$P\{\theta_1(x_1, x_2, \cdots, x_n) \leq \theta \leq \theta_2(x_1, x_2, \cdots, x_n)\} = 1 - \alpha \tag{3-9}$$

则称区间 $[\theta_1, \theta_2]$ 为 θ 在置信度为 $1-\alpha$ 条件下的置信区间,简称置信区间。θ_1 和 θ_2 分别称为置信下限和置信上限。

(1)总体方差已知,求总体均值的置信区间。

在随机样本足够大的情况下,根据中心极限定理,对平均值为 μ、标准差为 σ 的总体,样本均值 $\overline{X}$ 近似于服从均值为 μ、标准差为 $\sigma/\sqrt{n}$ 的正态分布,即有 $Z^* = \dfrac{\overline{X} - \mu}{\sigma/\sqrt{n}}$ 服从标准正态分布,

根据式(3-9),总体均值在 $1-\alpha$ 置信度水平下的置信区间为 $\left[\overline{X} - Z_{1-\alpha/2}\dfrac{\sigma}{\sqrt{n}},\ \overline{X} + Z_{1-\alpha/2}\dfrac{\sigma}{\sqrt{n}}\right]$,其中 $Z_{1-\alpha/2}$ 满足 $P\{Z^* \leq Z_{1-\alpha/2}\} = 1 - \alpha/2$。

(2)总体方差未知,求总体均值的置信区间。

在实际应用中,总体方差往往是未知的,因此需要用样本方差 s^2 代替总体方差 σ^2,由于统计量 $T^* = \dfrac{\overline{X} - \mu}{s/\sqrt{n}}$ 服从自由度 $v = n - 1$ 的 t 分布(图3-1),总体均值在 $1-\alpha$ 置信度水平下的置信区间为 $\left[\overline{X} - t_{1-\alpha/2}(n-1)\dfrac{s}{\sqrt{n}},\ \overline{X} + t_{1-\alpha/2}(n-1)\dfrac{s}{\sqrt{n}}\right]$,其中 $t_{1-\alpha/2}(n-1)$ 满足 $P\{T^* \leq t_{1-\alpha/2}(n-1)\} = 1 - \alpha/2$。

(3)总体比例的置信区间。

对总体比例 p,如果样本量足够大($np \geq 5$ 且 $nq \geq 5$,其中 $q = 1 - p$),则样本比例均值 $\hat{p}$ 近似服从于均值为 p、标准差为 $\sqrt{pq/n}$ 的正态分布,即有 $Z^* = \dfrac{\hat{p} - p}{\sqrt{\hat{p}(1-\hat{p})/n}}$ 服从标准正态分布,置信度为 $1-\alpha$ 时,总体比例 p 在 $1-\alpha$ 置信度水平下的置信区间为 $\left[\hat{p} - Z_{1-\alpha/2}\sqrt{\dfrac{\hat{p}(1-\hat{p})}{n}},\ \hat{p} + Z_{1-\alpha/2}\sqrt{\dfrac{\hat{p}(1-\hat{p})}{n}}\right]$。

(4)总体方差的置信区间。

对总体 $X \sim N(\mu, \sigma^2)$,$x_1, x_2, \cdots, x_n$ 是来自总体 X 的样本,则有 $\dfrac{(n-1)s^2}{\sigma^2} = \sum_{i=1}^{n}(x_i - \overline{X})^2/\sigma^2$ 服从参数为 $k = n - 1$ 的 χ^2 分布(图3-2),则总体方差在 $1-\alpha$ 置信度水平下的置信区间为 $\left[\dfrac{(n-1)s^2}{\chi^2_{1-\alpha/2}(n-1)},\ \dfrac{(n-1)s^2}{\chi^2_{\alpha/2}(n-1)}\right]$。

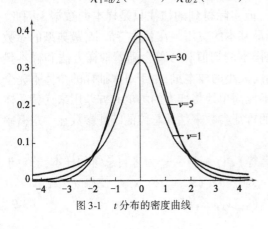

图3-1 t 分布的密度曲线

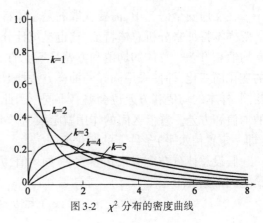

图3-2 χ^2 分布的密度曲线

三、假设检验

在交通安全分析中,往往需要知道采取某一安全措施前后,相关安全参数的变化情况,也就是通过采集来自两个总体的样本,分析两个总体的特征是否存在差异。由于采样过程的随机性和采样数量的影响,不能简单地通过样本特征值的比较来代表总体特征值的差异。因此,两个总体之间差异是否具有统计学意义,需要用假设检验的方法来确定。

假设检验(Hypothesis Testing),也称显著性检验(Test of Statistical Significance),是根据一定假设条件,由样本推断总体的一种方法,可以判断样本与样本、样本与总体的差异原因在于抽样误差还是本质差别。

假设检验的思路是:根据问题的需要对所研究的总体特征作某种假设,记作 H_0(也称为零假设);选取合适的统计量,这个统计量的选取要使得在假设 H_0 成立时,其分布为已知;由实测的样本,计算出统计量的值,并根据预先给定的显著性水平进行检验,作出拒绝或接受假设 H_0 的判断。

假设检验的理论基础是:小概率事件在一次抽样中几乎是不可能发生的。在实验中,按照某种假设 H_0 随机构造统计量,并根据样本算出该统计量的值,如果该值落在由显著性水平定义的小概率区间内,则违反了小概率事件在一次抽样中不能发生的理论,因此认为 H_0 是错误的,即拒绝零假设。

【例3-2】 评价某一路段限速这一交通安全措施对该路段平均车速的影响,可以通过调查限速措施实施前后的速度进行假设检验。

零假设 H_0:实施限速前后速度均值无变化;

备择假设 H_1:实施限速前后速度均值有变化。

假设检验的目的就是确定是否拒绝零假设。假设检验的结果主要是看检验统计量是否落入拒绝区域内。如果检验统计落入拒绝区域内,则拒绝零假设,否则不能拒绝零假设。拒绝零假设,意味着样本不支持零假设,也就基本可以判断,零假设所描述的现象是不对的。如果不能拒绝零假设,则说明样本行为与零假设一致,但并不意味着零假设描述的现象就是对的,只是意味着观察到的数据不能拒绝零假设。

无论假设检验的结果是什么,检验结果都有一定的可能性是错的。样本空间会落入两个假设区域中的一个(表3-1)。如果落到拒绝区域,则拒绝零假设;反之,如果落到接受区域,则不能拒绝零假设。若零假设描述的情况是真的,则检验结果拒绝零假设的概率是 α,称为显著性水平;即使零假设描述的情况是假的,也有概率让零假设被接受。因为上述两种情况都是决策错误,所以期望它们发生的概率都是越小越好。

假设检验的错误类型 表3-1

检验结果	真实情况	
	H_0 真	H_0 假
拒绝零假设	第一类错误, P(第一类错误) = α	正确
不能拒绝零假设	正确	第二类错误, P(第二类错误) = β

常用的假设检验方法有 Z 检验法、t 检验法、χ^2 检验法、F 检验法、秩和检验等。

1)单总体均值检验

很多时候,需要根据样本检验总体的均值是否是某一值,即:

$$H_0:\mu = \mu_0, H_1:\mu \neq \mu_0$$

(1)Z 检验法。

在已知总体方差 σ^2 的情况下,$Z = \dfrac{\overline{X} - \mu_0}{\sigma/\sqrt{n}}$ 服从标准正态分布,因此置信区间为 $\left[\overline{X} - Z_{1-\alpha/2}\dfrac{\sigma}{\sqrt{n}}, \overline{X} + Z_{1-\alpha/2}\dfrac{\sigma}{\sqrt{n}}\right]$,如果 μ_0 落在此置信区间之外,则拒绝零假设,即可认为 $\mu \neq \mu_0$。

(2)t 检验法。

总体方差 σ^2 未知,在总体服从正态分布的情况下,样本数为 n,样本方差为 s^2,对假设 $H_0:\mu = \mu_0$ 可以构造自由度为 $n-1$ 的 t 分布进行假设检验,即有 $T^* = \dfrac{\overline{X} - \mu}{s/\sqrt{n}} \sim t(n-1)$,置信区间为 $\left[\overline{X} - t_{1-\alpha/2}\dfrac{s}{\sqrt{n}}, \overline{X} + t_{1-\alpha/2}\dfrac{s}{\sqrt{n}}\right]$,如果 μ_0 落在此置信区间之外,则拒绝零假设,即可认为 $\mu \neq \mu_0$。

2)单总体方差检验

为了检验单总体方差,可以构造自由度为 $n-1$ 的 χ^2 分布进行假设检验:$\chi^2 = \dfrac{(n-1)s^2}{\sigma^2}$,则方差的置信区间为 $\left[\dfrac{(n-1)s^2}{\chi^2_{1-\alpha/2}(n-1)}, \dfrac{(n-1)s^2}{\chi^2_{\alpha/2}(n-1)}\right]$,如果零假设的总体方差落在这个区间之外,则拒绝零假设。

【例3-3】 检验某条道路的速度方差在5%的显著性水平下是否等于20(单位:km/h)。假设获得100个样本,样本方差是19.51。

对零假设 $H_0:\sigma^2 = 20$

构造 χ^2 统计量:

$$\chi^2 = \dfrac{(n-1)s^2}{\sigma^2}$$

$$\chi^2 = \dfrac{(n-1)s^2}{\sigma^2} = \dfrac{(100-1) \times 19.51}{20} = 96.57$$

由于置信度为 $\alpha = 1 - 0.05 = 0.95$,因此置信区间为:

$$\left[\dfrac{(n-1)s^2}{\chi^2_{1-\alpha/2}(n-1)}, \dfrac{(n-1)s^2}{\chi^2_{\alpha/2}(n-1)}\right] = \left[\dfrac{(100-1) \times 19.51}{\chi^2_{0.975}(100-1)}, \dfrac{(100-1) \times 19.51}{\chi^2_{0.025}(100-1)}\right]$$

经查表,$\chi^2_{0.975}(99) \approx 74$,$\chi^2_{0.025}(99) \approx 129$,因此置信区间为 $[15.0, 26.1]$,所以不拒绝方差为20。

【例3-4】 检验某条道路的速度方差在5%的显著性水平下是否超过20(单位:km/h)。假设获得101个样本,样本方差是19.51。

对零假设 $H_0:\sigma^2 < 20$

构造 χ^2 统计量：$\chi^2 = \dfrac{(n-1)s^2}{\sigma^2}$

查表得 $\chi^2_{0.05}(100) \approx 124.34$，即 $P(\chi^2 > 124.34) = 0.05$。

根据零假设有：

$$P\left(\chi^2 = \dfrac{(n-1)s^2}{\sigma^2} > \dfrac{(n-1)s^2}{20} = 97.55\right) > 0.05$$

所以不能拒绝零假设，因此不能确定该路段的方差高于 20。

对零假设 $H_0: \sigma^2 \geq 20$

构造 χ^2 统计量：$\chi^2 = \dfrac{(n-1)s^2}{\sigma^2}$

查表得 $\chi^2_{0.95}(100) \approx 77.93$，即 $P(\chi^2 > 77.93) = 0.95$，有 $P(\chi^2 \leq 77.93) = 1 - 0.95 = 0.05$，因此，$P(\chi^2 \leq 97.55) > 0.05$。

根据零假设有：

$$P\left(\chi^2 = \dfrac{(n-1)s^2}{\sigma^2} \leq \dfrac{(n-1)s^2}{20} = 97.55\right) > 0.05$$

所以不能拒绝零假设，即不能确定该路段的方差低于 20。

分析与讨论：该道路的速度方差在 5% 的显著性水平下是否超过 23？

3）单总体比例检验

和置信区间计算一样，为了检验单总体比例，可以构造正态分布进行假设检验：$Z^* = \dfrac{\hat{p} - p}{\sqrt{pq/n}}$，其中 $\hat{q} = 1 - \hat{p}$。

4）两总体均值检验

为了检验两组样本对应总体的均值是否相等，常用的检验假设为：

$$\begin{cases} H_0: \mu_1 - \mu_2 = 0 \\ H_1: \mu_1 - \mu_2 \neq 0 \end{cases} \tag{3-10}$$

对于进行均值大小比较的情况，可设计检验假设为：

$$\begin{cases} H_0: \mu_1 - \mu_2 \leq 0 \\ H_1: \mu_1 - \mu_2 > 0 \end{cases} \tag{3-11}$$

构造标准正态分布为：

$$Z^* = \dfrac{(\overline{X}_1 - \overline{X}_2) - (\mu_1 - \mu_2)}{\sqrt{\dfrac{s_1^2}{n_1} + \dfrac{s_2^2}{n_2}}} \tag{3-12}$$

则有置信区间：

$$\left[(\overline{X}_1 - \overline{X}_2) - Z_{1-\alpha/2}\sqrt{\dfrac{s_1^2}{n_1} + \dfrac{s_2^2}{n_2}},\ (\overline{X}_1 - \overline{X}_2) + Z_{1-\alpha/2}\sqrt{\dfrac{s_1^2}{n_1} + \dfrac{s_2^2}{n_2}}\right]$$

对于样本量较小的情况（如样本量不超过 25），必须考虑样本量的影响，用 t 检验法。可以构造：

$$T^* = \dfrac{(\overline{X}_1 - \overline{X}_2) - (\mu_1 - \mu_2)}{\sqrt{(n_1-1)s_{n_1}^2 + (n_2-1)s_{n_2}^2}} \cdot \sqrt{\dfrac{n_1 n_2 (n_1 + n_2 - 2)}{n_1 + n_2}} \tag{3-13}$$

作为检验统计量,且在 H_0 成立下有 $T^* \sim t(n_1 + n_2 - 2)$,则对于给定的 α,查 t 分布表得 $t_{1-\alpha/2}(n_1 + n_2 - 2)$,因此检验的拒绝域为:

$$|T^*| > t_{1-\alpha/2}(n_1 + n_2 - 2) \tag{3-14}$$

即:

$$\left| \frac{(\overline{X}_1 - \overline{X}_2) - (\mu_1 - \mu_2)}{\sqrt{(n_1-1)s_{n_1}^2 + (n_2-1)s_{n_2}^2}} \cdot \sqrt{\frac{n_1 n_2 (n_1 + n_2 - 2)}{n_1 + n_2}} \right| > t_{1-\alpha/2}(n_1 + n_2 - 2) \tag{3-15}$$

5) 两总体比例检验

为了检验两组样本对应总体的某一比例是否相等,常用的检验假设为:

$$\begin{cases} H_0 : p_1 - p_2 = 0 \\ H_1 : p_1 - p_2 \neq 0 \end{cases} \tag{3-16}$$

构造检验统计量:

$$Z^* = \frac{(\hat{p}_1 - \hat{p}_2) - 0}{\sqrt{\hat{p}(1-\hat{p})\left(\frac{1}{n_1} + \frac{1}{n_2}\right)}} \tag{3-17}$$

其中:

$$\begin{cases} \hat{p}_1 = x_1/n_1 \\ \hat{p}_2 = x_2/n_2 \\ \hat{p} = (x_1 + x_2)/(n_1 + n_2) \end{cases} \tag{3-18}$$

其中,x_1 为第一组样本符合某一特征的数量;n_1 为第一组样本量;$\hat{p}_1$ 为第一组样本符合某一特征的比例;x_2 为第二组样本符合某一特征的数量;n_2 为第二组样本量;$\hat{p}_2$ 为第二组样本符合某一特征的比例。

为了检验两总体的比例差大于某一固定值 c,可假设:

$$\begin{cases} H_0 : p_1 - p_2 \leq c \\ H_1 : p_1 - p_2 > c \end{cases} \tag{3-19}$$

注意:单侧检验与双侧检验的差别。

6) 两总体方差检验

对 X、Y 两个独立的随机变量,如果 X 服从自由度为 $n_1 - 1$ 的 χ^2 分布,Y 服从自由度为 $n_2 - 1$ 的 χ^2 分布,则这两个独立的随机变量被各自的自由度除以后的比值服从第一自由度为 $n_1 - 1$、第二自由度为 $n_2 - 1$ 的 F 分布(图3-3),即可以构造 F^* 检验统计量:

$$F^* = \frac{X/(n_1 - 1)}{Y/(n_2 - 1)} \tag{3-20}$$

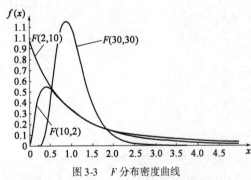

图 3-3 F 分布密度曲线

则有 F^* 服从自由度为 $n_1 - 1$ 和 $n_2 - 1$ 的 F 分布,即:

$$F^* \sim F_\alpha(n_1 - 1, n_2 - 1) \tag{3-21}$$

F 分布的性质如下:

(1) F 分布是一种非对称分布。

(2) F 分布有两个自由度,即 $n_1 - 1$ 和 $n_2 - 1$,相应的分布记为 $F_\alpha(n_1 - 1, n_2 - 1)$,$n_1 - 1$ 称为分子自由度,$n_2 - 1$ 称为分母自由度。

(3) F 分布是一个以自由度 $n_1 - 1$ 和 $n_2 - 1$ 为参数的分布族,不同的自由度决定了 F 分布的形状。

(4) F 分布的倒数性质为:$F_\alpha(n_1 - 1, n_2 - 1) = \dfrac{1}{F_{1-\alpha}(n_2 - 1, n_1 - 1)}$。

因为 $\chi^2 = \dfrac{(n-1)s^2}{\sigma^2}$ 服从自由度为 $n - 1$ 的 χ^2 分布,所以对假设 $H_0: \sigma_1^2 = \sigma_2^2$,$H_0: \sigma_1^2 \neq \sigma_2^2$,可构建统计量 $F^*(n_1 - 1, n_2 - 1) = \dfrac{s_1^2}{s_2^2}$,看其是否在小概率区间内。

【例3-5】 对高速公路采取一定速度管理措施前后的速度方差分别为 16.4 和 19.1,样本量分别是 51 和 101。该措施是否对速度方差产生影响?(显著性水平取 0.1,速度单位:km/h)

$$H_0: \sigma_a^2 - \sigma_b^2 = 0$$
$$H_1: \sigma_a^2 - \sigma_b^2 \neq 0$$

$$F^*(n_2 - 1, n_1 - 1) = F^*(100, 50) = \dfrac{s_2^2}{s_1^2} = \dfrac{19.1}{16.4} = 1.16$$

查表得 $F_{0.05}(100, 50) = 1.52$,即 $P(F(100, 50) > 1.52) = 0.05$;查表得 $F_{0.05}(50, 100) = 1.48$,即 $F_{0.95}(100, 50) = \dfrac{1}{F_{0.05}(50, 100)} = 0.68$。因为 $0.68 < 1.16 < 1.52$,所以不能拒绝零假设,不能认为该措施对速度方差产生了显著影响。

【例3-6】 分析一条公路采取某一措施前后,取显著性水平 $\alpha = 0.1$,其速度方差是否显著增加。假设采取措施前后的速度方差分别是 $s_1 = 16.4$ 和 $s_2 = 19.1$(单位:km/h),样本量分别为 $n_1 = 51$,$n_2 = 101$。

可假设:

$$H_0: \sigma_1^2 < \sigma_2^2$$
$$H_1: \sigma_1^2 \geq \sigma_2^2$$

构造 F 检验统计量:

$$F^*(n_2 - 1, n_1 - 1) = F^*(100, 50) = \dfrac{\dfrac{(n_2-1)s_2^2}{\sigma_2^2}}{\dfrac{(n_1-1)s_1^2}{\sigma_1^2}} \cdot \dfrac{1}{\dfrac{(n_2-1)}{(n_1-1)}} = \dfrac{\dfrac{s_2^2}{\sigma_2^2}}{\dfrac{s_1^2}{\sigma_1^2}} = \dfrac{s_2^2}{s_1^2} \cdot \dfrac{\sigma_1^2}{\sigma_2^2}$$

如果满足假设 $H_0: \sigma_1^2 < \sigma_2^2$,则有 $F^*(100, 50) = \dfrac{s_2^2}{s_1^2} \cdot \dfrac{\sigma_1^2}{\sigma_2^2} < \dfrac{s_2^2}{s_1^2} = 1.16$。

查第一自由度为 100、第二自由度为 50 的 F 分布表,可得 $F_{0.1}(100, 50) = 1.35$,进而得 $F_{0.9}(100, 50) = \dfrac{1}{F_{0.1}(50, 100)} = \dfrac{1}{1.35} = 0.74$,即 $P(F(100, 50) > 0.74) = 0.90$。因此,$P(F(100, 50) \geq 1.16) < P(F(100, 50) > 0.74) = 0.90$,故 $P(F(100, 50) < 1.16) = 1 -$

$P(F^*(100,50) \geqslant 1.16) > 0.10$,说明根据零假设构造的值不在小概率区间内,因此不能拒绝零假设。

分析与讨论:上述两个例题中,样本数对检验结果会产生什么样的影响?单侧检验与双侧检验有什么区别?如果假设 $H_0: \sigma_1^2 \geqslant \sigma_2^2$,则检验结果如何?

第二节 回归分析

变量与变量之间的关系大体上分为两类:确定性关系与非确定性关系。确定性关系是指一个或一组自变量的数值能够确定因变量的数值,称为函数关系,例如匀速运动的车辆的行驶路程和行驶时间之间的关系、电路中电阻两端的电压与通过的电流遵循的欧姆定律。也有一些变量之间的关系是非确定性关系,例如孩子的身高值和父母的身高值关系,年交通事故数和机动车保有量、机动车平均行驶里程数等因素的关系等。回归分析(Regression Analysis)是通过统计大量重复试验获取的数据来确定两个或两个以上变量间相互依赖关系的一种统计分析方法。

一、回归分析

回归方程形式为:

$$Y = f(\boldsymbol{\theta}; X) + \boldsymbol{\varepsilon} \tag{3-22}$$

其中,Y 为输出向量;$\boldsymbol{\theta}$ 为模型参数向量;X 为对 Y 有影响的观测值矩阵;$\boldsymbol{\varepsilon}$ 为扰动向量。要确定 X 和 Y 之间的依赖关系,就需要估计出回归方程中的模型参数 $\boldsymbol{\theta}$。主要的统计学参数估计方法有最小二乘法和极大似然估计。

最小二乘法是通过最小化误差的平方和寻找模型的参数:

$$Q = \min \sum_{i=1}^{n} (Y_i - \hat{Y}_i)^2 \tag{3-23}$$

式中,Y_i 为实际值;$\hat{Y}_i$ 为回归方程的输出值。

极大似然估计(Maximum Likelihood, ML)的基本思想是从模型总体中随机抽取 n 组样本观测值后,最合理的参数估计量应使得从模型中抽取该 n 组样本观测值的概率最大,即极大似然法目标是寻找能够以较高概率产生观察数据的系统参数。似然函数可以表示为:

$$L(\boldsymbol{\theta}) = \prod_{i=1}^{n} p(x_i; \boldsymbol{\theta}) \quad (\text{总体 } X \text{ 为离散型时}) \tag{3-24}$$

$$L(\boldsymbol{\theta}) = \prod_{i=1}^{n} f(x_i; \boldsymbol{\theta}) \quad (\text{总体 } X \text{ 为连续型时}) \tag{3-25}$$

对似然函数两边取对数有:

$$\ln L(\boldsymbol{\theta}) = \sum_{i=1}^{n} \ln p(x_i; \boldsymbol{\theta}) \tag{3-26}$$

$$\ln L(\boldsymbol{\theta}) = \sum_{i=1}^{n} \ln f(x_i; \boldsymbol{\theta}) \tag{3-27}$$

求似然函数取极大值时的系统参数:

$$\frac{\mathrm{d} \ln L(\boldsymbol{\theta})}{\mathrm{d} \boldsymbol{\theta}} = 0 \tag{3-28}$$

二、多元线性回归

最常用的回归方程形式是线性回归。假设 $x_1, x_2, \cdots, x_p$ 是 p 个可控制或可精确观察得到数据的变量，y 是与 $x_1, x_2, \cdots, x_p$ 具有线性相关关系的随机变量，线性回归就是对全体有：

$$\hat{y} = E[y|x_1, x_2, \cdots, x_p] = E[\beta_0 + \beta_1 x_1 + \beta_2 x_2 + \cdots + \beta_p x_p] \tag{3-29}$$

即：

$$\hat{y}_i = E[y_i|x_{1,i}, x_{2,i}, \cdots, x_{p,i}] = E[\beta_0 + \beta_1 x_{1,i} + \beta_2 x_{2,i} + \cdots + \beta_p x_{p,i}] \tag{3-30}$$

$$y_i = \beta_0 + \beta_1 x_{1,i} + \beta_2 x_{2,i} + \cdots + \beta_p x_{p,i} + \varepsilon_i \tag{3-31}$$

式中，$\varepsilon_i = y_i - \hat{y}_i$，代表真值和回归量的偏差，对于 n 组样本观察值，则有：

$$\begin{bmatrix} y_1 \\ y_2 \\ \vdots \\ y_n \end{bmatrix} = \begin{bmatrix} 1 & x_{1,1} & x_{2,1} & \cdots & x_{p,1} \\ 1 & x_{1,2} & x_{2,2} & \cdots & x_{p,2} \\ \vdots & \vdots & \vdots & \ddots & \vdots \\ 1 & x_{1,n} & x_{2,n} & \cdots & x_{p,n} \end{bmatrix} \begin{bmatrix} \beta_0 \\ \beta_1 \\ \beta_2 \\ \vdots \\ \beta_n \end{bmatrix} + \begin{bmatrix} \varepsilon_0 \\ \varepsilon_1 \\ \varepsilon_2 \\ \vdots \\ \varepsilon_n \end{bmatrix} \tag{3-32}$$

可简写为：

$$\begin{cases} \hat{Y} = X\boldsymbol{\beta} \\ \varepsilon = Y - \hat{Y} = Y - X\boldsymbol{\beta} \end{cases} \tag{3-33}$$

(1) 最小二乘估计

回归参数 $\boldsymbol{\beta}$ 的估计值 $\hat{\boldsymbol{\beta}}$ 可通过最小二乘法估计得到：

$$\hat{\boldsymbol{\beta}} = (X^T X)^{-1} X^T Y \tag{3-34}$$

(2) 极大似然估计

对于多元线性回归模型，由于 $\varepsilon = Y - X\boldsymbol{\beta}$ 且 $\varepsilon_i \sim N(0, \sigma^2)$，所以：

$$y_i \sim N(X_i \boldsymbol{\beta}, \sigma^2) \tag{3-35}$$

则对于 Y 随机抽取的 n 组样本观测值的联合概率为：

$$L = \prod_{i=1}^{n} P(y_i) = \prod_{i=1}^{n} \frac{1}{\sqrt{2\pi}\sigma} e^{-\frac{(y_i - X_i \beta)^2}{2\sigma^2}} \tag{3-36}$$

据此可以用极大似然估计方法估计出 $\hat{\boldsymbol{\beta}}$。

三、多元线性回归模型的统计检验

量化评价多元线性回归模型的优劣程度，涉及回归模型对样本数据的拟合程度、回归模型和回归参数的显著性等方面。

(1) 可决系数

拟合优度检验，是构造一个可以表征拟合程度的指标，检验模型对样本观测值的拟合程度，可以用可决系数进行定量描述。

定义回归模型的残差平方和(the Sum of Square Errors)为：

$$\text{SSE} = \sum_{i=1}^{n} (y_i - \hat{y}_i)^2 \tag{3-37}$$

其中，y_i 为样本观测值；$\hat{y}_i$ 为用回归模型计算得到的值。

定义回归模型的回归平方和（the Regression Sum of Squares）为：

$$\text{SSR} = \sum_{i=1}^{n} (\hat{y}_i - \bar{y})^2 \tag{3-38}$$

其中，$\bar{y}$ 为样本观测值的平均值。

定义总离差平方和（the Total Sum of Squares）为：

$$\text{SST} = \sum_{i=1}^{n} (y_i - \bar{y})^2 \tag{3-39}$$

因为在估计 $\bar{Y}$ 时损失了一个自由度，SST 有 $(n-1)$ 个自由度；因为用 p 个参数去估计 $\hat{Y}$，所以 SSE 有 $(n-p)$ 个自由度；SSR 有 $(p-1)$ 个自由度。三者关系式为：

$$\text{SST} = \text{SSR} + \text{SSE} \tag{3-40}$$

对于一个拟合得好的模型，残差平方和越小越好，因此定义可决系数为：

$$R^2 = \frac{\text{SST} - \text{SSE}}{\text{SST}} = \frac{\text{SSR}}{\text{SST}} = 1 - \frac{\text{SSE}}{\text{SST}} \tag{3-41}$$

增加模型的变量，可决系数单调增加，因此为避免增加模型变量的影响，定义调整可决系数为：

$$R^2_{\text{adjusted}} = 1 - \frac{\dfrac{\text{SSE}}{n-p}}{\dfrac{\text{SST}}{n-1}} = 1 - \left(\frac{n-1}{n-p}\right)\frac{\text{SSE}}{\text{SST}} \tag{3-42}$$

（2）方程的显著性检验（F 检验）

方程的显著性检验，是为了对模型中被解释变量与解释变量之间的线性关系在总体上是否显著成立作出推断。

定义全参数模型的残差平方和为：

$$\text{SSE}_F = \sum_{i=1}^{n} (y_i - \hat{y}_{Fi})^2 \tag{3-43}$$

定义部分参数模型（即 p 个参数中只有部分参数参与回归的模型）的残差平方和为：

$$\text{SSE}_R = \sum_{i=1}^{n} (y_i - \hat{y}_{Ri})^2 \tag{3-44}$$

对于假设：

$$\begin{cases} H_0: \text{SSE}_R = \text{SSE}_F \\ H_1: \text{SSE}_R \neq \text{SSE}_F \end{cases} \tag{3-45}$$

可以构造 F 检验统计量：

$$F^* = \frac{\dfrac{\text{SSE}_R - \text{SSE}_F}{\text{d}f_R - \text{d}f_F}}{\dfrac{\text{SSE}_F}{\text{d}f_F}} \tag{3-46}$$

F 检验的目的是比较 SSE_R 和 SSE_F，如果 SSE_R 和 SSE_F 没有显著差异，说明模型参数可以减少，即相对于部分参数模型，增加的解释参数并没有增加对因变量的解释能力。

分析与讨论：是否可以把 F 函数构造为 $F^* = \dfrac{\dfrac{\text{SSE}_F}{\text{d}f_F}}{\dfrac{\text{SSE}_R - \text{SSE}_F}{\text{d}f_R - \text{d}f_F}}$？这样构造 F 函数该如何进行检验分析？

(3) 参数显著性检验（t 检验）

参数的显著性检验，是检验回归参数是否对因变量有显著影响的主要手段。

$$\hat{\boldsymbol{\beta}} = (\boldsymbol{X}^T\boldsymbol{X})^{-1}\boldsymbol{X}^T\boldsymbol{Y} = (\boldsymbol{X}^T\boldsymbol{X})^{-1}\boldsymbol{X}^T(\boldsymbol{X}\boldsymbol{\beta}+\boldsymbol{\varepsilon}) = \boldsymbol{\beta} + (\boldsymbol{X}^T\boldsymbol{X})^{-1}\boldsymbol{X}^T\boldsymbol{\varepsilon} \quad (3\text{-}47)$$

$$\text{Var}(\hat{\boldsymbol{\beta}}) = E[(\hat{\boldsymbol{\beta}}-\boldsymbol{\beta})(\hat{\boldsymbol{\beta}}-\boldsymbol{\beta})^T] = \sigma^2(\boldsymbol{X}^T\boldsymbol{X})^{-1} \quad (3\text{-}48)$$

因此，

$$Z^* = \frac{\hat{\beta}_k - \beta_k}{\sigma\{\hat{\beta}_k\}} \quad (3\text{-}49)$$

用样本残差代替总体方差：

$$\text{MSE} = \frac{\sum_{i=1}^{n}(y_i - \hat{y}_i)^2}{n-p} \quad (3\text{-}50)$$

$$t^* = \frac{\hat{\beta}_k - \beta_k}{\sqrt{\dfrac{\text{MSE}}{\sum(X_i-\bar{X})^2}}} = \frac{\hat{\beta}_k - \beta_k}{s\{\hat{\beta}_k\}} \sim t(n-p) \quad (3\text{-}51)$$

对假设

$$\begin{cases} H_0: \beta_k = 0 \\ H_a: \beta_k \neq 0 \end{cases} \quad (3\text{-}52)$$

进行 t 检验，若 $|t^*| \leq t_{1-\alpha/2}(n-p)$，则接受 H_0；若 $|t^*| > t_{1-\alpha/2}(n-p)$，则接受 H_a。若接受 H_0，则说明第 k 个参数对回归没有显著影响。

(4) 参数估计量的置信区间

多元线性回归的参数是由样本估计获得的，不同的样本会获得不同的估计值，因此每一组样本估计出来的参数都存在置信区间问题。

线性回归模型的参数估计量 $\hat{\boldsymbol{\beta}}$ 是随机变量 y 的函数：

$$\hat{\boldsymbol{\beta}} = (\boldsymbol{X}^T\boldsymbol{X})^{-1}\boldsymbol{X}^T\boldsymbol{Y} \quad (3\text{-}53)$$

构造检验统计量：

$$t^* = \frac{\hat{\beta}_k - \beta_k}{\sqrt{\dfrac{\text{MSE}}{\sum(X_i-\bar{X})^2}}} = \frac{\hat{\beta}_k - \beta_k}{s\{\hat{\beta}_k\}} \sim t(n-p) \quad (3\text{-}54)$$

可对参数估计量的置信区间进行估计。

(5) 预测值的置信区间

如果给定样本以外的解释变量的观测值：

$$\boldsymbol{X}_0 = (1, x_{10}, x_{20}, \cdots, x_{k0}) \quad (3\text{-}55)$$

则可用回归模型进行预测：

$$y_0 = X_0\hat{\boldsymbol{\beta}} \tag{3-56}$$

预测误差为：

$$e_0 = y_0 - \hat{y}_0 \tag{3-57}$$

且 e_0 服从正态分布，即 $e_0 \sim N\{0, \sigma^2[1 + X_0(X^TX)^{-1}X_0^T]\}$，因此可以构造随机变量：

$$t = \frac{\hat{y}_0 - y_0}{\hat{\sigma}^2} \sim t(n-p) \tag{3-58}$$

据此可对预测值进行置信区间估计。

四、异方差性多元线性回归模型的加权最小二乘法（WLS）

用最小二乘法对多元线性回归模型 $\hat{Y} = X\boldsymbol{\beta} + \boldsymbol{\varepsilon}$ 进行参数估计的前提是该模型要满足同方差性假设，即 $\text{Var}(\varepsilon_i) = \sigma^2$ [图3-4a)]。如果随机误差项的方差互不相同，则认为出现异方差性[图3-4b)]，最小二乘法获得的参数估计量不是有效的。

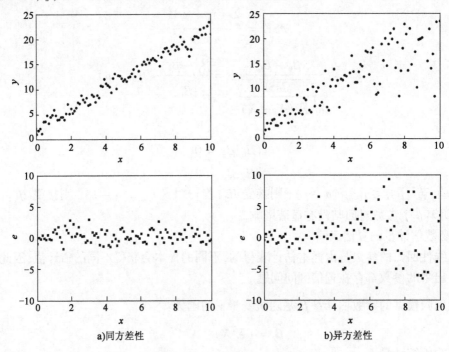

a)同方差性　　　　　　　　　b)异方差性

图3-4　同方差性与异方差性比较图

解决异方差性多元线性回归模型的参数估计，可以用加权最小二乘法。

如果随机误差项的方差与解释变量 x_j 存在相关性，可令 $\text{Var}(\varepsilon_i) = f(x_{j,i})\sigma^2$，则式(3-31)可写为：

$$\frac{1}{\sqrt{f(x_{j,i})}}y_i = \beta_0 \frac{1}{\sqrt{f(x_{j,i})}} + \beta_1 \frac{1}{\sqrt{f(x_{j,i})}}x_{1,i} + \beta_2 \frac{1}{\sqrt{f(x_{j,i})}}x_{2,i} + \cdots +$$

$$\beta_p \frac{1}{\sqrt{f(x_{j,i})}}x_{p,i} + \frac{1}{\sqrt{f(x_{j,i})}}\varepsilon_i \tag{3-59}$$

上式中存在：

$$\text{Var}\left(\frac{1}{\sqrt{f(x_{j,i})}}\varepsilon_i\right) = \frac{1}{f(x_{j,i})}\text{Var}(\varepsilon_i) = \sigma^2 \quad (3\text{-}60)$$

即加入了权值 $\frac{1}{\sqrt{f(x_{ji})}}$ 的随机误差项具有同方差，可以用普通的最小二乘法估计其参数。

【例3-7】 表3-2为我国道路交通事故死亡人数及GDP等数据，请根据该数据，用多元线性回归预测道路交通事故死亡人数。（注：本案例仅用于说明多元线性回归方法的使用方法，不是一个普适性模型。）

2001—2007年我国的机动车保有量、人口数量、GDP及道路交通事故死亡人数　　表3-2

年份(年)	机动车保有量 x_1（亿辆）	人口数量 x_2（亿人）	GDP x_3（万亿元）	道路交通事故死亡人数 y（人）
2001	0.65	12.72	11.07	105930
2002	0.82	12.80	12.17	109381
2003	0.95	12.88	13.74	104372
2004	1.05	12.96	16.07	107077
2005	1.18	13.04	18.73	98738
2006	1.25	13.11	20.94	89455
2007	1.38	13.18	27.01	81649

数据来源：国家统计局《中国统计年鉴》及中华人民共和国公安部网站。

采用全部变量输入法，基于2001—2007年共7年的数据，建立道路交通事故死亡人数多元回归模型如下：

$$y = 1466642.819 + 83701.394x_1 - 109304.291x_2 - 2225.321x_3$$

(1) 可决系数：$R^2 = 0.937$，$R_{\text{adjusted}}^2 = 0.873$。

(2) 模型的显著性检验（F检验）结果见表3-3。

F检验结果　　表3-3

项目	平方和	自由度	均方	F	显著性
回归(SSR)	599692869.974	3	199897623.325	14.781	0.027
残差(SSE)	40572887.740	3	13524295.913	—	—
总计(SST)	640265757.714	6	—	—	—

(3) 参数显著性检验（t检验）结果见表3-4。

t检验结果　　表3-4

项目	非标准化参数	标准误差	标准化参数	t	显著性	VIF
常数项	1466642.819	1588517.439	—	0.923	0.424	—
机动车保有量	83701.394	75193.553	2.060	1.113	0.347	162.210
人口数量	-109304.291	129183.789	-1.764	-0.846	0.460	205.789
GDP	-2225.321	1026.328	-1.208	-2.168	0.119	14.691

该模型的 t 检验结果表明：模型中的机动车保有量、人口数量和GDP三个变量对道路交通事故死亡人数的影响均不显著，模型的自变量之间存在较为严重的多重共线性，故该模型不

合理。

多元线性回归模型中,自变量是否显著会受到各自变量间相互作用的影响。该模型中三个自变量均不显著与它们之间存在严重多重共线性相关。逐步回归法是克服多重共线性、排除不显著自变量的常用方法。因此,使用逐步回归法建立道路交通事故死亡人数多元回归模型。

(4) 采用逐步回归法后模型如下:

$$y = 129291.315 - 1740.894 x_3$$

① 可决系数: $R^2 = 0.893$, $R^2_{\text{adjusted}} = 0.871$。

② F 检验结果见表 3-5。

F 检验结果　　　　表 3-5

项目	平方和	自由度	均方	F	显著性
回归(SSR)	571673239.152	1	571673239.152	41.672	0.001
残差(SSE)	68592518.562	5	13718503.712	—	—
总计(SST)	640265757.714	6	—	—	—

③ t 检验结果见表 3-6。

t 检验结果　　　　表 3-6

项目	非标准化参数	标准误差	标准化参数	t	显著性	VIF
常数项	129291.315	4820.470	—	26.821	<0.001	—
GDP	−1740.894	269.682	−0.945	−6.455	0.001	1.000

(5) 参数估计量的置信区间见表 3-7。

参数估计量的置信区间　　　　表 3-7

项目	非标准化参数	95%置信区间	
		下限值	上限值
常数项	129291.315	116899.904	141682.727
GDP	−1740.894	−2434.133	−1047.655

(6) 预测值的置信区间。

经查阅,2008 年度 GDP 为 31.92 万亿元,2009 年度 GDP 为 34.85 万亿元。基于(4)中建立的回归模型,预测 2008 年和 2009 年道路交通事故死亡人数分别为 73722 人和 68621 人,预测值及其 95%置信区间见表 3-8。

预测值的置信区间　　　　表 3-8

年份(年)	道路交通事故死亡人数观测值 y	道路交通事故死亡人数预测值 $\hat{y}$	95%置信区间	
			下限值	上限值
2008	73484	73722	73110	74334
2009	67759	68621	68009	69233

均方根误差(Root Mean Square Error, RMSE)可用于评价预测效果,RMSE 的计算公式为

$$\text{RMSE} = \sqrt{\frac{1}{n}\sum_{i=1}^{n} e_i^2} = \sqrt{\frac{\text{SSE}}{n}}$$

,计算得到 RMSE 为 632。该回归模型说明 2001—2007 年这个时间

区间,GDP 与道路交通死亡人数有很好的线性关系。由表 3-8 可见,2009 年的实际观测值已经超出了预测值 95% 的置信区间,用该模型无法准确预测 2009 年之后的道路交通事故死亡人数。

五、逻辑回归

逻辑回归(Logistic Regression)模型是研究因变量为二分类或多分类观察结果与影响因素(自变量)之间关系的一种多变量分析方法。

Logistic 分布公式为:

$$P(Y=1 \mid y) = \frac{1}{1+e^{-y}} \tag{3-61}$$

其分布曲线见图 3-5。该分布表示在 y 条件下 Y 发生的概率。

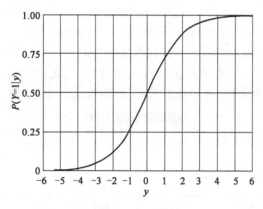

图 3-5　Logistic 分布曲线

事件发生概率与未发生概率之比的自然对数,称为 P 的 Logit 变换,记作 Logit(P)。概率 P 的取值范围为 0~1,而 Logit(P) 的取值是没有界限的,用公式可表示为:

$$\text{Logit}(P) = \ln\frac{P}{1-P} \tag{3-62}$$

假如变量 $x_1, x_2, \cdots, x_m$ 对 y 有线性影响,则有 $y = \beta_0 + \beta_1 x_1 + \beta_2 x_2 + \cdots + \beta_m x_m$,根据式(3-61),对于 $Y=1$ 和 $Y=0$ 的概率分别为:

$$P(Y=1 \mid x_1, x_2, \cdots, x_m) = \frac{1}{1+e^{-(\beta_0+\beta_1 x_1+\cdots+\beta_m x_m)}} \tag{3-63}$$

$$P(Y=0 \mid x_1, x_2, \cdots, x_m) = 1 - \frac{1}{1+e^{-(\beta_0+\beta_1 x_1+\cdots+\beta_m x_m)}} \tag{3-64}$$

若 $Y=1$ 的概率为 P,则有:

$$\frac{P}{1-P} = e^{\beta_0+\beta_1 x_1+\cdots+\beta_m x_m} \tag{3-65}$$

对上式两边取对数,可以得到:

$$\ln\frac{P}{1-P} = \beta_0 + \beta_1 x_1 + \cdots + \beta_m x_m \tag{3-66}$$

通常采用最大似然估计(Maximum Likelihood Estimate, MLE)估计回归系数 β,同时得到回归系数的标准差。

【例3-8】 分析在无信号控制交叉口,直行车辆在遇到合流的转弯车时,影响其让行或先行决策的因素。

通过对车辆在无信号控制交叉口遇到合流转弯车辆时的运动分析,列出如表3-9所示的影响驾驶人让行/先行决策的可能因素。

合流过程影响直行车通行决策的运动参数　　　　　　　　　表3-9

运动参数	参数标识	运动参数	参数标识
直行车与转弯车之间的距离	D_{ST}	转弯车到合流点的时间	T_T
直行车速度	V_S	直行车与转弯车的速度差	F_1
转弯车速度	V_T	直行车与转弯车到合流点的距离差	F_2
直行车到合流点的距离	D_S	直行车与转弯车到合流点的时间差	F_3
转弯车到合流点的距离	D_T	冲突时间	TTC
直行车到合流点的时间	T_S		

采集交叉口直行车辆与合流转弯车辆相遇情况下的案例,并提取表3-9所列各参数形成样本,以先行为"1"、让行为"0"两种结果状态为分析对象,表3-9所列参数为可能影响参数,采用Logistic模型进行回归分析,结果见表3-10,拟合程度的检验见表3-11。

逻辑回归分析结果　　　　　　　　　表3-10

模型编号	参数	回归系数	标准差	Wald检验	自由度df	显著性Sig.	exp(B)值
1	T_S	-3.280	0.670	23.938	1	0	0.038
	Constant	5.126	1.062	23.320	1	0	168.380
2	D_T	0.380	0.154	6.091	1	0.014	1.462
	T_S	-2.880	0.698	17.047	1	0	0.056
	Constant	2.527	1.391	3.299	1	0.069	12.515
3	V_T	-0.614	0.272	5.110	1	0.024	0.541
	D_T	0.477	0.170	7.923	1	0.005	1.612
	T_S	-2.497	0.683	13.381	1	0	0.082
	Constant	3.387	1.517	4.986	1	0.026	29.578

对数似然值、Cox和Snell的R^2、Nagelkerke的R^2检验结果　　　　　　　　　表3-11

模型编号	对数似然值	Cox和Snell的R^2	Nagelkerke的R^2
1	75.591	0.521	0.601
2	68.406	0.604	0.721
3	62.689	0.732	0.834

得到回归模型:

$$g(p) = 3.387 - 0.614V_T + 0.477D_T - 2.497T_S$$

$$P_1 = f(p) = \frac{1}{1 + \exp(-3.387 + 0.614V_T - 0.477D_T + 2.497T_S)}$$

可见,影响让行/先行决策的主要参数为转弯车速度、转弯车到合流点的距离、直行车到合流点的时间。用10个案例对模型预测精度进行检验,结果见表3-12。

实例验证 表3-12

案例	V_T (m/s)	D_T (m)	T_S (s)	P_1	仿真结果 (0或1)	观察结果 (0或1)
1	1.097	1.097	1.097	0.871	1	1
2	0.676	0.676	0.676	0.98	1	1
3	1.117	1.117	1.117	0.803	1	1
4	0.938	0.938	0.938	0.91	1	1
5	1.491	1.491	1.491	0.705	1	1
6	2.652	2.652	2.652	0.034	0	0
7	4.408	4.408	4.408	0	0	0
8	4.491	4.25	2.349	0.039	0	0
9	3.544	2.64	1.98	0.078	0	0
10	3.21	2.625	1.894	0.113	0	0

注："0"表示直行车在转弯车之后通过合流点；"1"表示直行车先行通过合流点。

第三节 时间序列分析

在交通安全分析中，有时会涉及对时间序列数据的分析，如对历年交通事故数、事故率的变化趋势分析与预测等。

时间序列通常由4种要素组成：趋势、季节变动、循环波动和不规则波动。趋势是时间序列在长时期内呈现出的持续向上或持续向下的变动；季节变动是时间序列在一年内重复出现的周期性波动，诸如气候条件、生产条件、节假日或人们的风俗习惯等各种因素影响的结果；循环波动是时间序列呈现出的非固定长度的周期性变动，循环波动的周期可能会持续一段时间，但与趋势不同，它不是朝着单一方向的持续变动，而是涨落相同的交替波动；不规则波动是时间序列中除去趋势、季节变动和周期波动之后的随机波动。只含有随机波动的序列也称为平稳序列。常用的时间序列分析方法有移动平均数法、指数平滑法和差分自回归移动平均模型（AR|MA）。

一、移动平均数法和指数平滑法

对给定的一组时间序列，观察数据 $V_1, V_2, V_3, \cdots, V_N, \cdots$，$N$ 阶移动平均序列定义为：

$$\frac{V_1 + V_2 + \cdots + V_N}{N}, \frac{V_2 + V_3 + \cdots + V_{N+1}}{N}, \frac{V_3 + V_4 + \cdots + V_{N+2}}{N}, \cdots$$

通用移动平均数法的表示方法为：

$$\hat{V}_{t+1} = \hat{S}_t = \frac{V_t + V_{t-1} + \cdots + V_{t-N+1}}{N} = N^{-1} \cdot \sum_{i=T-N+1}^{t} V_i \quad (3\text{-}67)$$

指数平滑法可表示为：

$$\hat{V}_{t+1} = \frac{V_t}{N} - \frac{\hat{V}_t}{N} + \hat{V}_t = \frac{1}{N} \cdot V_t + \left(1 - \frac{1}{N}\right) \cdot \hat{V}_t \quad (3\text{-}68)$$

$$\hat{V}_{t+1} = k \cdot V_t + (1-k) \cdot \hat{V}_t \tag{3-69}$$

$$\hat{V}_{t+1} = k \cdot V_t + (1-k) \cdot [k \cdot V_{t-1} + (1-k)\hat{V}_{t-1}]$$

$$= k \cdot V_t + k(1-k)V_{t-1} + (1-k)^2 \hat{V}_{t-1} \tag{3-70}$$

$$\hat{V}_{t+1} = kV_t + k(1-k)V_{t-1} + k(1-k)^2 V_{t-2} + k(1-k)^3 V_{t-3} + \cdots \tag{3-71}$$

指数平滑法是最常用的时间序列数据预测方法之一,属于确定性的时间序列分析技术。指数平滑法在时间序列变化平缓时进行预测才具有较高的精度,主要用于短期及中期预测。由于事物未来发展绝非过去的简单重复,因此,时间序列法一般不适用于长期预测。

二、ARIMA 模型

ARIMA(p,d,q) 模型全称为差分自回归移动平均模型(Autoregressive Integrated Moving Average Model, ARIMA)。其中,AR 为自回归;p 为自回归项数;MA 为移动平均过程;q 为移动平均项数;d 为时间序列平稳时所做的差分次数(阶数)。ARIMA 模型根据原序列是否平稳以及回归中所含部分的不同,包括移动平均过程(MA)、自回归过程(AR)、自回归移动平均过程(ARMA)以及差分自回归移动平均过程(ARIMA)。

对于平稳的时间序列过程,对任意时刻 t,有 $E(X_t) = \mu$, $\mathrm{Var}(X_t) = \sigma^2$。如果时间序列数据不是平稳随机过程,则需对数据进行差分处理,使其变为平稳过程(图 3-6)。

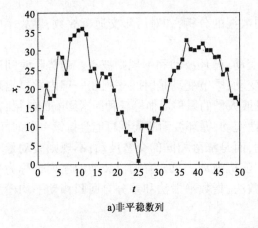
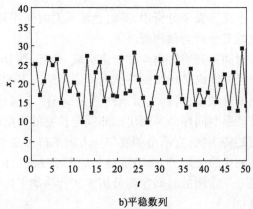

a) 非平稳数列　　　　　　　　　　　　b) 平稳数列

图 3-6　平稳和非平稳数列

间隔为 k 的两个随机变量 x_t 与 x_{t-k} 的协方差即滞后 k 期的自协方差,定义

$$\gamma_k = \mathrm{Cov}(x_t, x_{t-k}) = E[(x_t - \mu)(x_{t-k} - \mu)] \tag{3-72}$$

为自协方差序列,其中,$k = 0,1,2,\cdots,q$;γ_k 称为随机过程 $\{x_t\}$ 的自协方差函数。

当 $k = 0$ 时,得到:

$$\gamma_0 = \mathrm{Var}(x_t) = \sigma_x^2 \tag{3-73}$$

定义自相关系数为:

$$\rho_k = \frac{\mathrm{Cov}(x_t, x_{t-k})}{\sqrt{\mathrm{Var}(x_t)}\sqrt{\mathrm{Var}(x_{t-k})}} \tag{3-74}$$

对于一个平稳过程,有:

$$\mathrm{Var}(x_t) = \mathrm{Var}(x_{t-k}) = \sigma_x^2 \tag{3-75}$$

$$\rho_k = \frac{\text{Cov}(x_t, x_{t-k})}{\sigma_x^2} = \frac{\gamma_k}{\sigma_x^2} = \frac{\gamma_k}{\gamma_0} \tag{3-76}$$

其中,ρ_k 称为自相关函数,是以滞后期 k 为变量的自相关系数列。当 $k = 0$ 时,有 $\rho_0 = 1$,自相关函数是零对称的,即 $\rho_k = \rho_{-k}$。自回归项数为 p 的回归模型 AR(p) 为:

$$X_t = k_1 X_{t-1} + k_2 X_{t-2} + \cdots + k_p X_{t-p} + \theta_0 + \varepsilon_t \tag{3-77}$$

其中,$X_t, X_{t-1}, \cdots, X_{t-p}$ 为在 $t, t-1, \cdots, t-p$ 时刻得到的观测值;k_i 为自回归系数;θ_0 为常数项;ε_t 为误差项。

移动平均项数为 q 的移动平均过程 MA(q) 为:

$$X_t = \theta_0 + \varepsilon_t - \lambda_1 \varepsilon_{t-1} - \lambda_2 \varepsilon_{t-2} - \cdots - \lambda_q \varepsilon_{t-q} \tag{3-78}$$

其中,λ_i 为移动平均系数。

自回归移动平均过程模型 ARMA(p,q) 为:

$$X_t = \theta_0 + \varepsilon_t + k_1 X_{t-1} + k_2 X_{t-2} + \cdots + k_p X_{t-p} - \lambda_1 \varepsilon_{t-1} - \lambda_2 \varepsilon_{t-2} - \cdots - \lambda_q \varepsilon_{t-q} \tag{3-79}$$

对平稳时间序列 AR(p) 模型,有:

$$E(X_t) = \mu = \frac{\theta_0}{1 - k_1 - k_2 - \cdots - k_p} \tag{3-80}$$

$$\text{Var}(X_t) = \gamma_0 = \frac{\sigma_\alpha^2}{1 - k_1 \rho_1 - k_2 \rho_2 - \cdots - k_p \rho_p} \tag{3-81}$$

其中,σ_α^2 为误差项的方差。

因为 X_t 同时会受到中间 $(k-1)$ 个随机变量 $X_{t-1}, X_{t-2}, \cdots, X_{t-k+1}$ 的影响,而这 $(k-1)$ 个随机变量又都和 X_{t-k} 具有相关关系,所以自相关系数里实际掺杂了其他变量对 X_t 与 X_{t-k} 的影响。为了能单纯测度 X_{t-k} 对 X_t 的影响,引进偏自相关系数的概念。对于平稳时间序列 $\{X_t\}$,所谓滞后 k 期的偏自相关系数 φ_{kk},是指在剔除了中间 $(k-1)$ 个随机变量 $X_{t-1}, X_{t-2}, \cdots, X_{t-k+1}$ 的干扰之后,X_{t-k} 对 X_t 影响的相关程度。

由 Yule-Walker 方程

$$\rho_k = k_1 \rho_{k-1} + k_2 \rho_{k-2} + \cdots + k_p \rho_{k-p} \tag{3-82}$$

并利用 $\rho_k = \rho_{-k}$,$\rho_0 = 1$,得到:

$$\begin{bmatrix} \rho_1 \\ \rho_2 \\ \vdots \\ \rho_k \end{bmatrix} = \begin{bmatrix} 1 & \rho_1 & \rho_2 & \cdots & \rho_{k-1} \\ \rho_1 & 1 & \rho_1 & \cdots & \rho_{k-2} \\ \vdots & \vdots & \vdots & \ddots & \vdots \\ \rho_{k-1} & \rho_{k-2} & \rho_{k-3} & \cdots & 1 \end{bmatrix} \begin{bmatrix} k_1 \\ k_2 \\ \vdots \\ k_k \end{bmatrix} \tag{3-83}$$

对 k 阶自回归模型 AR(k) 有:

$$X_t = k_1 X_{t-1} + k_2 X_{t-2} + \cdots + k_k X_{t-k} + \theta_0 + \varepsilon_t$$

这里系数 k_k 恰好表示 X_t 与 X_{t-k} 在排除了其中间变量 $X_{t-1}, X_{t-2}, \cdots, X_{t-k+1}$ 影响之后的相关系数,即偏自相关系数 φ_{kk}。

当 $k = 1$ 时,AR(1) 模型为:

$$\begin{cases} X_t = k_1 X_{t-1} + \theta_0 + \varepsilon_t \\ \varphi_{11} = k_1 = \rho_1, |k_1| < 1 \\ \varphi_{kk} = k_k = 0, k > 1 \end{cases} \tag{3-84}$$

当 $k=2$ 时，AR(2)模型为：

$$\begin{cases} X_t = k_1 X_{t-1} + k_2 X_{t-2} + \theta_0 + \varepsilon_t \\ k_1 = \varphi_{11} = \rho_1 \\ k_2 = \varphi_{22} = \dfrac{\rho_2 - \rho_1^2}{1 - \rho_1^2} \end{cases} \quad (3\text{-}85)$$

平稳时间序列的 MA(q) 模型为：

$$X_t = \theta_0 + \varepsilon_t - \lambda_1 \varepsilon_{t-1} - \lambda_2 \varepsilon_{t-2} - \cdots - \lambda_q \varepsilon_{t-q} \quad (3\text{-}86)$$

$$E(X_t) = \mu = \theta_0 \quad (3\text{-}87)$$

$$\mathrm{Var}(X_t) = \gamma_0 = \sigma_\alpha^2 (1 + \lambda_1^2 + \lambda_2^2 + \cdots + \lambda_q^2) \quad (3\text{-}88)$$

$$\rho_k = \begin{cases} (-\lambda_k + \lambda_1 \lambda_{k+1} + \lambda_2 \lambda_{k+2} + \cdots + \lambda_{q-k} \lambda_k) \left(\dfrac{\sigma_\alpha^2}{\gamma_0} \right) & (k=1,2,\cdots,q) \\ 0 & (k > q) \end{cases} \quad (3\text{-}89)$$

$$\varphi_{kk} = -\lambda_1^k \left(\dfrac{1 - \lambda_1^2}{1 - \lambda_1^{2k+2}} \right) \quad (3\text{-}90)$$

在 ARMA(p,q) 的建模过程中，确定阶数(p,q)是建模中比较重要的步骤，也是比较困难的。对于线性平稳时间序列模型来说，确定 ARMA(p,q) 过程的阶数称为模型识别过程。所采用的基本方法主要是依据样本的自相关系数(ACF)和偏自相关系数(PACF)初步判定其阶数，如果利用这种方法无法明确判定模型的类别，就需要借助诸如 AIC、BIC 等信息准则。主要的识别方法包括：

(1) 利用时间序列的相关特性，这是识别模型的基本理论依据。如果样本的自相关系数(ACF)在滞后 $q+1$ 阶时突然截断，即在 q 处截尾，那么可以判定该序列为 MA(q) 序列。同理，如果样本的偏自相关系数(PACF)在 p 处截尾，那么可以判定该序列为 AR(p) 序列。如果 ACF 和 PACF 都不截尾，只是按指数衰减为零，则应判定该序列为 ARMA(p,q) 序列，此时阶次尚需作进一步的判断。

(2) 利用数理统计方法检验高阶模型新增加的参数是否近似为零，根据模型参数的置信区间是否含零来确定模型阶次、检验模型残差的相关特性等。

(3) 利用信息准则，确定一个与模型阶数有关的准则函数，既考虑模型对原始观测值的接近程度，又考虑模型中所含待定参数的个数，最终选取使该函数达到最小值的阶数。常用的该类准则有 AIC、BIC、FPE 等。

实际应用中，往往是几种方法交叉使用，选择最为合适的阶数(p,q)作为待建模型的阶数。

【例 3-9】 根据 1970—2014 年我国交通事故数据建立时间序列模型。

由于影响我国交通事故的因素很多，且这些因素之间常常存在着多重共线性，因而采用 ARIMA 模型预测比较合理，而且精度较高。首先，从我国历年道路交通事故统计中得到 1970—2014 年我国道路交通事故数据，并绘制出数据曲线，如图 3-7 所示。

从图 3-7 可知，近年来我国道路交通事故数有明显的下降趋势，非平稳。为了使数据更平稳，对我国的道路交通事故数总值数据取一阶差分，如图 3-8 所示。我们看到图形已经没有明显的上升或者下降趋势，因此 $d=1$。

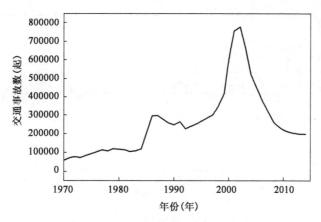

图 3-7　1970—2014 年我国道路交通事故数

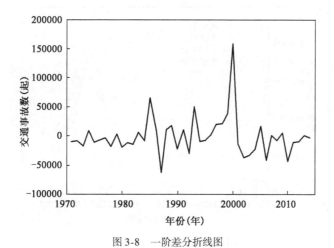

图 3-8　一阶差分折线图

观察一阶差分的自相关(ACF)和偏相关(PACF)分析图,如图 3-9 和图 3-10 所示,判断序列自相关函数拖尾,偏自相关函数图 6 阶截尾,满足 AMIRA(6,1,0)。一阶差分序列的线性拟合时,拟合值和观测值曲线的比较如图 3-11 所示。

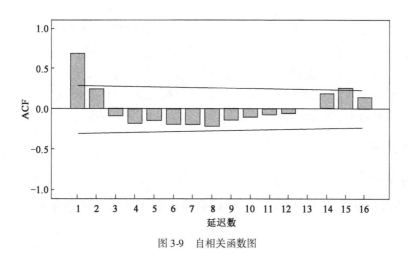

图 3-9　自相关函数图

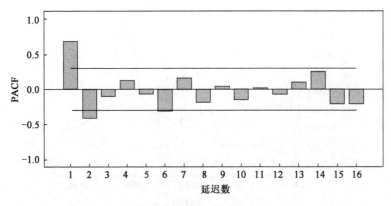

图 3-10 偏自相关函数图

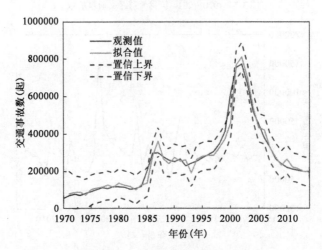

图 3-11 观测值和拟合值对比

第四节　贝叶斯方法

美籍波兰统计学家 E. L. Lehmann(1894—1981 年)高度概括了在统计推断中三种可用信息:总体信息,即总体分布或所属分布族的信息;样本信息,即样本提供的信息,这是任何一种统计推断方法中都需要的信息;先验信息,即在抽样之前获取与统计推断相关的信息。贝叶斯方法不同于一般的统计方法,不仅利用模型信息和数据信息,而且充分利用先验信息。在交通安全相关的预测分析中,加入先验信息,有利于提升预测的准确程度。

一、基本定义

1. 条件概率

设 A、B 是两个事件,且 $P(A)>0$,$P(B|A)$ 称为在事件 A 发生的条件下事件 B 发生的条件概率。

2. 乘法公式

设 A、B 是两个事件,且它们同时发生的概率满足乘法公式:

$$P(AB) = P(B|A)P(A), P(A) > 0 \tag{3-91}$$

$$P(AB) = P(A|B)P(B), P(B) > 0 \tag{3-92}$$

3. 全概率公式

设事件组 $B_1, B_2, \cdots, B_n$ 满足:① $\sum_{i=1}^{n} B_i = S$;② $B_1, B_2, \cdots, B_n$ 互不相容;③ $P(B_i) > 0, i = 1, 2, \cdots, n$,则对任意事件 A,恒有:

$$P(A) = \sum_{i=1}^{n} P(B_i) P(A|B_i) \tag{3-93}$$

4. 贝叶斯(Bayes)公式

设事件组 $B_1, B_2, \cdots, B_n$ 满足:① $\sum_{i=1}^{n} B_i = S$;② $B_1, B_2, \cdots, B_n$ 互不相容;③ $P(B_i) > 0, i = 1, 2, \cdots, n$,则对任意事件 $A(P(A) > 0)$ 有:

$$P(B_i|A) = \frac{P(B_i)P(A|B_i)}{\sum_{i=1}^{n} P(B_i)P(A|B_i)} \tag{3-94}$$

二、贝叶斯公式的密度函数形式

假设Ⅰ:随机变量 X 有一个密度函数 $p(x;\theta)$,其中 θ 是参数,不同的 θ 对应不同的密度函数,从贝叶斯观点看,$p(x;\theta)$ 是给定 θ 条件的条件密度函数,因此记为 $p(x|\theta)$ 更恰当一些。这个条件密度能提供有关的 θ 条件就是总体信息。

假设Ⅱ:当给定 θ 后,从总体 $p(x|\theta)$ 中随机抽取样本 $X_1, \cdots, X_n$,该样本中含有 θ 的有关信息,即为样本信息。

假设Ⅲ:对参数 θ 已经积累很多信息,经过分析、整理和加工,可以获得一些有关 θ 的有用信息,这种信息就是先验信息。

从贝叶斯观点来看,未知参数 θ 是一个随机变量。描述这个随机变量的分布可从先验信息中归纳出来,这个分布称为先验分布,其密度函数用 $\pi(\theta)$ 表示。

先验分布:将总体中的未知参数 $\theta \in \Theta$ 看成一个取值在区间 Θ 内的随机变量,其概率分布记为 $\pi(\theta)$,这就是参数 θ 的先验分布。

后验分布:在贝叶斯统计学中,把以上三种信息归纳起来的最好形式是在总体分布基础上获得样本 $(x_1, \cdots, x_n)$ 和参数的联合密度函数:

$$p(x_1, \cdots, x_n, \theta) = p(x_1, \cdots, x_n|\theta)\pi(\theta) \tag{3-95}$$

在联合密度函数中,当样本 $x_1, \cdots, x_n$ 给定之后,未知量仅是参数 θ,θ 的条件密度函数的求解可以依据:

$$\pi(\theta|x_1, \cdots, x_n) = \frac{p(x_1, \cdots, x_n, \theta)}{p(x_1, \cdots, x_n)} = \frac{p(x_1, \cdots, x_n|\theta)\pi(\theta)}{\int p(x_1, \cdots, x_n|\theta)\pi(\theta)\mathrm{d}\theta} \tag{3-96}$$

式(3-96)即为贝叶斯公式的密度函数形式,称 $\pi(\theta|x_1, \cdots, x_n)$ 为 θ 的后验密度函数,或后验分布。

样本的边际分布为：

$$p(x_1,\cdots,x_n) = \int p(x_1,\cdots,x_n|\theta)\pi(\theta)\mathrm{d}\theta \tag{3-97}$$

又称为样本 $X_1,\cdots,X_n$ 的无条件分布，它的积分区域就是参数 θ 的取值范围。

【例3-10】 对某地区100个交叉口事故进行调查，得到交叉口每年发生事故数与对应的交叉口数，见表3-13。

某地区100个交叉口每年事故数与对应的交叉口数　　　　表3-13

每年事故数(起)	0	1	2	3	4	≥5
对应的交叉口数(个)	5	10	50	25	8	2

对该地区某一个交叉口近10年的事故数据进行调查，得到该交叉口每年发生的事故数，见表3-14。

某一个交叉口近10年事故数　　　　表3-14

年份(年)	2016	2015	2014	2012	2011	2010	2009	2008	2007	2006
事故数(起)	2	0	3	1	5	4	2	1	3	2

求该交叉口每年发生事故数的后验分布。

分析：

建立随机变量：该地区交叉口每年发生的事故数为 $\theta(0,1,2,3,4,\geq5)$；待分析交叉口每年发生的事故数为 $X(0,1,2,3,4,\geq5)$。

根据100个交叉口事故调查结果，可以得到该地区交叉口年事故率的先验概率分布，见表3-15。

某地区交叉口年事故数的先验分布　　　　表3-15

每年事故数 θ(起)	0	1	2	3	4	≥5
发生概率 $P(\theta)$	0.05	0.1	0.5	0.25	0.08	0.02

对待分析交叉口的抽样进行分析，见表3-16。

待分析交叉口样本的分布　　　　表3-16

每年事故数 X(起)	0	1	2	3	4	≥5
$p(X\|\theta)$	0.1	0.2	0.3	0.2	0.1	0.1

计算 $P(\theta=i|X) = \dfrac{P(X|\theta=i)P(\theta=i)}{\sum\limits_i P(X|\theta=i)P(\theta=i)}$，得到该交叉口每年发生事故数的后验分布，见表3-17。

待分析交叉口事故数的后验分布　　　　表3-17

每年事故数 θ(起)	0	1	2	3	4	≥5
$p(\theta\|x_1,\cdots,x_n)$	0.021	0.085	0.638	0.213	0.034	0.009

第五节　蒙特卡洛建模方法

蒙特卡洛(Monte Carlo)法,是一种以概率统计理论为指导的数值计算方法。20世纪40年代中叶,由于科学技术的发展和电子计算机的发明,借助蒙特卡洛方法可解决很多计算问题。蒙特卡洛法的基础是利用高性能计算机产生随机数(或更常见的伪随机数)。因此,蒙特卡洛法又称为计算机随机模拟法。该方法是由数学家冯·诺伊曼用驰名世界的赌城——摩洛哥城市蒙特卡洛的名字来命名的。

蒙特卡洛法的基本思想为:当所求解问题是某种随机事件出现的概率,或者是某个随机变量的期望值时,通过某种"实验"的方法,以这种事件出现的频率估计这一随机事件的概率,或者得到这个随机变量的某些数字特征,并将其作为问题的解。

一、理论基础

对于随机变量,解决估计值问题的蒙特卡洛法的基本框架用概率论和测度论语言描述如下:在概率空间中确定随机变量 x,其概率分布式为 $f(x)$,确定统计量 $h(x)$ 是随机变量 x 的函数,其期望为 μ,均方差为 σ^2。在 X 的概率分布 $f(x)$ 下抽样,产生样本值 X_i,统计量的取值为 $h(X_i)$。在统计估计中,统计量 $h(X_i)$ 的算术平均值是统计量的无偏估计 $\hat{h}$,作为估计问题的近似估计,它以概率 p 收敛于统计量期望 μ。统计量估计值的误差 ε 与 σ 成正比,与模拟次数 n 的平方根成反比,即有:

$$\hat{h} = \frac{1}{n}\sum_{i=1}^{n}h(X_i) \xrightarrow{p} \mu; \varepsilon \propto \sigma/\sqrt{n} \tag{3-98}$$

概率论的大数法则和中心极限定理是蒙特卡洛法的数学基础。其中,大数法则验证了蒙特卡洛法的稳定性和收敛性,中心极限定理则回答了该方法误差和收敛速度的问题。

由于样本值 X_i 是独立同分布的,所以统计量 $h(X_i)$ 也是独立同分布的。如果存在统计量的数学期望 $E[h(X_i)] = \mu$,根据概率论的大数法则,统计量的均值就是统计量的无偏估计 $\hat{h}$,因此有:

$$\hat{h} = \frac{1}{n}\sum_{i=1}^{n}h(X_i) \tag{3-99}$$

依概率收敛到期望 μ,即对任意的 ε 有:

$$\lim_{n\to\infty}P\left(\left|\frac{1}{n}\sum_{i=1}^{n}h(X_i) - \mu\right| < \varepsilon\right) = 1 \tag{3-100}$$

因此,当 $n \to \infty$ 时,统计量的估计值 $\hat{h}$ 以概率为 1 收敛到期望 μ。统计量作为参数,由于一个参数的估计值的期望等于这个参数,所以统计量的估计值是统计量的无偏估计,这样的统计量称为无偏统计量。大数法则保证了蒙特卡洛法的估计值是无偏估计值,收敛到真值,保证蒙特卡洛法的估计值收敛到问题的正确结果。

蒙特卡洛法的积分估值问题可写为:

$$I = \int\varphi(x)\mathrm{d}x = \int h(x)f(x)\mathrm{d}x \tag{3-101}$$

其中，$f(x)$为概率分布；$h(x)$为统计量。

二、蒙特卡洛建模分析步骤

蒙特卡洛建模分析方法的解题步骤如下：

(1) 根据提出的问题构造一个简单、适用的概率模型或随机模型，使问题的解对应于该模型中随机变量的某些特征(如概率、均值和方差等)，即用概率统计的方法对实际问题或系统作出数学描述。

(2) 根据模型中各个随机变量的分布，在计算机上产生随机数，实现一次模拟过程所需的足够数量的随机数。通常先产生均匀分布的随机数，然后生成服从某一分布的随机数，方可进行随机模拟试验。

(3) 根据概率模型的特点和随机变量的分布特性，设计和选取合适的抽样方法，并对每个随机变量进行抽样(包括直接抽样、分层抽样、相关抽样、重要抽样等)。

(4) 确定统计量和随机变量的函数关系，从而确定统计量的取值，作为目标问题的随机解。

(5) 统计分析模拟试验结果，由统计量的算术平均值得到统计量的估计值，作为目标问题的近似估计值。

蒙特卡洛法的稳定性和收敛性与普通的数值方法有很大的不同，虽然有多次模拟，但每次产生的误差都是随机误差，不会发生频繁迭代。因此，应用蒙特卡洛法，只要随机数产生和样本抽样过程是正确的，一般无须进行专门的误差分析。

【例3-11】 借道超车极易发生交通事故。假设有一小客车以20m/s的速度借道超车，刚好前方有一货车以15m/s的速度迎面驶来，两位驾驶人在相距95m时同时发现对方并采取制动，已知小客车和货车的制动减速度均为$0.75g$(g取$10m/s^2$)。如果小客车驾驶人的反应时间服从均值为1.3s、标准差为0.5s的正态分布，货车驾驶人的反应时间服从均值为1.35s、标准差为0.25s的正态分布，试问两车不发生碰撞的概率为多少？

假设小客车驾驶人反应时间为t_1，货车驾驶人反应时间为t_2，则两车保持安全的条件是：

$$20t_1 + \frac{20^2}{2 \times 0.75g} + 15t_2 + \frac{15^2}{2 \times 0.75g} < 95$$

即有：

$$20t_1 + 15t_2 < 53.33$$

采用蒙特卡洛法，借助相关软件生成两组服从$N(1.3,0.5)$和$N(1.35,0.25)$的数据，每组样本个数为10000(样本越多越准确，但计算量也越大)，分别代表t_1和t_2，从而得到满足上述不等式的模拟实验结果为7453，即两车不发生碰撞的概率约为74.5%。

第六节 基于风险分析持续期模型

在交通安全研究领域，有时需要研究某一事件持续时间的长短。比如一个人从拿到驾照到第一次发生交通事故的时间，交通事故影响的持续时间，汽车出厂后第一次出现故障的时间或两次故障的间隔时间等。本节将介绍基于风险分析的持续期模型，用于分析事件随时间推移的概率变化程度。

一、基本模型

首先定义累积失效概率分布函数为：

$$F(t) = P(T < t) \tag{3-102}$$

其中，P 为概率；T 为随机时间变量；t 为特定时间，相应的失效密度函数为：

$$f(t) = \frac{\mathrm{d}F(t)}{\mathrm{d}t} \tag{3-103}$$

风险函数 $h(t)$ 定义为某一事件（如事故）在时间 t 之前没有发生，而在时间 $t \sim t+\mathrm{d}t$ 内发生的概率，根据条件概率分析方法，有：

$$h(t) = \frac{f(t)}{1 - F(t)} \tag{3-104}$$

累积风险函数 $H(t)$ 为：

$$H(t) = \int_0^t h(t)\mathrm{d}t \tag{3-105}$$

该函数表示从 0 到 t 这段时间发生的累计风险。

定义幸存函数（Survivor Function）$S(t)$ 为：

$$S(t) = P(T \geq t) \tag{3-106}$$

表示时间大于或等于给定时间 t，事件才发生的概率。

上述函数之间的关系为：

$$\begin{cases} S(t) = 1 - F(t) = 1 - \int_0^t f(t)\mathrm{d}t = \exp[-H(t)] \\ f(t) = \frac{\mathrm{d}}{\mathrm{d}t}F(t) = h(t)\mathrm{e}^{-H(t)} = -\frac{\mathrm{d}}{\mathrm{d}t}S(t) \\ H(t) = \int_0^t h(t)\mathrm{d}t = -\ln S(t) \\ h(t) = \frac{f(t)}{S(t)} = \frac{f(t)}{1 - F(t)} = \frac{\mathrm{d}}{\mathrm{d}t}H(t) \end{cases} \tag{3-107}$$

这些函数的曲线如图 3-12 所示。

风险函数 $h(t)$ 的梯度具有重要意义。如图 3-13 所示，对于风险函数 $h_1(t)$，$\mathrm{d}h_1(t)/\mathrm{d}t < 0$，说明风险随时间的增加而持续减小；先是 $\mathrm{d}h_2(t)/\mathrm{d}t > 0$，然后 $\mathrm{d}h_2(t)/\mathrm{d}t < 0$，说明事件发生的风险随时间推移先增加后减小；$\mathrm{d}h_3(t)/\mathrm{d}t > 0$，说明风险随时间增加持续增加；$\mathrm{d}h_4(t)/\mathrm{d}t = 0$，说明事件发生概率独立于持续期。

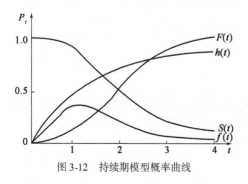

图 3-12 持续期模型概率曲线

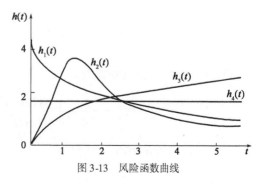

图 3-13 风险函数曲线

二、比例模型与加速寿命模型

在基于风险分析的持续期模型中,需要考虑协变量(Covariates)对发生概率的影响,如驾驶人首次发生事故时间的持续期模型中需要考虑年龄、性别等因素的影响。比例风险模型和加速寿命模型是两个常用的考虑协变量的持续期模型。比例模型可以表示为:

$$h(t|X) = h_0(t)e^{\beta X} \tag{3-108}$$

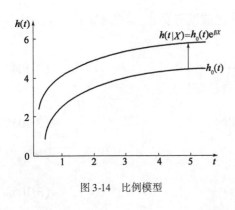

图3-14 比例模型

其中,$h_0(t)$ 为基准风险函数,表示协变量向量 X 的所有元素的影响都为 0 时的风险函数,并假设协变量通过 $e^{\beta X}$ 函数影响风险函数(图3-14)。

加速寿命模型假设协变量直接作用在基准幸存函数的时间变量上,即:

$$S(t|X) = S_0(te^{\beta X}) \tag{3-109}$$

其中,基准幸存函数 $S_0(X)$ 为协变量向量 X 的所有元素的影响都为 0 时的幸存函数,把比例风险模型和加速寿命模型结合在一起,就构成了条件风险函数:

$$h(t|X) = h_0(te^{\beta X})e^{\beta X} \tag{3-110}$$

【**例3-12**】 假设调查驾驶人拿到驾照后,首次出险时距获得驾照的时间差(单位:月)分布如图 3-15 所示,采用基于风险分析持续期模型来分析驾驶人获得驾照后首次出险风险随时间的变化情况,样本总数为 1000。试计算累积分布函数 $F(t)$、密度函数 $f(t)$、风险函数 $h(t)$ 和幸存函数 $S(t)$,并在同一坐标系下绘出各个曲线。

经曲线拟合,得到密度函数:

$$f(t) = \frac{0.0379t^3 - 1.94t^2 + 25.9t - 25.1}{1000}$$

对上式进行积分,得到:

$$F(t) = \frac{0.00947t^4 - 0.648t^3 + 12.9t^2 - 25.1t}{1000}$$

幸存函数为:

$$S(t) = 1 - F(t) = 1 - \frac{0.00947t^4 - 0.648t^3 + 12.9t^2 - 25.1t}{1000}$$

由式(3-107)可得风险函数:

$$h(t) = \frac{0.0379t^3 - 1.94t^2 + 25.9t - 25.1}{1 - (0.00947t^4 - 0.648t^3 + 12.9t^2 - 25.1t)}$$

对应的函数图像如图 3-16 所示。

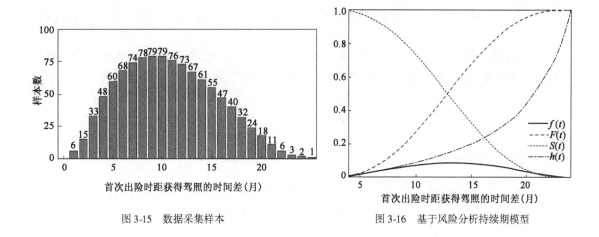

图 3-15 数据采集样本　　　　　　图 3-16 基于风险分析持续期模型

第七节　泊松回归模型

泊松分布(Poisson Distribution)常用来描述一些稀有事件的发生概率。在交通安全分析中,诸如某一路段或交叉口发生事故或出现事故死亡属于稀有事件。泊松回归模型是这类计数数据分析的常用模型。

一、二项分布与泊松分布

对随机事件 X 进行 n 次试验,二项分布即重复 n 次独立的伯努利试验。在每次试验中只有两种可能的结果,而且两种结果发生与否相互对立,与其他各次试验结果无关,事件发生与否的概率在每一次独立试验中都保持不变,X 在一次试验中发生的概率为 p,则这一系列试验总称为 n 重伯努利试验,X 发生 k 次的概率服从二项分布,即:

$$P\{X=k\} = \binom{n}{k} p^k (1-p)^{n-k} \tag{3-111}$$

【例 3-13】 假设每 300 次严重交通冲突会导致一次交通事故,某交叉口一天发生严重冲突的数量为 2 次,则该交叉口 1 年发生不多于 4 次交通事故的概率是:

$$P\{X \leqslant 4\} = \sum_{k=0}^{4} \binom{n}{k} p^k (1-p)^{n-k}$$

其中,$p = 1/300; n = 365 \times 2 = 730; k = 4$。

当 n 很大而 p 很小时,根据泊松定理,有:

$$\lim_{n \to \infty} \binom{n}{k} p^k (1-p)^{n-k} = \frac{\lambda^k e^{-\lambda}}{k!}, \lambda = np \tag{3-112}$$

即二项分布在 n 趋近正无穷时,服从泊松分布:

$$P\{X = k\} = \frac{\lambda^k e^{-\lambda}}{k!}, \quad k = 0, 1, 2, \cdots \tag{3-113}$$

【例 3-14】 经统计,某交叉口平均每年发生交通事故 3 次,假设该交叉口发生交通事故次数服从泊松分布,则该交叉口一年发生交通事故不超过 2 次(即 $X \leqslant 2$)的概率为:

$$P\{X \leqslant 2\} = \frac{3^0 e^{-3}}{0!} + \frac{3^1 e^{-3}}{1!} + \frac{3^2 e^{-3}}{2!} = 0.423$$

二、泊松回归模型

泊松回归就是用解释变量构成的函数来代替泊松分布参数 λ,从而进行参数估计和回归分析。最常用的方法就是用对数线性模型来描述泊松分布参数与解释变量之间的关系,即:

$$\lambda(X) = e^{\beta X} \tag{3-114}$$

上式也可以写为:

$$\ln[\lambda(X)] = \beta X$$

根据泊松分布的性质,有 $E[\lambda(X)] = e^{\beta X}$。可以用最大似然估计来估计模型参数,似然函数为:

$$L(\beta) = \prod_{i=1}^{n} \frac{[\lambda(X_i)]^{k_i}}{k_i!} e^{-\lambda(X_i)} = \prod_{i=1}^{n} \frac{(e^{\beta X_i})^{k_i}}{k_i!} e^{-e^{\beta X_i}} \tag{3-115}$$

【例 3-15】 Simon P. Washingtong 等在 *Statistical and Econometric Methods for Transportation Data Analysis* 一书中,用美国加利福尼亚州和密歇根州的事故数据,对交叉口事故发生数进行了泊松回归分析,得到:

$$E[\lambda(X_i)] = e^{\beta X_i} = e^{-0.83 + 0.00008 \text{AADT1}_i + 0.0005 \text{AADT2}_i - 0.06 \text{MEDIAN}_i + 0.07 \text{DRIVE}_i}$$

其中,AADT1_i 为主路的年平均日交通量;AADT2_i 为支路的年平均日交通量;MEDIAN_i 为主路宽度;DRIVE_i 为该交叉口 250ft(约合 76.2m)内的车道数。

第八节 隐性变量(潜变量)模型

潜变量(Latent Variable)是实际工作中无法直接测量的变量,包括比较抽象的概念和由于种种原因不能准确测量的变量。一个潜变量往往对应着多个显变量,可以看作其对显变量的抽象和概括,显变量则可视为特定潜变量的反映指标。在驾驶行为分析中,车辆的运动状态、与驾驶人操作相关的参数是可以直接测量的显变量,但对显变量具有影响的心理状态参数一般无法直接测量。隐性变量(潜变量)的分析模型包括主成分分析、因子分析和结构方程等模型。

一、主成分分析

主成分分析(Principal Component Analysis,PCA)是将多个变量通过线性变换,以选出较少个数重要变量的一种多元统计分析方法,又称主分量分析。当两个变量之间有一定相关关系时,可以解释为这两个变量反映的信息有一定的重叠。主成分分析是对于原先提出的所有变量,建立尽可能少的新变量,使得这些新变量两两不相关,并且这些新变量在所反映的信息方面尽可能保持原有的信息。

主成分分析的著名案例为1947年美国的统计学家斯通(Stone)关于国民经济的研究。他利用美国1929—1938年的数据,得到了17个反映国民收入与支出的变量要素,例如,雇主补贴、消费资料和生产资料、纯公共支出、净增库存、股息、利息、外贸平衡等。在进行主成分分析后,以97.4%的精度用三新变量就取代了原17个变量。根据经济学知识,斯通给这三个新变量分别命名为总收入F_1、总收入变化率F_2和经济发展或衰退的趋势F_3。更有意思的是,这三个变量其实都是可以直接测量的。主成分分析的重点是对高维变量空间进行降维处理和对新变量的解释。

假定有n个样本,每个样本共有p个变量,构成一个$n \times p$阶的数据矩阵:

$$X = \begin{bmatrix} x_{11} & x_{12} & \cdots & x_{1p} \\ x_{21} & x_{22} & \cdots & x_{2p} \\ \vdots & \vdots & \ddots & \vdots \\ x_{n1} & x_{n2} & \cdots & x_{np} \end{bmatrix} \tag{3-116}$$

记$x_1, x_2, \cdots, x_p$为原变量指标,构建新的主成分指标为$z_1, z_2, \cdots, z_m$($m \leq p$),则有:

$$\begin{cases} z_1 = l_{11}x_1 + l_{12}x_2 + \cdots + l_{1p}x_p \\ z_2 = l_{21}x_1 + l_{22}x_2 + \cdots + l_{2p}x_p \\ \vdots \\ z_m = l_{m1}x_1 + l_{m2}x_2 + \cdots + l_{mp}x_p \end{cases} \tag{3-117}$$

上式需满足以下条件:
(1)每个主成分的系数平方和为1,即:

$$l_{1i}^2 + l_{2i}^2 + \cdots + l_{pi}^2 = 1$$

(2)主成分之间相互独立,即无重叠的信息,即:

$$\text{Cov}(z_i, z_j) = 0, \ i \neq j, \ i = 1, 2, \cdots, p, \ j = 1, 2, \cdots, p$$

(3)主成分的方差依次递减,重要性依次递减,即:

$$\text{Var}(z_1) \geq \text{Var}(z_2) \geq \cdots \geq \text{Var}(z_p)$$

主成分分析的实质就是确定原来变量x_j($j = 1, 2, \cdots, p$)在主成分z_i($i = 1, 2, \cdots, m$)上的荷载l_{ij}($i = 1, 2, \cdots, m, j = 1, 2, \cdots, p$)。

主成分分析的过程为:
(1)数据标准化处理,即:

$$x_{\alpha j}^* = \frac{x_{\alpha j} - \bar{x}_j}{\sigma_j}$$

其中,$\bar{x}_j = \frac{1}{N}\sum_\alpha x_{\alpha j}$;$\sigma_j^2 = \frac{1}{N}\sum_\alpha (x_{\alpha j} - \bar{x}_j)^2$。

(2)计算相关系数矩阵R,得:

$$r_{ij} = \frac{\frac{1}{N}\sum_\alpha (x_{\alpha i} - \bar{x}_i)(x_{\alpha j} - \bar{x}_j)}{\sigma_i \sigma_j} = \frac{1}{N}\sum_\alpha x_{\alpha i}^* x_{\alpha j}^*$$

(3)根据特征方程 $|R - \lambda I| = 0$，计算特征值 $\lambda_1, \lambda_2, \cdots, \lambda_p$，并使特征值按从大到小的顺序排列，即 $\lambda_1 > \lambda_2 > \cdots > \lambda_p > 0$。

(4)列出关于每个特征值的特征向量：

$$l_k = [l_{k1}, l_{k2}, \cdots, l_{kp}]^T$$

(5)计算主成分贡献率及累计贡献率，选择主成分贡献率为：

$$\frac{\lambda_k}{\sum_{i=1}^{p} \lambda_i} \quad (k = 1, 2, \cdots, p)$$

累计贡献率为：

$$\sum_{j=1}^{k} \left(\frac{\lambda_j}{\sum_{i=1}^{p} \lambda_i} \right)$$

一般取累计贡献率达 85%～95% 的特征值，$\lambda_1, \lambda_2, \cdots, \lambda_m$ 所对应的特征向量构建的主成分为第一、第二……第 $m(m \leq p)$ 的主成分。

【例 3-16】 利用主成分分析法寻找我国道路交通安全的主要评价指标。

我国 2004—2008 年道路交通事故统计见表 3-18。

我国 2004—2008 年道路交通事故统计 表 3-18

年份(年)	事故数(起)	死亡人数(人)	受伤人数(人)	经济损失(亿元)
2004	517889	107077	480864	23.9
2005	450254	98738	469911	18.8
2006	378781	89455	431139	14.9
2007	327209	81649	380442	12.0
2008	265204	73484	304919	10.1

对交通事故数据按照主成分分析的过程(1)～(5)进行计算，得到交通事故标准化数据，见表 3-19。

2004—2008 年道路交通事故标准化数据 表 3-19

年份(年)	事故数(起)	死亡人数(人)	受伤人数(人)	经济损失(亿元)
2004	1.30667	1.27505	0.93225	1.43984
2005	0.62696	0.64947	0.78077	0.51733
2006	-0.09131	-0.04693	0.24456	-0.18812
2007	-0.60959	-0.63253	-0.45656	-0.71269
2008	-1.23272	-1.24505	-1.50102	-1.05637

得到标准化数据的协方差矩阵，从而得到相关系数矩阵 R：

$$R = \begin{bmatrix} 1.000 & 0.999 & 0.953 & 0.990 \\ 0.999 & 1.000 & 0.960 & 0.987 \\ 0.953 & 0.960 & 1.000 & 0.903 \\ 0.990 & 0.987 & 0.903 & 1.000 \end{bmatrix}$$

则可求得相应的特征值 $\lambda_1 = 3.897, \lambda_2 = 0.102, \lambda_3 = 0, \lambda_4 = 9.478 \times 10^{-5}$。主成分个数依据输出表确定,见表3-20。

方差分解主成分提取分析表 表3-20

成分	特征值	贡献率(%)	累计贡献率(%)
1	3.897	97.429	97.429
2	0.102	2.557	99.986
3	0.000	0.012	99.998
4	9.487×10^{-5}	0.002	100.000

从表3-20可以看出,成分1的累计贡献率已经超过85%,达到了97.429%,说明用1个综合评价指标来反映原4项统计数字是可行的,故成分1被看作主成分。经过计算,λ_1 所对应的特征向量为 $C_1 = (0.5059, 0.5064, 0.4895, 0.4980)$。根据变换公式 $Y = C_1 X$ 确定综合评价指标的每年数值,其中 $(X_{ij})_{4 \times 5}$ 是标准化的数据矩阵。

$$Y = \begin{bmatrix} 0.5059 \\ 0.5064 \\ 0.4895 \\ 0.4980 \end{bmatrix}^T \begin{bmatrix} 1.30667 & 0.62696 & -0.09131 & -0.60959 & -1.23272 \\ 1.27505 & 0.64947 & -0.04693 & -0.36253 & -1.24505 \\ 0.93225 & 0.78077 & 0.24456 & -0.45656 & -1.50102 \\ 1.43984 & 0.51733 & -0.18812 & -0.71269 & -1.05637 \end{bmatrix}$$

$$= [2.4801, 1.2859, -0.0439, -1.0704, -2.5149]$$

二、因子分析

因子分析法(Factor Analysis Method)是指从研究指标相关矩阵内部的依赖关系出发,把一些信息重叠、具有错综复杂关系的变量归结为少数几个不相关的综合因子的一种多元统计分析方法。因子分析法与主成分分析法都属于因素分析法,都基于统计分析方法,两者的区别在于:主成分分析是通过坐标变换提取主成分,也就是将一组具有相关性的变量变换为一组独立的变量,将主成分表示为原始观察变量的线性组合;因子分析法是要构造因子模型,将原始观察变量分解为因子的线性组合。

$$\begin{cases} X_1 - \mu_1 = l_{11}F_1 + l_{12}F_2 + \cdots + l_{1m}F_m + \varepsilon_1 \\ X_2 - \mu_2 = l_{21}F_1 + l_{22}F_2 + \cdots + l_{2m}F_m + \varepsilon_2 \\ \vdots \\ X_p - \mu_p = l_{p1}F_1 + l_{p2}F_2 + \cdots + l_{pm}F_m + \varepsilon_p \end{cases} \quad (3-118)$$

即:

$$(X - \mu)_{p \times 1} = L_{p \times m} F_{m \times 1} + \varepsilon_{p \times 1} \quad (3-119)$$

其中,F 为因子量;l_{ij} 为变量荷载;ε_i 的值取决于 X_i,p 个随机误差和 m 个变量荷载是潜在且不可观测的,因此,上式有 p 个等式和 $(p+m)$ 个未知数,并满足下述条件:

①F_i 和 ε_i 都是独立的;
②$E(F) = 0$;
③$\mathrm{Cov}(F) = I$;

④$E(\pmb{\varepsilon}) = 0$；

⑤$\text{Cov}(\pmb{\varepsilon}) = v$，这里 v 是对角矩阵。

三、路径分析与结构方程

遗传学家 Sewall Wright 于 1918—1921 年提出路径分析（Path Analysis），用来分析变量间的因果关系。现代的路径分析由于生物遗传学家、心理测验学家、计量经济学家以及社会学家的推进，引入了潜变量（隐变量）（Latent Variable，又称不可观测变量，Unmeasured Variable），允许变量间具有测量误差，并且用极大似然估计代替了最小二乘法，成为路径系数主流的估计方法。习惯上把基于最小二乘法的传统的路径分析称作路径分析，把基于极大似然估计的路径分析称作结构方程式模型（Structural Equation Modeling，SEM）。

1. 路径图

路径分析的主要工具是路径图，它采用一条带箭头的线表示变量间预先设定的关系（单箭头表示变量间的因果关系，双箭头表示变量间的相关关系），箭头表明变量间的关系是线性的，很明显，箭头表示一种因果关系发生的方向。在路径图中，观测变量一般写在矩形框内，不可观测变量一般写在椭圆框内。

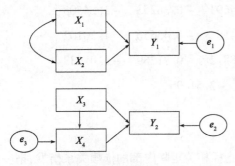

图 3-17　路径图

根据图 3-17 所示的路径图，可以写出观测变量之间的关系式：

$$\begin{cases} Y_1 = \beta_0 + \beta_1 X_1 + \beta_2 X_2 + e_1 \\ Y_2 = \beta_0 + \beta_3 X_3 + \beta_4 X_4 + e_2 \\ X_4 = \beta_0 + \beta_5 X_3 + e_3 \end{cases} \quad (3\text{-}120)$$

路径分析的优势在于，它可以容纳多环节的因果结构，通过路径图把这些因果关系很清楚地表示出来，据此进行更深层次的分析，如比较各因素之间的相对重要程度，计算变量与变量之间的直接与间接影响。

路径图上的变量分为两大类：一类是外生变量（Exogenous Variable，又称独立变量或源变量），它不受模型中其他变量的影响。另一类是内生变量（Endogenous Variable，又称因变量或下游变量），在路径图上至少有一个箭头指向它，它由模型中的其他变量所决定。其中，将路径图中不影响其他变量的内生变量称为最终结果变量（Ultimate Response Variable），最终结果变量不一定只有一个。

广义的路径模型有两种基本类型：递归模型和非递归模型。递归模型的因果关系结构中全部为单向链条关系、无反馈作用。无反馈作用意味着，各内生变量与其原因变量的误差之间或每两个内生变量的误差项之间必须相互独立。两种模型在分析时有所不同，递归模型可以直接通过最小二乘法求解，而非递归模型的求解比较复杂。

2. 路径分析中相关系数的分解

分解相关系数是路径分析中很重要的一部分。通过对原因变量和结果变量的相关系数的分解，可以很清楚地看出造成相关关系的各种原因。

如图 3-18 所示，A、B、C 为三个两两相关的外生变量，A、B 和残差项 e_4 共同决定 D，B、C 和残差项 e_5 决定 E。最后，D、E 和残差项 e_6 影响最终结果变量 F，共具有三层因果关系：

$$\begin{cases} D = p_{14}A + p_{24}B + p_{e4,4}e_4 \\ E = p_{25}B + p_{35}C + p_{45}D + p_{e5,5}e_5 \\ F = p_{46}D + p_{56}E + p_{e6,6}e_6 \end{cases} \quad (3\text{-}121)$$

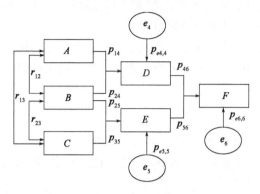

图 3-18 路径分析中相关系数的分解

以分解 A、D 之间的相关系数为例,对各变量均经过标准化处理,所以 A、D 的相关系数 r_{AD} 等于 A、D 乘积的期望值。即:

$$\begin{aligned} r_{AD} = r_{14} &= E(AD) \\ &= E[A(p_{14}A + p_{24}B + p_{e4,4}e_4)] \\ &= p_{14} + r_{12}p_{24} \end{aligned} \quad (3\text{-}122)$$

其中,A 与 A 的相关系数为 1,A 与 B 的相关系数为 r_{12},A 与 e_4 相互独立。

可以看出,A 与 D 的相关系数可分解成两部分:p_{14} 是 A 对 D 的直接作用;$r_{12}p_{24}$ 的存在是因为 A 与 B 之间的相关性引入了 D,而 B 有着直接影响 D 的作用。然而,从因果分析的角度,$r_{12}p_{24}$ 并未得到分解,称为未析部分。同理,有:

$$r_{BD} = r_{24} = p_{24} + r_{12}p_{14} = p_{24} + r_{21}p_{14} \quad (3\text{-}123)$$

$$r_{CD} = r_{34} = r_{13}p_{14} + r_{23}p_{24} = r_{31}p_{14} + r_{32}p_{24} \quad (3\text{-}124)$$

分解 B、E 之间的相关系数,变量 E 用式(3-121)代替,有:

$$\begin{aligned} r_{BE} = r_{25} &= E(BE) \\ &= E[B(p_{25}B + p_{35}C + p_{45}D + p_{e5,5}e_5)] \\ &= p_{25} + p_{35}r_{23} + p_{45}r_{24} \end{aligned} \quad (3\text{-}125)$$

把 r_{24} 代入上式,整理后得:

$$r_{BE} = r_{25} = p_{25} + r_{23}p_{35} + p_{24}p_{45} + r_{21}p_{14}p_{45} \quad (3\text{-}126)$$

分解 D、E 之间的相关系数,得到如下关系式:

$$\begin{aligned} r_{DE} = r_{45} &= E(DE) \\ &= E[D(p_{25}B + p_{35}C + p_{45}D + p_{e5,5}e_5)] \\ &= r_{BD}p_{25} + r_{CD}p_{35} + p_{45} \end{aligned} \quad (3\text{-}127)$$

把 $r_{BD} = p_{24} + r_{21}p_{14}$ 和 $r_{CD} = r_{31}p_{14} + r_{32}p_{24}$ 代入上式,重新整理后得:

$$r_{DE} = r_{45} = p_{45} + p_{24}p_{25} + r_{21}p_{14}p_{25} + r_{31}p_{14}p_{35} + r_{32}p_{24}p_{35} \quad (3\text{-}128)$$

式(3-128)中第一项 p_{45} 为 D 对 E 的直接作用。第二项 $p_{24}p_{25}$ 是前面尚未涉及的分解内容。对应路径图,既找不到间接作用的路径链条,也找不到涉及的相关路径,这是因为相关系数所涉及的两个变量 D、E 有一个共同的作用因子 B。由于 B 的存在,使得 B 的变化引起 D、E 同时变化,从而使 D、E 的样本数据表现出相关关系,这种相关关系称为伪相关。很多情况下均存在伪相关,特别是在一些混杂因子的影响下。

通过上面对相关系数的分解,可以总结出,相关系数的分解可能产生四种类型的组成部分:①直接作用;②间接作用;③由于原因变量相关而产生的未析部分;④由于共同作用的存在而产生的伪相关部分。

3. 路径模型的调整

路径模型的调试过程有些类似多元回归过程的调试:

(1)如果某一变量的路径系数(回归系数)统计性不显著,则考虑是否将其对应的路径从模型中删去。

(2)如果多个路径系数同时不显著,则首先删除最不显著的路径后继续进行回归分析,根据下一步的结果再决定是否需要删除其他原因变量。

(3)实际进行调试时,还必须考虑模型的理论基础。

(4)作为研究焦点的因果联系必须要有足够的理论依据,即使其统计不显著,仍然应当加以仔细考虑,并寻找其统计不显著的原因,是受多重共线性的影响,还是因为其他路径假设不合理。

4. 路径模型的检验

路径模型中方程的个数和内生变量的个数相等,不妨设有 m 个内生变量,则对于这 m 个方程,设其回归后的决定系数分别是 $R^2_{(1)},R^2_{(2)},\cdots,R^2_{(m)}$,每个 R^2 都代表相应内生变量的方差中由回归方程所解释的比例,$1-R^2$ 则表示回归方程未能解释的残差比例。定义路径模型的整体拟合指数为:

$$R^2_c = 1 - (1-R^2_{(1)})(1-R^2_{(2)})\cdots(1-R^2_{(m)}) \tag{3-129}$$

如果经过调试的新模型与事先已设置的模型有所不同,此时可以采用拟合度对两个模型进行检验。如果统计检验不显著,说明调试后对模型的修改并不妨碍"接受"原假设模型,即新模型与原模型没有显著差异,可以认为前后两个模型是一致的。反之,则说明调试后得到的模型已经与原模型有显著差异。

设原模型和调试后模型的路径模型整体拟合指数分别为:

$$R^2_c = 1 - (1-R^2_{(1)})(1-R^2_{(2)})\cdots(1-R^2_{(m)}) \tag{3-130}$$

$$R^2_t = 1 - (1-R^2_{(1)})(1-R^2_{(2)})\cdots(1-R^2_{(t)}) \tag{3-131}$$

则取模型拟合度的统计量 Q 为:$Q = \dfrac{1-R^2_c}{1-R^2_t}$。

根据 Q 构造统计量:$W = -(n-d)\ln Q = -(n-d)\ln\dfrac{1-R^2_c}{1-R^2_t}$。

其中,n 为样本大小;d 为检验模型与基准模型的路径数目之差。

大样本情况下,Q 渐进服从自由度为 d 的 χ^2 分布,从而进行检验。

5. 结构方程

结构方程模型一般由测量方程(Measurement Equation)和结构方程(Structural Equation)两部分构成。测量方程描述潜变量与指标之间的关系。结构方程则描述潜变量之间的关系。指标含有随机误差和系统误差,统称为测量误差。潜变量则不含随机误差和系统误差。指标与潜变量之间的关系,通常写成如下测量方程:

$$y = \Lambda_x \eta + \varepsilon \tag{3-132}$$

$$x = \Lambda_y \xi + \delta \tag{3-133}$$

上述两个方程为测量模型,表示隐变量与显变量之间的关系,即由显变量来定义隐变量。其中,方程的内生隐变量 η 连接到内生标识,即显变量 y;方程的外生隐变量 ξ 连接到外生标识,即显变量 x。矩阵 Λ_x 和 Λ_y 分别为 x 对 ξ 和 y 对 η 反映其关系强弱程度的系数矩阵,可以理解为相关系数,也可以理解为因子分析中的因子荷载。ε 和 δ 分别是 x 和 y 的测量误差。在结构方程模型中,测量误差应满足以下假设:

①均值为0,方差为常数;
②不存在互相关;
③与外生、内生隐变量不相关;
④与结构方程误差不相关。

潜变量之间的关系,可写成如下结构方程:

$$\eta = B\eta + \Gamma\xi + \zeta \tag{3-134}$$

上述结构方程反映了隐变量之间的关系。内生隐变量与外生隐变量之间通过 B 和 Γ 系数矩阵以及误差向量 ζ 联系起来,其中 Γ 代表外生隐变量对内生隐变量的影响,B 代表内生隐变量之间的相互影响;ζ 为结构方程的误差项。结构方程的误差项应满足:

①均值为0,方差为常数;
②不存在互相关;
③与外生隐变量不相关。

结构方程模型的主要特点如下:

①能同时处理多个因变量。结构方程模型可同时考虑并处理多个因变量。而回归分析中,只能处理一个因变量,如果有多个因变量需要处理,则需要分别计算,这样在计算一个因变量时,就忽略了其他因变量的存在及影响。

②允许自变量和因变量均包含测量误差。从测量方程中可以看到,很多变量如学业成绩、社会经济地位等潜变量的观察值不能用单一指标来测量,往往包含了大量的测量误差。从结构方程模型的特点来看,结构方程分析允许自变量和因变量均含有测量误差,而回归分析只允许因变量存在测量误差,假定自变量没有误差。

③可估计整个模型的拟合程度。在传统的路径分析中,只估计每条路径变量间关系的强弱。在结构方程分析中,可以通过结构方程软件计算出多个拟合参数值,判断不同模型对同一个样本数据的整体拟合程度,从中选取最精确的模型描述样本数据体呈现的特征。

进行结构方程分析的常用软件有:专门为进行结构方程模型分析所编写的 LISREL 软件,SAS 软件中的 CALIS,SPSS 软件中的 AMOS。

【例3-17】 吴超仲等用结构方程分析疲劳驾驶行为的影响因素,构建如图3-19所示的路径,其中各参数的意义见表3-21。这里各系数值是用实际数据标定的结果。

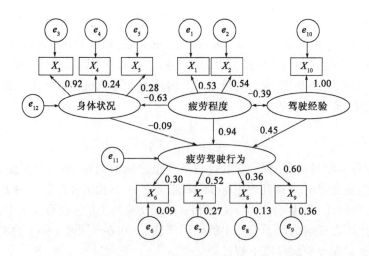

图 3-19　用结构方程分析疲劳驾驶行为影响因素的路径图

观察变量与潜变量　　　　　　　　　　　　表 3-21

变量名	观察变量	变量名	潜变量
X_1	右眼闭合	Y_1	疲劳程度
X_2	闭眼周期		
X_3	血流量脉冲	Y_2	身体状况
X_4	皮电		
X_5	呼吸		
X_6	车速	Y_3	疲劳驾驶行为
X_7	车龄		
X_8	航向角速度		
X_9	偏移程度		
X_{10}	驾龄	Y_4	驾驶经验

测量方程为：$X = \Lambda Y + e$，其中 $X = [X_1, X_2, X_3, X_4, X_5, X_6, X_7, X_8, X_9, X_{10}]^T$，$Y = [Y_1, Y_2, Y_3, Y_4]^T$，$e = [e_1, e_2, e_3, e_4, e_5, e_6, e_7, e_8, e_9, e_{10}]^T$，$\Lambda$ 是系数矩阵，系数值为：

$$\Lambda = \begin{bmatrix} 0.53 & 0.54 & 0 & 0 & 0 & 0 & 0 & 0 & 0 & 0 \\ 0 & 0 & 0.92 & 0.24 & 0.28 & 0 & 0 & 0 & 0 & 0 \\ 0 & 0 & 0 & 0 & 0 & 0.30 & 0.52 & 0.36 & 0.60 & 0 \\ 0 & 0 & 0 & 0 & 0 & 0 & 0 & 0 & 0 & 1 \end{bmatrix}^T$$

结构方程为：$Y_3 = [\gamma_{31}, \gamma_{32}, \gamma_{34}][Y_1, Y_2, Y_4]^T + e_{11}$，$Y_2 = \gamma_{21} Y_1 + e_{12}$。其中，系数 $\gamma_{31} = 0.94$，$\gamma_{32} = -0.09$，$\gamma_{34} = 0.45$，$\gamma_{21} = -0.63$。

【复习思考题】

1. 查全国各省（自治区、直辖市）的交通事故数据（万车事故率、车公里事故率）和车辆保有量数据,计算总体均值、方差、协方差、相关系数。随机抽取20个省(自治区、直辖市)的数据作样本,计算样本均值、方差、协方差、相关系数。计算上述均值、方差的置信区间,置信度水平为 $\alpha = 0.05$。

2. 查某省或某市和全国10年的交通事故数据,检验两者的均值、方差是否存在显著性差异。置信度水平为 $\alpha = 0.05$。

3. 查2000—2010年全国一次死亡10人以上的特大道路交通事故数据,用多元线性回归方法分析其主要影响因素。

4. 查近几年以来交通领域相关的时间序列数据,并用时间序列分析方法预测其变化趋势。

5. 某项研究将驾驶人分成谨慎型和激进型两种类型,并通过调研发现,谨慎型驾驶人年发生事故概率为0.02,激进型为0.06。假设不存在一年内发生两次以上事故的情形,且激进型驾驶人占调查人群的30%,在该研究样本之外,随机选择一名驾驶人,其年发生事故率为多少?若他在一年内发生了一起事故,则他是激进型驾驶人的概率是多少?

6. 在一条长度为1km的道路上,把车辆类型分成大、中、小三种,其中小型车的速度分布为均值60km/s、标准差10km/s的正态分布,中型车的速度分布是均值50km/s、标准差为14km/s的正态分布,大型车的速度分布为均值40km/s、标准差20km/s的正态分布。如果车辆均保持匀速行驶,试用蒙特卡洛法求出所有车辆通过这段路的时间分布。

7. 如果交通事故的处理时间分布满足均值为100min、标准差为30min的正态分布,试计算风险分析持续期模型中的累积分布函数 $F(t)$、密度函数 $f(t)$、风险函数 $h(t)$ 和幸存函数 $S(t)$,解释各个函数的物理意义,并在同一坐标系绘制相应的曲线。

8. 如果某地区年无违法车辆的比例是80%,那么随机调查该地区10辆车,只有1辆车上一年有违法记录的概率是多少?

9. 根据题3查到的特大道路交通事故数据,用主成分分析法分析各影响因素的贡献率。

第四章
人与交通安全

人是交通运输过程中起决定性作用的要素,是交通事故后果的承受方,也是交通安全管理的主体。人全方面地影响着交通运输系统的安全状态,也是交通运输系统安全设计的基础。人对交通安全的影响主要来自两个方面,即人的能力(Performance)及其差异、人的行为(Behavior)及其差异。在参与交通的过程中,人的能力是人的行为基础,如感知、判断、决策能力是驾驶人驾驶行为的基础,但人的行为不仅取决于人的能力,还与人的心理状态、性格特征有密切关系。与交通安全密切相关的人包括驾驶人和行人。车辆在道路上行驶时,驾驶人的感知、判断、反应与操作等会对交通安全有着决定性的作用,行人的交通特性也会对交通事故的发生产生重大影响。本章重点介绍人的认知特性、驾驶人和行人的交通特性,以及这些特性对交通安全的影响。

第一节　人的认知特性

人们普遍认为交通安全是车路综合作用的结果,人的能力与行为的局限常被工程师忽略。良好的道路交通系统应该适应人,而不是强迫人去适应道路交通系统,因此,交通系统的设计必须考虑人的特性,尽量减少因道路交通系统的设计带来的人的失误。

一、心理现象与行为构成

人的行为受到人的心理的影响。心理是人的感觉、知觉、注意、记忆、思维、情感、意志、性格、意识倾向等心理现象的总称。人的心理活动的组成见图4-1。其中,感觉、知觉、记忆等注意特性对道路交通系统设计和道路交通安全有重要影响。

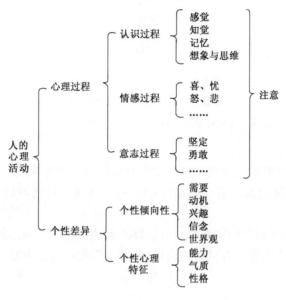

图4-1 人的心理活动组成

心理学家列文(K. Lewin)认为人与环境密不可分,行为取决于个体本身与其所处的环境,即:

$$B = f(P \cdot E) \tag{4-1}$$

式中:B——行为(Behavior);

P——人(Person);

E——广义环境(Environment)。

一方面,行为的目的是实现一定目标、满足一定的需求,行为是人自身动机或需要做出的反应;另一方面,行为受客观环境的影响,是对外在环境刺激做出的反应,客观环境可能支持行为,也可能阻碍行为。

人的行为是刺激的结果。从刺激到行为的物理过程见图4-2,从刺激到行为的心理过程见图4-3。

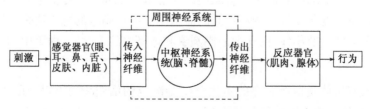

图4-2 从刺激到行为的物理过程

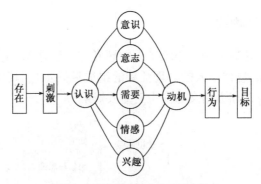

图 4-3 从刺激到行为的心理过程

心理学家将行为的产生分解为刺激(Stimulator)、有机体(Organism)、反应(Reaction)三项因素,研究刺激、有机体、反应三项因素间存在的相互作用关系。

1. 刺激

刺激是心理学的常用词汇,含意很广。围绕有机体的一切外界因素,都可以看作环境刺激因素,同时也可把刺激理解为信息。刺激的分类见图 4-4。刺激可以分为外在刺激和内在刺激。

外在刺激是指来源于外界的刺激物对有机体外部感受器的影响。外在刺激的刺激物必须来源于外部世界,而不能来源于有机体的内部,外在刺激的感受器主要包括有机体的各种外用感觉器官,视感受器、听感受器、嗅感受器、味感受器、触压觉感受器等。

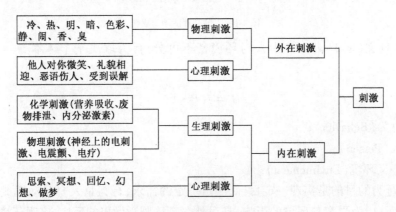

图 4-4 刺激的分类示意图

内在刺激是指来源于有机体内部的刺激物受内部感受器的影响。内在刺激与外在刺激的区别主要在于其存在于有机体的内部,从刺激物到刺激过程以及效应过程均是这样。内在刺激的刺激物存在于有机体的内部,主要有肌肉的状态和伸展情况、关节的变化角度、头部的运动速度和方向、内脏的变化以及对相应物质的需求等。内在刺激的感受器是肌肉中的肌梭、肌腱中的腱梭、关节中的关节小体、内耳中的椭圆囊和球囊中的毛细胞、内脏中的感觉细胞等。

2. 有机体

在生物学中,有机体是指所有那些由生命细胞组成的活组织,如皮下组织、肌肉组织等。有机体区别于无机体最重要的特征就是它有生命性、能动性。人体就是所有有机体中最高级、最完善的有机体,是一个由循环、呼吸、消化、生殖、神经等分系统组成的完整的有机系统,能自我吐纳、自我生长、自我适应。脑和脊髓是接受外界刺激及做出相应反应的指挥中心，既负责接受刺激，又负责对刺激进行判断后做出必要的相应反应，所以称为中枢神经系统。在此系统中脑处于中心地位、协调指挥地位。周围神经系统可将环境刺激经传入神经系统直接传递给传出神经系统。

3. 反应

反应是指有机体受到体内或体外的刺激而引起相应的活动。有机体接受刺激必然要做出反应，这种反应无论属于内在还是外在，都是行为的表现形式。外界刺激产生某种需要和欲望，驱使人们做某一行为达到一定目标。人的行为是受动机支配的，动机产生于需要。支配人的动机的心理因素比较复杂。需要还受人的意识、意志、情感、兴趣等心理因素影响。人的心理活动一般分为认知活动、情绪活动和意志活动三大类型。影响人的行为的首要因素是认知活动。

【例4-1】 驾驶过程中的刺激-反应行为：在跟驰过程中，前车紧急制动导致前后车间距快速减小而带来事故风险增加，刺激后车驾驶人采取制动反应来降低事故风险。

二、感觉（Perception）

感觉是人脑对直接作用于感觉器官的事物个别属性的反应，是人们了解外部世界的渠道，也是一切复杂心理活动的基础和前提。感觉有视觉、听觉、化学感觉（嗅觉和味觉）、皮肤感觉、本体感觉等类型。本体感觉能告知操作者躯体正在进行的动作及其相对于环境和机器的位置；而其他感觉能将外部环境的信息传递给操作者。感觉器官接受内外环境的刺激，将其转化为神经冲动，通过传入神经，将其传至大脑皮质感觉中枢，从而产生感觉。

1. 感觉的基本特性

（1）适宜刺激。外部环境中有许多能量形式，人体的一种感觉器官只对一种能量形式的刺激特别敏感，能引起感觉器官有效反应的刺激称为该感觉器官的适宜刺激。如眼的适宜刺激为可见光，而耳的适宜刺激为一定频率范围的声波。

（2）感受性和感觉（感受）阈。感觉器官对刺激的感受包括绝对感受和相对感受。过小的刺激，无法引起人的感受；过大的刺激可能会引起感觉器官的损伤，这是绝对感受阈。过小的刺激变化，无法引起人感觉到变化，这是相对感受阈。

（3）感觉的适应。在同一刺激物的持续作用下，人的感受性发生变化的过程称为感觉的适应。如对嗅觉来说，有久闻不知其臭的适应性；对视觉则有明适应和暗适应。

（4）相互作用。在一定的条件下，各种感觉器官对其适宜刺激的感受能力都将受到其他刺激的干扰影响而降低，由此使感受性发生变化的现象称为相互作用。

（5）对比。同一感受器官接受两种完全不同但属于同一类刺激物的作用，而使感受性发生变化的现象称为对比。包括同时对比（彩色对比、无彩色对比）、继时对比。

（6）余觉。刺激取消后，感觉可存在一极短时间的现象称为余觉。

2. 感觉的阈值

（1）感觉的绝对阈值

感觉阈限为感觉器官所感受的刺激强度范围（表4-1）。感觉阈下限是引起感觉的最小刺激量；感觉阈上限是能产生正常感觉的最大刺激量，超过不但无效且引起器官损伤。

感觉的绝对阈值　　　　　　　　　　　　　　　　　　　　　　　表 4-1

感觉类别	阈值		感觉阈的直观表达(最低值)
	最低值	最高值	
视觉	$(2.2\sim5.7)\times10^{-17}$ J	$(2.2\sim5.7)\times10^{-8}$ J	在晴天夜晚,距离48km处可见到蜡烛光(10个光量子)
听觉	2×10^{-5} Pa	2×10 Pa	在寂静的环境中,距离6m处可听到钟表的嘀嗒声
嗅觉	2×10^{-7} kg/m³		一滴香水在三个房间的空间打散后嗅到的香水味(初入室内)
味觉	4×10^{-7} 硫酸试剂(摩尔浓度)		一勺砂糖溶于9L水中的甜味(初次尝试)
触觉	2.6×10^{-9} J		蜜蜂的翅膀从1cm高处落到肩部的皮肤上

(2)差别感觉阈限

感觉到的差别阈限是刚刚能引起差别感觉的刺激最小差别量。当两个不同强度的同类型刺激同时或先后作用于某一感觉器官时,它们在强度上的差别必须达到一定程度,才能引起人的差别感觉。对最小差别量的感受能力则为差别感受性。差别感觉阈限越小,差别感受性越大;反之,差别感觉阈限越大,差别感受性越小。

根据韦伯定律,差别感觉阈限与原刺激量的比值是一常数(韦伯分数)。

$$K = \frac{\Delta I}{I} \tag{4-2}$$

式中:I——原刺激量;

ΔI——差别感觉阈限。

对不同感觉来说,K值是不同的,即韦伯分数不同。典型韦伯分数见表4-2。

典型韦伯分数　　　　　　　　　　　　　　　　　　　　　　　表 4-2

感觉类别	韦伯分数
重压(在4N时)	0.013 = 1/77
视觉明度(在100个光量子时)	0.016 = 1/63
举重(在3N时)	0.019 = 1/53
响度(在1000Hz和100dB时)	0.088 = 1/11
橡皮气味(在2000嗅单位时)	0.104 = 1/10
皮肤压觉(在0.05N/mm²时)	0.136 = 1/7
咸味(在3g/kg分子量时)	0.200 = 1/5

3.韦伯—费希纳定律

韦伯—费希纳定律是表明心理量和物理刺激量之间关系的定律。德国生理学家韦伯发现同一刺激差别量必须达到一定比例,才能引起差别感觉[式(4-2)、表4-2]。把最小可觉差(连续的差别阈限)作为感觉量的单位,即每增加一个差别阈限,心理量增加一个单位。韦伯—费希纳定律可以写为:

$$\int dP = P = \int k\frac{dS}{S} = k\ln S + C \tag{4-3}$$

式中:dP——感知量的变化;

dS——施加的刺激量的变化;

S——瞬时刺激;

k——实验数据估计的常数;

C——常数。

为消除积分常数 C,令 $P=0$,有 $C=-k\ln s_0$,s_0 是绝对阈限(绝对阈限以下强度的刺激不能引起任何感觉),可得:

$$P = k(\ln S - \ln s_0) \tag{4-4}$$

设绝对阈限为刺激单位 $s_0=1$,则 $\ln s_0=0$,故式(4-3)可改写为:

$$P = k\ln S = k\frac{\lg S}{\lg e} = \frac{k}{\lg e}\lg S = K\lg S \tag{4-5}$$

这个定律说明了人的一切感觉,包括视觉、听觉、肤觉(含痛、痒、触、温度)、味觉、嗅觉、电击觉等,都不是与对应刺激的物理强度成正比,而是与对应刺激物理强度的对数成正比(图4-5)。这一定律是19世纪德国心理物理学家费希纳在他的表兄、老师韦伯的定律基础上建立的,所以又称为韦伯—费希纳定律。也正是因为这个定律,心理物理学才作为一门新的学科建立起来。

4.感知对效价的影响

在心理学上,效价(Valence)是指与刺激有关的情绪/情感价值(Emotional Value)。个体对每一维度感知的效价是一个以适应性水平为原点、双极、S形的单调函数。根据 Helson(1964)的适应水平理论,个体对感知量与适应性水平之差的反应,可以用双曲正切函数来表示(图4-6)。

$$\text{Valence} = \tanh\frac{P-P_0}{P_0} \tag{4-6}$$

式中:P——感知到的刺激大小;

P_0——对感知的适应性水平。

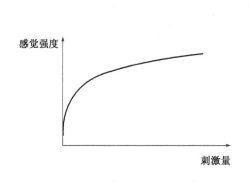

图4-5 刺激量与感觉强度的关系曲线

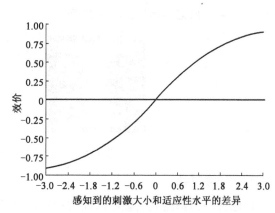

图4-6 感知差异的双曲正切单调函数

三、知觉(Consciousness)

知觉是人脑对直接作用于感觉器官的客观事物和主观状况整体的反映。客观事物的各种属性分别作用于人的不同感觉器官,引起人的各种不同感觉,经大脑皮质联合区对来自不同感觉器官的各种信息进行综合加工,于是在人的大脑中产生对各种客观事物的各种属性、各个部分及其相互关系的综合的整体印象,这便是知觉。

知觉的基本特性包括整体性、选择性、理解性、恒常性和错觉等。不同的人对同一事物可能产生不同的知觉,在道路和车辆设计的过程中,设计师既要考虑人在知觉上的共性,又要考虑人的知觉的差异性。

1. 知觉的整体性

把知觉对象的各种属性、各个部分认识成为一个具有一定结构的有机整体,这种特性称为知觉的整体性。知觉的整体性可使人们在感知自己熟悉的对象时,只根据其主要特征,就可将其作为一个整体而被知觉。图4-7中,根据局部信息,人能感知到其中存在的三角形和立方体。影响知觉整体性的因素包括接近、相似、封闭、连续、美的形态等特征。

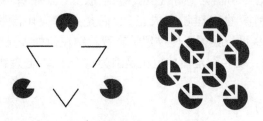

图4-7　整体性对知觉的影响

2. 知觉的选择性

作用于感官的事物是很多的,但人不能同时感知作用于感官的所有事物或清楚地认识事物的全部。人们总是按照某种需要或目的主动、有意识地选择其中少数事物作为认识对象,对它产生突出清晰的知觉映像,而对同时作用于感官的周围其他事物则呈现隐退模糊的知觉映像,从而成为烘托知觉(认识)对象的背景,这种特性称为知觉的选择性。对图4-8所示的双关图,不同的人看到的对象会有差异。对象和背景的差别,人的任务、目的、知识、兴趣、情绪等主观因素都会对知觉的选择性产生影响。

 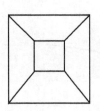

图4-8　选择性对知觉的影响(双关图)

3. 知觉的理解性

根据已有的知识经验去理解当前的感知对象,这种特性称为知觉的理解性。由于人们的知识经验不同,所以对知觉对象的理解也会有所不同。与知觉对象有关的知识经验越丰富,对知觉对象的理解也就越深刻。在复杂的环境中,知觉对象隐蔽、外部标志不鲜明、提供的信息不充分时,语言的提示或思维的推论,可唤起过去的经验,帮助人们立即理解当前的知觉对象,使之完整化。此外,人的情绪状态也影响人对知觉对象的理解。图4-9所示为典型的语言解释对知觉的影响。

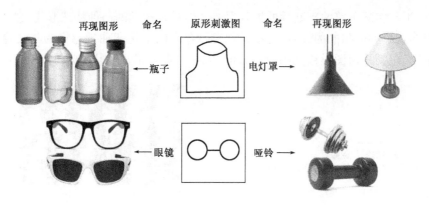

图 4-9 语言解释对知觉的影响

【例 4-2】 知觉的理解性对设计道路交通标志的意义。

道路交通标志的设计主旨是让驾驶人能够根据符号尽快理解其含义,以保障道路交通安全和顺畅。虽然所有驾驶人在取得驾驶证时都需要通过包含道路交通标志识别的考试(科目一和科目四),但是道路交通标志数量繁多且庞杂,如果驾驶人无法在短时间内理解其含义,可能会给道路交通安全带来隐患。

考虑知觉的理解性,语言的提示或思维的推论可帮助人们立即理解当前的知觉对象。因此,部分道路交通标志中会添加文字来辅助驾驶人更快理解其含义。图 4-10 通过文字来提示该符号表示道路交通信息广播,并提示该频道的频率。

图 4-10 道路交通标志案例

4. 知觉的恒常性

人们总是根据已往的印象、知识、经验去知觉当前的知觉对象。当知觉的条件在一定范围内改变时,知觉对象仍然保持相对不变,这种特性称为知觉的恒常性。知觉的恒常性可分为以下几种:

(1)大小恒常性。在一定范围内,知觉的物体大小不完全随距离而变化,表现出知觉大小恒常性。天空中飞行的飞机,在视网膜中的映像是近大远小,但在知觉中它的大小是不变的。

(2)形状恒常性。是指看物体的角度有很大改变时,知觉的物体仍然保持同样形状。保持形状恒常性最起作用的线索是带来有关深度知觉信息的线索,如倾斜、结构等。

(3)明度恒常性。一件物体,不管照射它的光线强度怎么变化,其明度是不变的。决定明度恒常性的重要因素,是从物体反射出来的光的强度和从背景反射出来的光的强度的比例,只要这一比例保持恒定不变,明度就保持不变。如白衬衣,白天黑夜都知觉为白色。

(4)颜色恒常性。多数物体可见是由于它们对光的反射,只要照明的光线既照在物体上,也照在背景上,任何物体的颜色都保持相对的恒常性。如强光和弱光下,煤总是黑色的。

(5)方向恒常性。知觉的方向恒常性保证了人在变化的环境中,仍然按事物的真实面貌去知觉,从而更好地适应环境。

5. 错觉

错觉是指人们观察物体时,由于物体受到形、光、色的干扰,加上人们的生理、心理原因而误认物象,产生与实际不符的判断性的视觉误差。错觉是知觉的一种特殊形式,它是人在特定的条件下对客观事物的扭曲的知觉,也就是把实际存在的事物扭曲地感知为与实际事物完全不相符的事物,包括几何图形错觉(长短、方向、大小)、形重错觉、视听错觉等(图4-11)。

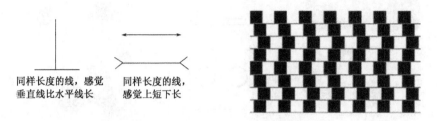

图4-11 典型错觉图

在道路交通系统设计中,特别在山区线形设计中,应避免使驾驶人产生错觉。

【例4-3】 交通中错觉造成危险以及应对方法的示例。

车辆在高速行驶时,由于驾驶人的视野变窄,容易对上下坡道的估计形成误差。尤其是在下长坡接近坡底时,坡度变小,驾驶人可能将下坡错认为是上坡,若此时加速,会导致车速过快,带来交通安全隐患;而在上坡接近坡顶时,坡度变小,驾驶人可能将上坡错认为是下坡,导致此时减速。

在某市二环南路和二环南东路结合处某路段存在连续的上坡和下坡,并且当地的地形和周围的环境会加深驾驶人的坡度错觉,让人对上坡和下坡产生错误的判断,导致该路段事故频发。为此,交警在该路段进行了特别处理。首先,在路边堆积沙包作为参照物,辅助驾驶人判断上坡还是下坡;其次,在特定路段的路旁设立了注明"持续上坡"和"持续下坡"的交通标志,以防驾驶人因为视觉错觉产生误判;最后,增加道路限速标志,提醒驾驶人降低车速,保障驾驶安全。

6. 感觉和知觉的关系和区别

从知觉的过程可知,客观事物是首先被感觉,然后才能进一步被知觉,所以知觉是在感觉的基础上产生的。感觉的事物个别属性越丰富、越精确,对事物的知觉也就越完整、越正确。感觉和知觉都是客观事物直接作用于感觉器官而在大脑中产生对所作用的事物的反映。在生活和生产活动中,人都是以知觉的形式直接反映事物,而感觉只作为知觉的组成部分存在于知觉之中,很少有孤立的感觉存在,在心理学中称之为"感知觉"。

感觉反映的是客观事物的个别属性,而知觉反映的是客观事物的整体。感觉的性质较多取决于刺激物的性质,而知觉过程带有意志成分,人的知识、经验、需要、动机、兴趣等因素直接影响知觉的过程。

四、记忆(Memory)

记忆是一个完整的心理过程,包括识记、保持、再认或回忆三个基本环节。识记是识别和记住事物,从而积累知识经验的过程;保持是巩固已获得的知识经验的过程,其对立面是遗忘;再认或回忆是在不同条件下恢复过去经验的过程。

记忆可以分为外显记忆(Explicit Memory)和内隐记忆(Implicit Memory)。外显记忆是个体在一些情景中有意识地使用认知过程来提取事物。内隐记忆是指没有意识到正在使用记忆,认知和神经系统也时常能提取事物。

信息加工观的记忆理论认为,记忆是由几个储存器构成的系统,具有加工各种认知代码表象的能力。该理论还主张认知代码可以通过控制从一个储存器转移到另一个储存器。这些储存器包括感觉登记器、短时存储器、长时存储器,对应的就是感觉记忆、短时记忆、长时记忆。信息加工记忆理论主要有以下观点:

(1)感觉登记器的容量很大,所有新刺激都短暂地储存于感觉登记器。

(2)感觉登记器具有通道特异性:一部分用来储存视觉刺激,另一部分用来储存听觉刺激,还有一部分用来储存其他各种感觉刺激。

(3)刺激在感觉储存器中保持的时间为:视觉刺激250~300ms,听觉刺激2500~3000ms。

(4)感觉登记的目的是使认知系统从中选择需要的部分进行加工。

(5)短时存储的容量非常有限,对应短时记忆。短时储存器中的信息以听觉、言语或语言认知编码的形式进行组织,有赖于注意,根据注意信息得到保持。大量证据表明,短时存储的项目主要是组块。组块是按照某种规则或对应某些熟悉的模式组织起来的一个信息单位,如单词。

(6)材料在短时储存器中储存的时间比在感觉储存器中要长,未复述的材料可以在其中保持约30s。

(7)短时储存的材料和感觉储存的材料如果不进行精致化和转移操作就会衰退。

(8)短时记忆的目的是保持少量从长时记忆和感觉登记中选择的信息,进行有意识地加工,以适应环境。

(9)长时存储器的储存容量与感觉储存器一样,非常大。

(10)复述是从短时储存到长时储存的认知操作,可以用来维持短时储存中编码的活力,可以在长时储存中产生与短时储存材料相对应的编码。

(11)编码一旦在长时存储器中储存,就被认为是永久性的,所以长时存储器中信息的提取失败是因为其他代码阻碍或抑制了要寻找的记忆。

(12)长时存储器中的材料是以语义形式进行组织——通过其意义来组织的。

近年来,一些理论认为:并不存在与储存器精确对应的结构,不过某些成分却能够产生初级记忆、次级记忆。初级记忆对一些暂时激活敏感,可能迅速消失;认知系统中某些成分对容量也有一定要求。这种初级记忆被一些心理学家称为"工作记忆",它是由一些对刺激进行许多独立操作的认知过程构成的集合。

【例4-4】 根据人的记忆特性设计交通信息表达的示例。

可变信息板传递给驾驶人的信息属于短时记忆,短时记忆的特征包括:容量非常有限、储存项目主要是组块信息,储存时间可以保持约30s。因此,根据人的记忆特性,对可变信息板应有如下要求:

(1)可变信息板的布点选择应在进入重要路段前一段时间内,这段时间不能过长或过短。若过长,驾驶人可能将接收到的信息遗忘;若过短,驾驶人可能没有充分的时间根据提示做出相应决策。

(2)可变信息板不应布置得过于频繁,且每次展示的信息内容不应过多。以上两个现象都会让驾驶人在短时间内接收过多信息,带来记忆紊乱和困惑。如图4-12a)所示,该可变信息板展示内容过多,驾驶人很难同时记住全部信息。

(3) 可变信息板的内容应考虑色彩的使用。我国常用的颜色有红色、绿色、黄色三种。注重颜色的搭配，可使驾驶人快速捕捉和记忆重要信息。

(4) 可变信息板的文字内容应简洁有效、便于理解，不应出现容易让人产生歧义的句子或词语。如图4-12b)所示，可变信息板显示的语句似乎不完整，驾驶人不易理解。

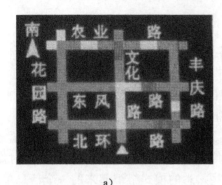
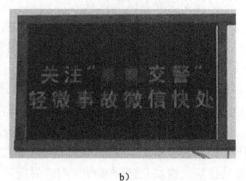

图4-12 可变信息板示例

五、注意（Attention）

注意是指心理活动对一定对象的指向和集中，是对心理资源的一种占用，是从同时呈现的几个物体或思维序列中选择一个对象的过程，是伴随着感知觉、记忆、思维、想象等心理过程的一种心理特征。

注意有两个基本特征：一是指向性，是指心理活动有选择地反映一些现象而离开其余对象；二是集中性，是指心理活动停留在被选择对象上的强度或紧张程度。指向性表现为对出现在同一时间的许多刺激的选择；集中性表现为对干扰刺激的抑制。注意的产生及其范围、持续时间取决于外部刺激的特点和人的主观因素。

注意在交通活动中具有重要作用，是影响交通安全的重要心理活动，特别是注意分散，是驾驶行为研究的重要内容。

1. 注意的分类

1890年，William James对注意作了主动与被动的区分：当注意因个体的目标驱动而涉及自上而下的控制加工时，注意是主动的；当外部刺激引起自下而上的控制时（如很大的声音），注意是被动的。

根据产生和保持注意时有无目的以及意志努力程度的不同，注意可分为无意注意、有意注意和有意后注意三种。

(1) 无意注意，也称不随意注意，是指事先没有预定的目的，也不需要意志努力的注意。引起无意注意的原因是刺激物的特点和人本身的状态。

(2) 有意注意，也称随意注意，是指有预定目的，需要做一定努力的注意。引起有意注意的方法包括：加深对活动目的、任务的理解，培养间接兴趣，合理组织活动，用坚强意志与干扰做斗争，提高对过去经验的依从性。

(3) 有意后注意，也称随意后注意，是指有自觉的目的，但不需要意志努力的注意。有意后注意是注意的一种特殊形式。从特征上讲，它同时具有无意注意和有意注意的某些特征。

无意注意通常是有意注意转化而成的。例如,在刚开始做一件工作时,人们往往需要一定的努力才能把自己的注意保持在这件工作上,但是在对工作产生兴趣以后,就可以不需要意志努力而继续保持注意了,但这种注意仍是自觉的和有目的的。

2. 注意的特征

注意的特征包括注意的广度、稳定性、转移、分配和分散。

(1) 注意的广度是指在同一时间内,意识所能清楚地把握对象的数量,又称注意范围。

(2) 注意的稳定性是指对选择的对象注意能稳定地保持多长时间的特性。

(3) 注意的转移是指由于任务的变化,注意由一种对象转移到另一种对象上的现象。

(4) 注意的分配是指在同一时间内,把注意指向不同的对象,同时从事几种不同活动的现象。

(5) 注意的分散是指心理活动离开当前的任务。它与注意转移不同,注意转移是根据任务需要而来。

3. 注意的功能

注意的功能包括选择、保持、调节、监督。

(1) 选择功能。注意的基本功能是对信息选择,使心理活动选择有意义、符合需要,并与当前活动任务相一致的各种刺激;避开或抑制其他无意义的、附加的、干扰当前活动的各种刺激。

(2) 保持功能。外界信息输入后,每种信息单元必须通过注意才能得以保持,如果不加以注意,就会很快消失。

(3) 调节功能。有意注意可以控制活动向着一定的目标和方向进行,使注意适当分配和适当转移。

(4) 监督功能。注意在调节过程中需要进行监督,使注意向规定方向集中。

第二节 驾驶人的行为特性

在交通事故的致因中,由驾驶人原因导致的交通事故占了大部分,所以分析和研究驾驶人行为,对于道路交通事故致因辨识、预防和控制,以及提高道路交通系统的安全性有着重要的意义。大量的统计数据表明,驾驶人的能力极限与驾驶人行为是影响交通安全的重要因素。其中,驾驶人的信息处理机制、视觉特性、感知-反应时间、速度选择和注意力特性尤为重要。

一、驾驶人的信息处理过程

驾驶人在驾车行驶过程中,其驾驶任务可以分为路径规划、轨迹规划、车辆控制三个子任务。路径规划主要根据地面标志物、指示标志等来辨别从起点到终点的路径;轨迹规划根据安全距离、标志标线或交通信号来确定车辆的运动目标;车辆控制是根据车辆运动目标来对车辆进行速度和方向控制。行车过程的三个子任务涉及不同的信息获取与决策机制。

图4-13为驾驶人的信息处理过程。驾驶人通过视觉、听觉等感觉器官感受车内外环境的信息,通过中枢神经系统对感知的信息进行处理,并根据经验、知识完成路径规划、轨迹规划等任务,通过手脚(动作器官)对车辆的速度(加速、制动等)、方向进行操作,完成轨迹规划的目标。在整个过程中,驾驶人的信息处理和判断决策过程受到驾驶人心理特征的影响。

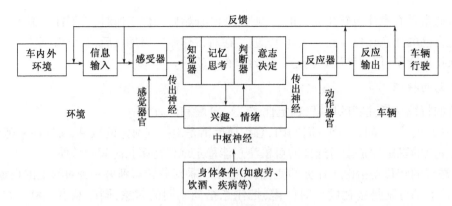

图 4-13 驾驶人的信息处理过程

二、驾驶人的视觉特性

驾驶人在行车过程中,可以通过视觉、听觉、触觉、味觉以及嗅觉等方式收集外界环境的信息,其中 80% 以上的信息是依靠视觉获取的(表 4-3)。

不同感觉器官获取外部信息的比例分布 表 4-3

感觉器官	视觉	听觉	触觉	味觉	嗅觉
比例	80%	14%	2%	2%	2%

与交通安全密切相关的驾驶人视觉特性包括视力、明适应与暗适应、视野、颜色辨别、眩光感等。

1. 视力

视力也称视敏度,是指分辨细小的或遥远的物体或物体的细微部分的能力。视觉敏锐度的基本特征在于辨别两物体之间距离的大小。视力分为静视力、动视力和夜间视力三种。

(1)静视力。静视力是指人和视标都在不动状态下检查的视力。我国通用 E 型视力表测量驾驶人的两眼视力(中心视力)。两眼视力(包括矫正视力)各在 0.7 以上即允许报考驾驶证。

(2)动视力。动视力是指人或视标处于运动时(其中的一方运动或两方都运动)检查的视力。一般来说,动视力比静视力低 10%~20%,特殊情况下比静视力低 30%~40%。例如,以 60km/h 的速度行驶的车辆,驾驶人可看清前方 240m 处的交通标志;可是当车速提高到 80km/h 时,则连 160m 处的交通标志都看不清楚。动视力的特点是随运动速度增加而下降,并随客观刺激显露时间长短而变化。静视力好是动视力好的前提,但静视力好的人不一定会有好的动视力。

(3)夜间视力。夜间视力与光线亮度有关,亮度加大可以增强视力。在照度为 0.1~1000lx 的范围内,两者几乎呈线性的关系。由于夜晚照度低引起的视力下降称作夜近视。研究发现,夜间的交通事故往往与夜间光线不足、视力下降有直接关系。

2. 对比度和颜色对辨识距离的影响

(1)对比度。对比度是指对一幅图像中明暗区域最亮的白和最暗的黑之间不同亮度层级的测量,差异范围越大代表对比越大。在夜间,不同对比度下,认知距离和确认距离有较大差异。夜间视力与物体对比度的关系见表 4-4。

夜间视力与物体对比度的关系　　　　　　　　　　表4-4

光源	距离(m)	对比度为88%的视标	对比度为35%的视标
远光灯	认知距离 S_1	70.4	20.3
	确认距离 S_2	60.5	17.0
	$S_1 - S_2$	9.9	3.3
近光灯	认知距离 S_1	43.3	9.7
	确认距离 S_2	25.5	8.0
	$S_1 - S_2$	17.8	1.7

(2)颜色。在同样的气候条件下,同样一种颜色,夜间的识认性比白天差很多。夜间行车时,驾驶人对物体的可见度因物体的颜色不同而不同。红色、白色及黄色是最容易辨认的,绿色次之,蓝色则是最不容易辨认的(表4-5)。可见,鉴于夜间行人所穿衣服颜色的不同,驾驶人看清的距离也就不同。为了使驾驶人能迅速发现在路旁或者路上作业的人员,有些国家规定,夜间在道路上的工作人员必须穿黄色反光安全服。

颜色对夜间驾驶人辨认距离的影响　　　　　　　　　　表4-5

衣物的颜色	白	黑	乳白	红	灰	绿
能发现某种颜色的距离(m)	82.5	42.8	76.6	67.8	66.3	67.6
能确定是某种物体的距离(m)	42.9	18.8	32.1	47.2	36.4	36.4
能断定其移动方向的距离(m)	19.0	9.6	13.2	24.0	17.0	17.8

3.明适应与暗适应

人从亮处到暗处,或者从暗处到亮处时,由于视觉的习惯性,视力需要一段时间恢复,称为视力适应过程。视力适应可以分为明适应和暗适应。

(1)明适应:人由暗处走到亮处时的视觉适应过程,称为明适应。当人由暗处走到亮处时,人眼一时无法辨认清物体,需要大约1min的调整适应时间,其调整过程分为三个阶段:

①瞳孔缩小,减少光线的进入量;

②锥状细胞敏感度逐渐增加;

③杆状细胞敏感度迅速降低。

(2)暗适应:人由亮处走到暗处时的视觉适应过程,称为暗适应。当人由亮处走到暗处时,人眼一时无法辨认物体,需要大约30min的调整适应时间,其调整过程也分为三个阶段:

①瞳孔放大,增加光线的进入量;

②锥状细胞敏感度减弱,感光度逐渐增加;

③杆状细胞敏感度迅速增加,以取代锥状细胞,担负视觉功能。

当机动车在道路上运行,光线明暗急剧变化时,由于眼睛不能立即适应,容易发生视觉危害,造成安全事故。在白天,驾驶人进入隧道入口,由于明暗反差过大,眼睛不能适应,会发生10s左右的视觉危害,假如行车速度为100km/h,就会有260m左右的距离驾驶人眼睛不能适应。而在出口处,因为是由暗到亮,视觉危害只有1s左右。

4.视野

人的头部和眼球固定不动的情况下,眼睛观看正前方物体时所能看到的空间范围,称为静视野,眼睛转动所看到的称为动视野。视野常用角度来表示。

水平面内的视野:双眼区域大约在左右60°以内的区域;单眼视野的标准视线为每侧94°~104°(图4-14)。

垂直平面内的视野:假定标准视线是水平的,定为0°,则最大视区为视平线以上50°和视平线以下70°。颜色辨别界限为视平线以上30°,视平线以下40°。实际上人的自然视线是低于标准视线的,在一般状态下,站立时自然视线低于水平线10°,坐着时低于水平线15°。在很松弛的状态中,站着和坐着的自然视线分别偏离标准视线30°和38°。观看展示物的最佳视区在低于标准视线30°的区域内(图4-14)。

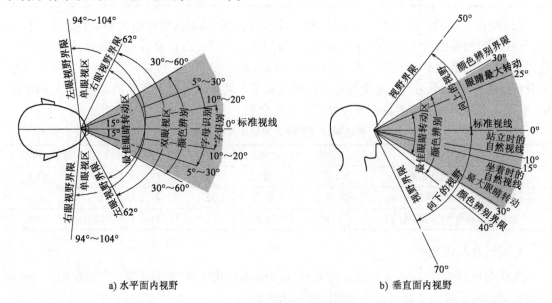

图4-14 水平视野和垂直视野

视觉可以感知视野范围内的所有物体,但不同部位的物体被感知的程度不同。在3°~5°的锥体内,视觉最敏锐;在5°~6°的锥体内,视觉十分敏锐;在10°~12°的锥体内,视觉清晰;在20°的锥体内,有满意视觉(图4-15)。辨认道路标志上信息的能力随着眼的光轴与到字体方向的夹角的增大,很快降低。5°~8°下,有98%的驾驶人能够准确分辨字母;增大到16°,就只有66%的驾驶人能够准确辨认出字母。年龄对视觉敏锐度也有影响:20周岁为100%,40周岁为90%,到了60周岁只有74%。

驾驶人的视野与行车速度有密切关系,随着汽车行驶速度的提高,注视点前移,视野变窄。视野与车速的关系见表4-6。

视野与车速的关系　　　　表4-6

行车速度(km/h)	注视点在车前方位置(m)	视野
40	183	90°~100°
72	366	60°~80°
105	610	40°

在行车过程中,速度不同,驾驶人的注视点也不一样。研究表明,速度越快,驾驶人注视点越远,见图4-16。

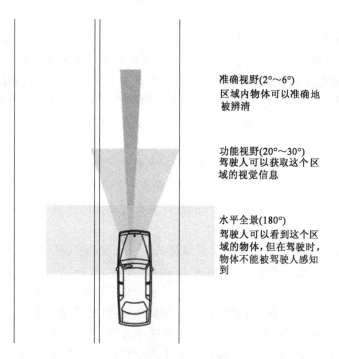

图 4-15　视野区域的敏锐差异

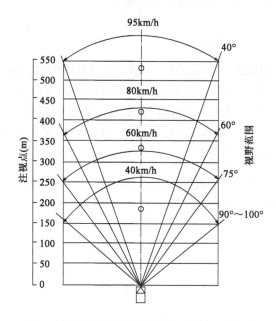

图 4-16　不同车速下的视野范围和注视点变化情况

5. 颜色辨别

人从远处辨认颜色的顺序为红、黄、绿；表面色易读顺序依次为黑/黄、红/白、绿/白、蓝/白、白/蓝、黑/白；红/黄虽不易读，但最能唤起人们的注意。

6. 眩光感

若视野内有强光照射，颜色不均匀，人的眼睛就会产生不舒适感，形成视觉障碍，这就是耀眼。夜间行车，对面来车的前照灯强光照射，最易使驾驶人产生耀眼现象。耀眼是由眩光产生的。眩光会使人的视力下降，下降的程度取决于光源的强度，汽车夜间行驶，多数遇见的是间断性眩光。强光照射中断以后，视力从眩光影响中恢复过来需要的时间，从亮处到暗处约需6s，从暗处到亮处约需3s。视力恢复时间的长短与刺激光的亮度、持续时间、受刺激人的年龄有关。

【例4-5】 隧道设计中考虑驾驶人视觉特性的示例。

在白天，驾驶人进入隧道入口，因为暗适应需要一定时间，其无法立刻看清隧道内部情况，造成交通安全隐患。因此，隧道入口的照明设计需进行各区段照明亮度的平顺梯度变化组织，以顺应人眼的适应过程。

驾驶人驶出隧道出口时则需要考虑明适应的影响。因此，隧道出口需要保证充足的照明，如果隧道很长，也可以进行梯度变化的照明处理。

因为明暗适应的存在，对洞口的一致性范围也进行了规定，即在洞口内外保证一定时间内的驾驶行为是简单的或单一的，降低驾驶人的驾驶难度，提高交通安全。

此外，隧道内部人工照明灯具的间距如果布置不当，隧道内分布不均的亮度会形成周期性的明暗交替环境，当驾驶人以一定车速行驶时会感觉到闪光脉冲，对驾驶人视觉造成干扰。因此，照明灯具的间距要考虑隧道内车辆速度进行布置。

三、驾驶人的感知-反应时间

反应特性，又称反应时间或反应时，是指从刺激到反应之间的时距。反应时间可以分为简单反应时间和复杂反应时间。简单反应是对单一刺激做出的确定反应，这一过程大脑活动比较简单，只要知觉到刺激，不必过多考虑与选择，就能立即做出反应。复杂反应是指被试者对各种可能出现的不同刺激做出不同的反应，需要的时间称为复杂反应时间。

1. 驾驶人感知-反应时间的定义

根据不同的调查方法，驾驶人的感知-反应时间有不同的定义。一般把驾驶人的感知-反应时间定义为从某一事物进入驾驶人的视野到驾驶人做出反应（如脚放到制动踏板上，或者手开始转动转向盘）的这一段时间。

驾驶人的感知-反应时间可以分为四个阶段：

(1)检测阶段。这一阶段指从某一事物进入驾驶人的视野到驾驶人意识到该事物出现。该段时间的长短与驾驶人的工作负荷、刺激的大小、刺激信号与背景的对比强度、刺激出现在视野的位置都有关。

(2)辨识阶段。一旦驾驶人意识到事物出现，接下来就需要根据更多的信息来做决策。但这个阶段不需要进行非常细致的辨识。驾驶人在这个阶段主要是简单地确定该事物是否在他所经过的路上。如果出现的物体在运动或会运动，驾驶人必须判断该物体的大概速度和运动轨迹。在可视性较差的情况下，辨识阶段可能会导致感知-反应时间增长。

(3)决策阶段。在辨识完成后，驾驶人必须决定接下来的行动。一般的行为包括调整速度或改变方向。在驾驶人感知到碰撞概率大的情况下，驾驶人几乎是在不假思索的情况下采取行为(即决策时间几乎为零)。在很短的时间内,要求驾驶人在面对紧急情况时做出最优的行为决策是不现实的。

(4)反应阶段。这一阶段是驾驶人的大脑发出指令让机体执行决策结果。一旦驾驶人的脚放到制动踏板上或者手开始转动转向盘,感知-反应过程结束。

2. 影响驾驶人感知-反应时间的主要因素

驾驶人的感知-反应时间并不是固定不变的,不同的驾驶人面对相同的任务、同一驾驶人面对不同的任务,甚至同一驾驶人在不同的环境下面对相同的任务,其感知-反应时间变化也是很大的,范围从0.15s到数秒之间。影响驾驶人感知-反应时间的因素主要有刺激、年龄和性别、情绪和注意、车速、驾驶疲劳、饮酒等。

(1)刺激

刺激的类型、强度等都对驾驶人的感知-反应时间有较大影响。这些影响的规律包括:刺激类型不同,反应时间不同(表4-7);同种刺激,强度越大,反应时间越短;刺激信号数目的增加会使反应时间增长;刺激信号显露的时间不同,反应时间也不同(表4-8);刺激信号的空间位置、尺寸大小等空间特性对反应时间有显著影响;对不同运动器官的需求也会导致反应时间不同(表4-9)。

刺激类型与反应时间的关系(单位:s)　　　　表4-7

感觉(刺激类型)	触觉	听觉	视觉	嗅觉
反应时间	0.11~0.16	0.12~0.16	0.15~0.20	0.20~0.80

光刺激时间与反应时间的关系(单位:ms)　　　　表4-8

光刺激时间	3	6	12	24	48
反应时间	191	189	187	184	184

不同运动器官与反应时间的关系(单位:ms)　　　　表4-9

运动器官	反应时间	运动器官	反应时间
左手	144	右手	147
左脚	179	右脚	174

(2)年龄和性别

反应时间与人的年龄和性别都有关系。一般来讲,在30岁以前,人的反应时间随年龄的增加而缩短,30岁以后则逐渐增加。

密歇根大学的Olson等研究了1400个不同年龄的人根据灯光信号进行制动的简单反应时间,反应时间从20岁年龄组到70岁年龄组逐渐增加,20岁年龄组的平均反应时间为0.44s,而70岁年龄组的平均反应时间为0.52s(图4-17)。

同龄的男性比同龄的女性反应时间要快。美国汽车工程学会对男女感知反应的分布进行了测试(图4-18)。在测试中,被试者要辨别三

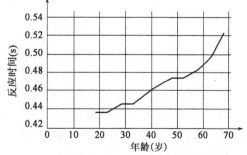

图4-17　不同年龄组平均反应时间的变化

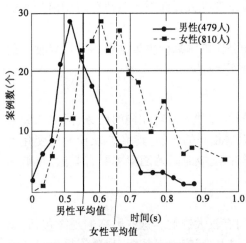

图4-18 感知-反应时间的性别差异

种信号,男性的平均感知-反应时间要比女性快0.08s。

(3)情绪和注意

从情绪上来说,高兴、满意、愉快令人感到舒适,对驾驶人的观察和判断会有促进作用,可使驾驶人反应迅速、动作敏捷;而产生悲哀、忧愁、愤怒、恐惧等情感会妨碍驾驶人的认识,使其无精打采、懒于观察和思考,反应减慢、动作缓慢,在这类情绪下,驾驶人可能会把情绪转移到车辆上,开"赌气车""冒险车",容易引发交通事故。

(4)车速

汽车行驶速度越快,驾驶人的反应时间越长;车速越慢,反应时间越短。据测试,正常情况下,当车辆以40km/h行驶时,驾驶人的反应时间约为0.6s;当车速提升到80km/h时,反应时间增加到1.3s左右。车速越快,驾驶人的脉搏和眼动都加快,对各种信息的感知和反应迟钝,对外界信息感知不全面且来不及进行思维加工,也就来不及进行正确的判断和推理,容易导致交通事故的发生。

(5)驾驶疲劳

驾驶人的疲劳可以分为生理疲劳和心理疲劳两种。生理疲劳是由于驾驶人维持操作的持久或过度的肌肉活动引起的。心理疲劳是由于在行车过程中,驾驶人不断地感知信息,进行思考、判断,心理一直处于紧张状态而引起的。两者可以相互影响。

研究表明,驾驶人在疲劳状态下行车时,反应时间明显增加,动作准确性下降,协调性遭到破坏,在制动和转向方面,表现得最为明显,容易造成交通事故。驾驶人在驾驶车辆0~2h内,是适应新驾驶工作的努力期;2~4h是驾驶顺利期;6~10h出现疲劳期;10h以后为疲劳的加重期;14h以后为过度疲劳期。

(6)饮酒

驾驶人在饮酒后,中枢神经系统受到抑制作用,对周围情况变化的反应速度明显下降。据测试,车速为40km/h时,正常驾驶人对于特定信号的反应时间为0.6s,而饮酒后的驾驶人的反应时间则达到1.8s,大大增加了交通事故发生的可能性。

3. 反应时间的测量

驾驶过程中出现险情时绝大部分的驾驶人会下意识地对车辆进行制动操作,从而避免险情进一步恶化。实际驾驶过程表明,驾驶人的制动反应受到很多因素的影响,如险情的种类、驾驶人的经验、年龄以及车速等。从险情出现到驾驶人开始制动的时间被定义为应激响应感知-制动反应时间,该时间值的大小直接影响了驾驶人应激响应行为的有效性。

反应时的测量包括三个试验:视觉简单反应时、视觉选择反应时和视觉辨别反应时。

(1)视觉简单反应时的主要特点是可以较直观地测量出被试者从接受刺激到做出反应的简单过程时间,又称A反应时。通过呈现单一刺激,要求被试者立即做出固定反应。由于这种反应时间是感知刺激就立即做出反应的时间,中间没有其他的认知加工过程,因此也称为基线时间。任何复杂刺激的反应时间都是由简单反应时和其他认知加工过程所需时间合成的。

(2)视觉选择反应时又称 B 反应时,是指测试中的刺激不止一个,对每一个随机呈现的刺激做出特定的动作或反应前,在人的大脑内有一个信息加工过程,又称潜伏期。影响选择反应时的因素是复杂的,选择反应刺激的数目越多,反应时间越长;选择的任务越复杂,反应时间也越长。此外,年龄、性别、疲劳等因素也会对选择反应时间产生影响。根据减数法,用选择反应时减去简单反应时即得到选择时间。

(3)视觉辨别反应时又称 C 反应时,指的是在测试中呈现的刺激为两个或多个,要求被试者只对其中一个刺激做出反应,对其他刺激不作反应,根据减数法,用被试者的辨别反应时减去其简单反应时得到的时间就是被试者的辨别时间。1982 年,莫纳什大学的 Triggs 和 Harri 总结了影响驾驶人反应时间的相关因素及其影响方向:反应时间与可供选择处理的选项数目之间呈线性关系,选择越多,反应时间越长;反应时间与外界刺激的复杂程度有关,外界刺激越复杂,反应时间越长;反应时间与信息处理深度、反应精度也高度相关;刺激与所需反应的相关度也会影响反应时间,刺激与所需反应的相关度越高,反应时间越小;不同驾驶环境和驾驶人状态下反应时间也不同。

【例 4-6】 在反应时间测量试验中,要求一名被试者进行如下三组试验,每组试验要求如下:第一组,被试者面前仅有一个红光信号灯和一个按键 A,要求被试者当红灯亮起时,按下 A 键。第二组,被试者面前有四个颜色的信号灯和四个按键,要求被试者当红灯亮起时,按下 A 键;当绿灯亮起时,按下 B 键;当黄灯亮起时,按下 C 键;当蓝灯亮起时,按下 D 键。第三组,被试者面前有两个颜色的信号灯和一个按键,要求被试者当红灯亮起时,按下 A 键;当绿灯亮起时,无须按键。经过测量,该被试者在三组内的反应时间分别如表 4-10 所示,求该被试者的简单反应时、选择反应时和辨别反应时。

被试者的反应时间　　　　　表 4-10

组别	第一组	第二组	第三组
时间(s)	0.64	1.09	0.83

第一组试验中的反应时间即为被试者的简单反应时,所以被试者的选择反应时为:

$$t_A = 0.64 \text{s}$$

被试者的选择反应时为:

$$t_B = 1.09 - 0.83 = 0.26(\text{s})$$

被试者的辨别反应时为:

$$t_C = 0.83 - 0.64 = 0.19(\text{s})$$

四、驾驶人的注意分配

驾驶人注意力下降是造成道路交通事故的最主要原因。据统计,在已经发生的道路交通事故中,由于驾驶人注意力下降引起的占 80%,而在发生的轻微碰撞、刮擦事故中,由于驾驶人注意力下降所造成的事故比例为 65%。驾驶人的注意分配特性对行车安全有显著影响。

1. 注意分配

注意分配是指在同一时间内把注意分配到不同的对象上。注意的分配是有条件的。条件之一是要有熟练的技能技巧,也就是说,在同时进行的多项活动中,只能有一种活动是生疏的,需要集中注意于该活动上,而其余动作必须达到一定的熟悉程度,稍加留意即能完成。条件之二是有赖于同时进行的几种活动之间的联系。如果它们之间没有内在联系,同时进行几种活动要困难些。当它们之间形成某种反应系统,组织更合理时,注意的分配才容易完成。另外,大脑皮层要保持正常的兴奋性。

2. 驾驶人注意分配的试验测试方法

驾驶人注意分散的本质是驾驶人的注意力从驾驶主任务向某类外在物体、活动、事件或他人的转移。驾驶主任务是指控制车辆、车道保持、监控道路状况等。驾驶次任务是指相对于驾驶主任务,与驾驶无关或不直接相关的其他任务,如收听广播、使用移动电话、与乘员交谈等。驾驶次任务通常是引起驾驶人注意分散的主要原因。无论何种形式的驾驶次任务,均会导致注意在必要时间不能充分地集中在驾驶主任务上,或者完全离开驾驶主任务而转移到驾驶次任务上。

注意分配试验测试方法根据次任务的不同,分为真实次任务测试和替代次任务测试。

(1) 真实次任务测试

真实次任务研究方法采用实际驾驶过程中真实存在的分心次任务做驾驶研究,如接打电话、查看车载导航等。真实次任务普遍存在于驾驶过程中。调查显示,驾驶过程中,75.86%的驾驶人使用智能手机接打电话,72.91%的驾驶人使用车载或手机的地图导航功能。此外,25.62%的驾驶人会收发语音短信、应用程序信息等。1999年,密歇根大学的Reed和Green发现驾驶人进行拨号操作会显著增加车辆的横向偏移速度。2009年,克劳德伯纳德大学的Collet等以动作反应时间为衡量指标,探究了听收音机、与乘员交谈以及使用免提式手机通话对驾驶人注意分配的影响。2006年,美国公路交通安全管理局(National Highway Traffic Safety Administration,NHTSA)的Angell等研究了拨号、地图查询、导航地址输入等诸多任务类型对驾驶人注意分配的影响。但是,真实次任务往往占用多种资源,且具体资源占用额不易量化。此外,不同个体面对真实次任务的反应差异较大,无法与其他同类研究做横向对比。因此,替代次任务应运而生。

(2) 替代次任务测试

主要的替代次任务有钟表任务、箭头任务和N-back任务。如图4-19所示,钟表任务中,驾驶人将会根据要求查看随机生成的表面时间,并要求驾驶人在规定时间内回答当前表盘时间中时针与分针构成的角度是否为锐角。2005年,瑞典国家道路与运输研究所的Engström、Johansson和Östlund通过试验证明将钟表任务作为认知任务的替代次任务,具有良好的敏感性。图4-20所示为箭头任务,提供不同指向的箭头,且每个指向的箭头总数随机,要求驾驶人在规定时间内回答某一指向箭头的数量。箭头任务可以通过控制方阵大小来控制次任务对视觉资源的需求,即要求被试者在不同大小的箭头方阵中数出指定形态箭头的个数。N-back任务既有视觉-认知版本,也有听觉-认知版本。N-back任务要求驾驶人在看到或听到一串固定间隔的随机数字(或字母)后,按照规定间隔重复数字(或字母)。例如:复述刚听到的随机数字为0-back任务;听到一个随机数字后,复述前一个听到的随机数字为1-back任务。N-back任务可以实现对多种资源需求的融合。

图4-19 钟表任务

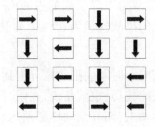
图4-20 箭头任务

注意分配试验测试方法根据试验设备的不同又分为实车试验和驾驶仿真实验。

(1)实车试验

实车试验是指采用实际车辆在实际道路环境中进行的试验。这种试验方法最大限度地保证了试验条件和场景的真实性,但是分心情况下,实车试验危险性较高。

(2)驾驶仿真实验

驾驶仿真实验规避了实车试验的潜在危险。驾驶仿真实验多采用仿真驾驶舱在虚拟道路环境中进行。按照驾驶舱和虚拟道路环境的仿真真实性,驾驶仿真实验又可分为简化试验和高仿真度试验。常见的简化试验一般只由桌面式驾驶模拟器和桌面显示器组成。高仿真度试验则需要具备多自由度的驾驶模拟舱和道路显示系统。2000年,艾奥瓦大学的McGehee、Mazzae和Baldwin设计了相同的冲突场景,分别在驾驶模拟器和有安全控制的实路试验中进行,并探究了两者的差异。结果表明,在驾驶模拟器中探究驾驶人反应时间是可行的,且驾驶仿真模拟器实验与实路试验的反应时间之间无显著差异。相关研究也指出,驾驶人的驾驶表现和人机交互效率在不同形式的驾驶仿真模拟器之间同样没有显著差异。因此,目前多数研究都是采用驾驶仿真实验方法进行的。

3.注意分配对驾驶行为与驾驶安全的影响

(1)注意分配对反应时间的影响

注意分散对驾驶人反应时间影响的研究早在1978年就有所涉及。得克萨斯大学的Holahan、Culler和Wilcox通过环境中注意分散点数量、注意分散点颜色与刺激颜色的相近度,以及注意分散点距离刺激的相对位置三个变量来模拟交通环境中广告牌等注意分散源对驾驶人正确识别交通标志反应时间的影响。结果表明,随着注意分散源数量的增加、注意分散源与刺激源相对位置的减小,反应时间增大;同时,颜色越接近,注意分散源对交通标志的识别干扰越大,且红、橘颜色之间最难辨认。林雪平大学的Olsson和Burns利用周边视觉检测任务(Peripheral Detection Task,PDT)测量了视觉分心对驾驶人反应时间的影响,结果表明,驾驶人视觉分心情况下,平均反应时间明显大于正常驾驶状态。

(2)注意分配对车道偏移的影响

为了对注意分配对安全的影响进行评价,研究人员多数选择通过分析不同注意分配状态下驾驶人驾车过程中的车道偏离程度作为间接的安全量化指标。通过道路试验发现,车辆的位置、横向加速度、转向盘转角和转向盘角速度都能表征驾驶注意分散。2003年,美国明尼苏达大学的Rakauskas等选取转向偏移(车辆偏离中心线转角的标准差)和横向平均车速(每秒横向偏移的距离)研究了不同通话复杂度下的驾驶行为与车辆横向位置保持的关系,结果发现开车打电话并不会对驾驶人的车道横向保持能力造成显著影响,但是会导致车速变化,使车速降低。2005年,巴伊兰大学的Tornros等通过模拟驾驶分组试验,得到拨号时车道横向位置偏差增大和通话时车辆横向位置偏差变小的结论。2009年,伦敦大学的Brumby等用车辆偏移车道中心线距离的标准差评价注意分散时驾驶人的车道保持能力,结果表明,在高速行驶条件下,当驾驶人注意力集中在转向盘上时,有更好的车道保持能力。

(3)注意分配对安全的影响

苏联交通心理学家格卢什科认为,所有与交通安全相关的心理因素中,驾驶人对交通情况变化的反应速度是与道路交通安全关系最为密切的因素。波兰学者通过对肇事驾驶人相关信息进行统计发现,由于驾驶人心理活动功能低下、反应迟钝造成的交通事故占交通事故总量的

13%。NHTSA研究发现,注意分散导致的观测不当、反应滞后等识别错误约占驾驶人因素的50%;对不同年龄群体而言,24岁以下的驾驶人更容易因为内在思维的注意分散和外界事物引起的外在注意分散导致交叉口事故,而55岁以上的老年驾驶人更倾向于因"视而不见"引起事故;对性别而言,在直行通过交叉口时,女性驾驶人更容易因注意分散发生事故,男性驾驶人则更容易因为违规驾驶发生事故;对驾驶行为而言,左转的交通事故多由观测不当、视线遮挡导致,而直行通过交叉口的事故多由违规驾驶和驾驶分心所致。

【例 4-7】 驾驶人注意分散对安全的影响案例。

李鹏辉等研究了驾驶人注意分散对驾驶安全的影响,让被试者分别进行了"驾驶时需回复手机短信"和"仅驾驶"两个水平的试验,并选择车辆横向位置标准差(车辆在当前车道中横向位置的标准差)和2.5°转向盘回转率(每分钟内转向盘回转角度大于2.5°的次数)作为驾驶安全指标。

配对t检验结果表明,注意分散对车辆横向位置标准差有显著影响($F(3,53.1)=9.57$,$p<0.001$),被试者注意分散时,车辆横向位置标准差变大("仅驾驶":0.17m;"驾驶时需回复手机短信":0.26m),这表明驾驶人的车道保持能力降低,车道偏离风险增加。

配对t检验结果同样表明,注意分散对2.5°转向盘回转率有显著影响($F(3,78)=15.22$,$p<0.001$),当被试者注意分散时,2.5°转向盘回转率增大("仅驾驶":8.8次/min;"驾驶时需回复手机短信":14.6次/min),2.5°转向盘回转属于大角度的转向盘修正,是驾驶人感知到车辆横向位置偏移过大的一种风险补偿行为。

五、驾驶人的行为选择

交通系统中驾驶人的行为选择表现出高度的随机性和不确定性,再加上外在因素的干扰以及道路环境和交通安全管理中的制约,都导致了驾驶行为及其特性研究的难度加大。但人的社会行为表现不是无规律、突发、随机和无原因的活动,驾驶行为过程是有规律可循的。从行为科学的观点来看,人的行为是需要诱发和受动机支配的。行为的基本过程如图4-21所示。

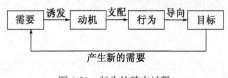

图 4-21 行为的基本过程

交通行为可以理解为:起源于人的交通需求,服务于其社会生活生存目的,受主体动机支配,并在一定的道路交通环境中,独立或借助交通工具,伴随一系列信息交互的人的心理活动的外在表现。驾驶人行为是交通行为的一项具体活动。

1. 驾驶人的行为需要

需要是人们心理上的一种缺乏、不平衡状态。由于心理缺乏会在一定条件下转换成需要,需要又会产生相应的行为,所以,行为产生的内因是需要,外因则是使心理缺乏转变成需要的条件。因此,可以通过对外界交通条件的控制,来达到控制交通行为的目的。

驾驶人在实际驾驶过程中,选择什么样的驾驶行为,是由驾驶人的交通需要和其动机所决定的。以驾驶人为主体的交通需要主要有以下几个方面:

(1)安全性需要。指在出行过程中不发生事故的需要,具体讲就是驾驶人和乘员生命和财产安全不受损害或受损害的风险程度最小的需要。

(2)经济性需要。指以自身经济条件为基础,选择经济费用最小的行为方式的需要,如驾驶人在驾驶过程中,总希望能够省油、省钱。

(3)快速性需要。指在出行过程中,尽可能减少出行延误的需要,如驾驶人希望能用最短的时间到达目的地,提高出行效率,为自己创造最大的利益。

(4)连续性需要。指出行过程中,在时间、空间、交通方式及交通信息上保持连续的需要,即要求交通畅通、减少交通中断,并能对前方道路信息尽可能了解的心理倾向性。

(5)独立性需要。指驾驶人主观上不想受限制与约束的需要,即要求交通空间、时间上凭个人意愿任意选择以及不受他人影响的倾向。

(6)舒适性需要。指在驾驶行为过程中,驾驶人对车内车外环境的认知能得心应手、轻松自如的需要。

(7)社会性需要。指主体的行为能受到社会其他成员认可、符合社会行为规范的需要,这一需要对驾驶人的驾驶行为起着一定的约束和规范作用。

人们的交通需求不是一成不变的,随着社会、经济的发展,人们会产生新的需要。不同的人,由于经济、身份地位、受教育程度、个性等的不同,其交通需要也不一样;同一个人,由于出行目的、心理与生理状态等的不同,其每一次出行中的需要也不完全相同。驾驶人的交通行为是多种需要综合作用的结果,各种需要之间都存在着冲突,其中一种需要得到完全满足,其他的需要就会相应减弱。如驾驶人在出行过程中想要快速,就有可能暂时忽略了安全性需求和社会性需求,出现交通违法行为、冒险行为。

2. 驾驶人的行为动机

动机,在心理学上一般被认为涉及行为的发端、方向、强度和持续性。驾驶行为的动机是为了达到某种目标或满足某种需要而准备采取某一行为的内在动力,它根据交通环境和驾驶人的自身状态支配人们的驾驶行为,使之向规范行为或偏离规范行为方向发展。

动机与驾驶行为的关系:

(1)同一动机可能引起不同的驾驶行为。如为了尽快到达目的地,有的驾驶人利用交通信息引导系统来选择自己的最佳路径,有的驾驶人则选择违法行驶(闯红灯、抢行、强行超车、超速行驶等)。

(2)同一行为也可能出自不同的目的。如同是超速行驶,有的驾驶人是为了赶时间,有的驾驶人则是逞能、冒进的心理因素在起作用。

(3)合理的动机也可能引起不合理甚至错误的行为。如为了节省出行时间而选择超速行驶,最终发生交通事故。

3. 影响驾驶人动机的因素

(1)价值观。是由个体评价事物的价值标准所构成的观念系统。个体的兴趣、信念、理想是价值观的几种主要表现形式。例如,驾驶人的礼貌出行、文明礼让、遵纪守法就是价值观的体现。

(2)情绪。是个体对需求是否满足而产生的愉快或不愉快的体验。情绪对已有的需求有放大的作用。愉快的情绪加上已有的需求,能大大提高个体行为的积极性;不愉快的情绪则会削弱已有的需求,抑制个体行为的积极性,降低行为的效率。例如,看到过惨烈交通事故现场的驾驶人,情绪比较恐惧,驾驶车辆就格外小心。

(3)个性特征。按个性特征可将驾驶人分为谨慎型、冒险型和标准型三种类型。谨慎型驾驶人的驾驶风格是谨慎小心、动作从容、反应较慢;冒险型驾驶人的驾驶风格为风险意识强、动作快、反应较快。冒险型驾驶人更易引发交通事故。

(4)行为的结果。动机作用产生的行为,其结果会对动机本身产生一定的影响。首先,行为结果的成败对动机有重要影响。成功的结果会增强自我信心,提高自我效能感,从而加强已有的动机;相反,失败的结果则会削弱已有的动机。其次,行为结果的及时反馈对动机有重要影响。再次,他人对行为结果的评价对动机有重要影响。表扬和奖励等正面评价对已有动机有强化作用,批评与惩罚则对已有动机有削弱作用。

4. 驾驶人行为的影响因素

影响驾驶人行为的因素很多,包括道路与交通方面的因素和驾驶人本身的因素。道路与交通方面的因素有:道路状况、道路拥挤程度、行驶路线所经交叉口数量及控制方式、行程时间可靠性、天气情况等。驾驶人方面的因素则更复杂,包括驾驶人的驾驶经验、个人偏好、出行目的和性质、出行距离等。图 4-22 中列举出一些影响比较大的因素。

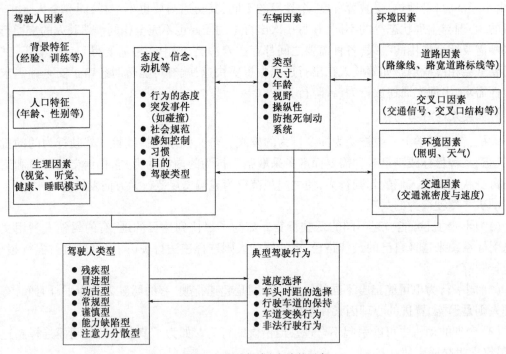

图 4-22 影响驾驶人行为的因素

(1)驾驶人因素。导致道路交通事故的机动车驾驶人因素极其复杂多样,其影响过程具有明显的不确定性和随机性。主要体现在以下几个方面:①驾驶人经验与训练程度。训练有素的驾驶人往往可以处理复杂的交通状况。②驾驶人年龄与性别。驾驶人的年龄对危险感知的能力有影响。③驾驶人生理因素。行车过程中,驾驶人精神高度集中,体力消耗大,遇有突发事件时还需要灵活果断的处置。因此,除了要求驾驶人的基本生理机能正常以外,还对驾驶人有一些特殊的生理、心理要求,例如驾驶人的体力、心理状态良好等,驾驶人的这些方面对驾驶行为都有不同程度的影响。由于这些因素的影响,驾驶人在习惯、态度、信念、动机方面有所差异。

(2)车辆因素。车辆是交通出行的载体,包括机动车辆和非机动车辆。交通安全重点研究车辆安全性能及与安全性有关的汽车结构和使用。车辆是影响道路交通安全的重要因素,车辆的机械故障和车辆超高、超宽、超载、货物绑扎不牢固等,都可能酿成交通事故。多数车辆的事故因素实际上掌握在驾驶人的手中。车辆的技术性能靠驾驶人维护,车辆的故障靠驾驶人发现,车辆的违法装载等问题就是驾驶人自身的问题。因此,在驾驶人与车辆的关系上,人是主要因素,人决定车辆状况。

(3)环境因素。统计资料表明,由环境因素引发驾驶失误而导致的交通事故占事故总数的40%~50%。驾驶环境主要指道路条件、气候条件、交叉口条件、交通条件等。具体表现有:①良好的道路线形能为驾驶人正确、及时地感知各种交通信息提供方便,最大限度地保证交通安全;不良的道路线形会给驾驶人心理造成不良影响,形成隐患。②天气条件对行车安全有着重大影响。不良天气是交通事故的多发期。不良天气条件不仅影响了汽车的安全性能,而且对驾驶人的生理、心理特性也产生一定影响。③交叉口是事故的多发区,交叉口车辆与车辆之间、车辆与行人之间均存在一定程度的冲突。④过于复杂的交通环境会对驾驶人产生一系列不良影响。在繁杂的道路交通环境下行车,由于交通信息的种类和数量过多,驾驶人始终处于刺激过多的状态,造成失误和事故的概率增加。

5.基于驾驶行为的驾驶人分类

由于生理和心理上的个体差异,驾驶人对车辆的性能感受和追求不尽相同,都会有属于自己的驾驶风格。总体来说,有些驾驶人偏向于保守,有些驾驶人偏向于急进。因此,根据驾驶风格,可将驾驶人分为不同的类型。

(1)谨慎型驾驶人。谨慎型驾驶人为了安全起见,对于道路的判断状况往往比较保守,驾驶中一般会采用较低的车速行驶。谨慎型驾驶人感知较为迟钝,动作反应敏捷性稍差,在遇到危急情况时容易出现延误性错误而导致事故。谨慎型驾驶人发生事故和交通违法的概率要低。

(2)冒险型驾驶人。冒险型驾驶人对道路的判断大多比较乐观,喜欢在道路上以较快的速度行驶。冒险型驾驶人喜欢冒险,易冲动,倾向于超速行驶或强行超车等驾车风格,容易诱发事故。

(3)常规型驾驶人。相对于谨慎型驾驶人、冒险型驾驶人而言,大多数驾驶人属于常规型驾驶人。从统计学角度看,常规型驾驶人的驾驶行为统计特征属于大多数。

6.典型驾驶行为

(1)速度选择行为

交通系统运行的安全和高效都与车辆的速度有密切关系。驾驶人选择行驶速度时,多以对速度的感知和道路限速为依据。驾驶人行车速度的选择还普遍受同向行驶的其他车辆的影响。驾驶人超速行为是影响交通安全的重要因素。超速行车不仅导致交通事故次数的增加,还会加剧事故的严重性,加重噪声污染和空气污染。尽管很多驾驶人已经意识到这些问题,但超速行车现象依然普遍存在。根据2016年公安部交通管理局公布的数据,3.10%的交通事故与机动车超速行驶有关,5.28%的交通事故造成的人员死亡与机动车超速行驶有关。

(2)车头时距的选择行为

车头时距(Headway)是指同向连续行驶的两辆车的车头通过道路某一断面时的时间间

隔,是道路交通流的一个重要特征。道路上行驶的车辆形成道路交通流,道路与车辆间、车辆相互间存在影响,而驾驶人作为交通的参与者,为了安全行驶也需要选择合理的车头时距。欧洲政府建议驾驶人在跟驰过程中车头时距保持在2s以上。瑞典国家道路管理部门要求驾驶人在郊区道路上保持3s以上的车头时距,如果车头时距低于1s,有可能受到交警的处罚。美国的一些驾驶手册也推荐在跟驰过程中车头时距应该保持在2s以上。研究表明,车头时距的大小和速度有一定的关系,车速在50~100km/h之间的跟驰过程中,车头时距基本保持不变;车速低于10km/h时,车头时距较大;车速在10~60km/h之间时,车头时距随着车速的增加而降低;车速高于70km/h时,车头时距较稳定(图4-23)。

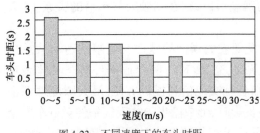

图4-23 不同速度下的车头时距

(3)车道保持与换道行为

车道保持是指车辆在行驶过程中可以始终行驶在当前车道上。车道变换是车辆行驶过程中经常发生的驾驶行为,尤其在城市道路复杂的交通条件下,驾驶人为了追求更高的行驶速度,经常要进行车道变换。由于车道变换的过程会产生冲突,因此降低了道路交通系统的安全性,容易引发道路交通事故,造成经济损失。驾驶人的换道行为由换道意图的生成、换道轨迹规划和车辆换道操作等行为组成。

(4)非法行驶行为

非法行驶行为包括超速行驶、酒后驾驶、疲劳驾驶、违法装载等行为。

7.外界信息刺激与驾驶行为

驾驶人从需要到动机直至行为,影响因素还有很多,如交通意识、驾驶技能、道路设计、道路交通状态、驾驶人态度等。驾驶人行为产生的内因是需要,但通常情况下,外界的信息刺激会影响驾驶人的驾驶行为。例如,当驾驶人发现前方有障碍物时,会采取制动行为。

(1)外界刺激与速度感知

在驾驶过程中,驾驶人需要了解自己以多快的速度行驶可满足驾驶需求。驾驶人的行驶速度一方面可以从车速表看出,另一方面需要借助视觉感知线索来估计。驾驶人在判断行驶速度时,并不是绝对准确的,表4-11中列出了一些可能影响速度估计的因素。

影响驾驶人速度感知的因素　　　　　　　　　　　　　　　　表4-11

可能导致驾驶人低估行驶速度的因素	可能导致驾驶人高估行驶速度的因素
更高的道路设计标准;更宽的道路;有分隔带的城市道路;路旁未种植树木的农村道路;白天(与夜间照明相比)	狭窄的两车道的城市道路;树木密布的道路;画有横向路面标线的道路

从表中可以看出,驾驶人在宽敞、道路设计标准高的道路上普遍低估自身车速,从而导致加速行为的发生,所以应注意在这样的道路上进行车速限制。

(2)道路限速与驾驶人速度选择

限速是道路安全管理的重要内容之一,绝大多数国家对道路都有车速限制。道路运输系统是一个包含人、车、路、环境在内的动态系统,系统中各因素相互影响,共同维持系统平衡。系统中一些因素(如道路状况、交通量、天气状况等)的动态变化,会对车辆的运行车速产生重要影响。因此,车速限制标准的制订应体现系统的这种动态特性,并满足绝大多数驾驶人的出行期望。根据美国蒙大拿州际公路道路限速与驾驶人速度分布数据分析发现:当道路限速过低时,大部分车辆的行驶速度要超过限制速度;提高限制速度后,超速车辆所占的比例大幅降低。驾驶人超速行为多是为了满足快速性需要。限制速度目的是保障驾驶安全,但是若限速过低,则无法满足驾驶人的舒适性需要和经济性需要。

在速度累积频率分布曲线图上,15%~85%位车速变化较平稳,因此在管理上一般将85%位车速确定为最高车速限制指标,还推荐对小型车和大型车分别限速,以减少交通事故的发生。

(3)交叉口设计与驾驶行为

交通事故统计数据显示,大约50%的城市道路事故及25%的非城区道路事故和交叉口有关。在平面的交叉口中,机动车与机动车之间、机动车与行人之间、机动车与非机动车之间均存在一定程度的冲突。交叉口的控制是从外部交通控制入手影响驾驶人的驾驶行为。在信号控制交叉口对各个方向的车辆在交叉口范围内的通行时间和次序做了规定,驾驶人在通过信号控制交叉口时必须在信号灯的指挥下通行,否则会引发交通事故;在交通量比较小的交叉口,通常情况下不设置信号设备,但是为了明确不同方向车辆的通行权,会有相应的停车让行标志,以满足驾驶人的需求。

第三节 行人与骑行人的交通特性

在道路交通系统中,行人和自行车骑行人是重要的组成部分。理解行人和自行车骑行人的交通特性,对采取必要的管理和控制措施、有效地处理好行人交通问题、减少交通事故的发生具有重要意义。

一、行人的交通行为特性

1. 行人交通基本特性

与机动车、非机动车相比,行人在交通参与者中是弱者。行人是交通参与者中最为复杂的因素,由于性别、年龄的不同,反应迅速、动作灵活性等表现差异大;一般情况下,行人行走无固定方向和位置,且行走中变化大,表现为随意性和习惯性较强;同时行人的流量与时间、地点关联十分紧密,表现出很强的时间性和区域性。

(1)路线选择特性

行人行走时,对行走路线和路面的要求称为行人行走的选择特性。在一般情况下,行人总愿意在宽阔、平坦、笔直、视野良好的道路上行走,而不愿意在应急、弯曲、坑洼、障碍物较多的道路上行走。从季节变化的周期来看,在夏季,行人喜爱在遮阳道路的一边行走或者在挡雨的屋檐下行走;在春秋两季,行人则愿意在避风的一侧行走;在冬季,行人又爱在朝阳的道路或无冰雪边行走。

(2)视觉特性

行人行走时,由于视网膜的光照生理反应作用,引起视野和视敏的变化现象,称为行人行走的视觉特性。这种特性不仅与行人本身的生理机能有关,而且与行走速度、道路照明度、外界物体的能见度等因素有关。研究表明,人在静止状态的视野在120°~140°的圆锥面范围内,其颜色清晰;而约有25°的圆锥范围内,有些颜色的变辨认性极差。在运动的状态下,视野范围将随着行走速度的提高而减小,视敏度也随之下降,形成反应时间的延误。延误时间越长,交通事故发生的概率越高。

(3)反应特性

行人行走时,受外界因素的刺激而产生的反应,称为行人行走的反应特征。行人的反应时间除与外界刺激源、刺激源性质等因素有关外,还与年龄、性别、天气等因素有关。通常情况下,反应时间是交通事故发生的重要原因,尤其是人车交叉相会处。由于反应时间很短,机动车制动、停车所需的时间往往超过行人的反应时间,因此事故常常发生在行人还未反应的过程中。

(4)生理特性

行人行走时,借助人体各部位器官(眼、鼻、耳)所得到的各种信息和感觉(视觉、嗅觉、听觉)的敏感程度,称为行人行走的生理特性。人的生理特性是影响人正常行走的主要因素,了解行人行走的生理特性,掌握人体部位功能不全或患病行人的行走特点,对安全行车十分必要。如盲人视觉敏感程度为零,看不见物体,无法了解各种显示性指挥信号的变化和可见性警告信号以及标志、标线等。

(5)心理特性

行人行走时,在不同的外界条件下所产生的行为特征状态及内在规律,称为行人行走的心理特征。心理特性与生理特性、视觉特性都有着密切的联系,而且心理特性还明显受到年龄、性别、行人行走空间位置及道路上运动体的影响。行人不同的步行目的,可产生不同的步行心理。例如,买菜购物的行人,行走时往往在考虑购物地点以及钱物的平衡等,在行走过程中,容易因此而忽略来往车辆。

2. 行人的一般交通特性

行人的交通特性是由行人的心理特征决定的,主要表现在以下几个方面:

(1)行人决定是否开始横穿道路的主要依据是自己与驶近的汽车间的距离、对汽车速度的估计。

(2)行人结伴而行时,在从众心理支配下,往往互相依赖,忽视交通安全。

(3)多数行人横过道路时,有时只注意右方交通而忽视左方交通。

(4)行人自由度大,行走速度与车辆行驶速度差距很大,在行人捷径心理的支配下,往往会忽然闯入汽车行驶空间。

(5)部分行人对机动车性能不了解,过度相信驾驶人对机动车的控制能力,对机动车行驶的速度和停车距离估计存在较大偏差。

(6)行人对行车视野盲区缺乏足够认识,有时意识不到,即由于光照、视野盲区、驾驶人注意等因素的影响,行人所处区域不易被机动车驾驶人发现。

【例4-8】 行人对车辆运动规律认识不足导致的交通安全隐患案例。

内轮差是车辆转弯时内前轮转弯半径与内后轮转弯半径之差,如图4-24所示。由于内轮差的存在,车辆转弯时,前、后车轮的运动轨迹不重合。在车辆转弯时,如果行人只注意车辆的前轮能够通过而忽视内轮差,就可能造成自身处于后内轮的转弯轨迹上,导致出现被车辆碰撞或剐蹭的危险情况。

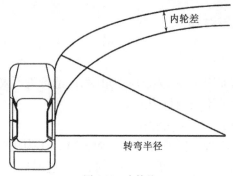

图 4-24　内轮差

3. 儿童行人的交通特性

认识的局限性是儿童的主要心理特征,在交通特性上主要表现为以下几个方面:
(1)儿童穿越道路时,不懂得观察和确认是否安全。
(2)儿童常常跑步穿越道路。
(3)有成年人带领时,儿童对成年人有依赖性,认为有成年人保护可任意行动。
(4)儿童身材矮小,眼睛距地面高度低,视野比成年人狭窄,对交通状况的观察受到限制。
(5)儿童经常在道路上玩耍。

4. 老年行人的交通特性

由于人的身体机能和心理特性随着年龄增长而变化,因此老年人的交通特性有其特殊方面:
(1)老年行人生理机能衰退,感觉和行为都显得迟钝,发现和躲避车辆的能力下降。
(2)对机动车速度和距离的判断误差大,有时因判断不清而与机动车争道抢行。
(3)交通安全意识差,有些老人认为老年人应该受到"照顾"。
(4)老年人喜欢穿深颜色衣服,在夜间和傍晚不易被发现。
(5)老年人在横穿道路时,有突然折回的现象。

5. 青壮年行人的交通特性

青壮年行人主要有以下交通特征:
(1)精力充沛、感觉敏锐、反应迅速,应变能力强。
(2)出行量大。
(3)青年人好胜心强。

6. 女性行人的交通特性

女性行人主要有以下特征:
(1)细心,行人规范意识比较强。
(2)反应一般较男性慢,行动较迟缓。
(3)情绪不稳定,应变能力较差,属非稳定型的交通参与者。
(4)喜欢穿着比较艳丽的服饰。

针对以上各人群的行为特点,需要加强对行人的交通安全宣传教育,增加行人的安全常识和安全意识,提高行人遵守交通法规的自觉性。

二、行人不安全行为与对策

1. 行人不安全行为的产生原因

行人不安全行为产生的原因很多,从心理学角度看,把行人不安全行为产生的原因从主客观方面归结为有意的和无意的不安全行为。

(1) 行人有意的不安全行为产生的原因

①存在侥幸或急功近利心理,急于通过街道而冒险。认为机动车不敢撞人,从而忽略了安全的重要性。有些行人明知不对,但常常为了图省力、赶时间,就随意抄近路穿行。例如:为了抄近路在人行道以外斜穿,或随意翻越车行道中护栏等隔离设施过街,或为了省力省时,强行闯红灯通过人行横道,甚至在机动车车流中危险穿行。

②非理性从众心理,因为看到他人违法没有造成事故或没受罚而放纵自己的行为。行人往往认为法不责众,认为随行的人像是一道屏障,在心理上产生一种盲目的安全感,不避让机动车或与机动车抢行。

③过于自负、逞强的不良心态。认为自己灵活快速,可以依靠较高的个人能力避免风险而与机动车抢行。

(2) 行人无意的不安全行为产生的原因

①机动车驾驶人的影响。行人事故的最大隐患来自行人与机动车的冲突。在交叉口中,驾驶人往往无法很好地照顾到行人的通行权。有试验表明,在交叉口中,行人和机动车发生冲突时,只有25%的驾驶人让行人先通过,而由于为行人让行会增加延误,大部分驾驶人选择直接通过交叉口。除了为行人让行的车辆会增加延误之外,驾驶人的性格也会影响行人的安全,鲁莽的驾驶人都比较大胆,驾驶过程中很少考虑行人的情况,这同样增加了行人的危险。

②道路设计的影响。道路设计主要考虑车辆的行驶,缺乏人行横道与行人过街设施,或者人行横道太窄不足以满足要求,都会造成行人的安全隐患。行人交通设施少是引起行人交通违法的客观原因之一。指示标志缺乏或者没有,使行人寻找行人过街设施困难,也会导致行人就近乱穿行车道的现象增多,增加不安全因素。有的城市在平坦的宽达十几米甚至数十米的道路上施划没有任何行人保护设施的人行横道线,行人在其上行走,长时间暴露在与车辆冲突的范围内。

③天气、环境的影响。在寒冷的冬天(气温很低,下雪、结冰),行人的行走变得更加困难和危险,还会让行人忽视道路上的车辆危险。冰雪的存在也会导致一些不确定的因素,坑洞和小型的障碍造成行人更容易滑倒。

④社会因素。行人的交通行为经常受到其他行人行为的影响。影响行人速度的因素有行人的密度和规模。与行人单独行走相比,当行人密度很大或者成对行走时,速度会降低。行人自身的行为也会对其他的行人产生作用,当有人乱穿马路时,也会有其他行人模仿这一行为。而当驾驶人遇到很多人乱穿马路时,更有可能降低车速。

2. 行人交通不安全行为的控制、矫正与预防

(1) 对行人进行交通安全教育

坚持交通安全知识教育、安全道德教育和安全法律教育相结合,树立"安全第一,预防为主""珍惜生命,关注安全"的全民安全观,促使人们的交通安全认识和安全意识不断提高,通

过媒体用积极向上、正确的安全知识和信息加以引导,进一步提高公众的交通安全意识。

(2)强化行人交通行为安全管理

①从行人心理角度对过街设施进行合理设置。管理行人交通行为,重要的是杜绝行人犯错的原因,从交通工程措施上着手,引导、规范行人的交通行为,给行人出行提供安全舒适的条件,达到减少或阻止行人在交通中犯错的目的。例如:科学设置行人过街设施,规范行人通行路线,减少行人与机动车的冲突机会和范围。

②从驾驶人心理角度考虑改善行人交通安全。对行人交通安全造成威胁的主要还是驾驶人。因此,可从换位思考的角度加大对行人和驾驶人的管理力度,使驾驶人和行人都能了解各自的心态,强化安全意识和路权观念。

③人行天桥和通道的人性化设置。人性化的行人天桥和通道能有效减少行人在车流中的暴露时间。我国城市的道路设计,往往没有给行人预留足够的通道。有的主干道全部用栏杆隔开,在人流密集的地段没有一条地下通道或人行横道,或者虽有通道但位置并不便利。

(3)加大执法力度

健全的法律与执法体系是行人安全出行、降低行人违法违规率与事故率的重要保障。规范行人出行的行为准则,保障车辆与行人在路权上的相对合理与公平,同时加大执法力度,让人们充分认识到违法和事故所带来的危害,使人们在交通活动中正确把握自己的行为。

三、普通自行车骑行人行为与安全

自行车是我国城乡最普遍的交通工具。从自行车拥有量来看,我国是世界上自行车最多的国家。所以研究自行车骑行人的交通特性,探讨如何管理好自行车骑行人的交通安全,有着十分重要的现实意义。

1. 普通自行车骑行人的心理特征

自行车是靠人驾驭的,是人的一种代步工具。所以,自行车骑行人的心理特征与行人的心理特征基本相同,所不同的是:

(1)骑自行车比步行速度快,但自行车的构造简单,稳定性差,安全防护设施不健全。同时,以骑自行车代步受季节影响大,所以在遇到危险时,自行车骑行人的心理比行人更加紧张。

(2)一些骑行人会怀着侥幸心理违法骑自行车带人。

(3)在一些城市低等级的道路上,有部分自行车骑行人攀扶机动车,当机动车紧急制动时,容易引发交通事故。

(4)有些年轻人喜欢骑自行车时炫耀和逞能,做出危险动作而引发交通事故。

(5)与机动车抢道或者见缝插针、左右穿行,这也很容易造成交通事故。

2. 普通自行车的交通特性

(1)自行车结构简单、轻巧、灵活、方便,使用和维修容易、方便。

(2)自行车不污染环境,既无尾气排放,又无噪声污染,有利于城乡环境保护。

(3)自行车占用道路面积小,一般运行所占道路面积为 $9m^2$,而小汽车约占 $40m^2$,是自行车的 4.5 倍。自行车所需停车面积为 $1.6m^2$,而小汽车为 $22m^2$,是自行车的 14 倍。

(4)自行车受结构简单的限制,安全防护设施不健全。在转弯时,不易察觉出后面车辆、行人动态;制动时,后面的追随者也难以发觉。由于自行车两轮滚动,其侧向稳定性极差,只有保持一定行驶速度才能保持侧向平衡,减速和停车时往往就会倾倒或者左右摇摆,容易引起交通事故。

(5)自行车骑行人体重一般大于自行车自重,骑行人与自行车组成的人-车系统重心提高,加之自行车与地面接触面积小,因此自行车的运动轨迹呈蛇形,其运行宽度为1m左右。

(6)骑自行车受气候影响较大,雨、雪天骑自行车易受雨具的干扰造成视觉听觉障碍,泥泞、冰雪道路又极易滑倒,这些都对交通安全极为不利。

(7)自行车与机动车相比是交通弱者,但是和行人相比又是交通强者,在自行车与机动车碰撞事故中,自行车骑行人受害较大。

四、电动两轮车骑行人行为与安全

电动两轮车满足了公众对轻便、省力、省时和快捷出行的需求。随着电动两轮车的广泛使用,电动两轮车导致的或与其相关的交通事故数量和严重性有升高趋势。

1. 电动两轮车骑行人的心理特征

电动两轮车是通过电机驱动的,也是人的一种代步工具。电动两轮车骑行人的心理特征与普通自行车骑行人的心理特征基本相同,所不同的是:

(1)对于电动两轮车骑行人来说,动视力对骑行行为的影响要比静视力更大。

(2)电动两轮车骑行人能意识到佩戴头盔的重要性,但在实际的骑行过程佩戴头盔的骑行人很少。

(3)电动两轮车骑行人存在大量违法违规行为,如超速、超重、闯红灯、逆行、占用机动车道等。

(4)骑行人对于电动两轮车速度的选择明显高于自行车,速度的增加势必导致安全性能的降低。

(5)由于电动两轮车灵活轻便,骑行人为了抢时间,喜欢见空就穿、见慢就超。在超越心理的作用下,有时明知机动车已快到身旁,也敢冒险超越,甚至逼迫机动车驾驶者急制动避让。

(6)在大型机动车和电动两轮车混合行驶时,两者的距离越近,电动两轮车骑行人的心理压力就越大,越害怕。在惧怕心理作用下,骑行人容易高度紧张,产生错误的判断,造成交通事故。

(7)电动两轮车骑行人不愿意在陌生人群中骑行,在有空当的情况下也不愿意一直紧紧尾随在别人的后面,往往超前单行,或滞后独行。

2. 电动两轮车的交通特性

(1)电动两轮车具有轻便、灵巧、价格低、耗能少、速度快、污染较小等特点。

(2)按规定,电动自行车整车质量不大于40kg,最高速度限制在20km/h以下。

(3)电动两轮车行驶稳定性较差,速度又较自行车快得多,与自行车在非机动车道混合行驶,道路占用面积大于自行车,降低了道路通行能力,极易造成交通事故。

(4)一些生产厂家忽视了两轮车技术标准,电动两轮车质量参差不齐,也成为交通事故增加的因素。

(5)电动两轮车行驶过程中声音小,在混杂的道路交通环境里,其他交通参与者不易判断车辆距离自己的位置,因此给电动两轮车周边的其他交通参与者带来一种不确定性和不安的情绪。

(6) 电动两轮车机动灵活、易于转向、加速或减速,因此电动两轮车的速度与方向经常发生变化。

(7) 在风大雨急的恶劣天气条件下,相比于自行车,电动两轮车的安全性更低。

(8) 电动两轮车交通事故数占总交通事故数的比例有逐年上升的趋势。

第四节 非法驾驶行为与交通安全

许多国家的交通事故数据分析表明:驾驶疲劳、酒后驾驶等非法驾驶行为是引发恶性交通事故的重要原因之一,是道路交通安全的重要隐患。遏制非法驾驶行为是提升交通安全水平的重要手段。

一、疲劳驾驶与行车安全

1. 疲劳驾驶的概念与标准

(1) 疲劳与驾驶疲劳的概念

驾驶是一种体力、脑力消耗都很大的劳动。它要求驾驶人集中精力,不断地处理各种与驾驶有关的信息,尤其在交通环境复杂的情况下,驾驶人处于高度紧张状态。良好的精神状态和健康状态则是安全行车的重要保证,驾驶人在行车中一旦出现疲劳征兆,很容易导致交通事故的发生。

疲劳是一个抽象的概念,人类对疲劳的研究至今已有 100 多年的历史,但到目前还没有一个公认的统一定义。1948 年,Bartlett 等在伦敦会议的上对疲劳的定义是:当一个人不能从不舒适的环境中脱离时,就处于疲劳状态,其产生是一个逐渐积累的过程,开始和恢复都具有突然性,而且不会局限在身体的某个特定部位。日本人因学会会长大岛正光对人的疲劳也进行了定义:疲劳可以概括为生命体的机能降低和机制混乱,会导致各种生命体机能、代谢物质的变化以及主观自觉症状和工作效率等的变化。国际标准化组织将作业疲劳分为局部疲劳和全身疲劳,其是一种非疾病的人体负担的外在表达,且通过休息可以完全恢复。人体负担则是作业负荷相对于个人特性和能力的影响度,而作业负荷是指作业系统中引起人的生理和心理状态混乱的外部条件和要求的总和。总之,疲劳是一种复杂的生理、心理现象,其生理、心理机理还处于不断的研究和探索之中,理论上难以作定量的准确描述,现象上也因人而异。

驾驶疲劳是脑力、体力同时参与的技术性疲劳。由于驾驶人动作反复、连续,且重复的次数太多,使其生理、心理上发生某种变化,出现驾驶能力降低的现象,主要表现为注意分散、打瞌睡、视野变窄、信息漏看、反应判断迟钝、驾驶操作失误或完全丧失驾驶能力等。因此,疲劳驾驶严重影响行车安全,是造成交通事故的重大隐患。

(2) 疲劳驾驶的标准

目前,疲劳驾驶的定义和判别标准还没有明确统一。各国比较通行的疲劳驾驶界定标准是时间规定,即每次连续驾驶限定的时间。但不少专家持不同看法,认为时间仅是衡量疲劳驾驶的一个重要标准而不是唯一标准,因为人的体质、精神状态、生活饮食状况、睡眠时间、健康状况等都与疲劳驾驶有关。

目前,唯一被认为可以参考的疲劳驾驶规定是国际劳动机构(ILO)提出的时间标准,即运输部门的专业驾驶人,每周的劳动时间提倡不超过44h。但从实际情况来看,因各国国情不同,每周工作日从5d、5.5d到6d不等,现在世界上,专业驾驶人每周或每天的工作时间基本上是各行其是,也有相应的规章制度。美国联邦政府没有制定疲劳驾驶的国家统一法规,但绝大多数州都执行一个比较一致的规定,即无论何种车辆,驾驶人每天的驾驶时间不得超过10h。日本规定专业驾驶人每次驾驶不得超过5.5h。欧洲国家规定运输公司的专业驾驶人每周驾驶时间在44h之内,提倡在2:00到6:00之间不驾车,并在国家与国家之间执行相同的规定。《中华人民共和国道路交通安全法实施条例》第六十二规定,驾驶机动车不得有下列行为:连续驾驶机动车超过4h不停车休息,或者停车休息时间少于20min。

2. 疲劳驾驶与交通事故

疲劳驾驶是驾驶过程中的一种常见现象。加拿大交通伤害研究基金会(TIRF)通过全国范围内的民意调查发现,57%的驾驶人认为疲劳驾驶是一个严重的问题,50%以上的被调查者有过疲劳驾驶的经历,20%的驾驶人在过去的一年中至少有一次在驾驶过程中睡着或打盹。

在全球范围内,疲劳驾驶已成为导致交通安全事故的重要原因之一。根据NHTSA的统计,在美国的公路上,每年由于驾驶人在驾驶过程中进入睡眠状态而导致的交通事故大约有10万起,其中约有1500起直接导致死亡事故,7.1万起导致人身伤害事故。欧洲的情况也大致相同,据德国保险公司协会估计,在德国境内的高速公路上,大约有25%的导致人员伤亡的交通事故都是因为疲劳驾驶引发的。法国国家警察总署事故统计报告表明,因疲劳瞌睡而产生的事故,占人身伤害事故的14.9%,占死亡事故的20.6%。日本的事故统计揭示,因疲劳驾驶产生的事故占1.0%~1.5%。

【例4-9】 疲劳驾驶导致交通事故的案例。

2022年3月30日15时许,某驾驶人驾驶小型客车,沿高速公路行驶时,车辆由最内侧车道持续向右偏离,径直与停在应急车道内排队等待驶出高速公路的重型半挂载货汽车尾部相撞,造成小客车内5人全部死亡。经查,事故的直接原因为,事发前小型客车驾驶人长时间长距离连续驾驶,累计时长达20h40min,涉嫌疲劳驾驶肇事。

3. 造成疲劳驾驶的因素

(1)睡眠不足

成年人一昼夜至少应睡7~8h,睡眠不足或质量差很容易导致疲劳,对行车安全造成严重的影响。当睡眠时间低于5.5h时,事故率会明显增加。

(2)长时间地进行驾驶任务

一个健康的驾驶人如果一天连续行车4~8h,会出现暂时性疲劳,如果连续数天持续行车,极易造成积累性疲劳,长时间驾驶导致的疲劳驾驶使事故率明显增加。驾驶过程中,驾驶人要不断地通过感觉器官从运行环境中获取各种与交通有关的信息,这些信息输入大脑经过判断后发出指令,支配手脚运动器官操作车辆,使其按照驾驶人的意志,沿一定的方向前进或停止。长时间驾驶后,驾驶人感觉器官不断接受环境信息的刺激,手脚不断地操作车辆,大脑因此产生抑制性的保护作用,出现疲劳现象。

(3)生理节律

由于人的睡眠受人体生理节律的影响,如果睡眠的时间不当或睡眠质量不高,也会引起疲劳。凌晨和下午是一天中觉醒水平最低的时段,因此,2:00—6:00、11:00—13:00、15:00—16:00是疲劳事故高发时段。人体的昼夜生理节律使我们在每天特定的生物钟时间无论是否缺乏睡眠都会受到瞌睡的侵袭,即在正常的休息时间里开车也容易导致疲劳。德国的普罗科普(Prokop)于1955年对500位货车驾驶人在开车时候睡着了的情况进行调查,发现凌晨和午饭后开车时睡着的比例较大(图4-25)。

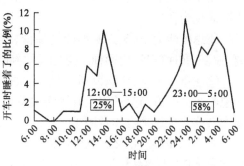

图4-25 500位货车驾驶人开车时睡着了的比例对应的时段

(4) 驾驶人自身因素的影响

驾驶人性别、年龄、驾龄、驾驶技能、身体条件、性格等都会导致不同程度的疲劳现象。一般来说,女性由于自身的生理因素和体力欠缺等会比男性更容易感到疲劳;年轻人身体素质好,容易消除疲劳;老年人虽然疲劳症状不明显,但消除能力弱;驾驶技术熟练者,不易产生疲劳;体弱者容易产生疲劳且不易消除。

(5) 其他因素

驾驶过程中,道路交通条件、天气条件、车内环境等都与疲劳的产生有关。在较差的道路交通环境中,驾驶人长时间注意力高度集中,操作频繁,极易产生疲劳。在路面平直、景观单调的高速公路上行车时,快速、单调、高重复度的操作使驾驶人极易产生瞌睡。闷热、持续高温的天气会使驾驶人精神疲惫,低落的情绪容易引起驾驶人头晕、缺氧。

二、酒后驾车与行车安全

1. 酒后驾车与交通事故

世界卫生组织的事故调查显示,50%~60%的交通事故与酒后驾车有关,酒后驾车已经被列为车祸致死的主要原因。美国明尼苏达州交通部门估计,2015年该州交通事故中6%的轻伤、19%的重伤和33%的死亡与酒驾有关,其中23%的死亡与醉酒驾驶有关。在日本,因酒后开车发生的交通事故数约占交通事故总数的4%以上;死亡人数约占交通事故死亡总人数的10%。我国公安部交通管理局2016年年报公布的数据中,因酒后驾车导致的交通事故的占比为3.5%。

2. 饮酒对人的心理和驾驶行为的影响

据检测,酒精进入人体后,能被迅速吸收溶解于血液中,饮酒5min后即可在血液中发现酒精,2.5h后,所饮酒中的酒精能被人体全部吸收,渗透到肌体各组织内部。当酒精被人体吸收后,作用于人体中枢神经,使整个中枢神经系统处于麻醉和抑制状态,中枢神经系统随之迟钝,并延及脊髓神经。科学研究证明:当酒精在人体血液内达到一定浓度时,人对外界的反应能力及控制能力就会下降,处理紧急情况的能力也会下降。对酒后驾车者而言,其血液中酒精含量越高,发生撞车的概率越大。当驾驶人血液中酒精含量达80mg/100mL时,发生交通事故的概率是不含酒精时的2.5倍;达到100mg/100mL时,发生交通事故的概率是血液中不含酒精时的4.7倍。

(1)对心理的影响

由于饮酒后,驾驶人的中枢神经异常和麻醉,从而导致一系列心理变化,并影响驾驶机能,主要表现为:

①思维能力下降、判断准确性降低。当血液中酒精浓度增加到一定程度时,驾驶人对距离、速度、交通信号、交通标志与标线的判断能力大大下降。

②注意力下降,认识范围变窄。饮酒后,驾驶人的注意力容易分散,往往偏向某方面信息而忽略了另一方与交通安全有密切关系的重要信息,即使驾驶人意识到这种情况,要迅速将注意力转移分配过来也非常困难。

③记忆障碍。记忆力发生障碍,认知能力也降低,对外界事物不容易留下深刻印象,在心理学上称作"不容易铭记",选择驾驶行为时会出现失误。

④情绪不稳定、理性降低。饮酒后,驾驶人的情绪不稳定,往往不能控制自己的言语和行动,表现为感情冲动,胡言乱语,行为反常,在驾驶车辆时也会出现大胆行为,如超速行车、强行超车等,极易发生重大交通事故。

⑤处理信息的能力降低,动作不协调。饮酒后,驾驶人对光、声刺激反应时间延长,本能反射动作的时间也相应延长,感觉器官和运动器官,如眼、手、脚之间的配合功能发生障碍,因此,无法正确判断距离、速度,感知觉迟钝,反应速度缓慢,决策和协调能力降低,面对正常行驶情况下可以处理的一些情况,往往不知所措。

(2)对驾驶机能的影响

饮酒后,酒精使人的感觉、知觉、判断、注意力、性格和情绪等心理生理特性处在异常状态,所以,受心理支配的驾驶操作特性被严重干扰和破坏,从而导致发生交通事故的概率大大上升。具体表现在以下几个方面:

①视觉机能受损。饮酒后眼底血管受损,视力下降,如果酒中含有甲醇时,还可导致失明;驾驶人的视野也会因饮酒大大缩小,空间知觉能力下降,甚至对许多危险信息视而不见。

②触觉反应迟钝。驾驶人的触觉反应能力易受酒精的影响。触觉信息虽然比视觉信息少,但是对行车安全却非常重要,如制动踏板的制动力度、转向盘的控制自如程度、机动车的振抖情况等,都需要靠驾驶人的触觉获取信息。触觉迟钝,则容易丧失良机,导致驾驶失控而酿成事故。

③中枢神经异常。饮酒后,人的大脑细胞因酒精作用而受损,引起神经、精神改变。随着血液中酒精含量的增加,大脑皮层下中枢和小脑受损,会出现一系列运动和精神障碍,表现为反应迟钝、步履蹒跚、言行失调,基本失去判断和控制能力,难以支配自己的行为。

3.酒后驾驶的处罚

交警在执法中对酒后驾车违法行为的查验,执行国家标准《车辆驾驶人员血液、呼气酒精含量阈值与检验》(GB 19522—2010),车辆驾驶人员每百毫升血液中的酒精含量大于或等于20mg、小于80mg为饮酒后驾车,每百毫升血液中的酒精含量大于或等于80mg为醉酒后驾车。

《道路交通安全法》第二十二条规定:"饮酒、服用国家管制的精神药品或麻醉药品,或者患有妨碍安全驾驶机动车的疾病,或者过度疲劳影响安全驾驶的,不得驾驶机动车。"

《道路交通安全法》第九十一条规定:"饮酒后驾驶机动车的,处暂扣六个月机动车驾驶证,并处一千元以上二千元以下罚款。因饮酒后驾驶机动车被处罚,再次饮酒后驾驶机动车的,处十日以下拘留,并处一千元以上二千元以下罚款,吊销机动车驾驶证。

醉酒驾驶机动车的,由公安机关交通管理部门约束至酒醒,吊销机动车驾驶证,依法追究刑事责任;五年内不得重新取得机动车驾驶证。

饮酒后驾驶营运机动车的,处十五日拘留,并处五千元罚款,吊销机动车驾驶证,五年内不得重新取得机动车驾驶证。

醉酒驾驶营运机动车的,由公安机关交通管理部门约束至酒醒,吊销机动车驾驶证,依法追究刑事责任;十年内不得重新取得机动车驾驶证,重新取得机动车驾驶证后,不得驾驶营运机动车。"

最高人民法院《关于审理交通肇事刑事案件具体应用法律若干问题的解释》规定:"酒后驾车肇事致1人重伤,负全部责任或者主要责任的,将以交通肇事罪处罚。"

三、毒驾与行车安全

毒驾是指未戒掉毒瘾的患者和正在使用毒品的驾驶人驾驶机动车的行为。吸食合成毒品的人员在吸毒后,所产生的精神极端亢奋甚至妄想、幻觉等症状,会导致驾驶人脱离现实场景,判断力低下甚至完全丧失判断能力。英国一项研究表明,酒后驾车比正常反应时间慢12%,毒驾则比正常反应时间慢21%,吸毒后人往往会出现幻象,驾驶能力严重削弱,为恶性交通事故的发生埋下隐患。毒驾作为严重的危险驾驶,极大危及人们的安全。

四、药物与行车安全

药物对驾驶机能的影响是不可忽视的,但要明确药物对驾驶人的影响是很困难的。对于患有某种疾病的驾驶人来说,服用药物后驾车可能比不服用药物更加安全。各国的交通法规中也几乎没有对常见药物服用控制的规定。因此,预防药物对驾驶行为的不良影响主要从驾驶人自身角度出发。驾驶人生病服药时一定要注意,对于影响驾驶安全的药物,都应慎用或少用。

五、交通事故率、犯罪率与荷尔蒙

荷尔蒙是动物或植物体内的化学信息物质,一般指激素,它对机体的代谢、生长、发育、繁殖、性别、性欲和性活动等起重要的调节作用。激素是高度分化的内分泌细胞合成并直接分泌入血的化学信息物质,它通过调节各种组织细胞的代谢活动来影响人体的生理活动。研究表明人体的荷尔蒙与交通事故的发生有一定的联系。

图4-26显示了100万人中单方事故数随年龄和性别的变化曲线。由图可见,男性驾驶人的事故数普遍高于女性驾驶人,而无论男性驾驶人还是女性驾驶人,他们的事故高发期都在20~30岁之间。图4-27所示为非交通犯罪率随年龄、性别的变化曲线。男性的犯罪人数明显高于女性,且在20岁左右时达到最大值。图4-28所示为不同年龄、性别与人体内睾丸素水平的关系。

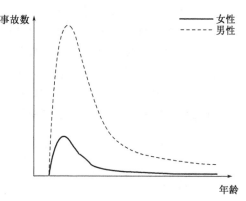

图4-26 事故数与驾驶人年龄、性别的关系

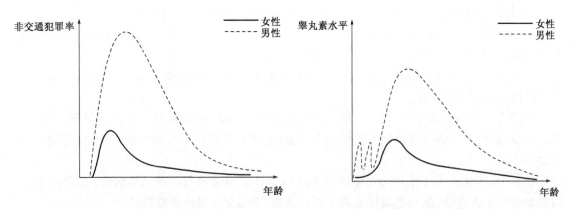

图 4-27 非交通犯罪率与驾驶人年龄、性别的关系　　图 4-28 人体内睾丸素水平与驾驶人年龄、性别的关系

　　三幅图在形状上有着很大的相似性,它们都与人身体内的睾丸素水平息息相关。睾丸素是人体激素的一种,不同人的睾丸素水平存在差异,并且这种激素会导致人们产生相似的、导致交通事故的行为模式。由图可知,事故数比较高的个体的睾丸素水平也比较高。男性驾驶人比女性驾驶人更鲁莽些,年轻驾驶人会比年老驾驶人更冲动,他们往往会选择以较快的速度行驶,并且驾驶过程中更具有侵略性,也更容易发生事故。男性驾驶人的驾驶行为与他们体内睾丸素水平有很大关系。由此可见,年轻驾驶人容易发生事故并不仅仅是由于缺乏经验造成的。睾丸素水平也会对犯罪率有很大影响,男性的睾丸素水平在 20 岁左右时是最高的,而犯罪率也在这个时候达到最大值。交通事故率、犯罪率与人体睾丸素水平有很大关系。

【复习思考题】

1. 比较外在刺激与内在刺激的异同。
2. 分析感觉和知觉的区别,并阐述两者的具体产生过程。
3. 讨论注意的特性、特征、功能与交通安全的关系。
4. 阐述暗适应、明适应的特点。
5. 总结驾驶人信息处理过程。
6. 总结车速对驾驶人感知特性的影响。
7. 阐述酒驾对交通事故的影响与危害。
8. 概括分析性别与年龄因素对交通安全的影响。
9. 设计一种驾驶人反应时间的测量方法,并进行测量与统计分析。
10. 调查某一路段(或交叉口)影响行人安全的主要因素。

第五章

车与交通安全

车辆是道路交通的主要元素。车辆发生碰撞时,车速、乘员所在的位置、车辆的质量、乘员是否系安全带、车辆是否装备安全气囊等诸多因素都会对乘员的伤害程度造成影响。随着汽车的逐步普及,人们对汽车安全性也给予了高度的重视。本章重点介绍碰撞与事故伤害、交通事故人体伤害的评价方法、乘员保护装置的有效性、汽车主被动安全技术等知识。

第一节 碰撞与事故伤害

早期的汽车碰撞试验主要是实车碰撞试验,实车碰撞试验数据可以用于对交通事故中碰撞阶段汽车速度变化量的计算分析。事故中车辆的碰撞阶段作用时间非常短暂,这一阶段中车辆的动能转换为塑性变形能。利用塑性变形能,结合动量和能量守恒原理,可建立基于车身变形的汽车碰撞速度模型。本节重点介绍基于碰撞刚度的车速推算方法和基于能量网格图的车速推算方法。此外,还介绍汽车乘员的乘坐位置以及车速对碰撞伤害程度的影响。

一、碰撞变形与等效量化

1. 碰撞力与汽车变形之间的关系

Campbell 分析了正面壁障碰撞试验的数据,得到碰撞速度和残余变形之间呈线性关系,其计算表达式为：

$$v = b_0 + b_1 C \tag{5-1}$$

式中：v——碰撞速度，mile/h；
C——残余变形，in；
b_0——截距，mile/h；
b_1——斜率，(mile/h)/in。

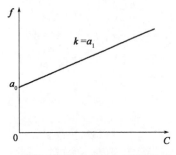

图 5-1 碰撞力与残余变形的关系

在此基础上，得到汽车正面壁障碰撞试验时单位宽度产生的变形力与残余变形之间呈线性关系。该模型也称线弹性刚度模型（图 5-1），其计算表达式为：

$$f = a_0 + a_1 C \tag{5-2}$$

式中：f——单位宽度产生的碰撞力，Ibs/in；
C——残余变形，in；
a_0——截距，Ibs/in^2；
a_1——斜率，Ibs/in^2。

确定刚度系数的主要依据是车辆的损坏情况，确定方法是进行大量的实车碰撞试验。也就是说，若想获得某一车型的刚度系数，至少应对其进行低速和高速两次正碰试验，求解二元一次方程。国外进行的大量碰撞试验已证明，不同类型的汽车具有不同的刚度系数值，线弹性刚度模型也适用于汽车的偏置、追尾、侧面碰撞类型，只是汽车正面、侧面和尾部的刚度系数不同。

2. 等效壁障碰撞速度计算

为了利用线性力—变形模型计算碰撞速度，提出如下假设：
(1) 汽车在全宽上变形特性相同；
(2) 在排除碰撞位置过高或者过低的情况下，汽车在垂直方向的变形相同。

对车辆前部的变形宽度和变形深度进行积分，得：

$$E_A = \iint f \mathrm{d}c \mathrm{d}w + E_0 \tag{5-3}$$

式中：E_A——塑性变形所吸收的能量；
f——单位宽度所产生的碰撞力；
c——残余变形；
w——车辆宽度；
E_0——碰撞常数，定义为没有任何残余变形时车身前部具有的能量。

汽车壁障碰撞试验中，车辆具有的动能都转化为塑性变形能，所以有：

$$\frac{1}{2}\frac{W}{g}v^2 = \int_0^{w_0}\int_0^c f \mathrm{d}c \mathrm{d}w + E_0 \tag{5-4}$$

式中：W——标准车重；
g——重力加速度；
c——残余变形；
w_0——车辆宽度。

整合式(5-1)和式(5-2)带入式(5-4)中,求得刚度系数和碰撞常数分别为:$a_0 = \dfrac{Wb_0b_1}{gw_0}$,
$a_1 = \dfrac{Wb_1^2}{gw_0}$ 和 $E_0 = \dfrac{Wb_0^2}{2g}$。

因此,将 a_0 和 a_1 代入式(5-2),得到单位宽度所承受碰撞力的表达式:

$$f = \dfrac{W}{gw_0}(b_0b_1 + b_1^2 C) \tag{5-5}$$

在变形深度 C 及宽度上对 f 进行积分,得到碰撞等效壁障速度 EBS(Equivalent Barrier Speed)的计算公式为:

$$\text{EBS} = \left[\dfrac{1}{w_0}\int_0^{w_0}(2b_0b_1C + b_1^2C^2)\,\mathrm{d}w + b_0^2\right]^{\frac{1}{2}} \tag{5-6}$$

完全正面碰撞时,一般认为所产生的残余变形 C 在汽车宽度上是相同的,则由式(5-6)可以求得 EBS 为:

$$\text{EBS} = (b_1^2C^2 + 2b_0b_1C + b_0^2)^{\frac{1}{2}} \tag{5-7}$$

不完全正面碰撞可以分为两种类型:角度壁障碰撞(Angle Barrier Impact)和偏置壁障碰撞(Offset Barrier Impact)。对于角度壁障碰撞,$C = C_1 - (C_1 - C_2)\dfrac{w}{w_0}$。如果 $C_2 = 0$,w_L 为车辆前部被破坏的宽度,则将 $C = C_1 - (C_1 - C_2)\dfrac{w}{w_0}$ 中的 w_0 用 w_L 代替,即 $C = C_1 - C_1\dfrac{w}{w_L}$。对于偏置壁障碰撞,当 $0 \leqslant w \leqslant w_1$ 时,$C = C_1$;当 $w_1 \leqslant w \leqslant w_0$ 时,$C = C_1 - (C_1 - C_2)\left(\dfrac{w - w_1}{w_0 - w_1}\right)^2$。其中,$C_1$ 和 C_2 为车辆前部左侧和右侧边界处的纵向变形深度;w_0 为车辆宽度;w_L 为破坏宽度;w_1 为偏置宽度。且当碰撞只涉及汽车宽度的 1/4 时,上述公式仍然成立。图 5-2 所示为正面碰撞车辆变形示意图。

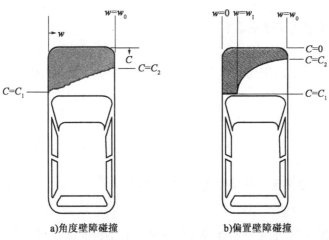

a)角度壁障碰撞　　　　b)偏置壁障碰撞

图 5-2　正面碰撞车辆变形示意图

对于角度壁障碰撞，EBS 的计算公式为：

$$\text{EBS} = \left[b_0^2 + b_0 b_1 (C_1 + C_2) + \frac{b_1^2}{3} (C_1^2 + C_1 C_2 + C_2^2) \right]^{\frac{1}{2}} \tag{5-8}$$

对于偏置壁障碰撞，EBS 的计算公式为：

$$\text{EBS} = \left\{ b_0^2 + 2 b_0 b_1 \left[C_1 R + \frac{(2C_2 + C_1)(1-R)}{3} \right] + b_1^2 \left[C_1^2 R + \left(\frac{8}{15} C_2^2 + \frac{4}{15} C_1 C_2 + \frac{3}{15} C_1^2 \right)(1-R) \right] \right\}^{\frac{1}{2}} \tag{5-9}$$

此外，如果试验车的质量不等于试验中规定的标准车重时，应加入重量修正系数。式(5-7)、式(5-8)和式(5-9)分别改写为：

$$\text{EBS} = \left(\frac{W_s}{W_f} \right)^{\frac{1}{2}} (b_1^2 C^2 + 2 b_0 b_1 C + b_0^2)^{\frac{1}{2}} \tag{5-10}$$

对于角度壁障碰撞，EBS 的计算公式为：

$$\text{EBS} = \left(\frac{W_s}{W_f} \right)^{\frac{1}{2}} \left[b_0^2 + b_0 b_1 (C_1 + C_2) + \frac{b_1^2}{3} (C_1^2 + C_1 C_2 + C_2^2) \right]^{\frac{1}{2}} \tag{5-11}$$

对于偏置壁障碰撞，EBS 的计算公式为：

$$\text{EBS} = \left(\frac{W_s}{W_f} \right)^{\frac{1}{2}} \left\{ b_0^2 + 2 b_0 b_1 \left[C_1 R + \frac{(2C_2 + C_1)(1-R)}{3} \right] + b_1^2 \left[C_1^2 R + \left(\frac{8}{15} C_2^2 + \frac{4}{15} C_1 C_2 + \frac{3}{15} C_1^2 \right)(1-R) \right] \right\}^{\frac{1}{2}} \tag{5-12}$$

式中：$\left(\frac{W_s}{W_f} \right)^{\frac{1}{2}}$ ——重量修正系数，W_s 和 W_f 为标准车和试验车的重量。

根据上述公式可知，只要明确残余变形 C、R、b_0、b_1 和试验车重量，就可求得正面碰撞时的 EBS。

3. 基于能量网格图的车速推算方法

实际交通事故中，可将汽车的前部分为几个部分，计算出每一部分吸收的能量。例如，当汽车的损伤宽度从 w_1 变为 w_2，损伤深度从 C_1 变为 C_2，则吸收的能量可以由式(5-13)计算。

$$E_\Delta = \int_{w_1}^{w_2} \int_{C_1}^{C_2} f \mathrm{d}c \mathrm{d}w \tag{5-13}$$

$$\text{EBS}^2 \big]_{w_1, C_1}^{w_2, C_2} = \left[(b_0 + b_1 C_2)^2 - (b_0 + b_1 C_1)^2 \right] \left(\frac{W_s}{W_f} \right)^{\frac{1}{2}} \tag{5-14}$$

根据式(5-14)，设变形深度的增量为 0.25m，即 $\frac{w_2 - w_1}{w_0} = \frac{1}{4}$，则可以求得单位速度的平方所吸收的能量。

对一具体型号的汽车，如果已经获得经过碰撞试验测得的能量网格图，则可求得任何碰撞形式的等效壁障速度。图 5-3 为试验车(标准车型)的偏置碰撞的能量网格图(碰撞速度为 48km/h)。图 5-4 为试验车的偏置碰撞的碰撞变形区域的能量网格图。标准车的车型为

1971—1972 年生产的全尺寸 CHEVROLET,车质量为 2043kg(4500 磅),试验车的车质量为 1967kg(4333 磅)。

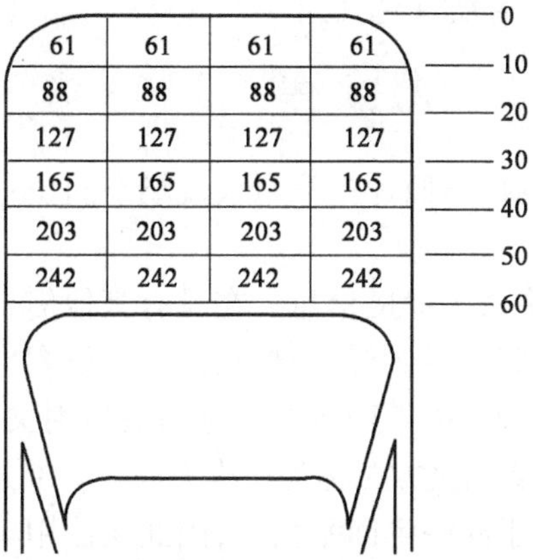

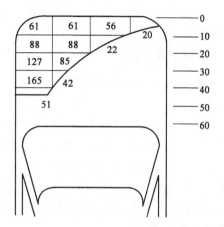

图 5-3 试验车(标准车型)的偏置碰撞的能量网格图(能量单位:J)

图 5-4 试验车的偏置碰撞的碰撞变形区域的能量网格图(能量单位:J)

【例 5-1】 图 5-4 中轮廓线所包含的部分为碰撞变形区域,实际碰撞速度为 49.2km/h。图 5-4 所示试验车,在碰撞中所吸收的总能量为碰撞变形区域各个网格中能量的累加值,计算得 866J,则通过模型计算得 $EBS = \left(866 \times \frac{4500}{4333}\right)^{\frac{1}{2}} = 48.3 (km/h)$。该计算值与实际车速的偏差为 0.9km/h,这说明基于能量网格图的车速推算方法是有效的。

4. 残余变形量的测量方法

国家标准《道路交通事故车辆速度鉴定》(GB/T 33195—2016)规定了两类轿车与轿车正面碰撞中事故车辆变形在地面上的垂直投影形态,以及相对应的计算方法。该方法在计算一般几何形状简单的变形时比较可靠,但难以适用于复杂的车辆较大变形量的计算。碰撞事故中车辆车身变形的测量方法通常有两类:六点测量法、摄影测量法。

(1)六点测量法

六点测量法适用于大部分的车身变形测量。如果事故发生后车身变形区域宽度较小(如小于41cm),则可以减少测量点的数目,如改为四点法测量或两点法测量。对于六点法,残余变形量的测量方式见图 5-5。其中,对于前部碰撞,D 为车辆纵向的中心线与变形区域中心线的间距;对于侧面碰撞,D 为重心与变形区域中心线的间距。将变形区域在汽车碰撞区域的全宽上分为五个区域,其变形量分别为 C_1、C_2、C_3、C_4、C_5 和 C_6。则 C_1 和 C_2 之间的变形平均值 $C_{12} = \frac{1}{2}(C_1 + C_2)$,同样可以分别计算其他区域变形的平均值,则在全宽上的平均变形量的

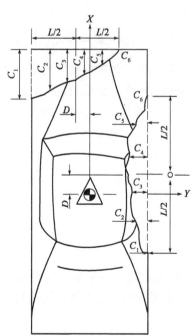

图 5-5 残余变形量的测量

计算公式为：

$$C = \frac{1}{5}\left(\frac{1}{2}C_1 + C_2 + C_3 + C_4 + C_5 + \frac{1}{2}C_6\right) \tag{5-15}$$

(2) 摄影测量方法

根据交通事故现场摄影测量的需要，利用事故现场摄影照片提取事故现场空间位置信息的方法主要有二维方法和三维方法两类。

摄影照片用二维平面表示三维空间，在成像过程中丢失深度信息。在没有其他信息的情况下，无法直接根据一幅摄影图像上的二维坐标信息恢复三维空间坐标信息。假设图像上的所有点在空间中都位于同一个平面上，则图像上点的位置与空间中点的位置存在映射关系，也就可由一幅摄影图像确定空间点的相对位置。这种摄影测量方法称为二维方法。二维方法的理论前提条件是图像上所有点对应的空间实际点都位于同一空间平面上，因此无法用于测量车辆的碰撞变形。

三维方法可分为单目照片法和多目照片法。单目照片法实际上是反投影法，该方法以重现现场中原照片的视点和方位为基础。单目照片为一个图像采集器在一个固定位置取一幅图像，关于景物的信息隐含在所成像的几何畸变、明暗度（阴影）、纹理、表面轮廓等因素之中。多目照片是用多于两个采集器在不同位置对同一场景取像（也可用一个采集器在多个位置先后对同一场景取像），也被称为立体成像法。双目照片是多目照片的一个特例，即两个采集器各在一个位置对同一场景取像（也可用一个采集器先后在两个位置先后对同一场景取像）。双目照片法目前主要应用于机器人导航、微操作系统的参数检测、三维测量和虚拟现实等领域。双目照片技术的实现可分为五个步骤：图像获取、摄像机标定、特征提取、图像匹配和三维重建。

二、乘坐位置与事故伤害

汽车乘员的乘坐位置与事故伤害之间存在着重要的关联。Evans 等利用 1975—1985 年间的死亡事故报告系统（Fatal Accident Reporting System，FARS）调查了乘坐位置（前与后，左侧与中间/右侧）与乘用车致死率的关系。该调查所用数据来源于 NHTSA。其中，死者的年龄大于或等于 16 岁，时间范围为 1975—1985 年，数据排除了使用任何类型乘员约束系统的案例，保留了乘员约束系统显示为未知的案例（约占总数据的 30%）。

利用比较相对指标来比较不同乘坐位置的事故伤害程度。乘员相对驾驶人的死亡风险指标的计算式为：

$$R = \frac{N_P}{N_D}$$

式中：N_P、N_D——乘员和驾驶人的死亡数量。

如果假设死亡人数服从泊松分布，则标准差 ΔR 的计算式为：

$$\Delta R = R\sqrt{\frac{1}{N_D} + \frac{1}{N_P}}$$

研究结果显示前排中间乘员、前排右侧乘员相对驾驶人的死亡风险分别为 0.78 ± 0.04 和 1.006 ± 0.011；后排左侧乘员、后排中间乘员、后排右侧乘员相对驾驶人的死亡风险分别为 0.734 ± 0.023、0.626 ± 0.03、0.742 ± 0.021。上述结果表明，前排中间乘员与前排外侧乘员相比，死亡风险降低了 $(22 \pm 4)\%$，这一结果充分显示了乘员保护装置对前排外侧乘员安全防护的重要性。后排两个外侧位置的死亡风险没有区别，若将二者组合，可得后排外侧的死亡风险为 0.739 ± 0.015，这表明后排外侧乘员相对驾驶人的死亡风险降低了 $(26.1 \pm 1.5)\%$。比较后排中间和后排外侧的死亡风险可知，相比后排外侧位置，后排中间位置的死亡风险降低了 $(15 \pm 4)\%$。图 5-6 为车辆碰撞的时钟位置示意图，图 5-7 和图 5-8 给出了不同碰撞位置下前排和后排乘员相对驾驶人的死亡风险。

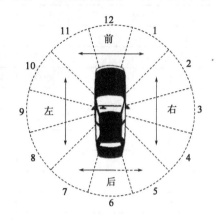

图 5-6　车辆碰撞的时钟位置

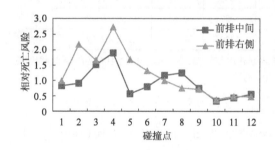

图 5-7　不同碰撞位置下前排乘员相对驾驶人的死亡风险

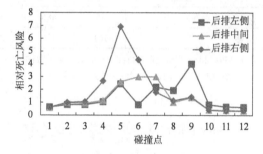

图 5-8　不同碰撞位置下后排乘员相对驾驶人的死亡风险

为了分析考虑乘员约束及安全气囊使用情况下的乘坐位置对碰撞事故中的儿童死亡风险的影响，Elisa 等利用 1988—1995 年美国死亡事故报告系统的数据，一共调查了 26233 名年龄 12 岁及以下的死亡事故中的儿童乘员。调查显示，7962 名前排儿童乘员中死亡 2298 人，18271 名后排儿童乘员中死亡 3373 人。研究者比较了不同的乘员约束类型以及有无安全气囊使用条件下的前后排乘坐位置以及后排外侧及中间位置的致死率。研究结果显示，有安全带约束的后排位置的儿童具有最低的死亡风险。对后排的儿童乘员，车辆在主副驾驶侧没有安装安全气囊、驾驶人侧有安全气囊和主副驾驶人侧均有安全气囊的条件下可分别降低 35%、31% 和 46% 的死亡风险。年龄 12 岁及以下的后排儿童乘员在使用及不使用乘员约束系统的条件下均具有较低的死亡风险。与前排座椅上系三点式安全带的儿童乘员相比，后排座椅能够对 5～12 年龄段系腰带式安全带的儿童乘员提供额外的保护。与后排外侧位置相比，后排座椅中间位置的儿童乘员死亡率可降低 10%～20%。因此，强烈建议人们出行时最好将婴儿或者儿童放置在后排座椅上。表 5-1 给出了考虑年龄、乘员约束及车辆碰撞位置的儿童乘员相对死亡风险。表 5-2 给出了考虑安全气囊及乘员约束条件的儿童乘员相对死亡风险。

考虑年龄、乘员约束及车辆碰撞位置的儿童乘员相对死亡风险变量　　　表 5-1

变量	FPD	TFP	RPD	TRP	RR	95% CI	PCR
年龄组							
≤12 岁	2298	7962	3373	18271	1.56	1.49~1.64	−36
>13 岁	30600	74218	10585	37591	1.46	1.44~1.49	−32
年龄≤12 岁							
0	359	787	357	1200	1.53	1.37~1.72	−35
1~4 岁	820	2666	1226	6784	1.70	1.58~1.84	−41
5~12 岁	1119	4509	1790	10287	1.43	1.34~1.52	−30
乘员约束系统,年龄≤12 岁							
不使用	1201	3102	1874	7680	1.59	1.50~1.68	−37
使用	970	4431	1277	9418	1.61	1.50~1.74	−38
车辆碰撞位置,年龄≤12 岁							
前(11、12、1 点方向)	1097	4489	1247	9611	1.88	1.75~2.03	−47
侧(2、3、4、8、9、10 点方向)	861	2205	1336	5059	1.48	1.38~1.59	−32
后(5、6、7 点方向)	75	486	361	1457	0.62	0.50~0.78	+61
滚翻	161	496	265	1429	1.75	1.48~2.07	−43

注：FPD 为前排乘员死亡人数；TFP 为前排总乘员数；RPD 为后排乘员死亡人数；TRP 为后排总乘员数；RR 为前后排相对风险；95% CI 为 95% 的置信区间；PCR 为风险变化的百分比(后排相对前排)。

前后排相对风险 RR 的计算公式为：$RR = \dfrac{\text{前排死亡人数}}{\text{前排总人数}} \Big/ \dfrac{\text{后排死亡人数}}{\text{后排总人数}}$；相对风险的 95% 的置信区间为 $(R \times e^{-1.96\sqrt{v}}, R \times e^{1.96\sqrt{v}})$，其中，$v = \dfrac{1-\text{前排死亡比例}}{\text{前排死亡人数}} + \dfrac{1-\text{后排死亡比例}}{\text{后排死亡人数}}$；风险变化的百分比 PCR 的计算公式为：$PCR = 100\left(\dfrac{1}{RR} - 1\right)$。

考虑安全气囊及乘员约束条件的儿童乘员相对死亡风险　　　表 5-2

变量		FPD	TFP	RPD	TRP	RR	95% CI	PCR
安全气囊状态,年龄≤12 岁								
双气囊		104	347	151	939	1.86	1.50~2.32	−46
驾驶人侧安全气囊		160	655	302	1800	1.46	1.23~1.72	−31
无安全气囊		386	1417	639	3625	1.55	1.38~1.73	−35
乘员约束类型,年龄≤12 岁								
无安全气囊	无乘员约束系统	146	371	295	1183	1.58	1.34~1.85	−37
	三点式安全带	112	584	76	543	1.37	1.05~1.79	−27
	儿童座椅	47	181	122	837	1.78	1.33~2.39	−44
驾驶人侧安全气囊	无乘员约束系统	65	171	143	560	1.49	1.17~1.89	−33
	三点式安全带	49	261	36	342	1.78	1.20~2.66	−44
	儿童座椅	17	91	55	365	1.24	0.76~2.03	−19
双气囊	无乘员约束系统	48	83	75	276	2.13	1.63~2.78	−53
	三点式安全带	27	150	13	206	2.85	1.52~5.34	−65
	儿童座椅	11	39	27	227	2.37	1.28~4.38	−58

Smith 等评估了乘员座椅位置与交通事故中乘员的死亡及伤害风险的关系。研究者从 NHTSA 的防撞性能数据系统(Crashworthiness Data System, CDS)提取了 1993—2000 年的数据,评估了后排乘员与前排乘员的风险比(死亡对严重伤害)。有效的乘员数据为 25230 人,前排和后排乘员的比例分别为 60%和 40%。前后排乘员使用约束系统的比例分别为 79%和 66%。前后排乘员的平均年龄分别为 27 岁和 17 岁。死亡人数总计 1005 人,死亡和严重伤害人数总计 1901 人。针对乘员死亡案例,经过对数据中约束系统使用、滚翻碰撞类型及乘员年龄的校正,事故中后排乘员相对前排乘员死亡的风险比为 0.61(95%的置信区间为 0.46~0.81);针对乘员死亡及严重伤害案例,经过对数据中约束系统使用及乘员年龄的校正,事故中的后排相对前排的乘员死亡及严重伤害的风险比为 0.67(95%的置信区间为 0.57~0.78)。上述研究结果表明,与前排乘员位置相比,事故中后排乘员位置可以减少 39%的死亡风险,并可以减少 33%的死亡及严重伤害风险。

三、车速与事故伤害

1. 车速与事故率

人们通常在直觉上认为速度和事故的关系就是速度越高、事故越多、严重性越大,但是实际上它们之间并不是简单的线性关系。1964 年,Solomon 对 1954—1958 年美国 11 个州、35 个地区的 1000km 长的两车道和四车道公路的近 10000 名事故车辆的驾驶人进行了调查。Solomon 分析了事故率与车速之间的关联(图 5-9)。图 5-9 中纵轴的事故率选用对数坐标来表示。其中,事故率是每亿车英里里程(100 million Vehicle Miles Traveled, VMT)发生的事故次数。

从图 5-9 可以看出,对白天乡村公路的事故率而言,较低车速下的事故率较高,白天的事故率在约为 65mile/h(104.6km/h)的车速下达到最低,车速大于该速度以后事故率又呈增加趋势,如驾驶人在 20mile/h 的车速下的事故率约为 65mile/h 时的 100 倍。夜晚的事故率在约为 55mile/h 的车速下达到最低。在 20~60mile/h

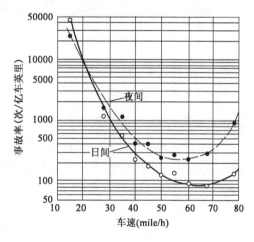

图 5-9　事故率与车速的关系

(32.2~96.6km/h)的车速范围内,夜晚事故率约为白天事故率的 2 倍。尽管该调查中车速的获取主要来源于警方的调查,特别是很多涉嫌违法的驾驶人往往在汇报时低估行驶车速,但是从 Solomon 的调查结果可以得出事故率与车速之间的关系基本呈 U 形曲线,与车速过低或者过高的行驶状况相比,相对较高车速下的行驶安全性要更好。

【例 5-2】 图 5-10 所示为事故率与车速差的关系。如果某段路上的平均车速为 50mile/h(80.5km/h),则事故发生时车速在 60mile/h(96.6km/h)的情况可记为与平均车速的偏差为 10mile/h(16.1km/h)。从图 5-10 可以看出,最低的事故率通常发生在平均车速或略高于平均车速的情况。随着车速远离平均车速,事故率明显上升。也就是说,减小车速差可以显著降低交通事故率。

追尾事故是典型的两辆车碰撞的事故类型。定义两车速度差(即车速差)为两辆相碰撞的事故车辆的速度差值。图5-11所示为两车碰撞事故中追尾碰撞与普通碰撞事故的车速差与事故发生的累计百分比的对比图。从图5-11可以看出,追尾碰撞中车速差低于20mile/h(32.2km/h)的事故占总事故数量的53%,普通事故中车速差低于20mile/h(32.2km/h)情况下的事故占事故总量的93%。当两车碰撞时的车速差超过20mile/h(32.2km/h)时,与普通事故相比,追尾事故发生时的两车速度差更大。这一结果也显示了减小车速差对降低事故率具有重要作用。

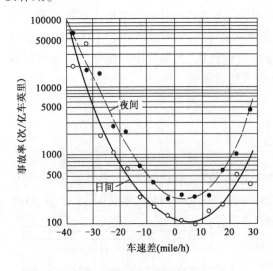

图5-10 事故率与车速差的关系

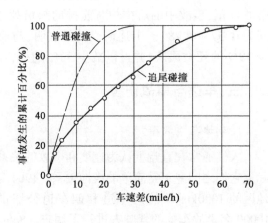

图5-11 两车碰撞事故(追尾碰撞与普通碰撞)的车速差与事故发生的累计百分比的关系

2. 车速与事故严重程度

一般认为,与较低的车速相比,中等或者更高车速下事故的严重程度较高。通常用两种方式来定义碰撞的严重程度:一个是碰撞速度的变化(ΔV),定义为车辆在碰撞过程中车辆速度的变化;另一个是车辆乘员的伤害情况。Solomon的研究报告用两种碰撞严重程度的评价指标(伤害率和财产损失率)分析了车速和事故严重程度的关系。其中,伤害率为事故中受伤人数与事故车辆数的比值,财产损失率为平均每辆事故车的财产损失。研究结果显示,事故严重程度与车速呈幂函数关系,车速越高,伤害率和财产损失率越高。图5-12所示为伤害率(每100辆事故车辆中的人员损伤数量)和财产损失率(平均每辆事故车的财产损失)与速度的关系。从图5-12可以看出,在40mile/h(64.4km/h)的车速下,每百辆事故车辆中受伤人数为31人,而在65mile/h(104.6km/h)的车速下,每百辆事故车中受伤人数为70人。财产损失与速度关系的变化趋势要略低于人员伤害与速度关系的变化趋势。

Joksch的研究表明,车辆事故中驾驶人的死亡风险与$|\Delta V|^4$相关。根据NCSS(National Accident Sampling System)的事故数据,得出死亡风险R的表达式为$R = \left(\dfrac{\Delta V}{71}\right)^4$。为了更好地揭示$\Delta V$和事故严重程度的对应关系,Elvik等分析了97篇已发表的论文,包括在特定车速下的460个伤害结果,得出幂指数随事故严重程度增大而增大的结论。Elvik等建立了用来描述速度与交通安全关系的幂指数模型。该系列模型一共有6个,可分别用来预测车速变化后的

死亡事故数量、死亡人数、死亡及严重伤害事故数量、死亡及严重伤害的乘员数量、伤害事故数量和受伤害的道路使用者数量等,事故严重程度与 ΔV 的幂指数函数关系见表 5-3。

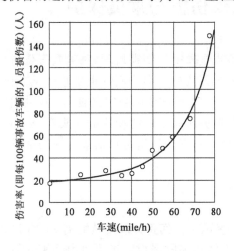
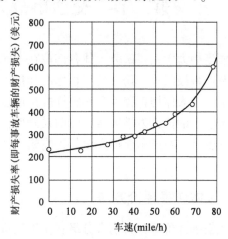

图 5-12　伤害率和财产损失率与车速的关系

事故严重程度与 ΔV 的幂指数函数关系　　表 5-3

事故严重程度	幂指数估计值	95%置信区间
乘员死亡	4.5	4.1~4.9
乘员严重伤害	3.0	2.2~3.8
乘员轻微伤害	1.5	1.0~2.0
受伤害的道路使用者(未注明严重程度)	2.7	0.9~4.5
乘员死亡事故	3.6	2.4~4.8
乘员严重伤害事故	2.4	1.1~3.3
乘员轻微伤害事故	1.2	0.1~2.3
伤害事故(未注明严重程度)	2.0	1.3~2.7
仅有财产损失的事故	1.0	0.2~1.8

以死亡事故数预测模型为例,在平均行驶速度发生改变的条件下,事故数量的变化可以表达为:

$$Y_1 = \left(\frac{V_1}{V_0}\right)^4 Y_0$$

式中：Y_1、Y_0——速度发生变化后和变化前的事故数量;

　　　V_1、V_0——变化后的速度和变化前的速度。

【例 5-3】　如果车速从 100km/h 下降到 90km/h,车速变化后的死亡事故的数量则下降到车速变化前的死亡事故数量的 65.6%。

以死亡人数预测模型为例,定义 Z_1 和 Z_0 分别为速度发生变化后和变化前的事故中的死亡人数。死亡人数的变化可以表达为 $Z_1 = \left(\frac{V_1}{V_0}\right)^4 Y_0 + \left(\frac{V_1}{V_0}\right)^8 (Z_0 - Y_0)$。例如,某道路交通系统中每年有 265 起死亡事故,在这些事故中一共有 300 人死亡,若假设平均行驶速度降低 10%,则 V_1/V_0 的值为 0.9,则计算得平均车速变化后的死亡事故数约为 174 起、死亡人数约为 189 人。可以看出,死亡事故数和死亡人数分别降低了 34% 和 37%。

第二节　交通事故人体伤害与乘员保护

碰撞生物力学主要研究人体各部位在不同形式碰撞中的伤害机理、对碰撞荷载的机械响应特性及伤害极限等。伤害的评估标准和指标是伤害流行病学研究的重要基础,被用来区别和衡量事故中人体伤害程度。伤害标准是通过一些物理参数或函数定义表示并反映引起某一程度伤害发生的伤害力学因素。目前在碰撞伤害防护研究中广泛使用的有头部、胸部和颈部伤害耐受度等。在汽车碰撞安全保护措施中,安全带和安全气囊是目前最有效的乘员约束保护装置。

一、人体伤害评价方法

人体伤害评价可分为伤害分级和伤害定量测量两类。伤害分级是从解剖学的角度评价说明受伤位置、伤害类型和相应的伤害严重程度。人体伤害的严重程度可以由伤害评估标准来表示。一般采用简略损伤定级标准 AIS(Abbreviated Injury Scale)来评估交通事故中的伤害。AIS 最早是由美国机动车医学促进协会 AAAAM(Association for the Advancement of Automotive Medicine)提出的,目前已经广泛应用于人体损伤研究和医疗急救的创伤评级当中。

AIS 共分为 7 个等级,采用从 0 到 6 的数字分级系统来评价碰撞损伤的严重程度,0 和 6 分别代表最低级别的"没有损伤"和最高级别的"无法幸存",数字越大表明对人体的威胁越大。AIS 的分级方式只是在数字上严格递增,但各等级数值之间并没有定量的对应关系,其具体的各个数字级别及所代表的损伤严重程度见表 5-4。AIS 在发展过程中有众多修订版本,近年来的版本主要有 AIS2005、AIS2008 和 AIS2015。

AIS 损伤评级标准　　　　　　　　　　　　　　表 5-4

AIS	伤害程度	致死率(%)
0	无伤(None)	0
1	轻度(Minor)	0
2	中度(Moderate)	1～2
3	较重,不危及生命(Serious)	8～10
4	重度,危及生命但可免于死亡(Severe)	5～50
5	危重,可否生存不确定(Critical)	5～50
6	极度,无法治愈(Maximum)	100

伤害定量测量是在实验室碰撞试验中,通过测定碰撞假人的动力学响应(加速度、力、位移等)计算出伤害指标,用以定量地评价人体在碰撞过程中的安全性。通常使用的如头部伤害指标(HIC)、胸部 3ms 加速度、胸部压缩量、黏性伤害指标(VC)、胫骨指标(TI)等。人体的伤害极限(耐受度)定义为人体或人体某一部位对于一个特定的伤害等级所能承受的荷载大小。美国和欧洲根据由试验假人测得的各种伤害指标出台了相应的政府法规来设定对约束系统的性能要求,加强对乘员的保护。我国也参照欧美的法规颁布了相应标准。下面对人体各部位的伤害指标与伤害限值分别予以介绍。

1. 头部伤害评价

头部伤害指标(Head Injury Criterion,HIC)是目前国际上常用的头部伤害程度评价指标。HIC 值是由头部质心合成加速度响应在一定时间内的积分得到,其计算公式为:

$$\text{HIC} = (t_1 - t_2)\left[\frac{1}{t_1 - t_2}\int_{t_2}^{t_1}a(t)\mathrm{d}t\right]^{\frac{5}{2}} \tag{5-16}$$

式中:t_1——碰撞过程中的任意时刻;

t_2——相对于 t_1,HIC 达到最大的时刻;

a——头部质心的合成加速度。

实际应用中可取 15ms 和 30ms 两种时间间隔,分别对应两种不同的头部伤害评价系数 HIC_{15} 和 HIC_{30}。简明伤害评级(AIS)规定 HIC_{15} 值超过 1000 时,表明受到三级伤害 AIS 3 以上伤害的概率为 20%。由于 HIC 评价标准只考虑了平移加速度和作用时间的影响,本身存在不足,无法准确预测旋转加速度对伤害的影响,同时也没有将碰撞方位的影响考虑在内。

头部保护标准(Head Protection Criterion,HPC)是欧盟经济委员会(ECE)制定的 R94 和 R95 法规对追尾碰撞中头部的保护提出的强制性要求。HPC 的计算公式与 HIC 的计算公式相同,但是头部伤害达到最大值的最大时间间隔只取 36ms,其在前碰撞和后碰撞中的限值都是 1000。

NHTSA 推荐的头部伤害标准见表 5-5。

不同尺寸假人的 HIC 推荐限值 表 5-5

假人类别	大尺寸男性	中尺寸男性	小尺寸女性	6 岁儿童	3 岁儿童	1 岁婴儿
HIC_{15} 限值	—	1000	—	—	—	—
HIC_{36} 限值	700	700	700	700	570	390

"3ms 标准"也是建立在韦恩阻力曲线基础上的头部伤害标准。"3ms 标准"规定当作用在头部的加速度持续时间超过 3ms 时头部加速度的限值为 $80g$,如果加速度超过 $80g$,头部将遭受较严重的伤害。

为了对头部伤害有一个比较准确的评价,必须考虑旋转加速度的影响。Newman 提出广义加速度模型(GAMBIT),该评价标准同时考虑了直线速度变化率和回转速度变化率对头部伤害的影响,其计算公式为:

$$G(t) = \left[\left(\frac{a(t)}{a_c}\right)^n + \left(\frac{\alpha(t)}{\alpha_c}\right)^m\right]^{\frac{1}{s}} \tag{5-17}$$

式中:$a(t)$、$\alpha(t)$——平移和回转加速度的瞬时值,g 和 rad/s^2;

n、m、s——经验常数;

a_c、α_c——平移和回转加速度的头部发生损害的限值。

该公式规定了头部伤害指数 G 的限值为 1。随着碰撞生物力学研究的开展,研究人员对 GAMBIT 公式进行了修正,修正后的公式为:

$$G(t) = \frac{a_m}{250} + \frac{\alpha_m}{10000} \leq 1 \tag{5-18}$$

式中,a_m 和 α_m 分别表示平移和回转加速度的瞬时值,单位分别为 g 和 rad/s^2。

2. 颈部伤害评价

NHTSA 定义 N_{ij} 为标准化的颈部轴向力(拉伸或压缩)和标准化的颈部关于枕髁的力矩的

线性组合。综合指标的"ij"是 4 种伤害机理的指数,代表颈部荷载的 4 种主要模式,即拉伸后仰 NTE、拉伸弯曲 NTF、压缩后仰 NCE、压缩弯曲 NCF。N_{ij} 的计算公式为:

$$N_{ij} = \frac{F_z}{F_{int}} + \frac{M_y}{M_{int}} \tag{5-19}$$

式中:F_z——轴向力;
F_{int}——轴向力的基准值;
M_y——弯曲-拉伸力矩;
M_{int}——弯曲-拉伸力矩的基准值。

每一时刻,F_z 和 M_y 都一定是 4 种荷载的组合之一,所以每一时刻的 N_{ij} 只能根据当时的那一种荷载组合计算。

N_{ij} 的耐受限值为 1,该值越大表示颈部伤害越严重。NHTSA 推荐的 N_{ij} 基准限值见表 5-6。

NHTSA 推荐的 N_{ij} 基准限值　　　　表 5-6

假人类别	拉伸(N)	压缩(N)	弯曲(N·m)	后仰(N·m)
CRABI 1 岁婴儿	1465	1465	43	17
HybridⅢ 3 岁儿童	2120	2120	68	27
HybridⅢ 6 岁儿童	2800	2800	93	39
HybridⅢ 小尺寸女性	3370	3370	155	62
HybridⅢ 中尺寸男性	4500	4500	310	125
HybridⅢ 大尺寸男性	5440	5440	415	166

3. 胸部伤害评价

胸部综合指标(Combined Thorax Index,CTI)是 NHTSA 提出的胸部伤害标准,该指标包含胸部的峰值加速度和最大胸部变形两部分因素。与其他指标相比,它具有更好的预测性能。CTI 的限值为 1.0,其计算公式为:

$$CTI = \frac{A_{max}}{A_{int}} + \frac{D_{max}}{D_{int}} \tag{5-20}$$

式中:A_{max}——实测最大胸部加速度;
D_{max}——实测最大胸部位移;
A_{int}、D_{int}——最大允许基准值,见表 5-7。

CTI 的胸部最大允许基准值　　　　表 5-7

假人类别	大尺寸男性	中尺寸男性	小尺寸女性	6 岁儿童	3 岁儿童	1 岁婴儿
胸部变形基准值 D_{int}(mm)	114	103	84	64	57	50
胸部加速度基准值 $A_{int}(g)$	83	90	90	90	74	57

在侧撞标准中,胸部伤害采用 SID 肋骨和脊柱的综合加速度进行评价,伤害指标为 TTI(Thoracic Trauma Index),其计算公式为:

$$TTI(d) = \frac{1}{2}(G_R + G_{LS}) \tag{5-21}$$

式中：G_R——上肋骨与下肋骨的加速度峰值较大值，g；

G_{LS}——下端脊骨加速度峰值，g。

标准要求 TTI 为 85～95，双门车可采用较高限值。

黏性伤害指标（Viscous Criterion，VC）被定义为"适用于人体躯干上任何对加载速度有敏感特性的软组织创伤的生物力学指标"。VC 值以胸腔壁的变形速率与胸腔的挤压变形率的乘积来表示，其计算公式为：

$$VC = \frac{d[D(t)]}{dt} \times \frac{D(t)}{D(0)} \tag{5-22}$$

式中：$D(t)$——沿冲击方向的躯干的瞬时压缩变形；

$D(0)$——正面碰撞时胸部的初始厚度，侧面碰撞时为躯干初始厚度的 1/2。

VC 指标虽然能够很好地揭示胸部的伤害机理，但是实际中难以准确测量胸腔的变形。因此，美国联邦安全法规 FMVSS208 规定试验假人的胸部加速度值超过 $60g$ 时，其作用时间不得超过 3ms。这就是目前广泛采用的胸部 3ms 准则。通常所说的人体胸部受伤程度的容限水平，就是指 $60g$ 和 3ms 这两个重要参量。

4. 下肢伤害评价

下肢伤害通常分 6 种：膝关节-大腿-骨盆骨折（Knee-Thigh-Hip，KTH），膝部韧带撕裂，胫骨骨节断裂，胫骨/腓骨棒断裂，跟骨、踝骨和中足骨折，脚踝、韧带伤害。

FMVSS208 法规规定第 50 百分位男性的股骨耐受限值为 10kN。结合 Mertz 的研究，在第 5 百分位、第 50 百分位和第 95 百分位 Hybrid Ⅲ 假人的股骨轴向伤害评估参考限值分别为 6.8kN、10kN 和 12.7kN。其中，式（5-23）和图 5-13 显示了损伤风险和股骨轴向力的关系（股骨部位发生 35% AIS 2+ 损伤风险的伤害）。

$$P(\text{AIS} \geq 2) = \frac{1}{1 + e^{5.795 - 0.5196F}} \tag{5-23}$$

式中：F——轴向力，kN。

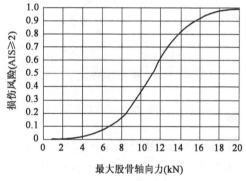

图 5-13 损伤风险和股骨轴向力的关系

胫骨的荷载极限通常用胫骨指数（Tibia Index，TI）来衡量。TI 是轴向压缩力 F_z、内翻/外翻力矩 M_x 与背屈/跖屈力矩 M_y 的合力矩 M_R 的加权组合量。$M_R = \sqrt{M_x^2 + M_y^2}$。TI 的计算公式为：

$$TI = \frac{M_R(M_x, M_y)}{M_C} + \frac{F_z}{F_C} \tag{5-24}$$

式中：M_C、F_C——基准弯曲力矩和基准轴向压缩力。

其中，M_C 和 F_C 的具体数值见表 5-8。TI 的限值为 1.3。

不同类型假人的基准弯曲力矩和基准轴向压缩力　　表 5-8

指标	第 5 百分位的女性 Hybrid Ⅲ 假人	第 50 百分位的男性 Hybrid Ⅲ 假人	第 95 百分位的男性 Hybrid Ⅲ 假人
M_C	115N·m	225N·m	307N·m
F_C	22.9kN	35.9kN	44.2kN

二、安全带与事故伤害

安全带的有效性定义为：其他因素保持不变的条件下，如果乘员从不使用安全带变为使用安全带，某种特定伤害水平（如致死率）降低的百分比。与交通事故中系有安全带的乘员相比，未系安全带的乘员易受到更为严重的伤害。因此，根据事故的严重程度来判别安全带的有效性就显得更为重要。一般来说，通常假设在使用和不使用乘员保护装置的条件下乘员损伤的概率和碰撞严重程度呈函数关系。其中，使用该函数关系的前提是需要预先设定碰撞严重程度的分布规律。如果定义 $f_N(S)$ 为在碰撞严重程度 S 的条件下未系安全带的驾驶人的死亡概率，$f_Y(S)$ 为在碰撞严重程度 S 的条件下系安全带的驾驶人的死亡概率，其中，N 和 Y 分别表示不使用安全带和使用安全带两种情况。风险比率 $R(S) = f_Y(S)/f_N(S)$，安全带的有效性计算公式为：

$$e(S) = 100[1 - R(S)] = 100 \times \left[1 - \frac{f_Y(S)}{f_N(S)}\right] \tag{5-25}$$

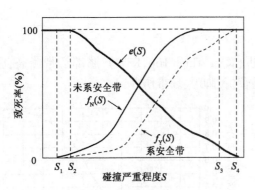

图 5-14 安全带的有效性和碰撞严重程度的关系示意图

图 5-14 所示为在乘员是否系安全带条件下安全带的有效性与碰撞严重程度的关系示意图。其中，横坐标为碰撞严重程度，用碰撞速度的变化 ΔV 表示，单位：mile/h，纵坐标为致死率，单位：百分比。从图 5-14 可以看出，在碰撞严重程度非常低的情况下（$S < S_1$），无论驾驶人是否系安全带，驾驶人都没有死亡风险。随着碰撞严重程度的增加，当达到 S_1 时，就开始有死亡事故发生。因为安全带能显著提高驾驶人的安全性，所以系安全带的驾驶人在碰撞严重程度达到 S_2 时才开始有死亡事故发生。当碰撞严重程度处于 $S_1 < S < S_2$ 时，安全带的有效性为 100%[$f_Y(S) = 0, f_N(S) > 0$]。随着碰撞严重程度的进一步增加，当达到 S_3 时，未系安全带的驾驶人的致死率达到 100%，而此时系安全带的驾驶人的致死率仍低于 100%，此时安全带的有效性为 $100[1 - f_Y(S)]$。当碰撞严重程度最终达到 S_4 时，系安全带的驾驶人的致死率也达到了 100%，因此 $f_Y(S) = f_N(S) = 100\%$，而安全带的有效性为 0。

图 5-15 所示为安全带预防死亡事故的有效性与碰撞严重程度 ΔV 的关系。图 5-16 所示为安全带预防伤亡事故的有效性与碰撞严重程度 ΔV 的关系，其中，乘员的损伤程度为 AIS ≥ 3，且包含死亡事故。图 5-15 和图 5-16 中的数据来源于 NASS（National Accident Sampling System），时间范围为 1982—1991 年。风险比 R 定义为在碰撞严重程度 ΔV 下系安全带的驾驶人死亡（损伤）概率与在碰撞严重程度 ΔV 下未系安全带的驾驶人死亡（损伤）概率之比。下面用一个算例来具体描述安全带预防死亡事故的有效性的求解。

【例 5-4】 在 $\Delta V = 32$ mile/h（51.5km/h）时，调查显示系安全带的驾驶人的死亡人数为 107 人，事故数为 2436 起，则致死率为 107/2436 = 0.04392。同样，未系安全带的驾驶人的致死率为 600/7557 = 0.07940，因此得 $R(32\text{mile/h}) = 0.553$，$e = 44.7\%$。

通常利用双重配对比较法进行特定乘员数量下的安全带有效性分析。该方法的应用条件是事故车辆中仅有前排有乘员,且至少有一个乘员死亡,驾驶人分为系安全带和未系安全带两类,而乘员则未系安全带。这样,事故数据就分成了两类:一类是系安全带的驾驶人和未系安全带的右前方乘员,称为第一类比较;另一类是未系安全带的驾驶人和未系安全带的右前方乘员,称为第二类比较。

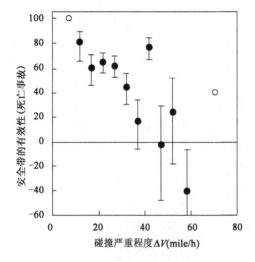

图 5-15 安全带预防死亡事故的有效性与碰撞严重程度的关系

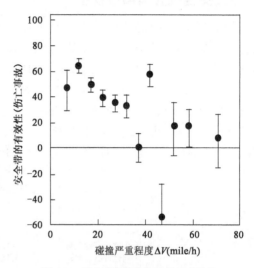

图 5-16 安全带预防伤亡事故的有效性与碰撞严重程度的关系

图 5-17 所示为驾驶人系安全带和不系安全带条件下的乘员死亡数量示意图。其中,X、O、D^*、D、P 分别表示死亡、未死亡、驾驶人(系安全带)、驾驶人(未系安全带)、右前方乘员(未系安全带);根据驾驶人系安全带条件将乘员分为两类:P_1 表示驾驶人系安全带而右前方乘员未系安全带;P_2 表示驾驶人未系安全带,右前方乘员也未系安全带。a、b、c 分别表示驾驶人(系安全带)死亡而乘员(未系安全带)生存的事故数量、驾驶人(系安全带)生存而乘员(未系安全带)死亡的事故数量、驾驶人(系安全带)和乘员(未系安全带)均发生死亡的事故数量;j、k、l 分别表示驾驶人(未系安全带)死亡而乘员(未系安全带)生存的事故数量、驾驶人(未系安全带)生存而乘员(未系安全带)死亡的事故数量、驾驶人(未系安全带)和乘员(未系安全带)均发生死亡的事故数量。需要指出的是,事故中至少有一个乘员发生死亡,因此驾驶人和乘员的组合在事故中的损伤包括三类,即驾驶人死亡和乘员未死亡($X\&O$)、驾驶人未死亡和乘员死亡($O\&X$)、驾驶人和乘员均死亡($X\&X$)。因此,对于第一类比较,d 为驾驶人(系安全带)死亡的事故总数,计算式为 $d = a + c$;e 为乘员(未系安全带)死亡的事故总数,计算式为 $e = b + c$。对于第二类比较,m 为驾驶人(未系安全带)死亡的事故总数,计算式为 $m = j + l$;n 为乘员(未系安全带)死亡的事故总数,计算式为 $n = k + l$。

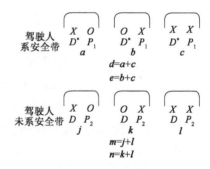

图 5-17 驾驶人系安全带和不系安全带条件下的乘员死亡数量示意图

令 r_1 为第一类比较中的系安全带的驾驶人对未系安全带的乘员的相对死亡比率,计算式为 $r_1 = d/e$。同样的,r_2 为第二类比较中的未系安全带的驾驶人对未系安全带的乘员的相对死亡比率,计算式为 $r_2 = m/n$。若两类比较中的事故严重程度的分布相同,则安全带的有效性通常可以用系安全带的驾驶人对未系安全带的驾驶人致死率的比 R 来表示,计算式为 $R = r_1/r_2 = nd/(me)$;也可以用安全带的有效性 E 来表示,计算式为 $E = 100(1-R)$。

三、安全气囊与事故伤害

为了有效估计安全带和安全气囊组合的有效性,可以考虑存在一个未系安全带驾驶着未装备有安全气囊的驾驶人群体,假设该群体的事故死亡人数为100人。当车辆装备有安全气囊或者驾驶人全部系安全带时,该群体的死亡人数将发生变化,安全气囊对降低系安全带的驾驶人的死亡风险的计算方式如图5-18所示。从图5-18可以看出,在未系安全带的条件下,装备安全气囊可以减少12%的死亡人数;与未系安全带的条件相比,驾驶人都使用安全带(车辆未装备安全气囊)可以减少42%的死亡人数,而在使用安全带的基础上,车辆装备安全气囊可以减少5%的死亡人数,同时,驾驶人的死亡风险降低9%。

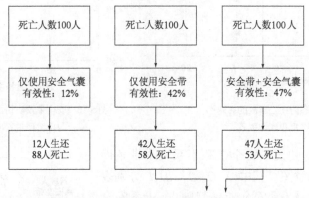

图5-18 安全气囊对降低系安全带的驾驶人的死亡风险的计算方式示意图

NHTSA利用1986—1996年的FARS数据,比较了装备有安全气囊的轿车及轻型货车和没有装备安全气囊的同类型车辆的前排乘员的死亡风险。调查数据显示:在驾驶人仅系安全带(车辆未装备安全气囊)的条件下,驾驶人的死亡人数为2516人,右前的乘员的死亡人数为2715人;在安全带与安全气囊组合条件下,驾驶人的死亡人数为1313人,右前的乘员的死亡人数为1567人。因此,可以得出驾驶人仅系安全带(车辆未装备安全气囊)和安全带与安全气囊组合条件下驾驶人相对右前乘员的风险比率分别为0.927和0.838,与仅系有安全带条件相比,安全带与安全气囊组合条件下的死亡风险降低10%。

针对不同的碰撞类型,调查数据显示:在驾驶人仅系安全带(车辆未装备安全气囊)的条件下,正面碰撞的死亡人数为3422人,非正面碰撞的死亡人数为1841人;在安全带与安全气囊组合条件下,正面碰撞的死亡人数为1691人,非正面碰撞的死亡人数为1121人。因此,可以得出驾驶人仅系安全带(车辆未装备安全气囊)和安全带与安全气囊组合条件下正面碰撞相对非正面碰撞的风险比率分别为1.859和1.508;与仅系有安全带条件相比,安全带与安全气囊组合下正面碰撞相对非正面碰撞的风险比率为81%,则有效性为19%。若假定装备安全气囊对非正面碰撞事故类型没有影响,则总的死亡风险降低至19%与3422/(3422+1841)的乘积,最终结果为12%。考虑两种分析方法的结果,取两个死亡风险的均值作为最终结果,则认为安全气囊可以降低11%的死亡风险。

很多学者对乘员保护装置的有效性开展了研究,各种乘员保护装置的有效性见表 5-9。

各种乘员保护装置的有效性 表 5-9

车辆类型	乘员类型	乘员保护装置	有效性
轿车	驾驶人	三点式安全带	(42±4)%
	驾驶人	安全带+安全气囊	(47±4)%
	驾驶人	仅前安全气囊	(12±3)%
	右前方乘员	三点式安全带	(39±4)%
	外侧后方乘员	两点式安全带	(18±9)%
轻型货车	驾驶人	三点式安全带	60%
摩托车	驾驶人或乘员	头盔	(28±8)%

第三节 汽车主动安全技术

主动安全技术是指通过预先的防范,避免事故发生的技术。从对车辆事故进行的统计分析中发现,作为车辆安全中不可缺少的一部分,被动安全系统的效能似乎已经到了发展的极限。随着时间的推移,借助电子系统和主动安全系统,车辆安全系统有了进一步的发展。汽车的主动安全性因其防患于未然,日渐受到汽车厂商和消费者的重视,越来越多的先进技术也被应用到汽车主动安全装置的设计上。在降低交通事故伤害方面,主动安全系统与被动安全系统不同,它旨在预防事故的发生,并且在事故无法避免时尽量减小伤害。常用的汽车主动安全系统主要包括:汽车驱动防滑系统、汽车电子稳定系统、汽车主动避撞系统、车道偏离警告系统、自适应巡航控制系统、预碰撞安全系统等。

一、汽车驱动防滑系统(ASR)

汽车驱动防滑系统(Acceleration Slip Regulation,ASR)或称牵引力控制系统(Traction Control System,TCS),是根据车辆行驶行为,运用数学算法和控制逻辑使车辆驱动轮在恶劣路面或复杂输入条件下产生最佳纵向驱动力的主动安全系统。ASR 是伴随着汽车制动防抱死系统(ABS)的产品化而发展起来的,ASR 的 ECU 根据传感器的输入信号来识别和判断汽车的行驶状况。当发现汽车驱动轮的滑转率超出相应的限值时,ASR 将对执行机构发出相应的控制调节指令。其执行机构通常分为发动机节气门调节机构和驱动轮制动压力调节装置两部分。

二、汽车电子稳定系统(ESP)

汽车电子稳定系统(Electronic Stability Program,ESP)是通过实时调整车辆的运行状态,使车辆能够按照驾驶人的意图行驶,并防止车辆失稳的汽车主动安全装置。汽车在受侧向风作用和转向时,侧向力常常接近附着极限或达到饱和状态,使车辆的转向特性发生明显改变,从而出现侧滑、激转或转向反应迟钝等丧失稳定性的危险情况。ESP 可以调节车轮纵向力大小及匹配使车辆在转向时或受侧向风作用时具有良好的操纵性和稳定性。ESP 由传感器、ECU

和执行器组成，在电脑实时监控汽车运行状态的前提下，对发动机及制动系统进行干预和调控。

三、汽车主动避撞系统

汽车主动避撞系统利用现代信息技术、传感技术来扩展驾驶人的感知能力。感知技术获取的外界信息（如车速、行人或其他障碍物距离等）传递给驾驶人，同时在路况与车况的综合信息中辨识是否构成安全隐患，并在紧急情况下，自动采取措施控制汽车，使汽车能主动避开危险，保证车辆安全行驶，从而减少交通事故，提高交通安全性。

汽车主动避撞系统由环境识别子系统、状态判断子系统、控制执行子系统组成。环境识别子系统的主要作用是通过传感器技术实时对车辆运行参数进行检测，以获取准确、可靠的行车信息；状态判断子系统的主要作用是利用多传感器信息，根据安全状态判断逻辑进行车辆安全状态的判断，并根据判断结果对控制执行子系统发出指令；控制执行子系统的主要作用是接受状态判断子系统的判断结果，在危险状态下发出警报，如果驾驶人在一定时间内未作出任何反应，则按系统的控制模型自动完成被控目标所要求达到的状态，当碰撞无法避免时，则调用相关的被动安全措施。

四、车道偏离警告系统（LDW）

车道偏离警告系统（Lane Departure Warning，LDW）是一种通过报警的方式辅助驾驶人减少汽车因车道偏离而发生交通事故的系统。绝大部分的车道偏离警告系统将车辆在车道内的横向位置作为计算警告发生与否的一个基础。基于机器视觉的车道偏离预警系统大都依赖机器视觉获取的道路图像中车道标识线信息，根据一定的先验知识，通过合适的转换确定自身车辆在车道中的位置和方向信息，然后根据假定的预警模型确定在当前状态下是否有必要触发警告。在弯道较多的公路上，驾驶人时而会驶过车道线，或者在狭窄的道路上发生一个车轮接触到车道线的情况。此外，在超车或者变换车道时，驾驶人通常不会打开转向灯或者只是短暂开启转向灯。上述情况中，系统会发出警告信息对驾驶人产生干扰，甚至促使驾驶人关闭系统。因此，需要通过驾驶意图识别系统来抑制这类警告。

五、车道保持辅助系统（LKS）

车道保持辅助系统（Lane Keeping assistance System，LKS）是车道偏离警告系统的进一步功能扩展。该系统监控车辆与行车道中央的相对位置，主动辅助驾驶人保持在车道内行驶。目前使用的系统的应用范围主要是带有可见车道标识线和笔直以及长弯道的公路。驾驶人通过大多数位于转向盘或转向盘附近的操作单元激活该系统。如果驾驶人开启了转向灯，则LKS关闭；如果在无转向灯的情况下车辆即将偏离车道，则除发出触觉提示外，还会发出附加的视觉和声音报警。LKS通常由车道识别、控制策略、人机接口和执行机构组成。

六、自适应巡航控制系统（ACC）

自适应巡航控制系统（Adaptive Cruise Control，ACC）是一种根据交通状况进行自适应的车速调节系统。ACC是在传统的巡航控制技术基础上发展起来的，因此既具有定速巡航的能力，又具有应用车载传感器信息自动调整车辆行驶速度、保持本车与前行车辆安全间距的功能。基本的 ACC 系统由传感器单元、ACC 控制器、执行机构和人机界面构成。传感器单元用于感知本车状态及行车环境等信息；ACC 控制器用于对行车信息进行处理，确定车辆的控制命令；执行机构主要由制动踏板、加速踏板及车辆传动系控制执行器等组成，用于实现车辆加、减速；人机界面用于驾驶人设定系统参数及系统状态的显示等。ACC 降低了驾驶人的工作负担，大大提高了汽车的主动安全性，扩大了巡航行驶的范围。

七、换道辅助系统

通过对相邻车道，尤其是对车后方区域的持续监控，换道辅助系统为驾驶人在超车和换道过程中提供声音视觉支持警示，从而提高了车辆的主动安全性。ISO 标准 17387"车道变换决策辅助系统"，根据环境传感器监控的区域对系统进行分类：Ⅰ型仅针对处于盲区的车辆进行报警，监控区域包括左侧和右侧盲区；Ⅱ型针对从斜后方接近的车辆进行报警，监控区域包括左侧和右侧的接近区域；Ⅲ型针对变换车道的情况进行报警，监控区域包括左右侧盲区和左右侧的接近区域。此外，Ⅱ型和Ⅲ型系统还可根据后面行驶来的目标车辆的最大相对速度和最小允许转弯半径进行分为 A 类、B 类、C 类。对应的后方来车的最大相对速度分别为 10m/s、15m/s 和 20m/s，最小转弯半径分别为 125m、250m 和 500m。

对于换道辅助系统，不同的汽车制造商有着不同的名称，如沃尔沃汽车命名为盲点信息系统（BLind spot Information System，BLIS），奥迪汽车命名为"奥迪侧向辅助系统"，奔驰汽车命名为"盲点辅助系统"等。所有的汽车制造商都首选用车外后视镜附件的指示灯向驾驶人发出视觉信息。指示灯的安装位置一般位于 A 柱、车外后视镜的镜面玻璃和车外后视镜的壳体中。此外，几乎所有的汽车制造商指出，换道辅助系统只是一个辅助工具，并不一定会识别出所有车辆，更不能代替驾驶人的注意力。

八、疲劳监测系统

驾驶疲劳产生的瞌睡是道路事故的一大诱发因素。根据美国汽车协会基金会（American Automobile Association Foundation，AAAF)统计，接近 16.5% 的致死事故是由于驾驶人瞌睡引起的。主动安全系统研究的一个领域，就是通过瞌睡检测和注意力检测辅助技术来减少与瞌睡有关的交通事故。

大众汽车装备的疲劳监测系统被称为"疲劳识别系统"。系统将驾驶人注意力集中程度作为衡量驾驶人驾驶状态的重要考虑因素。它从驾驶开始时便对驾驶人的操作行为进行记录，并能够通过识别长途旅行中驾驶操作的变化，对驾驶人的疲劳程度进行判断。驾驶人转向操作频率变低，并伴随轻微但急骤的转向动作以保持行驶方向，是驾驶精力不集中的典型表现。根据以上动作的出现频率，并综合诸如旅途长度、转向灯使用情况、驾驶时间等其他参数，系统对驾驶人的疲劳程度进行计算和鉴别，如果计算结果超过某一定值，系统会提示驾驶人需要休息。

奔驰汽车装备的疲劳监测系统被称为"注意力辅助系统"。这套系统会不断侦测驾驶人的行车方式。车载传感器在 80～180km/h 车速范围内检测纵向和横向加速度的转向盘和踏板传感器，系统若感知到驾驶人正在疲劳驾驶，则提示驾驶人应当适当休息。

沃尔沃汽车装备的疲劳监测系统被称为"驾驶人安全警告系统（DAC）"。该系统在车辆进入容易使驾驶人进入放松状态的笔直、平坦的道路，容易使驾驶人分神和打盹的环境，以及当车速超过 65km/h 时,均会被激活。驾驶人安全警告系统由一个摄像头、若干传感器和一个控制单元组成。DAC 可把驾驶人异常行驶状况和正常驾驶风格进行对比,如果检测到驾驶人的驾驶行为有疲态或分心的迹象出现,评估的结果是高风险时,即通过声音信号向驾驶人发出警示信息。

九、预碰撞安全系统

预碰撞安全系统是将一个毫米波雷达与几个传感器组合起来,提前预测出可能发生的碰撞并且提前启动各种安全系统,降低碰撞造成的伤害。以丰田汽车开发的预碰撞安全系统为例,该系统包括一个预碰撞座椅安全带,当要发生碰撞时座椅电机控制安全带往回收缩,加强安全带对乘员的约束力,同时预碰撞制动开始施加制动力,即使驾驶人没有踩下制动踏板,预碰撞制动也施加制动力。系统由预碰撞传感器和 4 个降低碰撞受伤系统组成,包括预碰撞座椅安全带、预碰撞制动、预碰撞辅助制动和悬架控制。降低碰撞伤害系统根据预碰撞安全系统划分的三个等级发挥作用。当系统判断到可能发生碰撞时,系统给出碰撞预警信息(蜂鸣、仪表显示);当系统判断到极大可能发生碰撞时,系统的悬架控制和辅助制动助力发挥作用;当系统判断碰撞不可避免时,座椅安全带回缩和施加制动发挥作用。

十、协同式安全技术

基于无线通信技术的汽车安全应用初步开发成果是车车(Vehicle to Vehicle,V2V)通信技术和车路(Vehicle to Infrastructure,V2I)通信技术。这类技术能够为车辆提供高质量的数据信息,可以用来提升车辆的主动安全性能。车联网系统的应用可以分为以下几类:硬安全(Hard Safety)、软安全(Soft Safety)、机动性和便利性的应用。

(1)硬安全应用

硬安全的作用是避免即将发生的碰撞,以及在碰撞无法避免时尽量减少伤害,比如紧急制动灯(Emergency Electronic Brake Light,EEBL)和交叉口运动辅助系统(Intersection Movement Assist,IMA)。当车辆采取制动时,该车的 EEBL 将这一消息发送给邻近车辆,当与制动车辆之间有障碍物时,这一应用十分有效。当车流在路口形成交叉时,目标车辆一般只有当其与驾驶人(或传统的主动感应器摄像头等)距离较近时才能被发现,因而无法避免碰撞,这是一种十分危险的交通状况。当 IMA 检测到车辆即将进入一个碰撞事故多发的不安全路口时,会向驾驶人发出警示。

(2)软安全应用

相比硬安全应用,软安全应用在对时间的要求上并不太严格,如针对天气、道路、交通状况以及其他的危险行驶条件等对驾驶人作出警示。这些行驶条件一般包括道路结冰、前方即将通过建筑区、能见度降低、路面凹坑和交通堵塞等。软安全应用能够提高驾驶的安全性,但一般情况下危险不会马上发生,因此不需要驾驶人立刻采取行动。对于软安全应用的警示,驾驶人一般可以采取谨慎驾驶或改行其他路线的方式来避免危险状况的发生。

(3)通行效率提升和便利性应用

通行效率提升应用是指能够改善交通流状况的应用,如导航、交通诱导、交通信息服务、交通辅助和交通协调等。便利性应用能够使驾驶过程更愉快,并可以向驾驶人和乘员提供便利的服务,如兴趣点通知、电子邮件、社交网络、影音下载和应用更新等。

第四节　汽车被动安全技术

汽车被动安全技术按伤害减轻和灾害抑制可分为事故不可避免发生时伤害减轻安全技术和事故不可避免发生后灾害抑制安全技术，即防止灾害扩大安全技术。其中，事故不可避免发生时伤害减轻安全技术包括吸能车体（身）、安全带、安全气囊、安全座椅、行人保护等。事故不可避免发生后灾害抑制安全技术包括减轻二次冲击、阻燃构件、自动灭火、自动报警、安全车锁、汽车行驶记录仪等。典型被动安全技术应用在安全车身、安全带系统、安全气囊系统上等。

一、安全车身

汽车（轿车）安全车身主要包括前后部碰撞变形区和中部高强度乘员舱。对前后部碰撞变形区的基本要求是应具有柔软的吸能区，以便当碰撞发生时能吸收较多能量。在正面碰撞中，车身前后部碰撞变形吸能区的变形越大，吸收的碰撞能量就越多，传到乘员舱中的撞击力也就越小，二次碰撞的能量就越小。同时，车身采用高强度乘员舱，可有效增强碰撞后乘员舱的变形强度，减轻或避免乘员因乘员舱空间变形受到挤压，从而降低乘员受伤的危险。特别是在遭受侧面碰撞时，车门的抗冲击能力和乘员舱的整体框架强度就成为保护乘员安全的重要条件。

此外，车身材料的选用及其配置状况对其安全性同样起着非常重要的作用。安全车身结构可通过使用普通、高强度、超高、特高等不同强度的钢梁将车身的骨架分成前部、中部、后部等多个不同变形吸能区域。对于乘员舱，通过使用超高强度钢，保证其强度，并在侧面增加特高强度的加强筋，将侧面碰撞力有效转移到车身中具有保护作用的梁、柱、地板、车顶及其他部件上，使撞击力被这些部件分散并吸收，从而最大限度地把可能造成的损害降低到最小。

对于安全车身而言，在关注前后部碰撞变形区和中部高强度乘员舱相关性能的同时，碰撞发生时车身变形的方向性选择、碰撞后车门能否顺利打开、碰撞能量吸收机构的吸能效果等对于保护车内乘员同样具有重要意义。

车身外部防撞装置包括前保险杠、后保险杠、侧围保险杠、救护网、减轻撞击行人的弹性装置、吸能车架结构、翻车保护装置等。保险杠是安装在汽车前后部防止轻度碰撞时损坏汽车的部件。前保险杠系统的主要作用是保证汽车在低速（车速8km/h）条件下发生碰撞时能够对行人起到保护作用，且车身不受损和车内乘员不受到伤害，而在较高车速条件下通过自身的损坏失效吸收碰撞能量。前保险杠目前普遍采用吸能式结构。吸能车架结构主要利用车架的变形吸收碰撞能量，以保证乘员必要的生存空间。

二、安全带系统

汽车座椅安全带是将乘员的身体约束在座椅上，在汽车发生碰撞时，防止乘员身体冲出座椅而与转向盘、仪表板等车内部件发生二次碰撞，从而使乘员伤亡降到最低限度的安全装置。安全带是目前最有效的乘员约束保护装置，其单独作用时可以减少42%左右的乘员死亡率。国外对交通事故情况的调查分析表明，使用安全带在减少交通事故的死亡人数和减轻乘员的伤害程度两方面效果明显。

安全带的工作机理：当碰撞发生时，感应装置触发安全带的锁止机构，安全带被锁紧，从而织带不能自由地从卷收器中抽出,乘员因此被"束缚"在座椅上,于是乘员的头部、胸部不至于在车体巨大的减速度冲击下向前撞到转向盘、仪表板及风窗玻璃上,避免二次碰撞危险的发生。安全带的作用也可避免乘员在车辆发生滚翻事故时被抛离座椅。

安全带系统一般由织带、卷收器、带扣和长度调整机构组成,现代先进的安全带系统还采用预紧器和锁紧装置。安全带按照使用的主动性,可以分为主动型安全带及被动型安全带两类。主动型安全带是指需要人工锁扣及解扣的安全带,需要乘员的主动操作才能起作用;被动型安全带是指车门关闭或开启后自动锁扣或解扣的安全带,不需要乘员动作,但结构较复杂。安全带按照固定方式,大致可以分为三类:两点式安全带、三点式安全带和全背式安全带。

三、安全气囊系统

汽车安全气囊作为一种乘员辅助约束系统,主要用来防止乘员在碰撞事故中与车体内饰件发生二次碰撞。安全气囊研究的核心问题是它在充泄气过程中如何使乘员获得最佳保护,其在汽车被动安全性保护方面的作用是明显的。许多测试项目和实践表明,安全气囊的保护作用十分显著,它能够在汽车碰撞时大大减轻乘员受到的伤害,其单独使用可减少约18%的死亡率,而与安全带配合使用时则可以减少约47%的死亡率。

安全气囊的基本设计理念:在发生一次碰撞后、二次碰撞前,迅速在乘员和汽车内部结构之间打开一个充满气体的袋子,让乘员扑在气囊上。通过气囊的排气节流阻尼吸收乘员的动能,使猛烈的二次碰撞得以缓冲,以达到保护乘员的目的。其工作原理:在汽车发生碰撞事故时,传感器感受汽车的碰撞强度,电子系统接收并处理传感器的信号。当经电子控制系统计算分析比较判断有必要打开气袋时,立即由触发装置发出点火信号触发气体发生器,气体发生器收到信号后迅速产生大量气体并充满气袋,使得乘员与一个较柔软的吸能缓冲物件相接触,而不是与汽车的内饰件猛烈碰撞。当人体与气袋接触时,通过气袋的排气孔节流阻尼来吸收碰撞的能量,从而达到尽量降低碰撞程度、保护乘员的目的。

汽车安全气囊系统主要由控制装置、气体发生器和气袋组成。其中,控制装置又包括传感器、电子控制系统及触发装置。汽车上的安全气囊总成还包括安装安全气囊系统的转向盘、仪表盘部分以及用于传导的导线系统等。

四、安全座椅系统

汽车座椅安全性的研究主要集中在汽车尾部碰撞的乘员保护以及头枕和座椅靠背后部冲击能量的吸收等方面。座椅的安全性是指汽车座椅在事故发生时能最大限度地减少对驾驶人及乘员造成伤害的能力。座椅是在被动保护中起重要作用的安全部件。首先,在事故中它要保证乘员处在自身的生存空间之内,并防止其他车载体进入这个空间;其次,要使乘员在事故发生过程中保持一定的姿态,以使其他的约束系统能充分发挥其保护作用。除具有防止事故发生的功能外,座椅还应具有在乘员与其发生碰撞时使乘员的伤害减轻到最低的性能,即应能够吸收乘员与之碰撞时的能量。安全座椅系统的性能要求主要有体压分布要求、振动特性要求、刚度和强度要求。从座椅的安全性能考虑,其结构可分为座椅骨架、靠背、头枕、调节装置、座椅总成与车身相连接的固定部件。

汽车儿童安全座椅主要有婴儿型、婴幼儿型、全能型和增高型座椅。当在车辆上放置儿童专用座椅时,一般都使用增高型座椅。增高型座椅是通过垫高儿童乘员的坐姿高度来改善座椅安全带在儿童乘员身体上的定位,从而改善三点式成人座椅安全带和儿童乘员之间的兼容性。使用增高型座椅使安全带的腰带部分能够定位在儿童的大腿上,降低了儿童腹部和腰部相互作用的可能性。安全带的肩带部分可以合适地定位在儿童的肩部和胸部,避免碰撞中因为儿童系安全带高度不够而发生勒住脖子的现象。

五、吸能式转向系统

吸能式转向系统是汽车乘员约束系统的构成要素之一。在汽车发生正碰时,驾驶人在惯性力的作用下有冲向转向盘的运动。吸能式转向系统的作用主要是吸收如下两部分的能量:第一部分的运动能量应通过转向机构以机械的方式予以吸收,防止或者减少其直接作用于驾驶人身上,造成人体伤害;第二部分的运动能量一部分由安全带、安全气囊吸收,另一部分传递给转向盘和转向柱系统。

典型的吸能式转向系统包括脱开式、套筒式和网孔式三种。对于脱开式转向系统,转向轴分为上下两段,用脱开安全结连接。在汽车发生碰撞时,前部变形达到一定程度后可以在安全结处脱开,车身前部碰撞的运动以及由此产生的力和位移就无法进一步传递给转向轴上半段和转向盘,避免转向机构对乘员空间的较大侵入。但转向系统在安全结脱开后失去转向能力,这是比较危险的。对应套筒式转向系统,系统装有可伸缩中间轴,碰撞发生时用于阻断车身前部在碰撞时通过转向机向乘员传递的运动、力和位移,同时管柱与车身的连接点靠注塑销连接,在作用力达到一定程度后可以剪断,转向管柱与车身分离,使压缩管柱可以充分被自由压缩。对于网孔式转向系统,包括有可剪断中间轴。该轴分为两段,之间用注塑销连接,两个孔是注塑销的位置,注塑销剪断后,中间轴的上下部分可伸缩,阻断车身前部在碰撞时通过转向机向乘员侧传递的力和位移,同时管柱与车身的连接点也为注塑销,在一定力作用下可发生剪断,使得转向管柱与车身分离,压缩管柱发挥作用。

【复习思考题】

1. 简述基于碰撞刚度的车速推算方法。
2. 简述基于能量网格图的车速推算方法。
3. 如何通过六点测量法计算汽车变形区域的平均变形量?
4. 汽车的乘坐位置和事故伤害有怎样的关系?如何利用比较相对指标来比较不同乘坐位置的事故伤害程度。
5. 简述车速和碰撞严重程度的关系。
6. 交通事故人体伤害的评价指标有哪些?
7. 如何利用双重配对比较法分析安全带的使用有效性?
8. 在使用和不使用安全带的条件下,乘员损伤和碰撞严重程度之间有怎样的关系?
9. 如何计算安全气囊对降低系安全带的驾驶人的死亡风险?
10. 主动安全技术与被动安全技术的区别是什么?分别列举3~5个主动安全技术装置和2~4个被动安全技术装置,并简述其工作原理。

第六章
路与交通安全

交通系统由人、车、道路、环境组成。在"人-车-路"组成的动态交通系统中,"人"是中心,"路"是基础,"车"是纽带,三者在交通系统中的作用都很重要。但是在交通事故分析中经常将事故归咎于"人为造成"。许多国家的公众舆论与交通管理机构的官方统计都简单地认为,事故的根本原因是驾驶人的粗心和错误以及机动车的机械问题,而忽视了"路"在交通事故中的作用。道路交通条件是道路交通的基础和车辆行驶的根本条件,在事故的发生过程中起着不可忽视的作用,许多事故本可以不发生,但由于道路因素的作用使事故发生,交通事故的"事故多发地段的非移动"特性反映了道路对事故的影响。因此,为了客观分析交通各个要素对交通安全的影响,从而有的放矢地制订安全措施,提高行车安全性,必须详细深入分析道路交通条件因素。

第一节 从使用者的角度认识道路条件对安全的影响

交通事故统计分析揭示了人为因素对道路系统设计的重要性。有将近44%的死亡事故是由于驾驶人失误造成的。但驾驶人感知错误、反应迟缓、决策失误问题往往与驾驶人在行车过程中的能力与需求的不协调有关。从驾驶人的角度去考虑道路的设计,有利于提升交通安全水平。

一、道路设计还未能充分考虑使用者的特性

道路设计虽然积累了很多实践经验,也形成了不少设计规范,但在考虑使用者行为特性方面,依然还存在以下不足:

(1)还没有对道路使用者行为特性进行充分评估的经验或成形的方法。
(2)使用的数据老旧,不能代表当前环境下驾驶人的行为特性。
(3)关于驾驶人感知和行为的模型过于简单。
(4)一些道路设计对道路使用者的能力及其局限性的考虑欠缺。
(5)对当前的通信技术、车辆特征、道路特征、路侧环境、交通控制或交通运行特性的变化缺乏考虑。
(6)未能反映某些道路使用者的特殊需要,例如老年驾驶人、视障行人、行动不便的行人、重型货车驾驶人和低速替代运输设备的使用者。
(7)未充分解决重要道路使用者特征相关的需求冲突。
(8)未解决道路设计特征参数组合设计对道路使用者行为和安全的影响。

二、把道路使用者作为交通系统设计的一部分

人、车、路是交通系统的主要组成部分,如图6-1所示。为了使交通系统高效安全地运行,这些组成部分必须作为整体一起工作。由于人、车、路参数变化范围较大,给交通安全运行带来了很大的难度。道路上使用的车辆在重量、尺寸和性能方面差别很大,可能是小型或轻型汽车,也可能是大型或重型卡车。道路使用者包括客车和货车的驾驶人、行人、摩托车和自行车使用者。另外,道路的使用者也可能会有一定程度的生理残疾。为保障道路交通的安全高效,必须整体考虑人、车、路及其相关的交通管控的需求和制约因素。道路交通的设计者必须知道其设计所产生的影响。

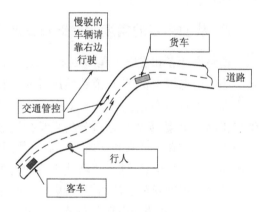

图6-1 交通系统的组成示例

在参与交通的过程中,不能期望交通参与者的行为不出现差错来解决交通安全问题。道路交通设计方案必须将人的因素考虑进去,在全面认识所有道路使用者需求和局限性的基础上,通过良好的道路交通设计方案来减少交通参与者的失误或失误带来的损失。

三、道路环境对使用者信息获取过程的影响

在各种交通条件下,道路使用者不断搜索信息来进行路径规划、轨迹规划和运动控制等决策行为。路径规划主要是出行者确定其OD(起讫点)之间的路线选择;轨迹规划相对更为微观,主要是行驶过程中的车道选择;运动控制是为了实现轨迹规划采取的速度、转向等控制。

道路使用者在出行过程中的信息搜索过程是随环境而变化的,有时简单,有时复杂。使用者不断扫视道路环境,获取特定位置和时间所需的最重要的信息(Most Meaningful Information, MMI)。道路使用者在扫描环境时需要考虑有无潜在的危险。道路使用者通常比较注重纵向和横向的潜在危险,如其他车辆、行人、动物或其他规划轨迹附近的物体。道路使用者不断通过扫视驾驶车辆前方、后方和侧面的道路环境,获取需要的信息。

对道路环境的扫视速度不是恒定的,受道路环境影响(如几何设计、车辆速度、横断面要素、交通量、天气、混行情况、行人、驾驶经验、交通控制等因素)。如果未觉察到环境中的危险行为,道路使用者可能将时间花在欣赏风景上,导致扫视速度较慢。扫视速度也会因为道路环境复杂而增加。

道路使用者在短时间内只能接收和处理有限数量的信息。面对环境越复杂、冲突任务越多,其选择的响应时间就越长,但具体的时间因人而异。对于意外情况,有些驾驶人需要长达2.7s的反应时间。因此,道路设计师和交通工程师必须根据道路使用者的扫视特性和反应能力进行规划和道路环境设计。道路设计者和交通工程师一般根据速度—距离准则(如停车距离、超车距离、交叉口视距等)来设计道路元素和交通控制设施。

自我诠释的道路能够让使用者快速获取道路交通环境信息,并通过道路本身引导使用者做出正确的行为选择。自我诠释的道路交通设计思路已经提出很多年,但不幸的是,目前的许多道路都不具备自我诠释功能。不具备自我诠释功能的道路增加了延迟、降低了通行效率和安全性。

四、从使用者的角度考虑道路交通工程设计

道路设计者和交通工程师要充当虚拟的道路使用者,从道路使用者的角度去考虑道路上每一小段信息搜索要素,从道路使用者的经验出发去设计道路和交通设施。

驾驶人90%的信息来源于视觉。只有视觉信息完整而准确,并且不易混淆,驾驶人才能做出正确的决策,所以要通过分析视觉扫视数据来推断道路几何设计要素,对使用者驾驶决策十分重要。道路设计师和交通工程师应共同确定几何设计和交通管控要素,明确潜在的冲突和可能的误导性信息,这对道路使用者的驾驶决策至关重要。

道路系统的安全设计,需要考虑以下问题:
(1)道路使用者对基础设施无意识状态下的使用;
(2)交通设计与交通控制不一致性和不协调性;
(3)速度差异大;
(4)驾驶行为的不确定性。
具有良好自我诠释能力的道路设计应满足以下要求:
(1)不同的交通量需求;
(2)不同的运行速度;
(3)可达性需求。
具有良好自我诠释能力的道路设计具有以下特征:
(1)交通环境应让道路使用者很方便地做出决策;
(2)通过视觉信息和醒目的对象,使得道路环境符合道路使用者的预期;

(3)符合直觉特性且显而易见的驾驶环境。

为了系统安全,道路设计师和交通工程师要作为虚拟道路使用者,将自己置于使用者的队伍中,考虑道路使用者在白天和黑夜条件下所需的重要信息。道路设计师和交通工程师应遵循的原则包括:

(1)道路设计师和交通工程师应将使用者的安全放在首位,必须共同制订交通系统的设计目标。

(2)道路设计师和交通工程师必须共同开发、审查和批准每个项目的设计和运营。这些设计应该具备自我诠释能力,为使用者提供安全出行保障。

(3)无论项目是新建、升级还是维护,道路设计师和交通工程师都必须联合监督。如果个别参数、组合参数或控制功能有问题,必须在道路开通前予以解决。

第二节　道路线形与交通安全

道路线形是道路的骨架,它控制着整条道路的路线、桥涵、交叉口等构造物的规模和投资。同时,对车辆行驶的安全和通行能力起着决定性作用。道路线形是指用三轴正投影方法来表示道路中心线的几何形状而得到的一条三维空间曲线。道路线形要素的构成不合理以及线形组合的不协调,对道路交通安全有重要的影响。

一、道路线形

道路线形是指道路在空间的几何形状和尺寸,简称路线。常用路线用平面线形、纵断面线形和道路横断面来表示。

1. 平面线形

平面线形是指道路中线在水平面上的投影形状,主要包括直线、圆曲线和缓和曲线三种线形(图6-2)。

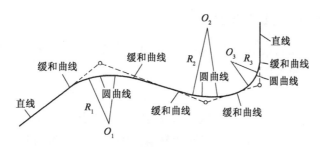

图6-2　平面线形的组成

2. 纵断面线形

道路纵断面线形是指道路中线在垂直水平面方向上的投影,它反映道路竖向的走向、高程、纵坡的大小,即道路起伏情况,包括道路纵坡和竖曲线(图6-3)。

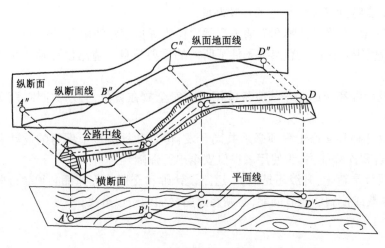

图 6-3　道路纵断面线形

3. 道路横断面

道路横断面是指垂直于道路中心线方向的断面。公路与城市道路横断面的组成有所不同。公路横断面的主要组成有：车行道（路面）、路肩、边沟、边坡、绿化带、分隔带、挡土墙等；城市道路横断面的组成有：车行道（路面）、人行道、路缘石、绿化带、分隔带等。在高路堤和深路堑的路段，还包括挡土墙。图 6-4 所示为高速公路分离复合式断面形式示意图，见《公路路线设计规范》（JTG D20—2017）。

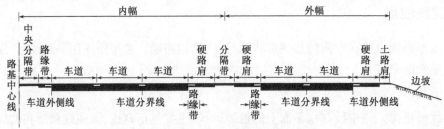

图 6-4　高速公路分离复合式断面形式（右幅断面）

二、道路平面线形与交通安全

国内外的研究均表明直线的长度、曲线半径、曲线的转角，以及相邻曲线间的曲率变化程度等是影响交通安全的重要因素。

1. 直线路段

直线是道路几何线性的主要组成部分。长期以来，人们都误以为直线是最安全、方便的空间方位转换途径，直线对驾驶人各方面要求也较低。但是经过研究发现直线过长或者过短对公路安全存在一定的隐患。在公路平面线形中，圆曲线间直线过短，会造成线形组合生硬、视觉上不连续等问题；而车辆在过长的公路直线段上行驶，易使驾驶人因单调而反应迟钝，产生疲劳，当紧急情况发生时，会因措手不及而发生交通事故。同时，在公路长直线上行车车速容易快，致使驾驶人在进入直线与曲线连接路段时，速度来不及减慢，往往导致车辆倾覆或其他类型的交通事故。

短直线对公路安全的影响主要表现为：公路同向曲线间插入短直线的情况下，驾驶人容易产生把直线和两端曲线看成反向弯曲的错觉,导致驾驶人失误;公路反向曲线之间插入短直线时,不利于设置超高、加宽,不能实现反向变化的连续平稳过渡,对安全行车影响很大。

直线的长度不宜过长。各国从经验出发,规定了最大直线长度。日本和德国的规范规定直线长度不得超过 20 倍设计速度的值;美国规定最大直线长度为 3min 设计车速行程;西班牙规定直线长度不宜超过 80% 设计速度的 90s 行程。我国《公路工程技术标准》(JTG B01—2014)指出直线的最大与最小长度应有所限制,但未规定具体值。

内蒙古农业大学霍月英通过模拟器研究了驾驶人在草原公路直线段行驶的心率等生理指标变化特征后,认为符合驾驶人生理需求的草原公路最大直线长度为 5.17km。

两曲线间的直线长度是指前一曲线的终点到后一曲线的起点之间的距离。《公路路线设计规范》(JTG D20—2017)规定:

(1)当设计速度大于或等于 60km/h,同向圆曲线间的直线最小长度(以 m 计)以不小于设计速度(以 km/h 计)的 6 倍为宜;反向圆曲线间的最小直线长度(以 m 计)以不小于设计速度(以 km/h 计)的 2 倍为宜。

(2)设计速度小于或等于 40km/h 时,可参照上述规定执行。

2. 曲线半径

平曲线是公路中常见的线形。大量的事故数据资料表明,平曲线与交通安全关系密切。裴玉龙等对沈大高速公路 1994 年 1 月—1995 年 6 月不同路段平曲线半径与对应的平均亿车事故率进行统计分析,发现平曲线半径与平均亿车事故率呈幂指数关系(图 6-5),随着平曲线半径的增大,事故率在降低。

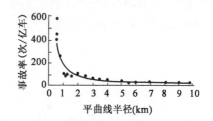

图 6-5 沈大高速公路亿车事故率与平曲线半径的关系

美国根据平曲线半径对交通安全的影响,在《道路交通安全手册》中给出事故预测中的平曲线半径修正系数公式,双车道公路事故预测中修正系数随平曲线半径变化趋势见图 6-6。

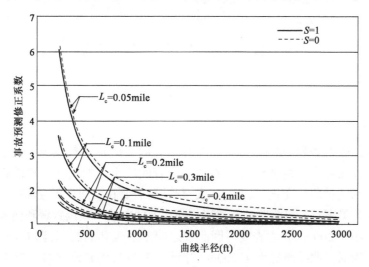

图 6-6 美国《道路交通安全手册》双车道公路事故预测的曲线半径修正系数

由于曲线半径减小会导致事故风险急剧增加，因此《公路工程技术标准》(JTG B01—2014)规定了公路设计中圆曲线最小半径，见表6-1。

圆曲线最小半径(单位:m)　　　　　表6-1

设计速度(km/h)		120	100	80	60	40	30	20
最大超高	10%	570	360	220	115	—	—	—
	8%	650	400	250	125	60	30	15
	6%	710	440	270	135	60	35	15
	4%	810	500	300	150	65	40	20
不设超高最小半径	路拱≤2.0%	5500	4000	2500	1500	600	350	150
	路拱>2.0%	7500	52500	3350	1900	800	450	200

注："—"为不考虑采用最大超高的情况。

3.曲线转角

曲线转角也是道路交通安全的影响因素。裴玉龙等调查了沈大高速公路1994年1月—1995年6月不同曲线转角对应的亿车事故率，见图6-7。当转角值在15°～25°之间时，事故率最低，交通安全状况最好。转角20°的平曲线最能满足驾驶人的视觉特性和行车视野的要求，从而使其不需要移动视线或转动头部，即可充分了解道路及交通情况，同时也提高了行车舒适性，减少了行车疲劳和紧张感。

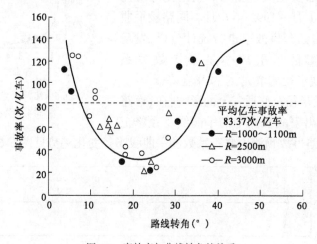

图6-7　事故率与曲线转角的关系

4.缓和曲线

汽车由直线段驶入缓和曲线段，其转弯半径由无限大(直线)变为某一定值(圆曲线)，与汽车行驶轨迹的连续曲率不相吻合；由曲线段驶入直线段也是如此。这种现象会造成行车的不安全。为了缓和这种曲率变化，保证行车安全平顺，需要在其间设置缓和曲线段。

图6-8所示为美国双车道公路的交通事故率在不同曲线半径设置缓和曲线前后的变化情况。当曲线半径小于200m时，在直线与圆曲线之间添加缓和曲线，公路安全性会大大提高，事故率会降低。而对于曲线半径大于200m的路段，缓和曲线的设置与否对交通安全的影响并不明显。

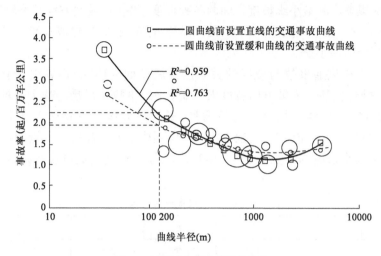

图 6-8 事故率与缓和曲线的关系

根据《公路工程技术标准》(JTG B01—2014),高速公路、一级公路、二级公路、三级公路的直线与半径小于不设超高最小半径圆曲线相衔接处,应设置缓和曲线进行连接。缓和曲线采用回旋线。

《公路路线设计规范》(JTG D20—2017)要求,高速公路、一级公路、二级公路、三级公路的直线与半径小于规定值、不设超高圆曲线最小半径相衔接处,应设置缓和曲线进行连接;缓和曲线采用回旋线。半径不同的同向圆曲线径相连接处,应设置回旋线(符合规定的条件可以不设回旋线)。同时该规范也对回旋线的长度作出了规定:

(1)回旋线长度应随圆曲线半径的增大而增大;
(2)圆曲线按规定需设置超高时,回旋线长度应不小于超高过渡段长度;
(3)回旋线最小长度应符合表 6-2 的规定。

回旋线最小长度　　　　　　　　　　　　　　表 6-2

设计速度(km/h)	120	100	80	60	40	30	20
回旋线最小长度(m)	100	85	70	50	35	25	20

注:四级公路为超高、加宽过渡段长度。

三、道路纵断面线形与交通安全

道路纵断面主要反映路线起伏、纵坡等情况。纵断面线形由平坡线、坡线及竖曲线三个集合要素组成。纵断面设计的一般要求为提供足够的视距、足够的排水坡度,保证行车平顺、安全及运营经济。

汽车沿陡坡行驶时,因克服上坡阻力需要增大牵引力,车速会逐渐降低;若沿陡坡下行,因制动距离比上坡时长,且制动频繁,制动器易发热而失效,易引起交通事故。同时,小型汽车爬坡能力强,载重汽车的爬坡能力弱,不同爬坡能力的车辆一起混行,会降低道路通行能力,且下坡时增加危险。为保证车辆能以适当的车速在道路上安全行驶,即上坡时顺利,下坡时不致发生危险,在道路设计时对纵坡长度及其坡度设置加以限制。

1. 坡度

纵坡是指路线纵断面上同一坡段两点间的高差与其水平距离之比,以百分率表示。路线纵坡度包括最大纵坡度和最小纵坡度之间的各种坡度。其中,最大坡度是公路路线设计控制的一项重要指标,它直接影响路线的长度、使用品质、行车安全、运输成本和工程造价。最小坡度是为排水而规定的最小值。

国内外学者关于交通事故与坡度的关系已开展长期的研究,得到很多有价值的结论。日本及国内相关研究表明,下坡方向坡度大于5%之后事故率呈现急速上升的趋势;高速道路下坡方向,从1%开始随着坡度绝对值增加,事故率大体呈现指数变化趋势,坡度大于3%之后事故率急速上升。巴布可夫根据10位不同国家研究者的统计资料取平均值,给出纵坡坡度对交通安全影响的系数值,如表6-3所示,纵坡坡度与坡度影响系数呈现显著的正线性相关关系。

纵坡坡度对交通安全影响   表6-3

坡度(%)	2	3	4	5	7	8
坡度影响系数	1	1.3	1.75	2.5	3	4

美国《道路交通安全手册》中,用于预测交通事故的双车道公路纵坡修正系数见表6-4,一般道路路段交通事故预测的纵坡坡度修正系数见表6-5。

用于预测交通事故的双车道公路纵坡修正系数   表6-4

对策	环境 (道路类型)	交通量	事故类型 (严重程度)	修正系数	标准差
纵坡坡度增加1%	乡村 (双车道)	不确定	单车驶离道路事故	1.04	0.22
			所有类型	1.02	未知
基本条件:道路坡度(0%坡度)					

一般道路路段交通事故预测的纵坡坡度修正系数   表6-5

平直道路(≤3%)	中等坡度(3%<坡度<6%)	陡坡(>6%)
1.00	1.10	1.16

最大纵坡根据机动车的动力特性、自然条件及工程运营经济的分析加以确定。我国《公路路线设计规范》(JTG D20—2017)规定了高速公路最大纵坡值,见表6-6。

最大纵坡值   表6-6

设计速度(km/h)	120	100	80	60	40	30	20
最大纵坡(%)	3	4	5	6	7	8	9

注:1. 设计速度为120km/h、100km/h、80km/h的高速公路,受地形或其他特殊情况限制时,经技术经济论证,最大坡度可增加1%。
    2. 改扩建公路设计速度为40km/h、30km/h、20km/h的利用原有公路的路段,经技术经济论证,最大坡度可增加1%。
    3. 四级公路位于海拔2000m以上或积雪冰冻地区的路段,最大纵坡不应大于8%。

为保证高速公路上行车快速、安全、通畅,尽可能采用小些的纵坡,但对长路堑路段、设置边沟的低填方路段以及其他横向排水不畅的路段,为满足排水要求,应采用不小于0.3%的最小纵坡。当必须采用平坡或小于0.3%的纵坡时,其边沟应作纵向排水设计。在干旱少雨地区,最小纵坡可不受上述限制。

桥梁及其引道的平、纵、横技术指标应与路线总体布设相协调。大、中桥上的纵坡不宜大于4%,桥头引道纵坡不宜大于5%,引道紧接桥头部分的线形应与桥上线形相配合,其长度不宜小于3s设计速度行程长度。位于市镇附近非机动车交通较多的地段,桥上及桥头引道纵坡均不得大于3%。

隧道内的纵坡应大于0.3%并小于3%,但短于100m的隧道不受此限制。高速公路、一级公路的中、短隧道,当条件受制时,经技术经济论证后最大纵坡可适当加大,但不宜大于4%。隧道内的纵坡可设置成单向坡;地下水发育的隧道及特长、长隧道可采用人字坡。

平均纵坡是指路段高差与水平距离之比,它是衡量线形设计质量的重要指标之一。二级公路、三级公路、四级公路越岭路线连续上坡(或下坡)路段,相对高差为200~500m时平均纵坡不应大于5.5%;相对高差大于500m时平均纵坡不应大于5%,且任意连续3km路段的平均纵坡不应大于5.5%。

合成坡度是指在有超高的平曲线上,路线纵坡与超高横坡所组成的坡度。如果在小半径弯道上且伴有较大纵坡时,由于离心力作用会给机动车行驶带来危险。为防止汽车沿合成纵坡度方向滑移,应将超高横坡与纵坡的组合控制在适当范围内,以确保安全。规定的最大合成坡度见表6-7。

最大合成坡度 表6-7

公路等级	高速公路			一级公路			二级公路		三级公路		四级公路
设计速度(km/h)	120	100	80	100	80	60	80	60	40	30	20
合成坡度(%)	10.0	10.0	10.5	10.0	10.5	10.5	9.0	9.5	10.0	10.0	10.0

2. 坡道长度

坡道长度是指纵断面每一坡段的长度,即相应于纵坡两转折点的间距,又称为设计间距。在长下坡路段,坡长对交通安全的影响与坡度对安全的影响有关,坡长主要起到对坡度的影响加强或削弱的作用。坡长对交通安全的影响主要表现在长陡下坡会造成加速度的积累,使车速过高而诱发事故。过长的纵坡易使驾驶人对坡度判断失误,如长而陡的下坡路段连接一段较平缓的下坡时,驾驶人会误认为下一路段坡度为上坡,从而采取加速行驶的错误操作。

《公路路线设计规范》(JTG D20—2017)规定了不同设计速度和不同纵坡坡度组合下的最大坡长,见表6-8。

不同纵坡的最大坡长(单位:m) 表6-8

设计速度(km/h)		120	100	80	60	40	30	20
纵坡坡度(%)	3	900	1000	1100	1200	—	—	—
	4	700	800	900	1000	1100	1100	1200
	5	—	600	700	800	900	900	1000
	6	—	—	500	600	700	700	800
	7	—	—	—	—	500	500	600
	8	—	—	—	—	300	300	400
	9	—	—	—	—	—	200	300
	10	—	—	—	—	—	—	200

3. 竖曲线

竖曲线可以减缓机动车行驶到纵坡变坡处所产生的冲击,以及保证行车视距,改善线形,增加行车的安全感和舒适性,并有利于道路排水。

纵断面上两纵坡线交点称为变坡点,在变坡点设置的竖曲线可以分为凸形竖曲线和凹形竖曲线。竖曲线宜采用圆曲线。凸形竖曲线指设于道路纵坡呈凸形转折处的曲线,用以保证汽车按计算行车速度行驶时有足够的行车视距。凹形竖曲线指设于道路纵坡呈凹形转折处的曲线,用以缓冲行车中因运动量变化而产生的冲击,保证夜间机动车前灯视线和汽车在立交桥下行驶的视线。

竖曲线半径对交通安全的影响主要表现在以下几个方面:

(1)对行车视距产生影响。半径越大,提供的行车视距就越大,小半径竖曲线往往不能满足视距要求。对重型车辆情况更为严重,因为其驾驶人视线高于客车驾驶人。

(2)机动车在小半径竖曲线上行驶时,受到的竖向离心力作用使驾驶人产生超重或失重感过大,易造成驾驶失控。离心力的影响还会造成车辆与路面间的摩擦系数减小,影响交通安全。

(3)在小半径凹曲线底部可能会出现排水不畅问题。当坡差很小时,计算得到的竖曲线长度往往很短,在这种曲线上行车时会给驾驶人一种急促的折曲感觉。一些研究表明,大于6%的陡坡路段上凸曲线发生交通事故的可能性较大。在相同的半径条件下,发生在凸曲线上的事故率比凹曲线高,而平曲线和竖曲线组合的路段事故率明显偏高。

《公路路线设计规范》(JTG D20—2017)规定的竖曲线最小半径和竖曲线长度极限值见表6-9。

竖曲线最小半径和竖曲线长度极限值　　　　　　　　　　表6-9

设计速度(km/h)	120	100	80	60	40	30	20
凸形竖曲线半径极限值(m)	11000	6500	3000	1400	450	250	100
凹形竖曲线半径极限值(m)	4000	3000	2000	1000	450	250	100
竖曲线长度极限值(m)	100	85	70	50	35	25	20

四、组合线形与交通安全

在进行道路线形设计的过程中,由于受自然条件和建设成本的影响,往往需要进行多种线形组合。不当的线形组合会导致驾驶人对环境参数感知差错,从而带来交通安全问题。

1. 组合线形设计应注意的安全相关问题

(1)避免竖曲线的顶、底部插入小半径的平曲线

对于凸形竖曲线而言,如果顶部存在小半径的平曲线,一方面不能对视线进行正确引导,另一方面急转方向容易影响行车的安全。对于凹形竖曲线而言,如果底部存在小半径的平曲线,容易导致汽车加速并急转弯,危及行车安全。

(2)竖曲线顶、底部避免与反向平曲线的拐点出现重合

这类组合通常情况下会不同程度地扭曲外观,并且竖曲线顶部与反向平曲线拐点重合将

不能对视线进行正确的引导;竖曲线底部与反向平曲线拐点重合将会影响路面排水的通畅性。

(3)长直线上避免设置陡坡或曲线长度短、半径小的凹形竖曲线

汽车长时间在长直线路面上行驶时,驾驶人容易超速行驶,危及行车安全;汽车在长度短、半径小的凹形竖曲线路面上行驶易使驾驶人产生错觉,对坡底道路易造成误判,高速行驶中的紧急制动操作对行车安全将构成严重影响。

(4)避免小半径的竖曲线与缓和曲线重合

在线形设计过程中,这种组合方式对于凸形竖曲线而言视觉诱导性差;对于凹形竖曲线而言增加了路面排水的难度,将直接影响行车的安全性。

2. 组合线形设计不当引起的错觉

一般线路设计中易使驾驶人产生错觉的公路线形主要有以下几类:

(1)线形错觉。在设计公路线形时,如果在同向曲线之间插入较短的直线段,则形成"断背曲线",对于驾驶人而言,容易在视觉上将直线和两端连接的曲线看成反向曲线,甚至会把两条曲线看作一条曲线,进而在一定程度上导致驾驶人出现操作的失误。在两条反向平曲线之间插入短直线,由于不能充分设置超高和加宽而难以实现反向变化的平稳过渡,使驾驶人不能操作自如,对行车安全也非常不利。

(2)弯道错觉。车辆在实际行驶过程中,如果弯道可见部分比较小,那么就会增加驾驶人估算其曲率的难度。当车辆在实际道路上行驶时,对于不超过半圆的圆弧线形而言,通常情况下总觉得它的弯度比实际弯度小;对于曲率半径相同的弯道来说,当前方视野较为开阔时,也会产生弯度小的错觉。这种情形,容易导致驾驶人误判而盲目高速行驶,从而危及行车安全。

(3)坡道错觉。当车辆下坡行驶到坡度较缓的路段时,随着路面倾斜度的降低,易使驾驶人觉得下坡已完,倘若在坡道两旁设有交通标志,根据交通标志,驾驶人可以克服这种错觉。否则,驾驶人容易提速冲坡。同样,上坡过程中随着中途坡度变缓,易使驾驶人误认为上坡已结束而盲目换挡。这些错误操作都会诱发交通事故。

五、道路横断面与交通安全

1. 车道数与交通安全

车道数对道路交通安全有一定的影响,裴玉龙等调查了哈尔滨市76条道路的事故资料,得到不同车道数和横断面形式的安全影响系数(表6-10),城市道路的事故率随车道数的增加而降低,但降低速度比较缓慢。

车道数和横断面形式对城市道路交通安全的影响 表6-10

车道数	车道类型	事故次数	总事故率(次/亿车公里)	道路条数	平均事故率(次/亿车公里)	不同车道数事故率(次/亿车公里)	车道数安全影响系数
双车道	双车道	169	1584	18	88	88	1.02
四车道	四车道	511	2075	25	83	86	1.00
	四车道有中央分隔带	4	150	2	75		
	四车道有机非分隔带	59	404	4	101		

续上表

车道数	车道类型	事故次数	总事故率（次/亿车公里）	道路条数	平均事故率（次/亿车公里）	不同车道数事故率（次/亿车公里）	车道数安全影响系数
六车道	六车道	357	1078	11	98	83	0.97
	六车道有中央分隔带	20	76	1	76		
	六车道有机非分隔带	214	450	6	75		
八车道	八车道	109	273	3	91	81	0.94
	八车道有中央分隔带	75	162	2	81		
	八车道有机非分隔带	220	284	4	71		

国外研究发现,在不同平均日均交通量下,城市道路和高速公路上均呈现车道数越多,事故率越低的规律,同时日均交通量越多,事故率越高(图6-9)。

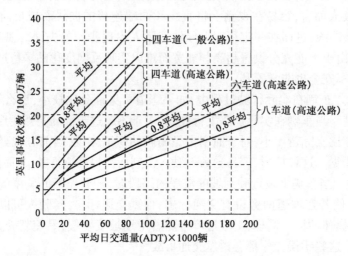

图6-9 车道数与交通量对交通安全的影响

2. 车道宽度与交通安全

车道宽度对交通安全有很大的影响。Dart 和 Mann 等对美国路易斯安那州 1000mile(约合1609km)道路 10 年间的事故数据进行了统计分析,发现在一定范围内,车道宽度的增加能够明显地减少事故的发生,但当达到某一阈值时,继续增加车道宽度对事故的发生影响较小(图6-10)。

多伦多大学 E. Hauer 教授等通过对各国近 30 年的事故数据研究发现,车道越宽,相邻车道行驶车辆的平均间距越大,这便给车辆间提供了一个更宽阔的缓冲区,以吸收车辆偏离预定道路的随机偏差,从而提高行车的安全性。然而,当车道过于宽阔时,驾驶人在驾驶车辆时会对路面

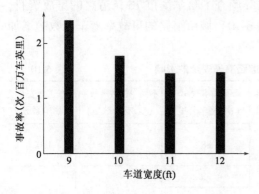

图6-10 美国路易斯安那州 1000mile 道路中车道宽度与事故数的关系

产生视觉疲劳,因此,过宽的车道往往会导致车辆行驶速度过快,使得事故率不再下降或略有升高。

美国《道路交通安全手册》把道路宽度 12ft(约合 3.66m)作为道路交通事故预测的安全性能函数基本参数,根据不同的道路宽度,双向隔离多车道路段上车道宽度对交通事故预测的修正系数见表 6-11。

双向隔离多车道路段上车道宽度对交通事故预测的修正系数　　表 6-11

车道宽度(ft)	年平均日流量(AADT)(车/d)		
	<400	400~2000	>2000
9	1.03	$1.03 + 1.38 \times 10^{-4}(AADT-400)$	1.25
10	1.01	$1.01 + 8.75 \times 10^{-5}(AADT-400)$	1.15
11	1.01	$1.01 + 1.25 \times 10^{-5}(AADT-400)$	1.03
12	1.00	1.00	1.00

综合考虑我国现阶段的道路、交通条件以及交通安全因素,《公路工程技术标准》(JTG B01—2014)规定,不同设计速度的道路需满足不同的车道宽度,一般我国大多数车道宽度按 3.75m 进行设计(表 6-12)。

车道宽设计建议值　　表 6-12

设计速度(km/h)	120	100	80	60	40	30	20
车道宽度(m)	3.75	3.75	3.75	3.50	3.50	3.25	3.00

注:1. 设计速度为 20km/h 且为单车道时,车道宽度应采用 3.50m。
　　2. 高速公路为八车道时,内侧车道宽度可采用 3.50m。

3. 双车道公路路面宽度与交通安全

双车道公路路面宽度对交通安全有显著影响。长安大学侯赛因等对 4 个平原市辖区的 37 条双车道公路的数据进行采集发现,对于双车道公路,在 9~11m 的路面宽度范围内,随着路面总宽度的增加,事故率率先降低,当路面宽度增大到一定值,即 11m 时,事故率达到最低;而后随着路面宽度的继续增大,事故率呈上升趋势(图 6-11)。

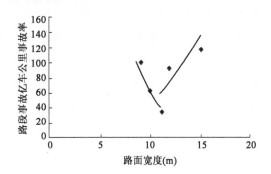

图 6-11　双车道公路路面宽度与路段事故亿车公里事故率分析

双车道公路路面宽度对交通安全的影响主要体现在车辆间的横向安全距离上,路面总宽度过窄会造成车辆间的横向距离过小,一旦小于安全距离,由于车辆本身的稳定性和车辆驾驶人的驾驶水平差异,将会提高事故发生的概率。当路面宽度处于一定区间内时,随着路面宽度的增加,公路横断面为车辆安全行驶提供的净空也随之增大,驾驶人在心理情绪上不容易产生紧张情绪,行车安全性较高。但随着路面宽度的继续增大而超过某一数值后,路面宽度的增加会使得车辆行驶的侧向余宽增大,横向距离变大,给激进的驾驶人提供更多的超车机会,这也会使驾驶人易产生松懈以及距离错觉,直接导致路段的超车、违法超车的可能性增大,从而增加了路段的危险性。

美国的《道路交通安全手册》把道路宽度12ft作为道路交通事故预测的安全性能函数基本参数,根据不同的道路宽度,双车道路段上车道宽度对交通事故预测的修正系数见表6-13。

双车道路段上车道宽度对交通事故预测的修正系数　　　　　表6-13

车道宽度(ft)	年平均日交通量(AADT)(车/d)		
	<400	400~2000	>2000
<9	1.05	$1.05 + 2.81 \times 10^{-4}(AADT-400)$	1.25
10	1.02	$1.02 + 1.75 \times 10^{-5}(AADT-400)$	1.30
11	1.01	$1.01 + 2.5 \times 10^{-5}(AADT-400)$	1.05
>12	1.00	1.00	1.00

注:适用于与道路宽度有关的碰撞事故,包括驶离道路的单车事故、多车对撞事故、对向刮擦事故和同向刮擦事故。

4.路肩与交通安全

路肩是指车道外缘到路基边缘具有一定宽度的带状部分,通常包括硬路肩(高速公路和一级公路含路缘带)、土路肩。其主要作用是维护行车道等主要结构的稳定,为发生机械故障或遇到紧急情况的车辆提供临时停车位置,提供侧向余宽增加舒适感,供行人、自行车通行,改善挖方路段的弯道视距,减少行车道雨水渗透等。

道路的路肩一般对车辆的运行速度有一定的影响,从而也影响交通安全。长安大学曾志刚对高速公路硬路肩的功能和宽度值的研究表明(表6-14),在车道数相同的条件下,硬路肩宽度越大,对自由流车速的影响越小;同向车道数越多,硬路肩宽度越大,自由流车速的减少值越小;当硬路肩宽度大于1.8m时,硬路肩的宽度与同向车道数无关,对自由流车辆的运行几乎没有任何影响。

右侧硬路肩宽度对道路运行速度的影响　　　　　表6-14

右侧硬路肩宽度(m)	影响自由流车速值(km/h)			
	车道数(同向)			
	2	3	4	≥5
≥1.8	0.0	0.0	0.0	0.0
1.5	1.0	0.7	0.3	0.2
1.2	1.9	1.3	0.7	0.4
0.9	2.9	1.9	1.0	0.6
0.6	3.9	2.6	1.3	0.8
0.3	4.8	3.2	1.6	1.1
0.0	5.8	3.9	1.9	1.3

不同的行车道宽度下,路肩宽度和事故率的关系也不相同,而且无明显的线性相关性,基本规律为:双车道的行车道宽度越宽,相同路肩宽度下的交通事故率越小;当行车道宽度相同时,事故率随路肩宽度的增大呈下降的趋势(图6-12)。

美国《道路交通安全手册》中双向隔离多车道路段上预测交通事故的右侧路肩宽度修正系数见表6-15,非隔离路段上预测交通事故的路肩宽度修正系数见表6-16。

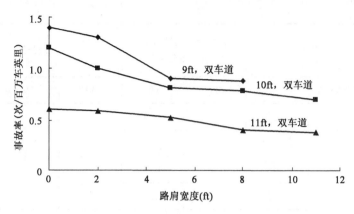

图 6-12 行车道宽度不同时路肩宽度和事故率之间的关系

双向隔离多车道路段上预测交通事故的右侧路肩宽度修正系数 表 6-15

平均路肩宽度(ft)	0	2	4	6	≥8
修正系数	1.18	1.13	1.09	1.04	1.00

注:仅用于铺装路肩。

非隔离路段上预测交通事故的路肩宽度修正系数 表 6-16

路肩宽度(ft)	年平均日流量(AADT)(车/d)		
	<400	400~2000	>2000
0	1.10	$1.10 + 2.5 \times 10^{-4}$(AADT-400)	1.50
2	1.07	$1.07 + 1.43 \times 10^{-4}$(AADT-400)	1.30
4	1.02	$1.02 + 8.125 \times 10^{-5}$(AADT-400)	1.15
6	1.00	1.00	1.00
≥8	0.98	$0.98 + 6.875 \times 10^{-5}$(AADT-400)	0.87

《公路工程技术标准》(JTG B01—2014)规定,高速公路的路肩设计,宜采用 3.0m 的右侧硬路肩。当受地形条件及其他特殊情况限制时,可采用最小值。而对于八车道及其以上的高速公路为整体式断面时,使出现故障或耗尽燃料的车辆穿过几条车道停到右侧路肩既不安全,也不现实。根据经验,应在右侧设置至少不窄于 2.50m 的硬路肩供抛锚车辆停靠或等待拖走。而高速公路、一级公路采用分离式断面时,应设左侧硬路肩,而且还应在左、右侧硬路肩宽度内分别在靠车道边设路缘带,其宽度一般为 0.75m 或 0.50m。《公路工程技术标准》(JTG B01—2014)规定的路肩宽度标准见表 6-17。

路肩宽度标准 表 6-17

公路等级(功能)		高速公路			一级公路(干线功能)	
设计速度(km/h)		120	100	80	100	80
右侧硬路肩宽度(m)	一般值	3.00 (2.50)	3.00 (2.50)	3.00 (2.50)	3.00 (2.50)	3.00 (2.50)
	最小值	1.50	1.50	1.50	1.50	1.50
土路肩宽度(m)	一般值	0.75	0.75	0.75	0.75	0.75
	最小值	0.75	0.75	0.75	0.75	0.75

续上表

公路等级(功能)		一级公路(集散功能)和二级公路		三级公路、四级公路		
设计速度(km/h)		80	60	40	30	20
右侧硬路肩宽度(m)	一般值	1.50	0.75	—	—	—
	最小值	0.75	0.25			
土路肩宽度(m)	一般值	0.75	0.75	0.75	0.50	0.25(双车道)
	最小值	0.50	0.50			0.50(单车道)

注：1. 正常情况下，应采用"一般值"；在设爬坡车道、变速车道及超车路段，受地形、地物等条件限制路段及多车道公路特大桥，可论证采用"最小值"。

2. 高速公路和作为干线的一级公路以通行小客车为主时，右侧硬路肩宽度可采用括号内数值。

第三节　道路交叉口与交通安全

道路交叉口往往是交通事故的高发点。道路交叉口的交通事故约占全部交通事故的30%。由此可见，道路交叉口对整个道路交通系统的安全水平有着十分重要的影响。因此，道路交叉口的交通安全问题已经成为世界各国共同关注的重要问题。

一、道路交叉口及其分类

1. 道路交叉口

道路交叉口是指两条或两条以上的道路相交处。

2. 道路交叉口的分类

根据相交道路在交叉点的标高是否相同，可以把道路交叉口分为平面交叉口和立体交叉口。其中，平面交叉口就是指道路在同一标高相交叉，其形式取决于道路系统的规划、交通量、交通性质和交通组织，以及交叉口用地及其周围建筑的情况。

平面交叉口从不同的角度有不同的分类方法。从几何形式上，可分为常见的T形、Y形、十字形、X形、错位、多路交叉等几种形式，见图6-13。

从交通特性和交通组织方式上，交叉口可分为加铺转角、分道转弯、拓宽路口和环形交叉等类型。加铺转角式交叉口是指用适当半径的圆曲线平顺连接各个转角构成的平面交叉口。分道转弯式交叉口是指采用设置导流岛、划分车道等措施，使单向右转或双向左、右转车流以较大半径分道行驶的平面交叉口。拓宽路口式交叉口是指在接近交叉口的道路两侧展宽或增辟附加车道的平面交叉口。环形交叉口是指道路交会处设有中心岛，所有横穿交通流都被交织运行所代替，形成一个单向行驶的环行交通系统，其中心岛称为环岛。

从交通控制类型上，交叉口可分为无信号灯控制和有信号灯控制两大类。无信号灯控制交叉口又可分为完全无控制交叉口，停、让控制交叉口和环行交叉口三大类。

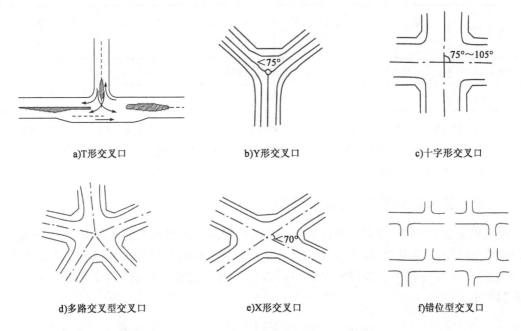

图 6-13　平面交叉口类型

立体交叉口是道路不在同一个平面上相交形成的立体交叉。它将互相冲突的车流分别安排在不同高程的道路上,既保证了交通的通畅,也保障了交通安全。

立体交叉口按交叉道路相对位置与结构类型,可分为上跨式(跨路桥式),即交叉道路从原道路上方跨越;下穿式(隧道式),即交叉道路原道路下部穿过的立体交叉。若按交通功能与有无匝道连接上下层道路,可分为上下层车道不设匝道连接(互通式)和上下层车道用各种形式的匝道连接(分离式)。常见的主要形式有苜蓿叶形、菱形、环形、喇叭形等。

二、平面交叉的道路条数对安全的影响

根据道路汇集条数,将交叉口划分为三路交叉口、四路交叉口和五路交叉口等。随着交叉口道路汇集条数的增加,交叉口内交通流的冲突点、合流点和分流点会显著增加。一般情况下,平面交叉的相交道路宜为 4 条,不宜超过 5~6 条。表 6-18 为裴玉龙等调查的哈尔滨市区平面交叉口道路交通事故汇总情况,可以看出,环形交叉口事故率最高,危险性也最大,之后依次为三路交叉口、多路交叉口(五路及以上)、四路交叉口。这是因为,环形交叉口存在交织段、车辆汇流和分流的机会多、冲突点最多,因此行车危险最高。

哈尔滨市区平面交叉口交通事故数　　　　表 6-18

交叉口类型	事故数 (起)	事故数总计 (起)	所占比例 (%)	交叉口数 (个)	交叉口事故率 (%)
三路交叉口	261	540	48.33	52	5.02
四路交叉口	214		39.63	99	2.16

续上表

交叉口类型	事故数（起）	事故数总计（起）	所占比例（%）	交叉口数（个）	交叉口事故率（%）
多路交叉口	28	540	5.19	11	2.55
环形交叉口	37		6.85	5	7.4

平交路口的交叉角应接近于直角，主干路应近于直线，平面与纵断线形应缓和。错位交叉、斜向交叉等变形交叉应改善交叉状况，采取设置渠化岛等措施，增大相交道路车流方向的交角，以利于车辆安全行驶，提高通行能力。

三、平面交叉口交叉角对安全的影响

交叉角是交叉口的一个重要设计单元。交叉角指两条道路相互交叉的角度。"正常"交叉口由两街道相交，在接近90°的角度交叉。然而，在实际中，有许多交叉口的交叉角不接近90°。这些被称为"斜口"。倾斜的交叉口可以分成两个类别，即"右"斜交和"左"斜交，如图6-14所示。

a)"右"斜交交叉口　　b)正常交叉口　　c)"左"斜交交叉口

图6-14 平面交叉口交角示意图

两条道路相交，交叉角度小于直角时，就会对驾驶人的视距和操作产生一定的影响，容易造成直角碰撞和转弯时冲出路外等事故。如在斜交交叉口，交叉口范围越大，通过的交叉口的时间增长，车辆发生冲突的可能性增加，驾驶人需要大幅度地转动头部来观察交叉口的来车情况。此外，在斜交交叉口车辆右转时还会侵占对向车道，转向时更难判断可穿越间隙，行人过街距离增长。当交叉口交叉角小于75°，尤其对年老驾驶人不利，因为老年驾驶人头部的灵活性较差，通过斜交交叉口时就在车辆的后方和侧面形成盲区。因此，在左转识别可穿越间隙和右转合流时就会发生危险。

《公路工程技术标准》（JTG B01—2014）规定，平面交叉处相交公路的交叉角度一般应采用正交或接近直角，当受条件限制、不得已采用斜交方式时，交叉角度应大于45°。

四、平面交叉的间隔对安全的影响

平面交叉口间距主要包括信号控制交叉口的间距、无信号接入间距以及支路与交叉口的间距。早在1950年，美国研究发现事故数随着道路上接入道路、交叉口、交通信号数目的增多而增加，通过多元回归分析发现信号控制交叉口的密度可能是交通事故的主要原因。

道路上的每个接入口都会引进新的冲突，随着冲突点增加，发生事故的可能性也随之增大。多年的研究已经证明接入口的密度与交通事故率有很大的联系。美国的研究项目NCHRP420通过对375000件事故的调查研究分析，得到如图6-15所示的交通事故率相对指

标与接入数目的关系图(以每英里 10 个接入口为基准)。从图中可以看出,当道路上每英里的接入数目从 10 个增加到 20 个时,事故率大概会增加 30%。因此,平面交叉口的间距对道路交通的安全和运营有非常重要的影响,合理的间距不仅能够提高道路交通的安全性,还能提高道路的运营效率,有利于维护道路的设计功能。

为了保证道路交通的安全和运营,《公路工程技术标准》(JTG B01—2014)规定了公路平面交叉口最小间距值,如表 6-19 所示。

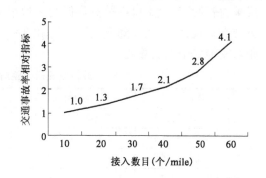

图 6-15 接入数目与事故相对指标的关系

公路平面交叉口最小间距值　　　　表 6-19

项目	一级公路			二级公路	
	一般值	最小值	集散公路	干线公路	集散公路
最小间距(m)	2000	1000	500	500	300

五、平面交叉口的渠化对安全的影响

平面交叉口的渠化是利用各种形状的高出路面构造或不同颜色的路面、路面标线等,将交通流隔离、分开,并规制车流的行驶路径和方向,减少可能发生的冲突碰撞,以达到安全顺畅的行车目的。

根据渠化程度分类,平面交叉口渠化方式一般可分为以下五种:

(1)简单渠化平面交叉口。只在交叉口的转角处将路缘石或路面边缘用圆弧或曲线接顺并加铺路面以便于行车。

(2)喇叭形平面交叉口。各进口路段适当放宽喇叭形式,以便于车辆驶入并加快车辆驶入。

(3)漏斗形(即拓宽交叉口式)渠化平面交叉口。在交叉口路段上,加宽车行道以增加转弯车道数。

(4)分道转弯式渠化平面交叉口。将各路的右转弯车辆分出,设单独车道并由岛或标线分隔,专门供右转车辆行驶。

(5)路岛渠化平面交叉口,用交通岛等设施。按预定合理的行车轨迹线,规定车辆应行驶的路线以疏导进入平面交叉口的交通流。路岛的范围可以包括由护栏与缘石围起来的区域,也可以是用简单标线标明的具有一定面积的路面。

对不同类型的平面交叉口进行合理的交通渠化,可以大大降低人与车、车与车冲突的概率,从而提高交叉口交通的安全性。以加拿大 Jarvis Autey 等对交叉口右转弯车道渠化前后的分析为例,发现交叉口右转弯车道渠化后,不仅使行人过街更加安全,而且大大降低了交叉口合流、追尾冲突的严重程度和次数。交叉口右转弯车道渠化后每小时冲突平均减少了约 51%,冲突严重程度平均降低了 41%。

六、平面交叉的视距及照明对安全的影响

2007 年 9 月,美国联邦公路局(Federal Highway Administration,FHWA)基于交叉口的研究

成果,得到改善交叉口视距对降低交叉口事故率的效果指标(表6-20)。从表中可以看出,改善交叉口视距,可明显降低交叉口的事故率。因此,根据不同交叉口类型,合理改善交叉口视距对交通安全至关重要。

改善交叉口视距对降低事故率的效果指标 表6-20

对策	控制范围	区域	交叉口类型	事故数降低率(%)
改善一个象限的视距	相交道路停让控制	乡村	四路交叉口	5
改善二个象限的视距	相交道路停让控制	乡村	四路交叉口	9
改善三个象限的视距	相交道路停让控制	乡村	四路交叉口	13
改善四个象限的视距	相交道路停让控制	乡村	四路交叉口	17
改善四个象限的视距	信号控制	乡村	四路交叉口	0

安装照明设备是减少公路交叉口夜间事故的另一种措施。根据FHWA公布的数据,在信号控制交叉口安装有效的照明设施可降低事故发生率30%,减少伤亡事故发生率17%,在非信号控制交叉口可减少事故发生率47%。

七、立交出入口匝道间距对安全的影响

高速公路的安全性能很大程度上取决于立交的间距,立交间距大的高速公路事故会少些。立交间距的大小主要取决于其所在区域道路网的交通需求,合理的立交间距应能均匀地分散交通。若立交间距过大,则从使用者的角度考虑,不能满足交通需求,且不能充分发挥道路的潜在功能;反之,立交间距过小,不仅降低通行能力和行车速度,而且会导致交通运行困难,增加交通事故的风险。

美国道路交通事故与立体交叉口出入口匝道的关系见表6-21。从表中可以看出,无论城市道路还是公路,事故率都随着立体交叉进出口匝道间距的减小而增加,而且驶出匝道的交通事故明显多于驶入匝道的交通事故。城市道路立体交叉的交通事故明显多于公路立体交叉的交通事故。当出入口匝道间距从0.2km增加到8km时,对于公路立体交叉而言,出口一侧的交通事故率(起/百万车公里)会降低10%,入口一侧的会降低44%;对于城市道路立体交叉而言,出口一侧的交通事故率(起/百万车公里)会降低39%,入口一侧的会降低47%。

美国道路交通事故与立体交叉出入口匝道的关系 表6-21

道路种类	出入口匝道间距 d (km)	出口		入口	
		事故数(起)	事故率(起/百万车公里)	事故数(起)	事故率(起/百万车公里)
城市道路	$d<0.2$	722	131	426	122
	$0.2\leqslant d<0.5$	1209	127	1156	125
	$0.5\leqslant d<1.0$	786	110	655	105
	$1.0\leqslant d<2.0$	280	75	278	84
	$2.0\leqslant d<4.0$	166	63	151	59
	$4.0\leqslant d<8.0$	19	69	200	75
	$d\geqslant 8.0$	—	—	—	—
公路	$d<0.2$	160	76	117	80
	$0.2\leqslant d<0.5$	459	75	482	82

续上表

道路种类	出入口匝道间距 d (km)	出口 事故数(起)	出口 事故率(起/百万车公里)	入口 事故数(起)	入口 事故率(起/百万车公里)
公路	$0.5 \leq d < 1.0$	559	69	560	72
	$1.0 \leq d < 2.0$	479	69	435	64
	$2.0 \leq d < 4.0$	222	68	169	51
	$4.0 \leq d < 8.0$	46	62	52	40
	$d \geq 8.0$	—	—	—	—

八、无信号控制交叉口与交通安全

随着道路汇集条数的增加，交叉口交通流的冲突数、合流点和分流点也会显著增加，从而增加了车辆在无信号控制交叉口相撞的可能性。澳大利亚有关研究机构对不同形式的交叉口进行了对比、调查研究，不同形式交叉口的事故率见表6-22。对于无信号控制交叉口，无论十字交叉口还是T形交叉口，事故率都高于信号控制交叉口。

交叉口类型与事故率　　　　　　　　　　　　　　表6-22

交叉口类型	调查数量	调查数据	平均事故数(次/进入交叉口车辆数$\times 10^7$)
十字交叉口	市区:信号控制	138	1.7
	市区:无信号控制	31	2.4
	高速公路:信号控制	35	2.5
	郊区:无信号控制	128	5.2
T形交叉口	市区:信号控制	32	1.4
	市区:无信号控制	58	1.5
	高速公路:信号控制	15	1.1
	郊区:无信号控制	210	1.3
多条路相交	市区:无信号控制	13	1.2
	环形交叉口	68	1.6
	公路错位T形交叉	28	2.9

九、信号控制交叉口与交通安全

信号控制交叉口是指使用信号机控制交通流的交叉口。交通信号控制的目的是在与交通量相适应的基础上，将时间分配给相互交错的交通流通行权，以形成畅通且有秩序的交通流。对交叉口实施信号控制的优点是保证安全，缺点是增加延误和停车。

与没有交通信号控制的交叉口相比，设置合理的信号控制交叉口具有以下优点：
(1)交通秩序更有规则；
(2)增加交叉口的通行能力；
(3)降低冲突概率；

(4) 使交通流变为连续流或接近连续流;
(5) 在周期间隔内通过中断重交通来降低车辆和行人的延误。

根据美国联邦公路局交通工程研究中心公布的数据,信号控制交叉口可以有效降低交叉口的交通事故,与无信号控制的交叉口相比,信号控制交叉口能降低交通事故发生率33%,降低左转引起的交通事故38%。

然而,如果交通信号设置不合理,将会产生以下问题:
(1) 产生更多的延误;
(2) 导致更多不遵守信号指示的违法行为;
(3) 增加临近信号的驾驶行为变换频率;
(4) 增加冲突发生的频率。

第四节 视距与交通安全

车前的视野和视距对车辆在道路上的安全运行极为重要。速度和行车路线的选择,取决于驾驶人能看清的前方道路及周围的瞬时环境。驾驶人应能准确地预测道路的线位方向、坡度,选择车道和避让其他车辆及路上障碍物,在紧急状态时及时停车和避开危险。因此,足够的视距和清晰的视野,是保证安全行车最重要的因素。

一、视距

视距(Sight Distance)是指在车辆正常行驶中,驾驶人从正常驾驶位置能连续看到道路前方行车道范围内路面上一定高度障碍物,或者看到道路前方交通设施、路面标线的最远距离。这里的距离是指沿车道中心线测量得到的长度(图6-16)。

道路视距主要包括:停车视距、超车视距、会车视距、交叉口视距等。

二、停车视距

停车视距(Stoping Sight Distance):车辆以一定速度行驶中,驾驶人自看到前方障碍物时起,至到达障碍物前安全停车所需要的最短行驶距离。在停车视距检验时,小客车停车视距采用的驾驶人视点高度为1.2m,载重货车停车视距采用的驾驶人视点高度为2.0m,视点前方路面上障碍物顶点高度为0.1m(图6-17)。

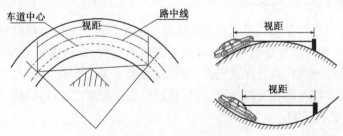

图6-16 道路平面视距和纵面视距示意图

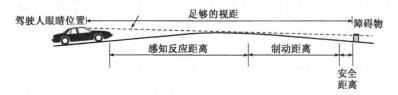

图 6-17 停车视距示意图

停车视距主要由两部分组成:驾驶人感知反应时间内行驶的距离、开始制动到制动停止所行驶的制动距离。另外,应增加安全距离 5~10m。停车视距可按式(6-1)计算。

$$S_{停} = \frac{v}{3.6}t + \frac{(v/3.6)^2}{2gf_1} + l_0 \tag{6-1}$$

式中:v——行驶速度 km/h;

f_1——纵向摩阻系数,依车速及路面状况而定,一般构造路面为 0.5~0.75,潮湿路面为 0.25~0.45;

t——驾驶人感知反应时间,可取 2.5s(判断时间为 1.5s,运动时间为 1.0s);

g——重力加速度,m/s²;

l_0——安全距离,取 5~10m。

制动停车距离随纵坡不同而变化,式(6-1)的计算值是采用纵坡为零时的平坦路面求得。《公路工程技术标准》(JTG B01—2014)规定的停车视距要求见表6-23。

停车视距与货车停车视距要求 表6-23

设计速度(km/h)	120	100	80	60	40	30	20
停车视距(m)	210	160	110	75	40	30	20
货车停车视距(m)	245	180	125	85	50	35	20

货车下坡路段随坡度的修正停车视距要求见表6-24。

下坡路段的货车停车视距要求(单位:m) 表6-24

| 纵坡坡度(%) | 设计速度(km/h) | | | | | | | | | | |
		120	110	100	90	80	70	60	50	40	30	20
下坡方向	0	245	210	180	150	125	100	85	65	50	35	20
	3	265	225	190	160	130	105	89	66	50	35	20
	4	273	230	195	161	132	106	91	67	50	35	20
	5	—	236	200	165	136	108	93	68	50	35	20
	6	—	—	—	169	139	110	95	69	50	35	20
	7	—	—	—	—	—	—	—	70	50	35	20
	8	—	—	—	—	—	—	—	—	—	35	20
	9	—	—	—	—	—	—	—	—	—	—	20

三、会车视距

会车视距(Intermediate Sight Distance):在同一车道上对向行驶车辆,为避免发生迎面相撞,自车辆在行驶过程中发现对向来车,至驾驶人采取合理的减速操作后两车安全停止、不发生相撞所需的最短行驶距离。参考国内外的普遍做法,会车视距一般取停车视距的2倍。会车视距构成:感知反应距离 S_1,双向驾驶人及车辆;制动距离 S_{Z1} 和 S_{Z2},双向车辆;安全距离 S_0,双向车辆保持间距。会车视距约相当于2倍停车视距(图6-18)。

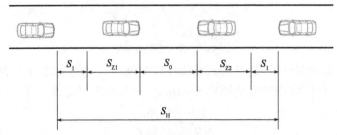

图6-18 会车视距示意图

《公路路线设计规范》(JTG D20—2017)规定的二级、三级、四级公路会车视距与停车视距见表6-25。

二级、三级、四级公路会车视距与停车视距 表6-25

设计速度(km/h)	80	60	40	30	20
会车视距(m)	220	150	80	60	40
停车视距(m)	110	75	40	30	20

四、超车视距

超车视距(Passing Sight Distance):需要临时占用对向车道完成超车的公路,后车超越前车过程中,自开始驶离原车道,至可见对向来车并能超车后安全驶回原车道所需的最短行驶距离(图6-19)。在超车视距检验时,小客车采用的驾驶人视点高度为1.2m,载重货车采用的驾驶人视点高度为2.0m,视点前方路面上障碍物顶点高度为0.6m,即对向车辆(小客车)的前灯高度。

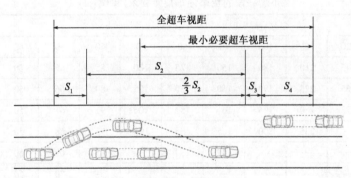

图6-19 超车视距示意图

由于高速公路和一级公路采用分向分道行驶,不存在会车和对向超车等需求,因此,高速公路和一级公路应满足停车视距要求。对于二、三、四级公路,由于一般采用双向行驶的交通组织方式,其行车特征是超车时经常要占用对向车道,为保证行车安全,《公路工程技术标准》(JTG B01—2014)规定:"双车道公路应间隔设置具有超车视距的路段"。

双向行驶的双车道公路,根据需要应结合地形设置,保证具有超车视距的路段。超车视距的长度取决于超车车辆、对向车辆及被超车辆的速度。

超车视距由加速行驶距离 S_1、在对向车道上行驶距离 S_2、安全距离 S_3 及对向车辆行驶距离 S_4 组成。

①加速行驶距离 S_1 为：

$$S_1 = \frac{v_0}{3.6}t_1 + \frac{1}{2}at_1^2 \qquad (6-2)$$

式中：v_0——被超车辆的速度，km/h；

t_1——加速时间，s；

a——平均加速度，m/s²。

②超车车辆在对向车道上行驶的距离 S_2 为：

$$S_2 = \frac{v}{3.6}t_2 \qquad (6-3)$$

式中：v——超车车辆的速度，km/h；

t_2——在对向车道上行驶的时间，s。

③超车完成，超车车辆与对向车辆之间的安全距离 S_3 为：

$$S_3 \approx 30 \sim 100\mathrm{m}$$

④超车车辆从开始加速到超车完成时，对向车辆的行驶距离 S_4 为：

$$S_4 = \frac{2}{3}S_2$$

常用超车视距见表6-26。

常用超车视距表 表6-26

	超车车辆的速度(km/h)	80	60	40	30	20
	被超车辆的速度(km/h)	60	45	30	20	15
S_1	平均加速度 a (m/s²)	0.65	0.63	0.61	0.60	0.60
	加速时间 t_1 (s)	4.2	3.7	3.1	2.9	2.7
	加速行驶距离 S_1 (m)	76	50	28	19	14
S_2	在对向车道上行驶时间 t_2 (s)	10.4	9.5	8.5	8.0	7.5
	在对向车道上行驶距离 S_2 (m)	231	159	95	67	42
S_3	对向车道的间距 S_3 (m)	60	40	25	20	15
S_4	对向车辆行驶的距离 S_4 (m)	154	106	63	45	28
	全超车视距 $(S_1+S_2+S_3+S_4)$ (m)	550	350	200	150	100
	最小超车视距 $(2S_2/3+S_3+S_4)$ (m)	350	250	150	110	70

《公路路线设计规范》(JTG D20—2017)要求，二级公路、三级公路、四级公路双车道公路，应间隔设置满足超车视距的路段。具有干线功能的二级公路宜在3min的行驶时间内，提供一次满足超车视距要求的超车路段。超车视距最小值要符合表6-27的要求。

超车视距最小值 表6-27

设计速度(km/h)		80	60	40	30	20
超车视距最小值 (m)	一般值	550	350	200	150	100
	极限值	350	250	150	100	75

注："一般值"为正常情况下的采用值；"极限值"为条件受限时可采用的值。

五、识别视距

识别视距（Identifying Sight Distance）：车辆以一定速度行驶中，驾驶人看清前方分流、合流、交叉、渠化、交织等各种行车条件变化时的导流设施、标志、标线，做出制动减速、变换车道等操作，至变化点前使车辆达到必要的行驶状态所需要的最短行驶距离（图6-20）。《公路路线设计规范》（JTG D20—2017）要求不同设计速度对应的识别视距见表6-28。

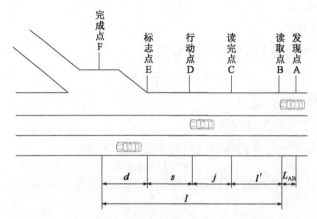

图6-20　高速公路互通式立交约束型出口识别视距示意图

l'-认读距离；j-判断距离；s-行动距离；d-出口匝道的安全距离；I-识别视距

不同设计速度对应的识别视距　　　　　　　　　　　　　表6-28

设计速度（km/h）	120	100	80	60
识别视距（m）	350(460)	290(380)	230(300)	170(240)

注：括号中为行车环境复杂、路侧出口提示信息较多时应采取的视距值。

六、交叉口视距

交叉口视距是影响交通安全的一个重要因素，良好的视距条件能够让所行车辆及时感知和发现其他各方向的车辆并作出相应的反应，同时也能够被其他车辆所发现。车辆之间能够及时地相互感知，提高了车辆行驶的可预知性和规范性。相反，对于设计视距不良的交叉口，由于无法获知其他各方向的运行情况，从而增加了碰撞事故的可能性，极易造成恶性交通事故。显然对公路交叉口视距的合理设计十分必要，而且不同的交叉口对视距的要求不同。

1. 视距三角形

两条相交道路上直行车辆都有安全停车视距的前提是必须保证驾驶人视线不受遮挡。由两车的停车视距和视线组成的交叉口视距空间和限界，又称视距三角形。视距三角形是指平面交叉口处，由一条道路进入路口行驶方向的最外侧的车道中线与相交道路最内侧的车道中线的交点为顶点，两条车道中线各按其规定车速停车视距的长度为两边，所组成的三角形（图6-21）。在视距三角形内不允许有妨碍驾驶人视线的物体和道路设施。

中国城市道路平面交叉口视距三角形一直采用安全停车视距进行控制。《城市道路交叉口规划规范》（GB 50647—2011）规定："平面交叉口红线规划必须满足安全停车视距三角形限界的要求"，交叉口安全停车视距不得小于表6-29的规定。视距三角形限界内，不得规划布置任何高于道路平面标高1.0m且影响驾驶人视线的物体。

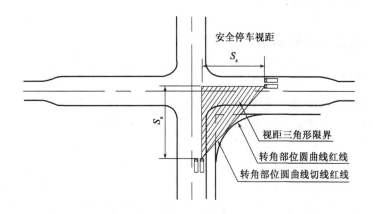

图6-21 平面交叉口视距三角形

交叉口视距三角形要求的安全停车视距　　　　表6-29

路线设计速度(km/h)	60	50	45	40	35	30	25	20
安全停车视距 S_s(m)	75	60	50	40	35	30	25	20

视距三角形的边长是根据停车视距确定的,一般来说,道路的等级越高,设计时速越大,三角形的边长就越长,那么需要的停车视距就越长;如果两条路的设计时速相同,视距三角形是等腰三角形。

2. 次路停控制交叉口视距

在次路停控制交叉口,次路车辆停于交叉口,等待主路车辆适当的间隙,以完成穿越、左转或右转。在视距设计中,以主路车辆临界间隙 t_c 作为标准值,当主路车辆间隙大于临界间隙 t_c 时,则能够完成穿越或转向;当主路车辆间隙小于 t_c 时,则不能完成穿越或转向。因此,以主路设计车速和临界间隙 t_c 的乘积作为视距沿主路的长度。

3. 次路停让控制交叉口视距

在次路停让控制交叉口中,次路车辆在交叉口前提前减速,到交叉口时等待主路车辆适当的间隙,以完成穿越、左转或右转。同次路停让控制交叉口,在视距设计中,以主路车辆临界间隙 t_c 作为标准值,当主路车辆间隙大于临界间隙 t_c 时,则能够完成穿越或转向;当主路车辆间隙小于临界间隙 t_c 时,则不能完成穿越或转向。以主路设计车速和临界间隙 t_c 的乘积作为视距沿主路的长度。

4. 信号控制交叉口视距

在信号控制交叉口中,各进口道车辆受信号控制,路权不会产生冲突,所以信号控制交叉口的要求不高,只要满足任一条车道第一辆车能够让其他车道的第一辆车看见即可。在实际设计中,仍然应尽量满足交叉口各进口道停车视距要求。

5. 全路停控交叉口视距

对所有方向进行停车管制的交叉口,一个进口道的车辆在停车线前停下时,必须被其他进口道的车辆看到,而不需要控制其他进口道的视距条件。对视距条件受限的交叉口来说,对所有方向进行停车管制是最好的选择。

七、视距对交通安全的影响

1. 视距与事故率

根据国际道路联盟的有关文件记录,交通事故的发生率与视距之间的关系是非线性的,不满足一定的视距要求,交通事故发生概率快速上升;在农村公路上,90~100m 是非常关键的视距,小于此视距,事故高发;对超车而言,如果视距不足 400~600m,事故率会上升;而在非信号控制交叉口,当视距受限时,左转弯事故会增加。

图 6-22 给出了美国交通事故率与行车视距的关系曲线,事故率随着视距的增加而降低。当视距小于 100m 时,事故率随视距减小而显著增加;当视距大于 200m 时,事故率随视距的增加而缓慢降低;当视距大于 600m 时,事故率基本不再变化。

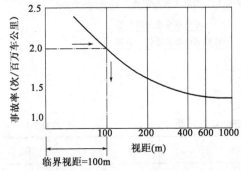

图 6-22 美国交通事故率与行车视距的关系曲线

2. 视距不足路段及其对交通安全的影响

易发生行车视距不足的路段有:

(1) 平面弯曲路段。由于在弯道的内侧有边坡、建筑物、树木、道路设施等阻碍了驾驶人的视线,使视距不能满足要求,从而成为视距不足路段。有时尽管原来设置的视距是足够的,但路边的绿化树、花草得不到及时清理,也会造成视距不足。特别是在弯道内侧如果设有道口或小路,当地的行人、车辆、牲畜频繁出入道口,尽管驾驶人已发现障碍物并采取措施,但由于安全距离不足,还是会造成很大的危险。

(2) 凸形变坡路段。纵断面为凸形竖曲线,在上下坡连接处的竖曲线上,驾驶人的视线受到阻碍。当竖曲线半径较小时,视线受阻严重,视距满足不了规定的数值,成为视距不足的路段。由于竖曲线半径过小,影响驾驶人的视距,使其视野变小,是酿成事故的原因之一。

(3) 凹形变坡路段。纵断面为凹形的路段,在上下坡连接处的竖曲线上,机动车的车灯照射范围受到阻碍。由于竖曲线半径较小,驾驶人的视线严重受阻,视距满足不了规定的数值,成为视距不足的路段。

第五节 交通流状态与交通安全

道路交通安全与交通流的状态紧密相关,交通流量、密度、速度等参数都会对事故率有复杂的影响。

一、交通量与交通安全

法国的 Martin(2002)曾对 2000 多公里城市间高速公路 2 年的单车和多车事故与小时交通量的关系进行了研究,认为事故率与小时交通量的关系呈 U 形。图 6-23 所示为 Martin 研究的单车事故率、多车事故率与小时交通量的关系。单车事故率与小时交通量的关系表现出与多车事故率与小时交通量关系不同的特征。对于单车事故,交通量越小,事故率越高;对于多车事故,则是随着小时交通量的增大,事故率逐渐升高。在不同的交通量下,事故类型的比例有显著差异(图 6-24)。

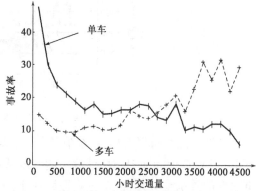

图 6-23 单车事故率、多车事故率(亿车公里事故数)与小时交通量的关系

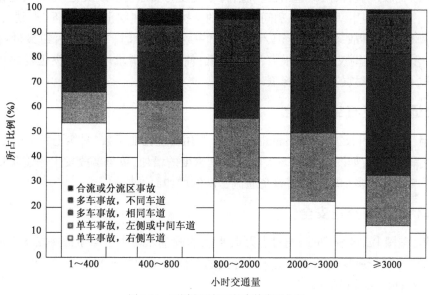

图 6-24 不同交通量下的事故类型分布

二、饱和度与交通安全

饱和度是实际交通量比通行能力,也称为 V/C 值,是量化道路服务水平的重要指标。1987 年,Frantzeskakis 和 Iordanis 对希腊的一条四车道收费公路的数据进行分析,研究交通事故率、V/C 值、服务水平之间的关系,得出当服务水平分别为 A、B 和 C 时(即 V/C 值小于0.65 时),总交通事故数几乎不变。当 V/C 值接近 1.0 时,交通事故数是 V/C 值为 0.65 时的 2 倍多。1997 年,美国密歇根州立大学的 Min 和 Sisopiku 对一条长 16mile 的公路进行了两年的观测,研究 V/C 值与事故率的关系,得出一个 U 形曲线模型。发现 V/C 值低的时候事故率最高,随着 V/C 值的增加,事故率先降低、后增加。2003 年,吉小进、方守恩、黄进等通过对 23 个基本路段 6 年的交通数据统计分析发现,高速公路基本路段 V/C 值与事故率的关系曲线为 U 形曲线(图 6-25)。

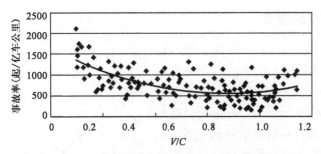

图 6-25 高速公路基本路段 V/C 值与事故率关系曲线

从图中曲线可以看出，V/C 值较低时，事故率比较高，随着 V/C 值的增大，事故率也逐渐下降；当 V/C 值为 0.68 时，事故率达到最低；V/C 值再增大时，事故率又逐渐增大。V/C 值与事故率的关系呈 U 形曲线，主要原因在于当交通量较小时，即 V/C 值较小时，路面比较空旷，车辆之间的相互干扰很小，行车自由度较高，此时，车速往往很高，因此容易产生安全隐患，而且造成的事故比较严重；根据交通工程原理，行车速度与交通密度成反比，随着交通量的增长，V/C 值增大，道路的利用率变高，车辆间有一定的干扰，行车速度也随之降低，驾驶人此时警惕性也增强，所以交通事故率下降；当 V/C 值达到一个较大值时，事故率达到最低；但是随着 V/C 值进一步增大，此时交通密度很大，车速较低，使超车的需求增大，冲突也随之增大，事故率逐渐回升，但此时事故的严重性降低。

三、交通流密度与交通安全

2015 年，美国德州农工大学 Dominique Lord 等用安全性能函数（见第七章）分析了交通流密度与事故率的关系，如图 6-26 所示。随着车辆密度的增加，单车事故发生率逐步增加，到达峰值后又逐渐下降。多车事故则随着交通流密度的增加而增加。

四、车辆速度与交通安全

1964 年，美国 David Solomon 通过上万起事故的调查发现车速与事故率的 Solomon 曲线。Solomon 发现，车辆行驶速度与交通流平均速度的差值对事故率有显著影响，事故率与该差值的关系呈 U 形曲线形式（图 6-27）。

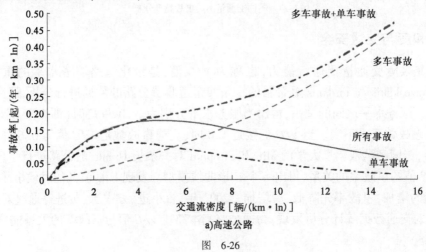

a) 高速公路

图 6-26

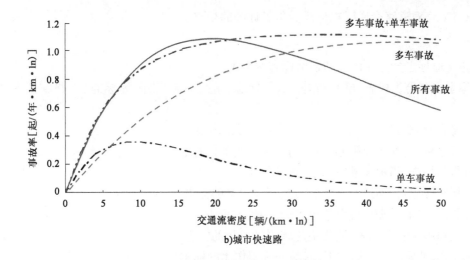

图 6-26　交通流密度与事故率的关系

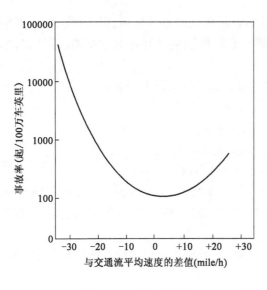

图 6-27　Solomon 曲线

第六节　道路交通标志标线与交通安全

道路交通标志和标线是引导道路使用者有秩序地使用道路,以促进道路交通安全、提高道路运行效率的基础设施,用于告知道路使用者道路通行权利,明示道路交通禁止、限制、遵行状况,告示道路状况和交通状况等信息。道路交通标志标线对规范交通参与者的行为,保障通行安全具有重要作用。

一、道路交通标志标线

道路交通标志标线由道路交通标志和道路交通标线组成。国家标准《道路交通标志和标线》(GB 5768)对道路交通标志标线做出了详细的规定。

1. 道路交通标志

道路交通标志分为主标志和辅助标志两大类。

主标志包括警告标志、禁令标志、指示标志、指路标志、旅游区标志、道路施工安全标志六类：

(1) 警告标志：警告车辆、行人注意危险地点的标志。

(2) 禁令标志：禁止或限制车辆、行人交通行为的标志。

(3) 指示标志：指示车辆、行人行进的标志。

(4) 指路标志：传递道路方向、地点、距离信息的标志。

(5) 旅游区标志：提供旅游景点方向、距离的标志。

(6) 道路施工安全标志：通告道路施工区通行的标志。

辅助标志是附设在主标志下，起辅助说明作用的标志。

2. 道路交通标线

道路交通标线是由标划于路面上的各种线条、箭头、文字、立面标记、突起路标和轮廓标等所构成的交通安全设施。它的作用是管制和引导交通。可以与标志配合使用，也可单独使用。

(1) 道路交通标线按设置方式可分为以下三类：

①纵向标线：沿道路行车方向设置的标线；

②横向标线：与道路行车方向成角度设置的标线；

③其他标线：字符标记或其他形式标线。

(2) 道路交通标线按功能可分为以下三类：

①指示标线：指示车行道、行车方向、路面边缘、人行道等设施的标线。

②禁止标线：告示道路交通的遵行、禁止、限制等特殊规定，车辆驾驶人及行人需严格遵守的标线。

③警告标线：促使车辆驾驶人及行人了解道路上的特殊情况，提高警觉，准备防范应变措施的标线。

(3) 道路交通标线按形态可分为以下四类：

①线条：标划于路面、缘石或立面上的实线或虚线。

②字符标记：标划于路面上的文字、数字及各种图形符号。

③突起路标：安装于路面上用于标示车道分界、边缘、分合流、弯道、危险路段、路宽变化、路面障碍物位置的反光或不反光体。

④路边界轮廓标：安装于道路两侧，用以指示道路的方向、车行道边界轮廓的反光柱(或片)。

(4) 道路交通标线的标划区分如下：

①白色虚线：划于路段中时，用以分隔同向行驶的交通流或作为行车安全距离识别线；划于路口时，用以引导车辆行进。

②白色实线：划于路段中时，用以分隔同向行驶的机动车和非机动车，或指示车行道的边缘；设于路口时，可用作导向车道线或停止线。

③黄色虚线:划于路段中时,用以分隔对向行驶的交通流。划于路侧或缘石上时,用以禁止车辆长时在路边停放。

④黄色实线:划于路段中时,用以分隔对向行驶的交通流;划于路侧或缘石上时,用以禁止车辆长时或临时在路边停放。

⑤双白虚线:划于路口时,作为减速让行线;设于路段中时,作为行车方向随时间改变的可变车道线。

⑥双黄实线:划于路段中时,用以分隔对向行驶的交通流。

⑦黄色虚实线:划于路段中时,用以分隔对向行驶的交通流。黄色实线一侧禁止车辆超车、跨越或回转,黄色虚线一侧在保证安全的情况下准许车辆超车、跨越或回转。

⑧双白实线:划于路口时,作为停车让行线。

二、道路交通标志标线对交通安全的影响

道路标志标线对交通安全具有重要作用,不同的标志标线可以给驾驶人不同的提示,让驾驶人准确把握路况,安全行驶车辆。

1981年,FHWA在六个州(艾奥瓦、密歇根、蒙大拿、北卡罗来纳、弗吉尼亚、西弗吉尼亚)通过对比增加路面标线前后事故数量,进行了路面标线对交通安全的影响研究。该项目在限速不低于40mile/h的双向两车道公路上进行,包括施划中心线或边缘线,或者同时施划中心线和边缘线。假设路面标线对白天事故发生率的影响很小,所以把白天事故作为回归控制量。在统计分析中,只考虑死亡事故和受伤事故。研究结果发现,增加路面标线有利于减少夜间的死亡事故和受伤事故,仅增加中心线能使交通事故下降3%,但增加边缘线后,可以使交通事故降低12%以上,同时增加中心线和边缘线对减少夜间死亡事故和受伤事故的效果最明显。1994年Al-Masaeid和Sinha的前后对比研究也发现,道路标线能够使交通事故减少13.5%。

第七节 道路交通监测与交通安全

随着电子技术的发展,基于视频、微波等的传感技术在道路交通监控方面得到了广泛应用。道路交通监控设施已经成为道路系统的一个重要组成部分。道路交通监控系统不仅向交通管理提供了数据支持,也对交通安全产生了重要影响。

一、道路交通监测与电子警察

1.道路交通监测系统

道路监测系统是智能交通系统的重要组成部分,提供对交通现场情况最直观的反映,其前端设备将视频图像、车速等数据以各种方式(光纤、专线等)传送至交通监控中心,进行信息的存储、处理和发布,使交通指挥管理人员对交通违法、交通堵塞、交通事故及其他突发事件做出及时、准确的判断,并相应调整各项系统控制参数与指挥调度策略。系统主要包括:

(1)监测数据采集部分:实现基础数据的采集,包括摄像头、测速雷达等传感设备。

(2)数据传输部分：实现传感设备间、传感设备与监控中心的数据传输，如光纤。随着无线通信技术的发展，无线数据传输技术也得到了大量应用。

(3)系统管控部分：对监测系统进行管理与控制，如图像信号的切换，电动变焦镜头、云台遥控，系统故障的监测等。

(4)数据记录与信息处理部分：实现数据的存储管理，并对数据进行分析，提取对交通管控有意义的信息。

2. 电子警察

对交通安全影响较大的是在道路交通监测基础上发展起来的电子警察技术。电子警察是一种利用自动化检测与测量技术捕获交通违法或交通事故，利用网络将采集的信息传回公安部门进行分析处理，并以此为证据对交通违法者进行处罚，以减少事故发生、辅助交警工作的系统。

二、电子警察对交通安全的影响

电子警察可以辅助违法取证，加强执罚管理，规范交通秩序，通过减少交通违法行为来保障交通安全。

广州市交通管理科学技术研究所罗强等通过数据对比，分析了测速电子警察对城市道路交通安全的影响。由于2013年1月1日起实施了公安部123号令(《机动车驾驶证申领和使用规定》)，加大了违法扣分力度。罗强等在分析测速电子警察对城市道路交通安全的影响时，也考虑了公安部123号令实施的影响。在对13个测速电子警察布设点布设前后和公安部123号令实施前后进行对比后发现(表6-30、表6-31)：

(1)公安部123号令实施前，即使布设了电子警察，相关路段的交通事故量仍呈现明显的上升趋势，但公安部123号令实施后，从根本上改变了道路交通事故总量的变化趋势。

(2)测速电子警察对降低交通事故中的人员伤亡具有非常积极的影响，公安部123号令在电子警察的基础上，进一步降低事故人员伤亡量的作用有限。

测速电子警察布设前后及公安部123号令实施前后事故季度平均值　　表6-30

时间	季度平均值(宗)												
	东风路	科韵路	新滘路	解放路	黄埔大道	大观路	临江大道	新港路	广州大道	龙溪大道	白云大道	环市路	广园路	总量
布设前X1 (2010年10月— 2011年9月)	709.25	191.5	178.5	305.5	1131	242	117.25	341	1525.5	205.75	541	985.75	747.25	7221
布设后Y1 (2011年10月— 2012年12月)	798.5	262.25	170.25	307.5	1225	232.5	141.5	373	1922.3	238	770.5	936.5	789.25	8167
新部令实施 后Z1 (2013年1月— 2013年9月)	417	267	143	186	868	173	100	377	1180	201	382	621	728	5643

测速电子警察布设前后及公安部 123 号令实施前后伤亡人数季度平均值　　表6-31

时间	季度平均值(宗)												
	东风路	科韵路	新滘路	解放路	黄埔大道	大观路	临江大道	新港路	广州大道	龙溪大道	白云大道	环市路	广园路	总量
布设前 X2（2010年10月—2011年9月）	27.25	18.5	16.5	24.75	46.25	26.25	7.5	49.5	100.25	18	28	64.75	40	467.5
布设后 Y2（2011年10月—2012年12月）	15.75	17.5	5	23.5	49	14.25	9	30.25	64.5	23.75	32.25	31.75	33.75	350.25
新部令实施后 Z2（2013年1月—2013年9月）	20	10	3	18	42	11	9	26	59	22	25	37	46	327

根据上述分析，可见，道路交通监测系统对交通安全的影响，主要是通过违法行为的监控与处罚，通过减少交通违法行为来改善交通安全状况。加强处罚力度对更好的发挥检测系统的效用具有很好的作用。

第八节　道路不良气候条件与交通安全

不良气候常指雨、雪、高温、雾、沙尘、路面结冰等，也叫恶劣气候。不良气候条件影响道路的视距、视野、路面附着系数等，会带来一系列的安全问题。

一、不良气候条件对交通安全的影响

宁贵财等根据国内外研究，系统总结了雨、雪、路面结冰、雾、大风和高温对道路交通安全的影响：不利气象条件主要通过影响道路摩擦系数、行车视距等相关交通安全参数进而诱发交通事故。如美国马里兰大学 Harold Brodsky 等研究发现雨天的交通事故率比晴天高出 2~3 倍，并且长时间晴天之后的雨天引发的事故率更高；雪天发生的车辆碰撞、刮擦事故是晴朗天气的 14 倍；El-Basyouny 等研究表明日降雪量和日降水量与车辆碰撞事故具有显著的正相关关系，短时强降水导致能见度骤降，容易引发交通事故；Baker 等研究大风对交通事故影响时发现，英国风暴天气将近 50% 的交通事故均为翻车事件，并且高货车风险最高。此外，不利天气条件除了影响当地道路条件外，还会影响驾驶行为。如大雾天气通过降低能见度、引起驾驶人心理紧张以及降低路面附着系数导致高速公路封闭、车辆追尾事件频发；雾天交通事故以追尾和正面相撞类型为主，受伤程度严重；尤其浓雾天气，其形成机理更加复杂，对交通行驶安全危害更加严重。高温天气不仅容易对路面、路基具有不良影响，也对人的生理、心理造成不良影响，促使驾驶人或行人的机敏度和判断力下降，从而酿成交通事故。

不良气候条件对交通安全的影响主要体现在以下几个方面：

（1）降低车辆和道路之间的附着力（雨、雪、路面结冰等天气），极易导致车辆侧滑失控和制动距离增加发生追尾；

（2）降低能见度（雾、雪、暴雨和沙尘等天气），导致驾驶人产生危险误判、感知反应时间

增长;

(3) 改变了汽车的受力状态,使车辆受的侧向力增大,造成行车过程中的侧向失去平衡,导致侧翻(在大风天气下);

(4) 对驾驶人心理的不良影响,造成驾驶人感知反应滞后或操作失误。

二、不利气候条件下交通事故特征

2016 年,宁贵财等分析了 2005—2014 年我国不利天气条件下交通事故特征,得出了如下主要结论:

(1) 不利天气条件造成的交通事故起数及受伤人数雨天 > 雪天 > 雾天,造成经济损失及死亡人数较多的不利天气排序为雨天 > 雾天 > 雪天。

(2) 平均每起事故造成的经济损失雾天 > 雪天 > 雨天;平均每起事故受伤人数冰雹天气 > 雾天 > 雪天;平均每起事故死亡人数雾天 > 沙尘 > 冰雹天气,雨天最少。

(3) 分析雨天、雪天、雾天条件下高速公路、一级公路、二级公路、三级公路、四级公路、等外公路、城市快速路和一般城市道路等 8 种不同道路类型交通事故死亡人数发现,受雨、雪天气影响二级公路交通事故总死亡人数最多;大雾天气造成高速公路交通事故死亡人数最多。

第九节　多因素作用下的道路交通安全分析

道路条件对交通事故的影响往往不是单一因素作用的结果,而是由多个重要因素共同作用导致的,因此需要建立多因素统计模型来分析不同道路设计条件变量对交通安全的影响程度。

MOHAMMED 等(1995)采用泊松回归模型来分析多种元素对交通事故的影响。泊松分布根据泊松过程将离散事件(这里即指交通事故)的概率建模为:

$$P(Y) = \frac{e^{-\mu}\mu^Y}{Y!} \tag{6-4}$$

其中,Y 是在选定时间段内的事件发生次数,μ 是选定时间段内的事件发生次数平均值。

泊松回归模型中,将规定时间内事故发生次数的平均值作为回归变量。采用泊松回归估计事故数时,事故数可以设定为服从泊松分布,对应的表达式为:

$$P(Y = Y_i) = \frac{e^{-\mu_i(X_i,\beta)}[\mu_i(X_i,\beta)]^{Y_i}}{Y_i!} \tag{6-5}$$

其中,Y_i 是选定时间段内在路段 i 观测到的事故数。β 是由一系列待估计的参数所组成的向量,由极大似然估计来确定。$\mu_i(X_i,\beta) = e^{X_i\beta}$ 是关于回归变量 X 的函数,表示在路段 i 的事故数平均值。X_i 是回归变量在路段 i 上的值构成的向量,可以从影响交通安全的道路设计参数和交通运行参数中选择。

该方法采用赤池信息量准则(Akaike's Information Criterion, AIC)来选择事故估计模型的

独立变量,计算式如下:

$$AIC = -2 \cdot ML + 2 \cdot K \quad (6\text{-}6)$$

这里,K 是模型自由参数个数,ML 是极大似然估计。AIC 的值越小,则模型效果越好。以最小化 AIC 的值为目的,通过逐步选择方式来确定合适的模型。

表 6-32 和表 6-33 分别表示不同类型道路在 4 年内总事故数和伤亡事故数的拟合模型。每个模型都涉及多种道路设计变量,通过拟合模型可以得出多个因素对交通安全的影响,得到以下结论:

(1)将车道宽度增加至 3.7 ~ 4.0m(12 ~ 13ft)可以减少城市高速公路和非隔离公路的事故数;

(2)在一般情况下,外侧路肩宽度增加至 3 ~ 3.7m(10 ~ 12ft)可以降低事故数,而内侧路肩设置为 1.2 ~ 1.8m(4 ~ 6ft)对降低乡村公路事故很有效;

(3)隔离带宽度对所有类型公路的安全性有显著影响,且不同隔离带类型对事故率产生不同的影响:对于四车道的城市公路来说,设置绿化隔离带的道路是最安全的,其次是突起隔离带,然后是防护栏隔离带。

估计不同类型道路在 4 年内总事故数的模型　　　　表 6-32

公路类型	事故位置	模型
两车道乡村道路	人行横道区	$\exp(-10.26 + 0.8249\text{Llen} + 0.8783\text{Ladt} - 0.0857\text{Lw} - 0.0130\text{Sp} + 0.0589\text{Is} - 0.0150\text{Ts})$
	所有	$\exp(-9.053 + 0.7212\text{Llen} + 0.8869\text{Ladt} - 0.0435\text{Lw} - 0.0262\text{Sp} + 0.1145\text{Is} - 0.0123\text{Ts})$
四车道乡村道路(隔离)	人行横道区	$\exp(-9.545 + 0.6706\text{Llen} + 0.7205\text{Ladt} - 0.0524\text{Su} + 0.1746\text{Is} - 0.0458\text{Sm})$
	所有	$\exp(-7.908 + 0.4140\text{Llen} + 0.7672\text{Ladt} - 0.0129\text{Su} + 0.3503\text{Is} - 0.0688\text{Sm})$
四车道和六车道乡村高速公路	人行横道区	$\exp(-12.89 + 0.9020\text{Llen} + 0.9156\text{Ladt} - 0.0272\text{Ip} + 0.2164\text{Ic} - 0.0252\text{Sm})$
	所有	$\exp(-12.14 + 0.8533\text{Llen} + 0.9032\text{Ladt} - 0.0252\text{Ip} + 0.4679\text{Ic} - 0.0472\text{Sm})$
两车道城市道路(非隔离)	人行横道区	$\exp(-10.62 + 0.8966\text{Llen} + 0.9008\text{Ladt} - 0.0355\text{Lp} - 0.0234\text{Sp} + 0.1707\text{Co} + 0.0603\text{Is} - 0.0323\text{Up})$
	所有	$\exp(-8.263 + 0.7212\text{Llen} + 0.8560\text{Ladt} - 0.0246\text{Lp} - 0.0307\text{Sp} + 0.3652\text{Co} + 0.11111\text{Is} - 0.0387\text{Up})$
四车道城市道路(非隔离)	人行横道区	$\exp(-8.275 + 0.8646\text{Llen} + 0.8318\text{Ladt} - 0.1127\text{Lw} - 0.0301\text{Sp} + 0.2831\text{Co} + 0.0427\text{Is})$
	所有	$\exp(-4.251 + 0.6914\text{Llen} + 0.6950\text{Ladt} - 0.1056\text{Lw} - 0.0536\text{Sp} + 0.3101\text{Co} + 0.8251\text{Is} - 0.0309\text{Ps})$
四车道城市道路(隔离)	人行横道区	$\exp(-13.88 + 0.7009\text{Llen} + 1.195\text{Ladt} - 0.0299\text{Ps} + 0.1131\text{Is} - 0.0588\text{Sm} + 0.098201 - 0.2008\text{D2} - 0.0871\text{D3})$
	所有	$\exp(-9.996 + 0.4890\text{Llen} + 1.026\text{Ladt} - 0.0367\text{Ps} + 0.2053\text{Is} - 0.1060\text{Sm} + 0.1115\text{Ci})$
六车道城市道路(隔离)	人行横道区	$\exp(-12.04 + 0.8223\text{Llen} + 1.072\text{Ladt} - 0.0270\text{Sp} + 0.0631\text{Is} - 0.0412\text{Sm} + 0.1671\text{Co})$
	所有	$\exp(-8.766 + 0.6335\text{Llen} + 0.8152\text{Ladt} - 0.0026\text{Mw} + 0.1309\text{Is} + 0.2819\text{Co})$
四车道城市高速公路	人行横道区	$\exp(-8.837 + 0.7848\text{Llen} + 1.213\text{Ladt} - 0.3909\text{Lw} - 0.0263\text{Up} - 0.0225\text{Sp} + 0.2786\text{Ic} - 0.0801\text{Sm})$
	所有	$\exp(-8.972 + 0.7292\text{Llen} + 1.171\text{Ladt} - 0.2585\text{Lw} - 0.0268\text{Sp} + 0.3674\text{Ic} - 0.0926\text{Sm})$

续上表

公路类型	事故位置	模型
六车道 城市高速公路	人行横道区	exp(-13.56 + 0.8753Llen + 1.454Ladt - 0.3504Lw - 0.0667Ps + 1.1787Ic - 0.0345Sm)
	所有	exp(-8.163 + 0.8049Llen + 1.178Ladt - 0.3740Lw - 0.0445Ps - 0.0310Ic + 0.2935Ic)

注:Lw 为车道宽度(ft);Lp 为人行横道宽度(ft);Ps 是铺装路肩宽度(ft);Up 是未铺装的路肩宽度(ft);Ts 是路肩总宽度(ft); Mw 是隔离带宽度(ft);Sm 是 $\sqrt{Mw}$ (ft);Su 是 $\sqrt{Up}$ (ft);Ip 是内侧铺装路肩;Sp 是限速(m/h);Is 是交叉口个数;Ic 是交汇路口个数;Co 表示有无外侧边缘线(取值为 0 或 1);Ci 表示有无内侧边缘线(取值为 0 或 1);Llen 是 lg(1000·路段长度);Ladt 是 lg(年平均日交通量);D1 表示有双向左转车道,D2 表示绿化隔离带,D3 表示突起隔离带,D1、D2 和 D3 取值均为 0 或 1。

估计不同类型道路在 4 年内总受伤事故数的模型　　　　表 6-33

公路类型	事故位置	模型
两车道乡村道路	人行横道区	exp(-10.72 + 0.8157Llen + 0.8681Ladt - 0.0787Lw - 0.0108Sp + 0.0601Is - 0.021Ts)
	所有	exp(-9.478 + 0.7064Llen + 0.8806Ladt - 0.0426Lw - 0.0236Sp + 0.1155Is - 0.013Ts)
四车道乡村道路 (隔离)	人行横道区	exp(-9.91 + 0.6288Llen + 0.6919Ladt + 0.1973Is)
	所有	exp(-8.36 + 0.3849Llen + 0.76Ladt + 0.3617Is - 0.0455Sm - 0.0223Sp)
四车道和六车道 乡村高速公路	人行横道区	exp(-14.032 + 0.9107Llen + 0.9599Ladt - 0.0407Ip + 0.2127Ic)
	所有	exp(-13.19 + 0.88667Llen + 0.9527Ladt - 0.0307Ip + 0.43Ic - 0.0463Sm)
两车道城市道路 (非隔离)	人行横道区	exp(-11.415 + 0.933Llen + 0.9137Ladt - 0.0489Lp - 0.0201Sp + 0.056Is - 0.0342Up)
	所有	exp(-9.065 + 0.7451Llen + 0.864Ladt - 0.0337Lp - 0.0253Sp + 0.108Is - 0.043Up + 1.48Co)
四车道城市道路 (非隔离)	人行横道区	exp(-9.584 + 0.8831Llen + 0.8317Ladt - 0.1037Lw - 0.0151Sp - 0.3318Co + 0.0395Is)
	所有	exp(-5.285 + 0.699Llen + 0.6993Ladt - 0.128Lw - 0.0371Sp - 0.3407Co + 0.08Is)
四车道城市道路 (隔离)	人行横道区	exp(-14.023 + 0.7979Llen + 1.216Ladt - 0.0303Ps + 0.0839Is - 0.0325Sm - 0.0295Sp)
	所有	exp(-11.2 + 0.5254Llen + 1.0625Ladt - 0.0353Ps + 0.3617Is - 0.0833Sm + 0.1191Ci)
六车道城市道路 (隔离)	人行横道区	exp(-14.0 + 0.8164Llen + 1.0934Ladt + 0.0701Is - 0.0501Sm + 0.2202Co)
	所有	exp(-8.536 + 0.7022Llen + 0.8491Ladt + 0.113Is + 0.1311Co - 0.05Sm - 0.0278Sp)
四车道 城市高速公路	人行横道区	exp(-10.61 + 0.7733Llen + 1.1832Ladt - 0.307Lw - 0.0232Up - 0.0154Sp + 0.24Ic - 0.06Sm)
	所有	exp(-12.6 + 0.712Llen + 1.1373Ladt - 0.0223Sp + 0.3512Ic - 0.0706Sm)
六车道 城市高速公路	人行横道区	exp(-14.04 + 0.93Llen + 1.405Ladt - 0.339Lw - 0.0594Ps - 0.031Sm)
	所有	exp(-8.507 + 0.8418Llen + 1.14Ladt - 0.3845Lw - 0.0370Ps - 0.0302Sp + 0.2433Ic)

注:Lw 为车道宽度(ft);Lp 为人行道宽度(ft);Ps 是铺装路肩宽度(ft);Up 是未铺装的路肩宽度(ft);Ts 是路肩总宽度(ft);Mw 是隔离带宽度(ft);Sm 是 $\sqrt{Mw}$ (ft);Su 是 $\sqrt{Up}$ (ft);Ip 是内侧铺装路肩;Sp 是限速(m/h);Is 是交叉口个数;Ic 是交汇路口数;Co 表示有无外侧边缘线(取值为 0 或 1);Ci 表示有无内侧边缘线(取值为 0 或 1);Llen 是 lg(1000·路段长度);Ladt 是 lg(年平均日交通量)。

【复习思考题】

1. 论述如何从使用者的角度来考虑道路的安全设计。

2. 选择一条道路进行调查,分析影响安全的线形因素。
3. 选择一个交叉口,分析影响交通安全的主要因素。
4. 收集5个影响交通安全的不良视距案例。
5. 论述交通流状态与交通安全的关系。
6. 收集5个不良气候影响交通安全的案例,并提出改善措施。

第七章
道路交通事故预测

道路交通事故预测就是对交通事故未来的形势进行估计和推测。它是通过对交通事故的过去和现在状态的系统探讨,或考虑其相关因素的变化,所做出的对未来交通事故情况的描述过程。进行道路交通事故预测就是为了掌握未来交通事故的状况,根据交通事故预测情况有针对性地采取相应的对策和决策,避免日后工作中的缺陷和不足,从而最终达到减少交通事故的目的。本章分别重点介绍交通事故的定性和定量预测方法。

第一节 交通事故预测概述

所谓预测,就是用科学的方法和手段,通过对相关因素的分析,对未来将要发生的事情或对事物发展趋势所做的某种估计和判断。研究对象往往是一种不确定事件(现象),该事件(现象)的发生和发展具有某种统计规律性,可以采用调查研究的方法对其进行探索。

一、交通事故预测的定义

交通事故预测是对未来有可能发生的事故做出预测和估计,它通过交通事故的过去和现在状态的系统探讨,并考虑其相关因素的变化,分析未来事故的危险程度和发展趋势,而做出对交通事故未来状态进行描述,以便能及早采取措施进行防治。

整个预测过程起始于调查研究,按照一定的要求收集原始资料信息,选择科学分析方法对原始资料加工整理、去伪存真、去粗取精,分析出真实情况的演变规律。这些演变规律经过进一步研究或实验,经过反复的数据处理和有经验的主观判断,确定那些能代表或者说明未来的演变规律,即能用于预测的规律,又称为预测模型。

二、交通事故预测的类型

按照预测目标,道路交通事故预测可分为事故率预测和事故数预测。事故率预测是用来揭示未来年事故率发展趋势,如万车事故率预测、人口事故率预测等。事故数预测是用来揭示未来年事故数量的发展程度。

按预测范围,道路交通事故预测可分为交通事故宏观预测和交通事故微观预测两类。交通事故宏观预测是指对时间较长(一年以上)或空间区域较大的交通事故进行总体性和趋势性的预测,如某地区交通事故变化趋势预测。交通事故微观预测是指短时间内或某一地点、路段交通事故变化的预测,如一年内各月交通事故预测、交叉口事故预测、某路段事故预测等。

按预测方法,道路交通事故预测可分为定性预测与定量预测。定性预测是指预测者依靠熟悉业务知识、具有丰富经验和综合分析能力的人员与专家,根据已掌握的历史资料和直观材料,运用个人的经验和分析判断能力,对事物的未来发展做出性质和程度上的判断,然后通过一定形式综合各方面的意见,作为预测未来的主要依据。定量预测是根据已掌握的比较完备的历史统计数据,运用一定的数学方法进行科学的加工整理,借以揭示有关变量之间的规律性联系,用于预测和推测未来发展变化情况的一类预测方法。

三、交通事故预测的步骤

科学的预测是在广泛调查研究的基础上进行的,涉及方法的选择、资料的收集、数据的整理、预测模型建立、利用模型预测和对预测结果进行分析等一系列工作。总的来说,预测步骤如下:

(1)确定目标。确定预测对象、提出预测目的和目标,明确预测要求等。

(2)确定预测要素。鉴别、选择和确定预测要素,从大量影响因素中,挑选出与预测目的有关的主要影响因素。

(3)选择预测方法:预测方法很多,到目前为止,各类预测方法在150种以上。因此,应根据预测的目的和要求,考虑预测工作的组织情况,合理选择效果较好、既经济又方便的一种或几种预测方法。

(4)收集和分析数据。根据预测目标和选择预测方法的要求收集所需原始数据。原始数据是进行预测的重要依据,所收集原始数据的质量和可靠性将直接影响预测的结果。对原始数据的要求是数据量足、质量高,只有这样,才能贴切反映事物的规律,因此收集足够数量的可靠性高的数据是这一阶段的任务。

(5)建立预测模型。建立预测模型是预测的关键工作,它取决于所选择的预测方法和所收集到的数据。建立模型的过程可分为建立模型和模型的检验分析两个阶段。

(6)模型的分析。模型的分析是指对系统内部、外部的因素进行评定,找出使系统转变的内部因素和客观环境对系统的影响,以分析预测对象的整体规律性。

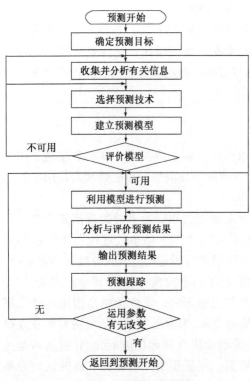

图7-1 交通事故预测程序

(7)利用模型预测。所建立的模型是在一定假设条件下得到的,因此也只适用于一定条件和一定预测期限。只有在确认模型符合预测要求时,才可以利用模型进行预测。

(8)预测结果的分析。利用预测模型所得到的预测结果并不一定与实际情况相符。因为在建立模型时,往往有些因素考虑不周或因资料缺乏以及在处理系统问题时的片面性等使预测结果与实际情况偏离较大,故需从以下两个方面进行分析:

①用多种预测方法预测同一事物,将预测结果进行对比分析、综合研究之后加以修正和改进;

②应用反馈原理及时用实际数据修正模型,使模型更完善。

交通事故预测程序见图7-1。

四、交通事故预测的意义

交通事故是随机事件,它不仅受道路交通系统中各要素状态的制约,还受到社会的、自然的多种偶然因素的影响,使事故发生的时间、空间和特征等呈现出偶然性。从表面上看,事故发生似乎没有规律可循,但交通事故偶然性的表面现象,是始终受其内部规律支配的。这种规律已被大量的交通事故研究结果证实,它是客观存在的。它揭示了交通事故相关要素之间的必然联系。这种联系不断重复出现,在一定条件下经常发挥作用,并决定着交通事故的发展变化。由此可见,认识并利用交通事故的客观发展规律,对交通事故的发展变化进行科学预测是可行的。

道路交通事故预测的目的是掌握交通事故的未来状况,以便及时采取相应的对策,避免工作中的盲目性和被动性,有效地控制各影响因素,达到减少交通事故的目的,其具体意义在于:

(1)预测交通事故的发展趋势,为制定预防道路交通事故对策和交通安全宣传教育提供依据;

(2)预测交通事故的变化特点,为制定针对性防范措施和交通法规提供依据;

(3)预测交通事故的近期状态特征,为制定合理的交通安全管理目标提供依据;

(4)预测控制条件下的交通事故状态,对交通安全措施的可行性和实施效果进行合理评价。

第二节 交通安全的定性预测方法

定性分析是主要凭分析者的直觉、经验,通过分析对象过去和现在的延续状况及最新的信息资料,对分析对象的性质、特点、发展变化规律作出判断的一种方法。常用的定性预测方法有专家会议法、德尔菲法、主观概率法、情景预测法等。

一、专家会议法

专家会议法是根据规定的原则选定一定数量的专家,按照一定的方式组织专家会议,发挥专家集体的智慧效应,对预测对象未来的发展趋势及状况,作出判断的方法。"头脑风暴法"就是专家会议预测法的具体运用。

运用专家会议法,必须确定专家会议的最佳人数和会议进行的时间。专家小组规模以 10~15 人为宜,会议时间一般为 20~60min。会议提出的设想由分析组进行系统化处理,以便在后继阶段对提出的所有设想进行评估。

二、德尔菲法(专家调查法)

德尔菲法是在 20 世纪 40 年代由赫尔默(Helmer)和戈登(Gordon)首创。德尔菲是古希腊地名。相传太阳神阿波罗(Apollo)在德尔菲杀死了一条巨蟒,成了德尔菲主人。在德尔菲有座阿波罗神殿,是一个预卜未来的神谕之地,于是人们就借用了此名,因此,这种预测方法被命名为德尔菲法。1946 年,兰德公司首次用这种方法来进行预测,后来该方法迅速被广泛采用。

德尔菲法也称专家调查法,是指采用通信方式分别将所需解决的问题单独发送到各个专家手中,征询意见,然后回收汇总全部专家的意见,并整理出综合意见。随后将该综合意见和预测问题再分别反馈给专家,再次征询意见,各专家依据综合意见修改自己原有的意见,再汇总。这样多次反复,逐步取得比较一致的预测结果。

德尔菲法依据系统的程序,采用匿名发表意见的方式,即专家之间不得互相讨论,不发生横向联系,只能与调查人员联系,调查人员多轮调查专家对问卷所提问题的看法,经过反复征询、归纳、修改,最后汇总成专家基本一致的看法,作为预测的结果。这种方法具有广泛的代表性,较为可靠。

在德尔菲法的实施过程中,始终有两类人在活动:一是预测的组织者,二是被选出来的专家。首先应注意的是德尔菲法中的调查表与通常的调查表有所不同,它除了有通常的调查表向被调查者提出问题并要求回答的内容外,还兼有向被调查者提供信息的责任,它是专家们交流思想的工具。德尔菲法的工作流程大致可以分为四个步骤,在每一步中,组织者与专家都有各自不同的任务(图 7-2)。

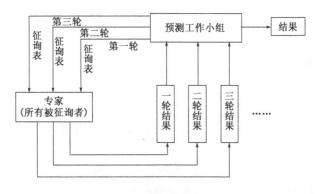

图 7-2 德尔菲法流程

1) 开放式的首轮调研

(1) 由组织者发给专家的第一轮调查表是开放式的,不带任何限制,只提出预测问题,请专家围绕预测问题提出预测事件。因为,如果限制太多,则会漏掉一些重要事件。

(2) 组织者汇总整理专家调查表,归并同类事件,排除次要事件,用准确术语提出一个预测事件一览表,并作为第二步的调查表发给专家。

2) 评价式的第二轮调研

(1) 专家对第二步调查表所列的每个事件作出评价。例如,说明事件发生的时间、争论问题和事件或迟或早发生的理由。

(2) 组织者统计处理第二步专家意见,整理出第三张调查表。第三张调查表包括事件、事件发生的中位数和上下四分点,以及事件发生时间在四分点外侧的理由。

3) 重审式的第三轮调研

(1) 发放第三张调查表,请专家重审争论。

(2) 对上下四分点外的对立意见作一个评价。

(3) 给出自己新的评价(尤其是在上下四分点外的专家,应重述自己的理由)。

(4) 如果修正自己的观点,也应叙述改变理由。

(5) 组织者回收专家们的新评论和新争论,与第二步类似地统计中位数和上下四分点。

(6) 总结专家观点,形成第四张调查表。其重点在争论双方的意见。

4) 复核式的第四轮调研

(1) 发放第四调查表,专家再次评价和权衡,做出新的预测。是否要求做出新的论证与评价,取决于组织者的要求。

(2) 回收第四张调查表,计算每个事件的中位数和上下四分点,归纳总结各种意见的理由以及争论点。

值得注意的是,并不是所有被预测的事件都要经过四个步骤,有的事件可能在第二步就达到统一,而不会在第三步中出现;有的事件可能在第四步结束后,专家对各事件的预测也没有达到统一。不统一也可以用中位数与上下四分点来做结论。

事实上,总会有许多事件的预测结果是不统一。

【例 7-1】 预测 5 年后某地区事故数与当前事故数相比较的变化趋势。假设备选趋势如下:

(1) 与当前事故数持平(A);

(2) 事故数增长但不超过 5%(B);

(3) 事故数增长超过 5%(C);

(4) 事故数减少但不超过 5%(D);

(5) 事故数减少超过 5%(E)。

为了完成上述预测,选定的方法是德尔菲法,预测过程如下:

(1) 选定 6 名对道路交通事故有研究成果的专家成立专家咨询小组(分别记为 $P_1, P_2, P_3, P_4, P_5, P_6$)。

(2) 把咨询的问题发给专家,让他们根据要求进行预测。

(3) 收集专家意见,进行数学处理,检验一致程度。

(4) 如果一致性较差,则把结果反馈给专家,让专家重新考虑自己的意见,直到结果一致性达到要求。

(5) 集中专家意见，最后做出预测结果。

表 7-1 是 6 名专家对 5 种趋势的排列情况，未进行数学处理，先将表 7-1 转化为调查结果位次表(表 7-2)。

第一轮预测结果　　　　　　　　　　　　　　　表 7-1

专家	位次				
P_1	A	B	C	D	E
P_2	B	E	C	A	D
P_3	A	C	D	E	B
P_4	C	D	A	B	E
P_5	D	C	B	E	A
P_6	E	B	A	D	C

第一轮调查结果位次表　　　　　　　　　　　　表 7-2

趋势	位次						位次和
	P_1	P_2	P_3	P_4	P_5	P_6	
A	1	4	1	3	5	3	17
B	2	1	5	4	3	2	17
C	3	3	2	1	3	5	16
D	4	5	4	2	1	4	19
E	5	2	3	5	4	1	21

计算一致性系数如式(7-1)所示。

$$\text{CI} = \frac{12S}{m^2(n^3 - n)} \tag{7-1}$$

式中：CI——反映协调程度指数的一致性系数；

m——专家人数，此例中 $m = 6$；

n——备选项数量，此例中 $n = 5$；

S——每一种备选项的位次数总和与平均位次差的平方和。

根据公式(7-1)可得：

$$S_A = (17 - 18)^2 = 1$$
$$S_B = (17 - 18)^2 = 1$$
$$S_C = (16 - 18)^2 = 4$$
$$S_D = (19 - 18)^2 = 1$$
$$S_E = (21 - 18)^2 = 9$$
$$S = 1 + 1 + 4 + 1 + 9 = 16$$
$$\text{CI} = \frac{12 \times 16}{6^2 \times (5^3 - 5)} = 4.4\%$$

预测结果说明，专家意见的一致程度很差，预测结果的可靠性也很低，因此要进行二轮咨询,结果如表 7-3 所示。

第二轮调查结果位次表　　　　表 7-3

趋势	位次						位次和
	P_1	P_2	P_3	P_4	P_5	P_6	
A	1	3	1	2	2	1	10
B	2	1	2	3	1	3	12
C	3	2	5	1	3	2	16
D	4	5	3	4	4	5	25
E	5	4	4	5	5	4	27

计算一致性系数,得:

$$\mathrm{CI} = \frac{12 \times 234}{6^2 \times (5^3 - 5)} = 65\%$$

与第一轮相比,一致性程度有了很大的提高,但一般要求一致性系数要达到 70% 以上,预测结果才是可靠的。因此,需要进行第三轮咨询,具体步骤见前两轮。从第二轮结果可以基本得出结论,今后 5 年某地区事故数与当前事故数持平。

三、主观概率法

主观概率法是分析者对事件发生的概率(即可能性大小)做出主观估计,或者说对事件变化动态的一种心理评价,然后计算它的平均值,以此作为事件趋势的结论。主观概率法一般和其他经验判断法结合运用。

主观概率法是一种心理评价,判断中具有明显的主观性。同一事件、不同人对其发生的概率判断是不同的。主观概率法的预测因人而异,受人的心理影响较大,谁的判断更接近实际,主要取决于分析者的经验、知识水平和对对象的把握程度。

主观概率法的使用步骤如下:
(1)准备相关资料;
(2)编制主观概率调查表;
(3)整理汇总主观概率调查表;
(4)根据汇总情况进行判断预测。

尽管主观概率法是凭主观经验估测的结果,但仍有一定的实用价值。长期从事事故分析的人员和有关专家的经验和直觉往往还是比较可靠的。这种预测方法简便易行,但必须防止任意、轻率地由一两个人拍脑袋估测,要加强严肃性、科学性,提倡集体的思维判断。

四、情景预测法

情景预测法是假定某种现象或某种趋势将持续到未来的前提下,对预测对象可能出现的情况或引起的后果做出预测的方法;通常用来对预测对象的未来发展做出种种设想或预计,是一种直观的定性预测方法。

它把研究对象分为主题和环境,通过对环境的研究,识别影响主题发展的外部因素,模拟外部因素可能发生的多种交叉情景,以预测主题发展的各种可能前景。

情景预测法的特点包括：
(1)使用范围很广,不受任何假设条件的限制,只要是对未来的分析,均可使用。
(2)考虑问题较全面,应用起来灵活。它尽可能地考虑将来会出现的各种状况和各种不同的环境因素,并引入各种突发因素,将所有可能尽可能地展示出来,有利于决策者进行分析。
(3)定性和定量分析相结合。通过定性与定量分析相结合,为决策者提供主、客观相结合的未来前景。通过定性分析寻找出各种因素和各种可能;通过定量分析提供一种尺度,使决策者能更好地进行决策。
(4)能及时发现未来可能出现的难题,以便采取行动消除或减轻影响。

情景预测法的主要步骤包括：
(1)确定预测主题；
(2)分析未来情景；
(3)寻找影响因素；
(4)具体分析；
(5)预测。

第三节　交通事故的定量预测方法

定量预测偏重于数量方面的分析,重视预测对象的变化程度,能做出变化程度在数量上的准确描述,在交通事故预测中应用广泛。

一、基于时间序列分析的预测

时间序列预测法是一种历史资料延伸预测,也称历史引申预测法。它是以时间数列所能反映的社会经济现象的发展过程和规律性,进行引申外推,预测其发展趋势的方法。基于时间序列分析的交通事故预测,就是用历史积累的交通事故数据,运用时间序列分析方法,对接下来的时间段内可能发生的事故数(或事故率)进行预测的方法,包括简单平均数法、移动平均数法、指数平滑法、趋势调整指数平滑法等。本书第三章介绍的时间序列分析方法均可用于交通事故的预测。

二、基于回归分析的预测

1.回归分析

回归分析法是从被预测变量和与它有关的解释变量之间的相关关系出发,通过建立回归分析模型,预测对象未来发展的一种定量方法。回归分析能较好地反映交通事故与诸影响因素的因果关系,并且能较容易地建立模型和检验预测结果,因而回归分析技术在交通事故预测中应用最普遍。但是,回归分析要求样本量大、数据波动不大、规律性强等条件,否则其预测精度便受到影响。另外,由于回归分析对新旧数据同等对待,只注重对过去数据的拟合,因此其外推性能较差,对变化趋势反应迟钝。

如果一个地区的交通事故发生量 Y 与其众多影响因素 $X = (x_1, x_2, \cdots, x_m)$ 的关系可以表示为：

$$Y = f(\theta;X) + \varepsilon \tag{7-2}$$

式中：θ——模型参数向量；

ε——扰动向量。

要确定 X 和 Y 之间的依赖关系，可根据已有数据调查得到的样本 $Y_i, x_{1i}, x_{2i}, \cdots, x_{mi}$ ($i = 1, 2, \cdots, n$)，应用回归计算模型参数向量 θ，就可以用上述方程根据影响事故的因素对事故进行预测。回归分析的计算方法见第三章。

2. 斯密德模型

用回归分析方法进行交通事故预测的成功案例是斯密德(R. J. Smeed)模型。1949年，英国学者斯密德利用1938年20个国家的交通事故统计数据，用回归分析方法对交通事故死亡人数进行了预测，发现交通事故死亡人数和机动车保有量与人口数具有以下关系(图7-3)：

$$D = 0.0003 \sqrt[3]{NP^2} \tag{7-3}$$

式中：D——以30天为基准的交通事故死亡人数，人；

N——机动车保有量，辆；

P——人口数，人。

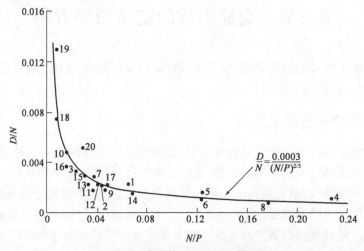

图7-3 斯密德(R. J. Smeed)模型

1-大不列颠；2-北爱尔兰；3-爱尔兰；4-美国；5-澳大利亚；6-加拿大；7-南非；8-新西兰；9-丹麦；10-芬兰；11-挪威；12-瑞典；13-比利时；14-法国；15-荷兰；16-意大利；17-德国；18-葡萄牙；19-西班牙；20-瑞士

根据式(7-3)，有：

$$\frac{D}{N} = 0.0003 \sqrt[3]{\left(\frac{P}{N}\right)^2} \tag{7-4}$$

$$\frac{D}{P} = 0.0003 \sqrt[3]{\frac{N}{P}} \tag{7-5}$$

可以用来表示交通事故死亡率与机动化水平(千人拥有机动车辆数)的关系。

英国的里明(John Joseph Leeming)在斯密德模型的基础上，提出安全指数：

$$\rho = \frac{R}{\sqrt[3]{NP^2}} \tag{7-6}$$

根据里明安全指数,可以把 ρ 是否大于 0.0003 作为是否安全的衡量标准。

由于斯密德模型是根据 1938 年的数据回归的结果,这些年来,世界各国的交通安全状况有了很大的改变,因此 20 世纪 80 年代后,斯密德公式受到了新的挑战,在发达国家已经不适用。用经济合作与发展组织(OECD)32 个成员国 2014 年的数据对斯密德公式进行验证,见图 7-4。可以看出,经过近 80 年的发展,汽车保有量增长,交通安全状况得到显著改善。

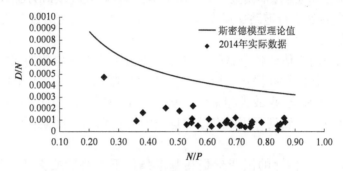

图 7-4　OECD 32 个成员国的数据对斯密德模型的验证

用我国的交通事故统计数据对斯密德模型进行验证,见图 7-5。可见 2001 年我国机动车保有量不高,其事故率基本符合斯密德模型揭示的规律。但到 2014 年,虽然与 OECD 成员国相比,我国的机动化水平还有差距,但与 2001 年相比,我国的机动化水平快速提升,安全水平也有所改善,斯密德模型已经不能描述当时事故的规律。

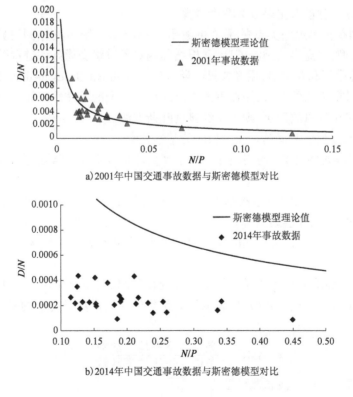

a) 2001 年中国交通事故数据与斯密德模型对比

b) 2014 年中国交通事故数据与斯密德模型对比

图 7-5　中国交通数据对斯密德模型的验证

三、安全性能函数预测法

1. 安全性能函数预测法概述

安全性能函数(Safety Performance Function, SPF)是基于交通流量和道路特征,来估计特定地点某类型平均事故率的统计学模型。美国国家道路运输协会(AASHTO)的《道路交通安全手册》使用安全性能函数进行道路交通安全的评价,也用安全性能函数来预测特定地点在给定条件下的事故数。

安全性能函数是用于估计各个路段或交叉口的预测平均事故数的回归模型,是一种结构化的方法。在一个特定时间段内,几何设计、交通控制和交通量(AADT)确定的条件下,根据事故数、事故严重程度、事故类型来估计某一地点、某一路段或路网的平均事故数。该预测方法也可以在没有观测到可用的事故数据或没有可用的预测模型的情况下,进行事故预测。

在安全性能函数中,估计的因变量是在基本条件下的路段或交叉口的预测平均事故数,独立变量是路段或交叉口的 AADT 等。安全性能函数使用多元回归技术,回归参数是通过假设事故数遵循负二项分布来确定的。当数据的平均值和方差相等时,用泊松分布描述比较合适,但事故数据的方差通常超过平均值,这种情况下,数据过度分散,负二项分布比泊松分布更适合对过度分散事故数据建模。负二项模型中过度离散的程度由过度离散参数来表示,过度离散参数值越大,与具有相同平均值的泊松分布相比,事故数据变化越大。

安全性能函数预测模型主要分为两个步骤:

(1)建立针对待预测道路类型的平均事故数预测模型。用多处相同道路类型的事故数据,通过统计学模型,建立事故预测模型,并根据预测对象道路交通条件进行调整。

(2)结合统计模型和观测值,用经典贝叶斯方法(Empirical Bayes method, EB)做进一步估算。在用经典贝叶斯方法的时候,用权重值来反映统计模型的可靠性。如果所预测的路段、交叉口或区域没有可用的事故记录,则不用经典贝叶斯方法。

安全性能函数预测模型都具有以下相同的基本要素:

(1)安全性能函数(SPF)。使用统计学模型来估计基本条件下路段、交叉口或区域的平均事故数。

(2)事故修正系数(AMF)。事故修正系数是不同条件下估计值的比率。通过安全性能函数乘以事故修正系数,来补偿预测对象(路段、交叉口或区域)的现实条件与基本条件的差异。

(3)校正系数(C)。校正系数乘以安全性能函数,来补偿不同管辖区域、不同时期数据对模型的影响。

事故修正系数 AMF 表示由于某一特定条件变化引起的事故数的相对变化。AMF 是在两种不同条件下的事故数的比。式(7-7)表示从道路条件 a 到道路条件 b 的平均事故数变化的计算。

$$\text{AMF} = \frac{\text{条件}\,b\,\text{下平均事故数}}{\text{条件}\,a\,\text{下平均事故数}} \tag{7-7}$$

基于安全性能函数的事故预测模型为:

$$N_{\text{predicted}} = N_{\text{SPF}X} \times (\text{AMF}_{1X} \times \text{AMF}_{2X} \times \cdots \times \text{AMF}_{yX}) \times C_X \tag{7-8}$$

式中：$N_{predicted}$——预测模型估计的预测对象(路段、交叉口或区域)X的年均事故数,起/年；

N_{SPFX}——在基本条件下,用安全性能函数预测的X的平均事故数,起/年；

AMF_{yX}——预测对象(路段、交叉口或区域)X的事故修正系数；

C_X——本地条件下的校正系数。

2. 路段事故预测应用案例

本书用《道路交通安全手册》中的实例来介绍安全性能函数在路段事故预测中的应用。因为案例来自美国的《道路交通安全手册》,其中部分单位为英制(1mile = 1.6093km,1ft = 0.3048m)。同时应该注意到,本书重点介绍预测方法,下述案例中的安全性能函数、基本条件、道路交通事故的修正系数都来自《道路交通安全手册》,是基于美国交通事故数据统计分析的结果,在中国应用时,需要通过国内的数据对安全性能函数和修正系数建立新的模型或进行标定。

根据《道路交通安全手册》,双车道公路的路段上,安全性能函数用路段长度(L)和年平均日交通量(AADT)来估计平均事故数。安全性能函数规定的基本条件包括车道宽度、有无照明、有无转弯车道等。双车道公路路段安全性能函数为：

$$N_{SPFrs} = AADT \times L \times 365 \times 10^{-6} \times e^{-0.312} \tag{7-9}$$

式中：N_{SPFrs}——预测的双车道公路路段平均事故数,起/年；

AADT——路段的年平均日交通量,辆/d；

L——路段长度,mile。

计算该双车道公路路段安全性能函数的基本条件见表7-4。

双车道公路路段安全性能函数的基本条件　　　　表7-4

车道宽度(LW)	12ft(约合3.66m)
路肩宽度(SW)	6ft(约合1.83m)
路肩类型	铺装路面
路侧危险度(RHR)	3
出入口密度(DD)	5个出入口/mile
水平曲率	无
垂直曲率	无
具有隆声带功能的中心线	无
超车道	无
双向左转车道	无
照明	无
自动测速设备	无
坡度	0%

待预测路段如果不满足上述基本条件,则需要用事故修正系数进行修正。

【例7-2】 使用SPF双车道公路路段,在基本条件下预测的年平均事故数为10起/年(假设没有观测数据)。因为基本条件为未安装自动测速设备,如果安装了自动测速设备,则事故的修正系数为0.83。因此,在不改变路段条件的情况下,安装自动测速设备后,预计的平均事故数是$0.83 \times 10 = 8.3$(起/年)。

根据不同的道路条件,《道路交通安全手册》提供了不同道路条件下事故修正系数的计算方法。

(1) 车道宽度影响的事故修正系数 AMF_{1r}

《道路交通安全手册》规定的双车道公路段车道宽度基本条件值为12ft,对不符合基本条件值的道路,需要根据实际的车道宽度和交通量确定车道宽度对交通事故的影响。双车道公路路段车道宽度影响的事故修正系数 AMF_{ra} 依据表7-5确定,图7-6为其所对应的图示。

双车道公路路段车道宽度影响的事故修正系数 AMF_{ra} 表7-5

车道宽度 (ft)	AADT(辆/d)		
	<400	400~2000	>2000
<9	1.05	$1.05 + 2.18 \times 10^{-4}$(AADT-400)	1.50
10	1.02	$1.02 + 1.75 \times 10^{-4}$(AADT-400)	1.30
11	1.01	$1.01 + 2.5 \times 10^{-4}$(AADT-400)	1.05
≥12	1.00	1.00	1.00

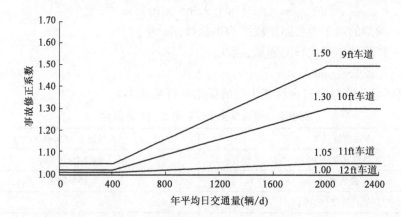

图7-6 双车道公路段车道宽度影响修正系数

注:该事故修正系数适用于单车驶离道路、多车正面碰撞、对向剐擦和同向剐擦事故。

如果两个方向的车道宽度不相同,修正系数需要根据两个方向分别确定后取平均值。

上述道路宽度修正系数的计算只考虑了对车道宽度较敏感的四种事故类型:驶出路外的单方事故、多车对撞、对向剐擦、同向剐擦。这四种类型可认为是车道宽度相关事故。一般认为其他事故类型对车道宽度不敏感。

因此,在预测总事故数的时候,需要将表7-5得到的 AMF_{ra} 调整为 AMF_{1r},即:

$$AMF_{1r} = (AMF_{ra} - 1.0) \times P_a + 1.0 \qquad (7-10)$$

式中:AMF_{1r} ——车道宽度对事故总数影响的修正系数;

AMF_{ra} ——车道宽度对车道宽度相关事故的修正系数;

P_a ——车道宽度相关事故数占总事故数的比例。

(2) 路肩宽度和类型影响的事故修正系数 AMF_{2r}

当车道路肩宽度为6ft,路肩类型为铺装时,AMF_{2r} 值为1.00。路肩宽度与基本条件不一致时,需要进行修正,路肩宽度影响的事故修正系数 AMF_{wra} 见表 7-6,图 7-7 为其所对应的图示。表 7-7 为双车道公路路段路肩类型影响的事故修正系数 AMF_{tra}。

路肩宽度影响的事故修正系数 AMF_{wra} 表 7-6

路肩宽度(ft)	AADT(辆/d)		
	<400	400~2000	>2000
0	1.10	$1.10 + 2.5 \times 10^{-4}(AADT-400)$	1.50
2	1.07	$1.07 + 1.43 \times 10^{-4}(AADT-400)$	1.30
4	1.02	$1.02 + 8.125 \times 10^{-5}(AADT-400)$	1.15
6	1.00	1.00	1.00
≥8	0.98	$0.98 + 6.875 \times 10^{-5}(AADT-600)$	0.87

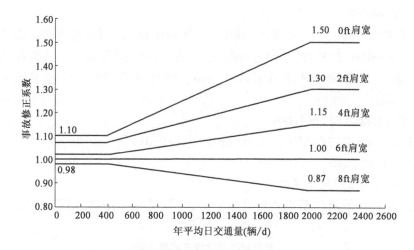

图 7-7 肩宽影响的事故修正系数

注:该修正系数适用于单车驶离道路、多车正面碰撞、对向剐擦和同向剐擦事故。

双车道公路路段路肩类型影响的事故修正系数 AMF_{tra} 表 7-7

路肩类型	路肩宽度(ft)						
	0	1	2	3	4	6	8
铺装	1.00	1.00	1.00	1.00	1.00	1.00	1.00
砂砾	1.00	1.00	1.01	1.01	1.01	1.02	1.02
复合物	1.00	1.01	1.02	1.02	1.03	1.04	1.06
草皮	1.00	1.01	1.03	1.04	1.05	1.08	1.11

上述路肩宽度和类型影响的事故修正系数的计算只考虑了对路肩宽度和类型的四种事故类型:驶出路外的单方事故、多车对撞、对向剐擦、同向剐擦。这四种类型可认为是路肩宽度和类型相关事故。一般认为其他事故类型对路肩宽度和类型不敏感。

因此,在预测总事故数的时候,需要将 AMF_{wra} 和 AMF_{tra} 调整为 AMF_{2r} ,即:

$$AMF_{2r} = (AMF_{wra} \times AMF_{tra} - 1.0) \times P_{ra} + 1.0 \quad (7-11)$$

式中:AMF_{2r}——路肩宽度和类型影响的事故修正系数;

AMF_{wra}——路肩宽度对相关事故影响的修正系数;

AMF$_{tra}$——路肩类型对相关事故影响的修正系数；

P$_{ra}$——路肩宽度和类型相关事故数占总事故数的比例。

（3）平曲线（长度、曲率半径、有无过渡曲线）影响的事故修正系数 AMF$_{3r}$

$$\text{AMF}_{3r} = \frac{1.55 \times L_c + \frac{80.2}{R} - 0.012 \times S}{1.55 \times L_c} \tag{7-12}$$

式中：AMF$_{3r}$——平曲线影响的事故修正系数；

L_c——平曲线长度，mile；

R——曲率半径，ft；

S——如果存在过渡曲线，则 $S=1$；如果不存在，则 $S=0$；如果过渡曲线存在，但只是平曲线一端有，而不是两端有，则 $S=0.5$。

（4）超高影响的事故修正系数 AMF$_{4r}$

超高影响的事故修正系数根据实际超高与《AASHTO 绿皮书》规定的超高差值 SV 来确定。SV 值为《AASHTO 绿皮书》规定的超高（单位：ft/ft）减去实际超高。当实际超高达到或超过《AASHTO 绿皮书》的要求时，修正系数取 1.00。SV 处于不同范围时，事故修正系数 AMF$_{4r}$ 的计算公式不同。

当 SV<0.01 时，AMF$_{4r}$=1.00；

当 0.01≤SV<0.02 时，AMF$_{4r}$=1.00+6×(SV-0.01)；

当 SV≥0.02 时，AMF$_{4r}$=1.06+3×(SV-0.02)。

（5）坡度影响的事故修正系数 AMF$_{5r}$

双车道公路路段坡度的基本条件是水平的，不同坡度下的事故修正系数可根据表 7-8 求得。

坡度影响的事故修正系数 AMF$_{5r}$　　　　表 7-8

地形	水平地形（坡度≤3%）	中等地形（3%≤坡度≤6%）	陡峭地形（>6%）
修正系数	1.00	1.10	1.16

（6）出入口数影响的事故修正系数 AMF$_{6r}$

双车道路段出入口数量的基本条件是 5 个/mile。如果出入口数小于 5 个/mile，则 AMF$_{6r}$ 为 1.00，否则根据式（7-13）计算。

$$\text{AMF}_{6r} = \frac{0.322 + \text{DD} \times [0.05 - 0.005 \times \ln(\text{AADT})]}{0.322 + 5 \times [0.05 - 0.005 \times \ln(\text{AADT})]} \tag{7-13}$$

式中：AMF$_{6r}$——车道密度的事故修正系数；

AADT——道路的年平均日交通量，辆/d；

DD——出入口数，个/mile。

（7）具有隆声带功能的中心线影响的事故修正系数 AMF$_{7r}$

如果双车道公路中心线具有隆声带功能，则事故修正系数为 0.94。

（8）超车道影响的事故修正系数 AMF$_{8r}$

如果双车道公路的一个行车方向上增加了一段超车道或爬坡道，则这段路上双向总事故数的修正系数为 0.75；对双向增加了超车道或爬坡道的短距离四车道路段，事故修正系数为 0.65，但该修正系数不能用于四车道路段。

(9) 双向左转车道影响的事故修正系数 AMF_{9r}

在中央设置双向左转车道的双车道公路能减少出入口转向相关的事故数。双向左转车道影响的修正系数 AMF_{9r} 的计算公式为：

$$AMF_{9r} = 1.0 - (0.7 \times P_{dwy} \times P_{\frac{LT}{D}}) \tag{7-14}$$

式中：AMF_{9r}——双向左转车道的事故修正系数；

$P_{\frac{LT}{D}}$——对双向左转车道敏感的事故数占车道相关事故数的比例，一般取值 0.5；

P_{dwy}——出入口相关事故数占总事故数的比例，可按以下公式计算：

$$P_{dwy} = \frac{(0.0047 \times DD) + (0.0024 \times DD)}{1.199 + (0.0047 \times DD) + (0.0024 \times DD)} \tag{7-15}$$

式中：DD——出入口密度，个/mile。

如果出入口密度小于 5 个/mile，则 AMF_{9r} 为 1.00。当出入口密度大于或等于 5 个/mile 时，AMF_{9r} 应进行修正计算。

(10) 路侧设计影响的修正系数 AMF_{10r}

基本条件中，路侧危险等级的基本值为 3。路侧设计影响的事故修正系数为：

$$AMF_{10r} = \frac{e^{-0.6869 + 0.0668 \times RHR}}{e^{-0.4865}} \tag{7-16}$$

式中：RHR——路侧危险等级。

路侧危险等级（RHR）系统考虑了净宽区域与边坡、路侧表面粗糙度、路边的可恢复性等要素，RHR 从 1 到 7 是指事故风险增加的不同程度，见表 7-9。

路侧危险等级　　　　　　　　　　　　　　　　　　　　　　　　　　　　　表 7-9

路侧危险等级	要素
1	净宽≥30ft，边坡 1:4，有缓冲带
2	25ft＜净宽＜30ft，边坡 1:4，有缓冲带
3	净宽=10ft，边坡 1:4，有缓冲带，路侧表面粗糙
4	5ft＜净宽＜10ft，边坡 1:3 或 1:4，几乎无缓冲带，可能有护栏（与车道距离 5～6.5ft），树、杆或其他物体（与车道距离 10ft）
5	5ft＜净宽＜10ft，边坡 1:3，无缓冲带，可能有护栏（与车道距离 0～5ft），刚性障碍物或路堤（与车道距离 6.5～10ft）
6	净宽≤5ft，边坡 1:2，无缓冲带，无护栏，有刚性障碍物（与车道距离 0～6.5ft）
7	净宽≤5ft，边坡 1:2 或更陡峭，无缓冲带，路边事故造成严重伤害的可能性很高，无护栏，有峭壁或悬崖

(11) 照明影响的事故修正系数 AMF_{11r}

$$AMF_{11r} = 1.0 - [(1.0 - 0.72 - P_{inr} - 0.83 \times P_{pnr}) \times P_{nr}] \tag{7-17}$$

式中：AMF_{11r}——双车道公路路段照明影响的事故修正系数；

P_{inr}——无照明公路路段中死亡或受伤的夜间事故数占事故总数的比例；

P_{pnr}——无照明公路路段中财产损失的夜间事故数占事故总数的比例;

P_{nr}——无照明公路路段中夜间发生事故占事故总数的比例。

(12) 自动测速设备影响的事故修正系数 AMF_{11r}

自动测速设备使用视频、雷达、激光器等技术检测是否超速,对减少事故有积极作用。《道路交通安全手册》对按照有自动测速设备的双车道公路的修正系数 AMF_{11r} 取 0.93。

3. 交叉口事故预测应用案例

美国的交叉口一般采用信号控制或标志控制,对标志控制的交叉口,设有停车让行标志("STOP"标志)。《道路交通安全手册》主要介绍了标志控制T形交叉口(3ST)、标志控制十字交叉口(4ST)和信号控制十字交叉口(4SG)的安全性能函数。因为标志控制的交叉口与我国交叉口的通行模式差异比较大,因此,这里以信号控制十字交叉口为例介绍安全性能函数。

交叉口安全性能函数的基本条件见表7-10。

交叉口安全性能函数的基本条件 表7-10

交叉口斜交偏角	0°
交叉口左转车道	无(无"STOP"标志进口)
交叉口右转车道	无(无"STOP"标志进口)
照明	无

信号控制十字交叉口的安全性能函数为:

$$N_{spf4SG} = \exp[-5.13 + 0.60 \times \ln(AADT_{maj}) + 0.20 \times \ln(AADT_{min})] \quad (7-18)$$

式中:N_{spf4SG}——信号控制十字交叉口的预测平均事故数;

$AADT_{maj}$——交通流较大的进口道年平均日交通量;

$AADT_{min}$——交通量较小的进口道年平均日交通量。

信号控制十字交叉口的安全性能函数适用范围:$AADT_{maj}$ 的适用范围为 0~25200 辆/d;$AADT_{min}$ 的适用范围为 0~12500 辆/d。

对不符合表7-10所列基本条件的交叉口的事故预测,需用事故修正系数进行修正。

(1) 交叉口斜交偏角影响的修正系数 AMF_{1i}

交叉口斜交偏角定义为交叉口平交角度与90°差值的绝对值(图7-8)。安全性能函数的基本条件中,交叉口斜交偏角为0°。

因为交通信号消除了大多数交通冲突,所以交叉口斜交偏角对信号控制交叉口交通事故的影响有限。对信号控制十字交叉口,交叉口斜交偏角影响的修正系数 AMF_{1i} 大多数时候可以取1.0。但对无信号控制交叉口,交叉口斜交偏角对事故数的预测有影响,需要加以考虑。

(2) 交叉口左转车道影响的修正系数 AMF_{2i}

安全性能函数的基本条件中,交叉口无左转车道。没有左转车道时,AMF_{2i} 值为1.00;有左转车道时,需根据设置左转车道的进口数确定事故修正系数(表7-11)。

图7-8 交叉口斜交偏角

设置左转弯道的事故修正系数　　　　　　　　　　　　　　　表 7-11

交叉口类型	交通控制类型	具有左转车道的进口数量(个)			
		1	2	3	4
十字交叉口	交通信号灯	0.82	0.67	0.55	0.45

(3)交叉口右转车道影响的修正系数 AMF_{3i}

安全性能函数的基本条件中,交叉口无右转车道。没有右转车道时,AMF_{3i} 值为 1.00;有右转车道时,需根据设置右转车道的进口数确定事故修正系数(表 7-12)。

设置右转弯道的事故修正系数　　　　　　　　　　　　　　　表 7-12

交叉口类型	交通控制类型	具有右转车道的进口数量(个)			
		1	2	3	4
十字交叉口	交通信号灯	0.96	0.92	0.88	0.85

(4)照明影响的修正系数 AMF_{4i}

安全性能函数的基本条件中,无照明条件。有照明时,需根据式(7-19)确定修正系数 AMF_{4i}。

$$AMF_{4i} = 1 - 0.38 \times P_{ni} \tag{7-19}$$

式中:AMF_{4i}——照明影响的总事故数修正系数;

P_{ni}——无照明交叉口夜间发生的事故比例(表 7-13)。

无照明交叉口的夜间事故比例　　　　　　　　　　　　　　　表 7-13

交叉口类型	夜间发生的事故比例 P_{ni}
信号控制十字交叉口	0.286

4. 根据区域条件对安全性能函数进行校正

不同区域的气候、动物种类、驾驶人、事故报告方面有显著差异,所以对于表面上相似的路段或交叉口,从一个区域到另一个区域的事故数也会发生明显的变化。预测人员可以通过事故校正系数 C 来修正区域条件下的安全性能函数。在安全性能函数中,发生较多事故的区域,其校正系数 C 大于 1.0;发生较少事故的区域,其校正系数 C 小于 1.0。

5. 应用经典贝叶斯公式进行修正

将经典贝叶斯方法与预测模型和观察的事故数相结合,对事故数进行更准确的估计,减小回归分析带来的预测偏差,以增加预测的准确性。具体步骤如下:

(1)确定经典贝叶斯方法是否适用

如果路段和交叉口没有受到道路改建影响,则可用经典贝叶斯方法。如果道路进行了改建,过去时间段的事故数与未来的事故数不相关,则经典贝叶斯方法不适用。

(2)获取可用于预测对象的事故数据

应用经典贝叶斯方法需要至少两年的事故数据。如果观察到的事故数据可用于预测对象的每一个路段和交叉口,会获得较好的预测效果。如果观察到的事故数据仅适用于研究对象整体,也可应用经典贝叶斯方法。

(3)将事故数分配到单个路段和交叉口

将观察到的事故数分配到路段和交叉口,交叉口事故包括发生在交叉口(即路缘线内)的事故和在交叉口上发生的事故,除此之外的事故被视为路段事故。图7-9说明了将事故数据分配给路段或交叉口的方法。

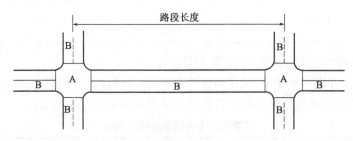

图7-9 事故数据的分配

A-在此区域内发生的所有事故为交叉口事故;B-根据事故的特征,该区域中的事故可以是路段事故或交叉口相关事故

(4)对具体预测对象进行修正

利用经典贝叶斯方法,结合预测模型和事故记录,预测路段或交叉口平均事故数的公式为:

$$N_{\text{expected}} = wN_{\text{predicted}} + (1-w)N_{\text{observed}} \qquad (7-20)$$

$$w = \frac{1}{1 + k \cdot \sum N_{\text{predicted}}} \qquad (7-21)$$

式中:N_{expected}——最终预测的平均事故数;

$N_{\text{predicted}}$——给定条件下用预测模型估计的平均事故数;

N_{observed}——实际发生的事故数;

w——预测模型的权重;

k——安全性能函数的过度离散参数。

如果没有事故严重程度的记录,则死伤事故和仅财产损失事故的预测可以用总的预测事故数乘以不同严重程度事故的比例,如比例$N_{\text{predicted(FI)}}/N_{\text{predicted(TOTAL)}}$,$N_{\text{predicted(PDO)}}/N_{\text{predicted(TOTAL)}}$。

式(7-21)表示过度离散参数k和权重w之间成反比关系,意味着当k值较小时,预测平均事故数将更多地依赖于用预测模型预测的平均事故数,较少依赖于实际记录的事故数;反之,也是如此。由于应用经典贝叶斯公式需要使用过度离散参数,所以没有过度离散参数的模型不能用经典贝叶斯公式。

【复习思考题】

1. 交通事故预测的方法有哪些?
2. 组织一次用德尔菲法预测某路段事故趋势的调查。
3. 查阅全国或某省、某市交通事故相关数据,用回归分析法对事故总数进行预测。
4. 选择一个交叉口,查阅美国《道路交通安全手册》,对该交叉口的事故数进行预测。

第八章
道路交通安全评价

　　对于交通系统来说,绝对的安全是不存在的,但每个子系统和每个子区域,其相对安全状态是不一样的。在有限的资源约束下,完全解决道路交通事故隐患是不可能的,最经济而又效果显著的方法就是找出事故多发的区域进行优先解决。这就带来了不同区域、不同子系统进行安全状态比较的问题,即安全评价问题。

　　评价,通常是指对事或人物进行判断、分析后得到的结论。道路交通安全评价就是对某一区域、某一路段或某一交叉口的安全状况进行判断、分析后得到的结论。安全是一个相对的概念,因此,交通安全评价的核心是对某一区域、某一路段或某一交叉口与其相似的区域、路段或交叉口进行安全状况比较。道路交通安全评价应贯穿规划、设计、运营整个过程,在规划阶段的安全评价还需借助交通事故预测方法来完成。交通安全评价的目的是对区域、路段或交叉口的安全状况进行比较,在路网中找出容易发生事故的薄弱环节,为道路安全规划、路段设计,提高道路的安全水平,减少事故、降低事故的严重程度提供基础。根据评价结果可选择确定保证系统安全的技术路线和投资方向,拟定安全工作对策。

　　本章主要介绍道路交通安全评价的指标、方法与模型。

第一节 道路交通安全评价指标

进行交通安全评价,首先要选择合适的评价指标。选择不同的评价指标,会导致不同的评价结果。

一、主观安全与客观安全

人对道路交通安全状况优劣的评价可以分为主观的安全感受和客观的安全程度两种评价方法。客观的安全程度是指不依赖于人且使用确定的衡量标准来计算或判断安全状态或安全等级。与之相对应的就是主观安全感受,就是人在参与交通过程中直接感知到的安全程度。在交通系统中,对于同一地点的主观安全程度,不同的人有不同的感受。尽管主观安全与客观安全之间有着密切的联系,但两者并不能等同。主观上感觉到安全并不一定意味着客观上是安全的,客观的安全状态也不一定能被人主观感受到(图8-1)。

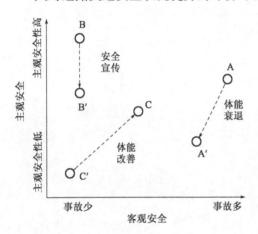

图 8-1 主观安全与客观安全的不同

主观安全与客观安全之间的交互作用对道路交通系统安全性具有重要影响,这种影响可以用风险动态平衡理论来解释。风险动态理论认为,驾驶人存在一个相对固定的危险承受水平,驾驶人通过不断调整自己的行为来使自己察觉的主观危险水平保持在自己接受的危险水平范围内。以跟驰过程为例,如果驾驶人觉得跟车距离过近,超出自己承受的危险范围,就会制动减速以降低危险水平,使得感知到的主观危险水平始终在自己接受的范围内。从风险动态平衡的角度讲,通过宣传教育等手段提升交通参与者对事故风险的敏感性,有利于提升安全水平;相反,如果对安全措施的效果进行过度宣传,则可能使驾驶人的危险承受能力提升,而部分抵消了安全措施的效果。

本章重点介绍客观安全的评价方法。

二、道路交通安全评价指标体系

传统上都是用事故数据来表征道路的安全性。但是对于某一段路、某一地点来说,事故的发生是相对随机、偶然、稀少的,简单的事故数据很难对不同区域和系统的安全状态进行对比。因此,在进行道路交通安全评价时,需要的不仅仅是单一的指标,很多时候还需要一个指标集来为安全评价提供基础。

由于道路交通的复杂性,根据不同的标准会有不同的指标体系。图 8-2 所示为一个道路交通安全指标体系实例,主要从事故总量指标、事故率指标、安全管理水平指标这三方面来评价。需要说明的是,不同的评价方法、不同的评价目的、获取数据的手段和方法对道路交通安全评价指标体系都有影响。

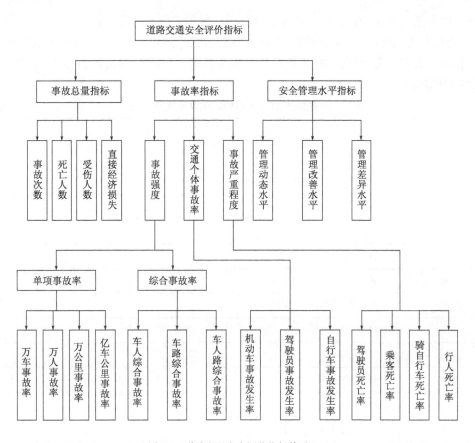

图 8-2　道路交通安全评价指标体系

各评价指标的统计数据不同,其表征的交通安全特性也不相同,只有将多个评价指标结合使用,扬长避短,才能达到全面、准确、合理评价道路交通安全水平的目的。

三、道路交通安全指标体系的选择

道路交通安全评价指标体系受到诸多因素的影响,如人口密度、人口的年龄组成、居住区的结构、车辆的保有量及组成、交通流量、公共交通设施、路网长度及质量、地理气候条件等。由于每个因素只能反映问题的一个侧面,若要全面评价道路安全水平,道路交通安全评价指标体系的选择应遵循可比性、代表性和可测性这三个原则。

可比性是指所选择的指标在各评价对象中具有统一的定义和计量标准,这样才能保证评价比较在同一基础上进行。代表性是指评价指标所表征的范畴,一些指标可反映评价对象的交通安全状况,一些指标则只反映某种局部特征,指标的代表性决定指标的应用范围。可测性是指评价指标的源数据是否易于得到、统计或计算。评价指标的可测性是一个基础,反映了获取指标数据的可操作性。随着信息、通信技术的进步,基础数据的统计方法和内容有可能发生改变,某些指标的可测性也会随之发生变化。

以可比性为例,不同国家对因道路交通事故死亡的定义不同。如果用交通事故死亡数据对不同国家的安全状况进行评价比较,必须考虑对因交通事故死亡的定义不同而带来的数据差异。目前很多国家是将事故后30天之内死亡作为交通事故死亡加以统计,但有的国家规定为7天,如中国。表8-1给出了一些国家对存活期的规定以及换算方法。

由于每个指标所需要的基础数据不同,一般来说,指标体系越详细,获取数据的难度越大。因此,在实际的交通安全评价中,需要根据需求和数据条件综合确定评价范围,选择适当的指标和评价方法。

一些国家对存活期的规定以及换算方法　　　　　　　　　　表8-1

国家	存活期规定与换算方法(换算为30天)
意大利	7天,+8%
法国	1965年,3天,+15%;1970—1992年,6天,+9%
西班牙	1993年前,1天,+30%
东德	1997年前,3天,+15%
葡萄牙	1天,+30%
希腊	1996年前,3天,+15%
奥地利	1996—1982年,3天,+15%
瑞士	1992年前,大于30天,-3%
土耳其	1天,+30%
日本	1993年前,1天,+30%
匈牙利	1976年前,2天,+20%
捷克	1980年前,1天,+30%
韩国	3天,+15%

第二节　基于事故数据的安全评价方法

基于事故数据的道路交通安全评价,可通过交通事故数据来反映道路的安全状况,进而对一个路段或一个交叉口安全状况进行评价,用于改善道路的安全状况。

一、事故案例数据

本节通过引用美国《道路交通安全手册》中的实例,来介绍基于交通事故数据的主要安全评价方法及其应用,而现实中具体的安全评价工作要根据实际的评价目的及掌握的数据质量开展。

有20个交叉口,所有的交叉口都是4路交叉口,其中13个是信号控制交叉口,7个是无信号控制交叉口。表8-2给出了这些交叉口三年的事故数据和交通量,表8-3给出了这些交叉口事故类型的具体信息。表8-4所示是根据第七章介绍的安全性能函数(SPF)预测的部分交叉口平均事故数。后续的评价方法将以这些数据为例进行介绍。

20 个交叉口三年交通量和事故数据汇总 表 8-2

交叉口编号	交叉口类型	车道数	主路 AADT	辅路 AADT	事故数		
					第一年	第二年	第三年
1	信号控制	4	30100	4800	9	8	5
2	无信号控制	4	12000	1200	9	11	15
3	无信号控制	4	18000	800	9	8	6
4	信号控制	4	11200	10900	8	2	3
5	信号控制	4	30700	18400	3	7	5
6	信号控制	4	31500	3600	6	1	2
7	无信号控制	4	21000	1000	11	9	14
8	信号控制	4	23800	22300	2	4	3
9	信号控制	4	47000	8500	15	12	10
10	无信号控制	4	15000	1500	7	6	4
11	信号控制	4	42000	1950	12	15	11
12	信号控制	4	46000	18500	10	14	8
13	信号控制	4	11400	11400	4	1	1
14	信号控制	4	24800	21200	5	3	2
15	无信号控制	4	26000	500	6	3	8
16	信号控制	4	12400	7300	7	11	3
17	无信号控制	4	14400	3200	4	4	5
18	信号控制	4	17600	4500	2	10	7
19	无信号控制	4	15400	2500	5	2	4
20	信号控制	4	54500	5600	4	2	2

20 个交叉口三年详细事故数据汇总 表 8-3

交叉口编号	总事故数	事故严重度			事故类型							
		死亡	受伤	仅财产损失	追尾	侧面碰撞	斜碰撞	撞行人	撞自行车	正面碰撞	撞固定物	其他
1	22	0	6	16	11	4	4	0	0	0	1	2
2	35	2	23	10	4	2	21	0	2	5	0	1
3	23	0	13	10	11	5	2	1	0	0	4	0
4	13	0	5	8	7	2	3	0	0	0	1	0
5	15	0	4	11	9	4	2	0	0	0	0	0
6	9	0	2	7	3	2	3	0	0	0	1	0
7	34	1	17	16	19	7	5	0	0	0	3	0
8	9	0	2	7	4	3	1	0	0	0	0	1
9	37	0	22	15	14	4	17	2	0	0	0	0
10	17	0	7	10	9	4	2	0	0	0	1	1

续上表

交叉口编号	总事故数	事故严重度			事故类型							
		死亡	受伤	仅财产损失	追尾	侧面碰撞	斜碰撞	撞行人	撞自行车	正面碰撞	撞固定物	其他
11	38	1	19	18	6	5	23	0	0	4	0	0
12	32	0	15	17	12	2	14	1	0	2	0	1
13	6	0	2	4	3	1	2	0	0	0	0	0
14	10	0	5	5	5	1	1	1	0	0	1	1
15	17	1	4	12	9	4	0	0	0	0	1	2
16	21	0	11	10	8	4	7	0	0	0	1	1
17	13	1	5	7	6	2	2	0	0	1	0	2
18	19	0	8	11	8	7	3	0	0	0	0	1
19	11	1	5	5	5	4	0	1	0	0	0	1
20	8	0	3	5	2	3	2	0	0	0	1	0

由安全性能函数(SPF)预测的部分交叉口平均事故数 表 8-4

交叉口编号	年份	AADT		平均事故数	三年平均事故数
		主路	辅路		
2	第1年	12000	1200	1.7	1.7
	第2年	12200	1200	1.7	
	第3年	12900	1300	1.8	
3	第1年	18000	800	2.1	2.2
	第2年	18900	800	2.2	
	第3年	19100	800	2.2	
7	第1年	21000	1000	2.5	2.6
	第2年	21400	1000	2.5	
	第3年	22500	1100	2.7	
10	第1年	15000	1500	2.1	2.2
	第2年	15800	1600	2.2	
	第3年	15900	1600	2.2	
15	第1年	26000	500	2.5	2.3
	第2年	26500	300	2.2	
	第3年	27800	200	2.1	
17	第1年	14400	3200	2.5	2.6
	第2年	15100	3400	2.6	
	第3年	15300	3400	2.6	
19	第1年	15400	2500	2.4	2.5
	第2年	15700	2500	2.5	
	第3年	16500	2600	2.6	

二、基于事故数据的评价指标

无论采用哪种评价方法,首先必须选择评价指标,基于事故数据的道路交通安全评价指标中有直接统计的指标,也有间接计算的指标。本节重点介绍美国《道路交通安全手册》中基于事故数据的评价指标及其计算方法。

1. 平均事故数(Average Crash Frequency)

平均事故数是指统计期内,统计区域(地点、路段)发生的事故次数、死亡人数、受伤人数等简单的统计指标的总称。平均事故数指标简单易行,可以将各统计区域根据事故总数以及事故类型和严重程度进行排序。这种方法可以初步选择一组事故多发的区域。但用平均事故数作为指标,其缺点也是显而易见的。

首先,用平均事故数作为评价指标,存在趋均数回归(Regression-to-the-mean, RTM)偏差。趋均数回归现象是指事故数某些时段可能上下波动比较大,但是最终事故数会趋于一个稳定的范围,也就是说,如果观察到某一较短时期内的事故数较大,则在接下来的时间段内事故数很有可能就会变得较小。如图8-3所示,如果恰好在事故短期高发点采取安全措施,由于回归偏差,可能会高估安全措施的效果。

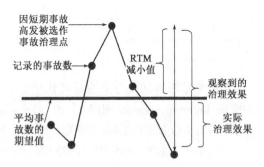

图8-3　趋均数回归(RTM)及偏差

另一个问题是没有考虑交通量的影响。在对交通量差别较大的两个区域进行比较时,有可能出现比较大的偏差,不能客观地反映两个区域的安全水平。

另外,不同的平均事故数指标,其评价的结果也是不一样的。表8-5是对交叉口采用不同的平均事故数指标进行排序的结果。同一个交叉口按不同的事故数指标,得到的排序结果不同。

根据平均事故起数法得到的事故排序　　　　表8-5

第一组		第二组		第三组	
交叉口编号	总事故数	交叉口编号	伤亡事故数	交叉口编号	仅财产损失事故数
11	38	2	25	11	18
9	37	9	22	12	17
2	35	11	20	1	16
7	34	7	18	7	16
12	32	12	15	9	15
3	23	3	13	15	15
1	22	16	11	5	11
16	21	18	8	18	11
18	19	10	7	2	10
10	17	1	6	3	10
15	17	17	6	10	10

续上表

第一组		第二组		第三组	
交叉口编号	总事故数	交叉口编号	伤亡事故数	交叉口编号	仅财产损失事故数
5	15	19	6	16	10
4	13	4	5	4	8
17	13	14	5	6	7
19	11	15	5	8	7
14	10	5	4	17	7
6	9	20	2	14	5
8	9	6	2	19	5
20	8	8	2	20	5
13	6	13	2	13	4

2. 事故率(Crash Rate)

事故率是指事故数与交通量的比值。对于交叉口,交通量主要是指进入交叉口的车辆数(Million Entering Vehicles, MEV, 百万车)。事故率需要以事故数和交通量数据为基础。事故率相对于平均事故数评价指标,能够在一定程度上消除评价过程中因交通量不同而引起的评价偏差。

以表8-2中数据为例,用事故率评价的具体步骤如下:

(1) 计算交通量(MEV):计算每个交叉口三年的交通量(MEV)。

$$\text{MEV} = \frac{\text{TEV} \cdot n \cdot 365}{10^6} \quad (8\text{-}1)$$

式中:MEV——统计期内进入交叉口的车辆数;
   TEV——每天进入交叉口的车辆数;
   n——统计事故数据的年度数,年。

(2) 计算事故率:计算每个交叉口三年的事故率。

$$R_i = \frac{N_{\text{observed},i(\text{total})}}{\text{MEV}_i} \quad (8\text{-}2)$$

式中: R_i——交叉口 i 的事故率;
   $N_{\text{observed},i(\text{total})}$——交叉口 i 的总事故数;
   MEV_i——交叉口 i 的车辆数。

(3) 根据 R_i 对交叉口的安全状态进行排序:将各交叉口按照事故率大小由高到低进行排序,见表8-6。

各交叉口根据事故率法的排序   表8-6

交叉口编号	事故率	交叉口编号	事故率
2	2.4	11	0.8
7	1.4	18	0.8
3	1.1	17	0.7
16	1.0	9	0.6
10	0.9	15	0.6

续上表

交叉口编号	事故率	交叉口编号	事故率
1	0.6	13	0.2
19	0.6	6	0.2
4	0.6	14	0.2
12	0.5	8	0.2
5	0.3	20	0.1

【例8-1】 交叉口7的百万车事故率计算为：

$$MVE = \frac{22000 \times 3 \times 365}{10^6} = 24.1$$

$$R_7 = \frac{34}{24.1} = 1.4$$

3. 等效财产损失（Equivalent Property Damage Only, EPDO）

等效财产损失方法是指根据事故严重度，对每一类事故分配权重系数，从而计算综合事故数和严重程度。权重系数是根据每类事故造成的平均财产损失进行计算的。等效财产损失方法考虑了事故严重程度的差异，但是个别的严重事故可能会影响评价的结果。

社会事故成本可用来计算等效财产损失权重，表 8-7 是 FHWA 确定的美国各类型事故转换为财产损失的等效财产损失值，可以根据事故严重度，将受伤事故细分为致残事故、明显伤害事故和轻伤事故，即 A、B、C 三级。

根据事故严重度确定的等效财产损失 表 8-7

严重度	综合事故成本（2001 年）（美元）
死亡（K）	4008900
受伤（A/B/C）	82600
仅财产损失事故（O）	7400

注：数据来源于美国联邦公路局（FHWA），2005 年 10 月。

等效财产损失平均事故数计算过程如下：

（1）计算等效财产损失权重：以死亡事故、受伤事故和仅财产损失事故计算等效财产损失权重。死亡事故和受伤事故的权重系数计算公式为：

$$f_{y(\text{weight})} = \frac{CC_y}{CC_{PDO}} \tag{8-3}$$

式中：$f_{y(\text{weight})}$——事故类型（根据事故严重程度划分）y 的权重系数；

CC_y——事故类型 y 的事故成本；

CC_{PDO}——仅财产损失事故的事故成本。

假如事故严重度确定的等效财产损失见表 8-7，则受伤事故的权重系数为：

$$f_{\text{inj(weight)}} = \frac{82600}{7400} = 11$$

根据事故严重程度确定的事故类型的等效财产损失权重系数见表 8-8。

等效财产损失权重系数　　　　　　　　　　　　　　　　　　　　表 8-8

严重度	综合事故成本(2001 年)(美元)	权重系数
死亡(K)	4008900	542
受伤(A/B/C)	82600	11
仅财产损失事故(O)	7400	1

(2)计算等效财产损失平均事故数：将每个统计对象的死亡事故、受伤事故和仅财产损失事故的数量分别乘以相对应的等效财产损失权重，得：

$$\text{Total EPDO Score} = f_{k(\text{weight})} N_{\text{observed},i(F)} + f_{\text{inj(weight)}} N_{\text{observed},i(I)} + f_{\text{PDO(weight)}} N_{\text{observed},i(\text{PDO})} \tag{8-4}$$

式中：$f_{k(\text{weight})}$——死亡事故权重；
$N_{\text{observed},i(F)}$——评价对象 i 的死亡事故数；
$f_{\text{inj(weight)}}$——受伤事故权重；
$N_{\text{observed},i(I)}$——评价对象 i 的受伤事故数；
$f_{\text{PDO(weight)}}$——仅财产损失事故权重；
$N_{\text{observed},i(\text{PDO})}$——评价对象 i 的仅财产损失事故数。

【例 8-2】 交叉口 7 的等效财产损失平均事故数为：
$$\text{Total EPDO Score}_7 = 542 \times 1 + 11 \times 17 + 1 \times 16 = 745$$

(3)排序：将各评价对象按 EPDO 分数由大到小排序，见表 8-9。

20 个交叉口依据 EPDO 得分的排序　　　　　　　　　　　　　　　　表 8-9

交叉口编号	EPDO 分数	交叉口编号	EPDO 分数
2	1347	18	99
11	769	10	87
7	745	1	82
17	604	4	63
19	602	14	60
15	598	5	55
9	257	20	38
12	182	6	29
3	153	8	29
16	131	13	26

4.相对严重程度指数(Relative Severity Index, RSI)

不同的事故类型，其成本是不一样的。相对严重程度指数就是根据不同事故类型的社会成本，进行综合计算的评价指标。表 8-10 是美国 2001 年各事故类型的平均成本，可用于计算平均相对严重程度指数(RSI)。

各事故类型的平均成本　　　　　　　　　　　　　　表 8-10

事故类型	事故成本(2001 年)(美元)
信号控制交叉口追尾	26700
无信号控制交叉口追尾	13200
剐擦	34000
斜碰撞(信号控制交叉口)	47300
斜碰撞(无信号控制交叉口)	61100
撞行人/自行车	158900
正面碰撞(信号控制交叉口)	24100
正面碰撞(无信号控制交叉口)	47500
撞固定物	94700
其他	55100

注：在选定的交通事故几何图形范围内参考警察报告的最大伤亡严重度进行交通事故成本估算，资料来源于 FHWA-HRT-05-051,2005 年 10 月。

以表 8-2 中数据为例，计算相对严重程度指数的具体步骤如下：

（1）计算每种事故类型的成本：对于每个交叉口，将每种事故类型的平均事故数乘以它们相对应的平均成本。表 8-11 为交叉口 7 事故类型的汇总。

交叉口 7 事故类型的汇总　　　　　　　　　　　　表 8-11

交叉口 7	观测事故数	单个事故成本(美元)	总成本(美元)
追尾	19	13200	250800
剐擦	7	34000	238000
斜碰撞	5	61100	305500
撞固定物	3	94700	284100
总 RSI 成本(美元)			1078400

（2）计算每一评价对象的平均相对严重程度指数（RSI）。

$$\overline{\mathrm{RSI}}_i = \frac{\sum_{j=1}^{n}\mathrm{RSI}_j}{N_{\mathrm{observed},i}} \quad (8-5)$$

式中：$\overline{\mathrm{RSI}}_i$ ——评价对象 i 的平均 RSI；

RSI_j ——事故类型 j 的 RSI 成本；

$N_{\mathrm{observed},i}$ ——评价对象 i 发生的事故数。

（3）计算每个分组的平均相对严重程度指数（RSI）的成本。

$$\overline{\mathrm{RSI}}_{\mathrm{av(control)}} = \frac{\sum_{i=1}^{n}\mathrm{RSI}_i}{\sum_{i=1}^{n}N_{\mathrm{observed},i}} \quad (8-6)$$

式中：$\overline{\mathrm{RSI}}_{\mathrm{av(control)}}$ ——参考组（控制组）的平均 RSI 成本（总平均成本）；

RSI_i ——评价对象 i 的总 RSI 成本；

$N_{\mathrm{observed},i}$ ——评价对象 i 观察到的事故数。

表 8-12 列出了每个分组的平均相对严重程度指数(RSI)成本所需要的信息。

无信号控制交叉口的平均 RSI 成本　　　　　　　　表 8-12

无信号控制交叉口编号	追尾	刮擦	斜碰撞	撞行人/自行车	正面碰撞	撞固定物	其他	总和
三年事故数								
2	4	2	21	2	5	0	1	35
3	11	5	2	1	0	4	0	23
7	19	7	5	0	0	3	0	34
10	9	4	2	0	0	1	1	17
15	9	4	1	0	0	1	2	17
17	6	2	2	0	1	0	2	13
19	5	4	0	1	0	0	1	11
总事故数								150
每种事故类型的 RSI 成本(美元)								
2	52800	68000	1238100	317800	237500	0	55100	2014300
3	145200	170000	122200	158900	0	378800	0	975100
7	250800	238000	305500	0	0	284100	0	1078400
10	118800	136000	122200	0	0	94700	55100	526800
15	118800	136000	61100	0	0	94700	110200	520800
17	79200	68000	122200	0	47500	0	110200	427100
19	66000	136000	0	158900	0	0	55100	416000
RSI 总和(美元)								5958500
平均 RSI 成本(美元)								39700

(4)排序和对比。

每个交叉口的平均相对严重程度指数(RSI)的成本要和每个对应的分组的平均相对严重程度指数(RSI)对比。表 8-13 为 20 个交叉口依据平均相对严重程度指数(RSI)的排序。

20 个交叉口依据平均相对严重程度指数(RSI)的排序　　　　表 8-13

交叉口编号	平均 RSI 成本(美元)	超过平均 RSI 的交叉口
2	57600	×
14	52400	×
9	44100	×
20	43100	×
6	42700	×
3	42400	×
12	41000	×
11	39900	×
16	39500	

续上表

交叉口编号	平均 RSI 成本(美元)	超过平均 RSI 的交叉口
4	37800	
19	37800	
1	37400	
13	34800	
8	34600	
18	34100	
17	32900	
7	31700	
5	31400	
10	31000	
15	30600	

5. 临界事故率(Critical Rate)

临界事故率的计算需要一组相似地点(或路段)的平均事故率、交通量,以及代表期望置信区间的统计常数。临界事故率降低了低交通量的地点对评价效果的影响,设置了一个阈值用来比较,但是临界事故率评价指标也没有消除趋均数回归偏差。

(1)计算每个交叉口的交通量(MEV)。

$$\text{MEV} = \frac{\text{TEV} \cdot n \times 365}{10^6} \tag{8-7}$$

式中:MEV——进入交叉口的百万车辆数;
TEV——每天总的进入交叉口的车辆;
n——统计事故数据的时间,年。

(2)计算每个交叉口的事故率。

$$R_i = \frac{N_{\text{observed},i(\text{total})}}{\text{MEV}_i}$$

式中: R_i——交叉口 i 的实际事故率;
$N_{\text{observed},i(\text{total})}$——交叉口 i 的总观测事故数;
MEV_i——交叉口 i 的车辆数。

(3)计算每类交叉口的平均事故率。

$$R_a = \frac{\sum_{i=1}(\text{TEV}_i \times R_i)}{\sum_{i=1}(\text{TEV}_i)} \tag{8-8}$$

式中:R_a——交叉口的平均事故率;
R_i——交叉口 i 的事故率;
TEV_i——进入交叉口 i 的车辆数。

无信号控制交叉口和信号控制交叉口的平均事故率见表 8-14。

无信号控制交叉口和信号控制交叉口的平均事故率 表 8-14

交叉口编号		事故率	平均事故率
无信号控制交叉口	2	2.42	1.03
	3	1.12	
	7	1.41	
	10	0.94	
	15	0.59	
	17	0.67	
	19	0.56	
信号控制交叉口	1	0.58	0.42
	4	0.54	
	5	0.28	
	6	0.23	
	8	0.18	
	9	0.61	
	11	0.79	
	12	0.45	
	13	0.24	
	14	0.20	
	16	0.97	
	18	0.79	
	20	0.12	

(4) 计算交叉口的临界事故率。

$$R_{c,i} = R_a + P \times \sqrt{\frac{R_a}{\text{MEV}_i}} + \frac{1}{2 \times \text{MEV}_i} \tag{8-9}$$

式中：$R_{c,i}$——交叉口 i 的临界事故率；

R_a——交叉口的平均事故率；

P——对应置信度的 P 值；

MEV_i——进入交叉口 i 的百万车辆数。

表 8-15 为依据泊松分布和单侧标准正态随机变量确定的不同置信度对应的 P 值。

不同置信区间对应的 P 值 表 8-15

置信度(%)	P 值	置信度(%)	P 值
85	1.036	99	2.326
90	1.282	99.5	2.576
95	1.645		

注：数据来源于美国《道路交通安全手册》。

(5) 将记录的事故率与计算出的临界事故率进行比较，如果交叉口的事故率大于相对应的临界事故率,则可认为安全状态较差。

【例 8-3】 以交叉口 7 为例,计算交叉口 7 的事故率和对应的临界事故率为:

$$MVE_7 = \frac{22000 \times 3 \times 365}{10^6} = 24.1$$

$$R_7 = \frac{34}{24.1} = 1.41$$

$$R_{c,7} = 1.03 + 1.645 \times \sqrt{\frac{1.03}{24.1}} + \frac{1}{2 \times 24.1} = 1.40$$

表 8-16 为 20 个交叉口的实际事故率与临界事故率对比结果。

20 个交叉口的实际事故率与临界事故率对比结果　　　　表 8-16

交叉口编号	记录的事故率	临界事故率	事故多发点
1	0.58	0.60	
2	2.42	1.51	×
3	1.12	1.43	
4	0.54	0.66	
5	0.28	0.57	
6	0.23	0.60	
7	1.41	1.40	×
8	0.18	0.58	
9	0.61	0.56	×
10	0.94	1.45	
11	0.79	0.58	×
12	0.45	0.55	
13	0.24	0.65	
14	0.20	0.58	
15	0.59	1.36	
16	0.97	0.67	×
17	0.67	1.44	
18	0.79	0.66	×
19	0.56	1.44	
20	0.12	0.56	

6. 用矩量法求超出预测值的平均事故数的差值(Excess Predicted Average Crash Frequency Using Method of Moments)

矩量法是按事故数或事故率进行综合排序和鉴别,其评价结果较准确,评价点数量的确定具有一定灵活性,判定标准的确定具有一定的主观性,尚不能处理随机波动问题,可以用于中等规模的交通安全鉴别工作。类似于经验贝叶斯法,但是矩量法没有考虑交通量的影响,同时也不受回归偏差的影响。

(1)对交叉口进行分类。将交叉口分为无信号控制交叉口和信号控制交叉口两类,见

表 8-17 和表 8-18。

无信号控制交叉口事故数据　　　　　　　　　　　　　　表 8-17

交叉口编号	交叉口类型	总事故数	年均事故数
2	无信号控制交叉口	35	11.7
3	无信号控制交叉口	23	7.7
7	无信号控制交叉口	34	11.3
10	无信号控制交叉口	17	5.7
15	无信号控制交叉口	17	5.7
17	无信号控制交叉口	13	4.3
19	无信号控制交叉口	11	3.7
总和		150	50.1

信号控制交叉口事故数据　　　　　　　　　　　　　　　表 8-18

交叉口编号	交叉口类型	总事故数	年均事故数
1	信号控制交叉口	22	7.3
4	信号控制交叉口	13	4.3
5	信号控制交叉口	15	5.0
6	信号控制交叉口	9	3.0
8	信号控制交叉口	9	3.0
9	信号控制交叉口	37	12.3
11	信号控制交叉口	38	12.7
12	信号控制交叉口	32	10.7
13	信号控制交叉口	6	2.0
14	信号控制交叉口	10	3.3
16	信号控制交叉口	21	7.0
18	信号控制交叉口	19	6.3
20	信号控制交叉口	8	2.7
总和		239	79.6

(2) 计算每类交叉口的平均事故数。

$$N_{\text{observed,rp}} = \frac{\sum_{i=1}^{n} N_{\text{observed},i}}{n_{\text{sites}}} \tag{8-10}$$

式中：$N_{\text{observed,rp}}$——每类交叉口的年均事故数；

$N_{\text{observed},i}$——交叉口 i 记录的年均事故数；

n_{sites}——每类交叉口的数量。

则无信号控制交叉口的年均事故数为：

$$N_{\text{observed TWSC}} = \frac{50.1}{7} = 7.1$$

(3)计算每类交叉口事故数的方差。

$$s^2 = \frac{\sum_{i=1}^{n}(N_{observed,i} - N_{observed,rp})^2}{n_{sites} - 1}$$

式中:s^2——方差;

n_{sites}——每一类交叉口数量。

信号控制交叉口和无信号控制交叉口的方差见表8-19。

信号控制交叉口和无信号控制交叉口的方差 表8-19

交叉口分类	均值	方差
信号控制交叉口	6.1	13.8
无信号控制交叉口	7.1	10.4

(4)计算每个交叉口的调整事故数。

$$N_{observed,i(adj)} = N_{observed,i} + \frac{N_{observed,rp}}{s^2} \times (N_{observed,rp} - N_{observed,i}) \tag{8-11}$$

式中:$N_{observed,i(adj)}$——每个交叉口的年均调整事故数。

对交叉口7来说,其年均调整事故数为:

$$N_{observed,7(adj)} = 11.3 + \frac{7.1}{10.5} \times (7.1 - 11.3) = 8.5$$

(5)计算每个交叉口年均调整事故数与平均事故数的差值。

$$PI_i = N_{observed,i(adj)} - N_{observed,rp} \tag{8-12}$$

式中:PI_i——交叉口i年均调整事故数与平均事故数的差值。

(6)根据PI值对各个交叉口进行排序。根据PI值由高到低进行排序,PI值越小,说明相对同类型的交叉口安全性较高(表8-20)。

则交叉口7每年的PI值为:

$$PI_7 = 8.5 - 7.1 = 1.4$$

根据PI值各交叉口的排序 表8-20

交叉口编号	记录的年均事故数	计算得到的年均调整事故数	PI
11	12.7	9.8	3.6
9	12.3	9.6	3.4
12	10.7	8.6	2.5
2	11.7	8.6	1.4
7	11.3	8.5	1.4
1	7.3	6.8	0.7
16	7.0	6.6	0.5
3	7.7	7.3	0.2
18	6.3	6.2	0.1
10	5.7	6.7	-0.5
15	5.7	6.7	-0.5

续上表

交叉口编号	记录的年均事故数	计算得到的年均调整事故数	PI
5	5.0	5.5	−0.6
17	4.3	6.3	−0.9
4	4.3	5.1	−1.0
19	3.7	6.0	−1.1
14	3.3	4.6	−1.5
6	3.0	4.4	−1.7
8	3.0	4.4	−1.7
20	2.7	4.2	−1.9
13	2.0	3.8	−2.3

7. 安全服务水平(Level of Service of Safety, LOSS)

调整平均事故数与预测平均事故数相比,可以对所有交叉口的安全状态进行排序,将其分成四级安全服务水平,安全服务水平较低的则需要对考虑采取安全改进措施。安全服务水平评价指标考虑了事故数据的变动,同时也涉及交通量,为评价事故数设立了阈值,但是安全服务水平评价指标,同样没有消除"趋均数回归"偏差。

(1)使用安全性能函数(SPF)估计预测平均事故数,得出的结果已列在表8-4中。

(2)计算预测年平均事故数的标准差。

$$s = \sqrt{k \times N_{\text{predicted}}^2} \tag{8-13}$$

式中：s——标准差；

k——安全性能函数(SPF)的过度离散系数；

$N_{\text{predicted}}$——由安全性能函数(SPF)预测的平均事故数。

交叉口7的标准差为 $s = \sqrt{2.6 + 0.4 \times 2.6^2} = 2.3$,无信号控制交叉口的标准差见表8-21。

无信号控制交叉口的标准差　　　　表8-21

交叉口编号	记录的平均事故数	由SPF预测的平均事故数	标准差
2	11.7	1.7	1.7
3	7.7	2.2	2.0
7	11.3	2.6	2.3
10	5.7	2.2	2.0
15	5.7	2.3	2.1
17	4.3	2.6	2.3
19	3.7	2.5	2.2

安全性能函数(SPF)计算时假设：校正系数为1,事故修正系数(AMF)也为1。

(3)计算每个交叉口安全服务水平(LOSS)的阈值。表8-22列出了每个交叉口的各级安全服务水平的计算公式。

交叉口的各级安全服务水平的公式　　　　　　　　　　　　　　表8-22

安全服务水平(LOSS)	条件	安全服务水平(LOSS)	条件
Ⅰ	$0 < K < (N - 1.5s)$	Ⅲ	$N \leq K < (N + 1.5s)$
Ⅱ	$(N - 1.5s) \leq K < N$	Ⅳ	$K \geq (N + 1.5s)$

注:N-预测的平均事故数;s-预测平均事故数的标准差;K-记录的实际平均事故数。

交叉口7安全服务水平第Ⅲ级的上限(表8-23)为:
$$N + 1.5s = 2.6 + 1.5 \times 2.3 = 6.1$$

交叉口7的各级安全服务水平阈值　　　　　　　　　　　　　　表8-23

交叉口安全服务水平等级	Ⅰ	Ⅱ	Ⅲ	Ⅳ
阈值	—	0~2.5	2.6~6.1	≥6.1

(4)将实际记录的平均事故数与安全服务水平范围进行比较,确定每个交叉口的安全服务水平。因为交叉口7记录的年平均事故数为11.3,大于6.1,所以交叉口7的安全服务水平等级为Ⅳ。

(5)排序:无信号控制交叉口的安全服务水平计算结果见表8-24。

无信号控制交叉口的安全服务水平排序　　　　　　　　　　　　表8-24

交叉口编号	安全服务水平(LOSS)	交叉口编号	安全服务水平(LOSS)
2	Ⅳ	15	Ⅳ
3	Ⅳ	17	Ⅲ
7	Ⅳ	19	Ⅲ
10	Ⅳ		

8.用安全性能函数(SPF)求超出预测平均事故数的差值(Excess Predicted Average Crash Frequency Using SPFs)

(1)总结历史事故数据:根据分类收集各地点的历史事故数据。无信号控制交叉口分组数据见表8-25。

无信号控制交叉口分组数据　　　　　　　　　　　　　　　　表8-25

| 交叉口编号 | 年份 | AADT | | 记录的事故数 | 三年的平均观测事故数 |
		主路	辅路		
2	第1年	12000	1200	9	11.7
	第2年	12200	1200	11	
	第3年	12900	1300	15	
3	第1年	18000	800	9	7.7
	第2年	18900	800	8	
	第3年	19100	800	6	
7	第1年	21000	1000	11	11.3
	第2年	21400	1000	9	
	第3年	22500	1100	14	

续上表

交叉口编号	年份	AADT 主路	AADT 辅路	记录的事故数	三年的平均观测事故数
10	第1年	15000	1500	7	5.7
10	第2年	15800	1600	6	5.7
10	第3年	15900	1600	4	5.7
15	第1年	26000	500	6	5.7
15	第2年	26500	300	3	5.7
15	第3年	27800	200	8	5.7
17	第1年	14400	3200	4	4.3
17	第2年	15100	3400	4	4.3
17	第3年	15300	3400	5	4.3
19	第1年	15400	2500	5	3.7
19	第2年	15700	2500	2	3.7
19	第3年	16500	2600	4	3.7

（2）利用安全性能函数（SPF）预测平均事故数。表8-26为利用安全性能函数（SPF）计算无信号控制交叉口的预测平均事故数。

利用安全性能函数（SPF）计算无信号控制交叉口的预测平均事故数　　表8-26

交叉口编号	年份	预测平均事故总数	预测平均死亡事故数	预测平均仅财产损失事故数	三年的年均预测事故总数
2	第1年	1.7	0.6	1.1	1.7
2	第2年	1.7	0.6	1.1	1.7
2	第3年	1.8	0.7	1.1	1.7
3	第1年	2.1	0.8	1.3	2.2
3	第2年	2.2	0.8	1.4	2.2
3	第3年	2.2	0.9	1.4	2.2
7	第1年	2.5	1.0	1.6	2.6
7	第2年	2.5	1.0	1.6	2.6
7	第3年	2.7	1.1	1.7	2.6
10	第1年	2.1	0.8	1.3	2.2
10	第2年	2.2	0.9	1.4	2.2
10	第3年	2.2	0.9	1.4	2.2
15	第1年	2.5	1.0	1.6	2.3
15	第2年	2.2	0.9	1.4	2.3
15	第3年	2.1	0.8	1.3	2.3

续上表

交叉口编号	年份	预测平均事故总数	预测平均死亡事故数	预测平均仅财产损失事故数	三年的年均预测事故总数
17	第1年	2.5	1.0	1.5	2.6
	第2年	2.6	1.0	1.6	
	第3年	2.6	1.0	1.6	
19	第1年	2.4	1.0	1.5	2.5
	第2年	2.5	1.0	1.6	
	第3年	2.6	1.0	1.6	

(3) 计算实际记录的平均事故数超过预测平均事故数的值。

$$\text{Excess}(N) = \overline{N}_{\text{observed},i} - \overline{N}_{\text{predicted},i} \tag{8-14}$$

式中：$\overline{N}_{\text{observed},i}$ ——交叉口 i 的记录平均事故数；

$\overline{N}_{\text{predicted},i}$ ——由安全性能函数(SPF)预测的交叉口 i 平均事故数。

(4) 排序：根据超出预测平均事故数的值的大小对交叉口进行排序，无信号控制交叉口的排序结果见表 8-27。

无信号控制交叉口记录的平均事故数与预测平均事故数的差值 表 8-27

交叉口编号	记录的平均事故数	由 SPF 预测的平均事故数	记录的平均事故数与预测平均事故数之差
2	11.7	1.7	10.0
3	7.7	2.2	5.5
7	11.3	2.6	8.7
10	5.7	2.2	3.5
15	5.7	2.3	3.4
17	4.3	2.6	1.7
19	3.7	2.5	1.2

9. 特定事故类型比例超出阈值的概率(Probability of Specific Crash Types Exceeding Threshold Proportion)

有时，需要用特定事故类型比例超出阈值的概率分析某种类型的事故是不是高。特定事故类型比例超出阈值的概率考虑到事故数据的变化，而且消除了"趋均数回归"的偏差，但是没有考虑到交通量的影响。

特定事故类型比例超出阈值的概率计算步骤如下：

(1) 计算记录各类型事故比例。

确定目标事故类型或事故严重程度，计算目标事故类型或事故严重程度的比例：

$$p_i = N_{\text{observed},i} / N_{\text{observed},i(\text{total})} \tag{8-15}$$

式中： p_i ——交叉口 i 的特定事故类型比例；

$N_{\text{observed},i}$ ——交叉口 i 记录的特定事故类型事故数；

$N_{\text{observed},i(\text{total})}$ ——交叉口 i 的总事故数。

例如，对交叉口 7 来说，角碰事故的观测比例为：

$$p_7 = \frac{5}{34} = 0.15$$

（2）估计比例阈值。

选择 p_i^* 作为目标事故类型的比例阈值，则在整个参考组中目标事故类型的事故比例阈值计算公式如下：

$$p_i^* = \frac{\sum N_{\text{observed},i}}{\sum N_{\text{observed},i(\text{total})}} \tag{8-16}$$

式中：p_i^*——比例阈值；

$\sum N_{\text{observed},i}$——所有交叉口，目标事故类型的事故数之和；

$\sum N_{\text{observed},i(\text{total})}$——所有交叉口的事故数总和。

对所选择案例中的无信号控制交叉口来说，角碰事故的比例阈值比例为（表8-28）：

$$p_i^* = \frac{33}{150} = 0.22$$

角碰事故的比例阈值　　　　　　　表8-28

交叉口分类	角碰事故数	总事故数	观测阈值 p_i^*
无信号控制交叉口	33	150	0.22
信号控制交叉口	82	239	0.34

（3）计算样本方差。

对于特定事故类型比例超出阈值的概率计算，需先计算出样本方差，其计算公式如下：

当 $N_{\text{observed},i(\text{total})} \geq 2$ 时，有：

$$\text{Var}(N) = \frac{1}{n_{\text{sites}} - 1} \times \left[\sum_{i=1}^{n} \left(\frac{N_{\text{observed},i}^2 - N_{\text{observed},i}}{N_{\text{observed},i(\text{total})}^2 - N_{\text{observed},i(\text{total})}} \right) - \frac{1}{n_{\text{sites}}} \times \left(\sum_{i=1}^{n} \frac{N_{\text{observed},i}}{N_{\text{observed},i(\text{total})}} \right)^2 \right]$$

$$\tag{8-17}$$

式中：$\text{Var}(N)$——样本方差；

n_{sites}——交叉口数；

$N_{\text{observed},i}$——交叉口 i 记录的目标事故类型事故数；

$N_{\text{observed},i(\text{total})}$——交叉口 i 的总事故数。

表8-29 总结了双向停车控制（TWSC）交叉口（一种无信号控制交叉口）的样本变量计算结果。

双向停车控制（TWSC）交叉口的样本变量计算结果　　　　　表8-29

交叉口编号	角碰事故数 $N_{\text{observed},i}$	$N_{\text{observed},i}^2$	总事故数	$N_{\text{observed},i(\text{total})}^2$	n	$\text{Var}(N)$
2	21	441	35	1225		
7	5	25	34	1156		
3	2	4	23	529		
10	2	4	17	289	7	0.034
15	2	4	13	169		
17	1	1	17	289		
19	0	0	11	121		

(4) 计算 α 和 β 参数。

$$\alpha = \frac{\overline{p_i^*}^2 - \overline{p_i^*}^3 - s^2 \overline{p_i^*}}{s^2} \qquad (8\text{-}18)$$

$$\beta = \frac{\alpha}{\overline{p_i^*}} - \alpha \qquad (8\text{-}19)$$

式中：$\overline{p_i^*}$——平均比例阈值；

$s^2 = \mathrm{Var}(N)$。

因此，对所选择的无信号控制交叉口来说，α 和 β 参数的计算如下：

$$\alpha = \frac{0.22^2 - 0.22^3 - 0.034 \times 0.22}{0.034} = 0.91$$

$$\beta = \frac{0.91}{0.22} - 0.91 = 3.2$$

(5) 计算特定事故类型比例超出阈值的概率。

利用电子表格中"betadist"函数，计算各交叉口的概率值。

$$\begin{aligned} p(p_i > \overline{p_i^*} \mid N_{\mathrm{observed},i}, N_{\mathrm{observed},i(\mathrm{total})}) \\ = 1 - \mathrm{betadist}(\overline{p_i^*}, \alpha + N_{\mathrm{observed},i}, \beta + N_{\mathrm{observed},i(\mathrm{total})} - N_{\mathrm{observed},i}) \end{aligned} \qquad (8\text{-}20)$$

式中：$\overline{p_i^*}$——平均比例阈值；

p_i——观测到的事故比例；

$N_{\mathrm{observed},i}$——观测地点 i 的观测目标事故类型事故数；

$N_{\mathrm{observed},i(\mathrm{total})}$——观测地点 i 的总事故数；

betadist( )——Beta 累积分布函数，可用 Excel 等电子表格的相应统计函数计算。

对交叉口 7 来说，其斜碰撞事故比例超过阈值的概率为：

$$\begin{aligned} p(p_i > \overline{p_i^*} \mid N_{\mathrm{observed},i}, N_{\mathrm{observed},i(\mathrm{total})}) &= 1 - \mathrm{betadist}(0.22, 0.78 + 5, 2.8 + 34 - 5) \\ &= 0.14 \end{aligned}$$

(6) 根据斜碰撞事故比例超过阈值的概率值对交叉口排序，结果见表 8-30。

根据斜碰撞事故比例超过阈值的概率值对交叉口排序 表8-30

交叉口编号	概率	交叉口编号	概率
2	1.00	8	0.15
11	0.97	10	0.14
9	0.72	7	0.14
12	0.63	14	0.13
16	0.32	5	0.11
6	0.32	1	0.10
13	0.32	18	0.09
17	0.26	3	0.05
20	0.26	15	0.04
4	0.21	19	0.02

10. 特定类型事故比例超出阈值的大小(Excess Proportions of Specific Crash Types)

特定类型事故比例超出阈值的大小，同样可以作为一个评价指标，并且不受"趋均数回归"偏差的影响,但也没有考虑到交通流的影响。

特定类型事故比例超出阈值的大小计算的步骤(1)~步骤(5)与特定类型事故比例超出阈值的概率法相同。

(1)计算超出比例。

$$p_{\text{DIFF}} = p_i - \bar{p}_i^* \tag{8-21}$$

式中：$\bar{p}_i^*$——比例阈值；

p_i——用事故数据计算的比例。

(2)排序：按比例超出阈值的大小进行排序,见表8-31。

根据比例超出阈值大小排序　　　　　表8-31

交叉口编号	用事故记录计算的比例	比例阈值	比例超出的大小
2	0.60	0.22	0.38
11	0.61	0.34	0.27
9	0.46	0.34	0.12
12	0.44	0.34	0.10

三、路段上事故多发区域的辨识方法

简单排序法可以用到交叉口、路段或某个区域上,计算所有地点的评价指标,然后按由高到低排序。这种方法简单易行,但在使用到具体路段时,路段划分方法对排序结果有非常大的影响。由于事故发生地点的随机性,在同一条路上进行不同的路段区间划分,得到的事故多发点可能会有所差异。

1. 滑动窗口法(Sliding Window Method)

滑移窗口法是指在选定路段上,确定一个特定长度的窗口,从路段的起点到终点,每次移动一个特定步长,选择的评价指标要应用在所有的窗口上,并记录和分析每个窗口的结果。

在某些情况下路段的长度可能小于窗口的长度,而且路段可能不是连续的,在这些情况下,可以设定窗口的长度(如0.1km长度的窗口)等于路段的长度。

【例8-4】　路段A是城市四车道主路上0.6km的一段路,用0.3km的窗口,以0.1km的步长移动,对路段用超出预测平均事故数的值进行评价,表8-32显示了滑动窗口法的应用。

滑动窗口法的应用　　　　　表8-32

子路段	窗口位置(km)	与预测平均事故数的差值
A_1	0.00~0.30	1.20
A_2	0.10~0.40	0.80
A_3	0.20~0.50	1.10
A_4	0.30~0.60	1.90

可以看出,对表8-31中的4个0.3km路段(窗口)来说,子路段A_4超出预测平均事故数的值最大,可选择A_4子路段进行改造。

2. 寻找峰值法(Peak Searching Method)

寻找峰值法将路段分成长度相似的子路段计算窗口,并可逐渐增加窗口长度直到等于整个分析路段的长度。这些计算窗口可互不重叠,也可重叠。选择评价指标,对每个窗口进行计算。依据指标的统计精度来确定窗口长度是否合适,并找出安全性最差的子路段。

峰值寻找法的第一步是将一个给定的路段等分成 0.1km 的窗口,窗口大小根据需要确定。计算每个窗口的评价指标,结果进行精度测试,选取符合精度要求的所有窗口计算的评价指标最大值,然后按该评价指标值对路段进行排序。如果在 0.1km 的路段上没有找到符合要求的精度的评价指标,则将窗口的长度增加到 0.2km,直到找到符合要求的性能指标的最大值,或者窗口的长度等于路段的长度为止。评价指标的精度由其变异系数评估。

$$\mathrm{CV}_i = \frac{\sqrt{\mathrm{Var}(\mathrm{PM})}}{\mathrm{PM}_i} \tag{8-22}$$

式中:CV_i——第 i 个窗口覆盖子路段的变异系数;

PM_i——第 i 个窗口覆盖子路段的评价指标值;

$\mathrm{Var}(\mathrm{PM})$——各个子路段评价指标值的方差。

变异系数(CV)值大则表明评价的方差大。计算出来的 CV 值需要和 CV 的阈值相比较,如果计算出的 CV 值小于或等于 CV 阈值,则可用该给定窗口大小的评价指标对路段进行排序。没有特定的 CV 值适合所有筛选,可以调整 CV 阈值,改变需要进一步评价的路段数量,CV 的初始阈值或默认值是 0.5。

【例 8-5】 路段 B 是城市四车道的主干路,使用超出预测平均事故数的值作为评价指标来对路段的安全性进行评价。假设路段 B 长 0.47km,CV 的阈值是 0.25。

第一次迭代:表 8-33 为各窗口覆盖子路段的变异系数。

$$\mathrm{Var}(\mathrm{PM}) = \frac{(5.2-5.7)^2 + (7.8-5.7)^2 + (1.1-5.7)^2 + (6.5-5.7)^2 + (7.8-5.7)^2}{5-1} = 7.7$$

超出预测平均事故数的值(第一次迭代)   表 8-33

子路段	窗口位置(km)	超出预测平均事故数的值	CV
B_1	0.00~0.10	5.2	0.53
B_2	0.10~0.20	7.8	0.36
B_3	0.20~0.30	1.1	2.53
B_4	0.30~0.40	6.5	0.43
B_5	0.40~0.47	7.8	0.36
平均值		5.7	—

因为有 CV 值大于 CV 阈值,所以增加窗口长度(0.20km)进行第二次迭代(表 8-34)。

超出预测平均事故数的值(第二次迭代)   表 8-34

子路段	窗口位置(km)	超出预期平均事故数的值	CV
B_1	0.00~0.20	6.5	0.25
B_2	0.20~0.40	4.45	0.36
B_3	0.20~0.40	3.8	0.42
B_4	0.27~0.47	7.15	0.22
平均值		5.8	—

在第二次迭代中子路段 B_1 和 B_4 的 CV 值小于或等于阈值 0.25，则可认为路段 B 内的 B_4 子路段相对其他子路段安全性低，也可以用 B_4 子路段代表路段 B 与其他路段进行相应的比较。

如果第二次迭代还没有达到 CV 阈值要求，可以继续增加窗口长度(0.3km)，直到最后窗口长度等于 0.47km。

3. 合成事故概率分析法

路段上的事故在统计表上都是一个个离散的点。但事实上，每一个事故的发生并不是代表这个位置安全性差，而可能是事故位置附近区域安全性都存在问题。因此可以以每个事故发生位置为中心，并考虑事故严重程度，建立事故概率曲线。把各事故的概率曲线相叠加，则形成覆盖路段的合成事故概率曲线。取某一个阈值，事故概率高于该阈值的区域都是安全性差的区域，如图 8-4 所示，图中数字表示事故严重程度，无量纲。

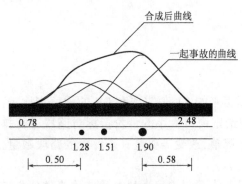

图 8-4 事故概率分析法

第三节 非事故数据评价方法

长期以来，世界上大多数国家，包括我国，普遍采用以交通事故统计为基础的道路交通安全评价体系。由于事故的发生是多种因素作用的结果，具有一定的偶然性，导致采用事故得到的数据来进行的统计分析不能准确真实地反映道路的安全性能，进而对道路交通安全的评价和决策产生误导，而且事故统计得到的数据往往无法进行微观分析，因此事故统计方法在道路交通安全评价上存在样本量小、统计周期长等弊端和局限性。为了克服这些缺陷，可以用一些非事故数据来对安全程度进行简单比较。

一、速度比评价方法

由于行车过程中速度的急剧变化会带来安全隐患，所以可以考虑用速度的变化程度来比较不同交叉口或不同路段的安全性。

1. 交叉口评价

对交叉口评价的速度比用通过交叉口的机动车行驶速度与相应路段上区间车速的比值表示，即：

$$R_I = \frac{V_I}{V_H} \tag{8-23}$$

式中：R_I——速度比；
　　　V_I——交叉口速度，km/h；
　　　V_H——区间速度，km/h。

一般交叉口冲突点多、行车干扰大、车速低,甚至造成行车阻滞。因此,速度比能够表征交叉口的行车秩序和交通管理状况。

2. 路段评价

对路段评价的速度比用相邻路段 2 速度和路段 1 速度的比值表示,即:

$$R_L = \frac{V_2}{V_1} \tag{8-24}$$

式中:R_L——速度比;

V_1——路段 1 速度,km/h;

V_2——路段 2 速度,km/h。

相邻路段速度变化越大,说明行车过程中的干扰越大,安全性越差。

二、交通冲突评价方法

交通冲突技术(Traffic Conflict Technique,TCT)作为事故统计的替代方法而应运而生。交通冲突与事故存在很大的相关性,既能很好地表征道路交通的安全水平,又能弥补现有事故数据不足与获取周期过长的弊端,可定量研究道路设施的安全状况,具有"大样本、短周期、小区域、高信度"等优点,因此受到越来越多的研究人员青睐。

交通冲突概念的研究与应用始于第二次世界大战后的航空安全领域,起初交通冲突被用作评价航空安全的重要指标。20 世纪 50 年代,交通冲突被引入到道路交通领域。基于交通冲突的评价技术与传统事故评价方法相比,在交通安全评价中具有明显的优势,交通冲突技术迅速受到国内外专家学者的关注,成为重点研究对象,相关研究成果层出不穷,其主要应用包括:

(1)间接评价交通安全;

(2)分析事故成因;

(3)研究改善措施,提高道路环境的感觉质量;

(4)利用交通改善前后的冲突调查,检验与评价交通安全改善措施的效果。

1. 交通冲突的定义与分类

交通冲突是不同的交通参与者之间在时间与空间上产生相互干扰,并且迫使交通参与者采取避让行为的一种交通状况。从交通冲突的定义中可以知道,交通冲突是一种可能导致危险后果的多个交通对象参与的干扰状况,交通冲突的发生将明显地使道路使用者感觉到发生事故的可能性。交通冲突的重要判别标准是参与事件的双方中至少一方不愿意被牵涉进干扰之中,并且采取了有意识地避让行为,也就是说在一次交通冲突过程中,至少有一个交通参与者的交通行为发生变化,而这种变化是可以观测和记录的。图 8-5 给出了交通冲突的过程。

根据不同的分类方法,交通冲突有以下种类。

(1)按测量对象的运动方向可分为:左转弯

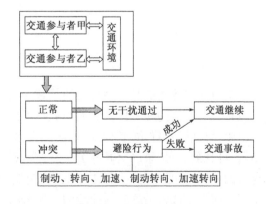

图 8-5 交通冲突的过程

冲突、直行冲突、右转弯冲突。

（2）按发生冲突的状态可分为：正向冲突、侧向冲突、超车冲突、追尾冲突、转弯冲突等。

（3）冲突严重性是指交通冲突导致交通事故发生的可能性程度（事故/冲突）。根据冲突趋近事故的严重程度，交通冲突可分为两种形式：非严重冲突、严重冲突。

非严重冲突：交通行为者在通行某一地点时存在着其他交通行为者的逼近，须采取避险行为方能避免事故发生的交通事件。

判别要素：①已感知到一定的心理压力；②须采取预防性避险行为；③存在着较充分的预判时间。

严重冲突：交通行为者在通行某一地点时存在着其他交通行为者的突然逼近，须采取及时准确的避险行为方能避免事故发生的交通事件。

判别要素：①已感知到相当大的心理压力；②须采取迅速有效的，甚至是以剧烈动作作为特征的紧急避险行为；③供感知-判断-行动的时间极短，客观表现为不允许任何犹豫或动作失误，部分情况下甚至处于条件反射式操作状态。

研究表明，交通冲突产生及数量、严重程度与相关交通流有密切的关系，同时，交通冲突也与事故数量有密切关系。图8-6给出了一个十字交叉口可能存在的冲突点及冲突数量。

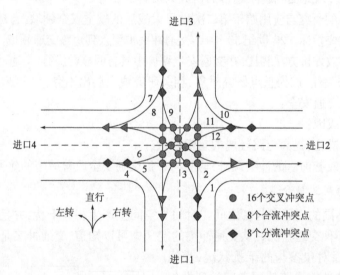

图8-6 十字交叉口交通冲突点及冲突数量

2. 交通冲突安全评价的意义

交通冲突描述的是一种有可能导致交通事故的危险交通状态，而且交通冲突数量与交通事故量具有显著的相关性。交通冲突技术的优势在于它回避了通常应用交通事故指标的评价方法中存在的"小样本、长周期、影响因素多"等一些难以回避的问题和缺陷，而是通过定义可测量、可观测、可记录的交通冲突，经过严密的论证后建立完善的观测与分析理论，实现可控、定量的分析，其是一种"大样本生成、快速定量、高可信度"的微观交通安全评价方法，尤其适用于交通安全改善措施实施前后的对比分析和效果评价。

3. 交通冲突检测

交通冲突发生的充分必要条件是空间冲突与时间冲突同时满足条件,二者缺一不可,任何一个条件得不到满足都不会发生交通冲突。是否存在交通冲突可以从以下两个方面来判定:

(1)交通参与者的运动趋势在空间上是否存在交叉(即空间冲突)。这种交叉不仅是质心轨迹的交叉,而且应在考虑交通参与者外形几何尺寸的情况下,交通参与者在空间上是否会发生接触。

(2)交通参与者是否会同时到达冲突位置(即时间冲突)。考虑无论车辆还是行人都不是一个质点,而是有一点形状、占据一定空间位置,因此并不是交通参与者同时到达质心交叉点才有时间冲突,而是到达质心交叉点的时间差小于一定值就可能发生碰撞,因此时间冲突可以定义为交通参与者到达冲突点的时间差小于给定阈值。

为了对交通冲突进行量化分析,需要对一些重要参数进行定义。

(1)冲突点。在交通工程中,冲突点是指在交叉口内两股车流轨迹线呈交叉形的交汇点。对于非同车道运动的交通参与者,冲突点定义为交通参与者形心运动轨迹(或运动趋势线)的交点。对于同车道运动的交通参与者,交通冲突点定义为交通参与者运动趋势上同时到达的点。

(2)冲突距离 DB(Brake Distance)。冲突距离是指避险措施起点到冲突点的距离。冲突距离并不能独立作为冲突严重程度的标准。如果冲突速度很低,即使距离很小,发生事故的可能性也不大;在一些特殊情况下,不同交通参与者之间的距离小未必意味着不安全,例如两车相互垂直交叉时较小的距离也能保证安全通过。

(3)冲突速度 CS(Conflict Speed)。冲突速度是指采取避险措施瞬间的车辆速度,可由经雷达测速仪、车载记录仪、视频检测器等设备测量。

(4)距碰撞发生的时间 TTC(Time to Collision)。距碰撞发生的时间,也称冲突时间,是指在当前状态下,距交通参与者到达冲突点的时间。对于运动轨迹呈一定角度的冲突,TTC = DB/CS;对于在同一车道内运动的冲突,TTC 为相对距离除以相对速度,TTC 综合反映了距离和速度的因素,目前普遍使用它作为严重性的判别标准。

国外将能够评价安全状态严重的交通冲突称为近似事故。这一部分严重的冲突事件仅占全部交通冲突的很小的一部分,如图 8-7 所示。

4. 交通冲突严重程度的判别

(1)传统交通冲突严重程度判别方法与准则

冲突严重程度判别是交通冲突技术标准化研究中一项很重要的内容,也是以交通冲突为基础的道路交通安全评价方法的关键。准确的冲突严重程度判别能为交通安全评价及诊断提供有力的依据,能从根本上提高交通安全评价的准确性和有效性,是预防交通事故发生和提高交通安全水平的有效途径。冲突严重程度的定量关

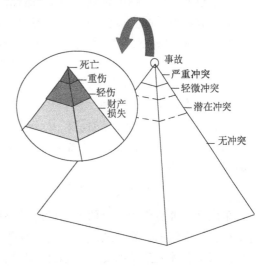

图 8-7 交通基本事件及其组成关系

系可由单位时间的事故发生概率的数学期望表示,大量研究结果表明,事故与严重冲突之间存在关系,即冲突越严重、冲突频率越高,导致事故发生的可能性就越高。这是以事故为间接指标来衡量冲突严重性的。实际上,可以从冲突本身表现出来的特征来界定冲突的严重程度,冲突严重程度的下限为冲突发生的临界点,冲突严重程度的上限为冲突与事故之间的临界点。在这个冲突发生的区间内可以根据需求将冲突的严重程度分成不同级别。据此划分冲突的严重程度同样与事故之间有着密切的关系,冲突严重程度越高,导致事故发生的可能性就越高,反之事故发生的可能性就越低。

传统的交通冲突严重程度判别的方法主要有冲突时间和冲突距离两种,除此之外,国内外也还有采用其他指标如减速度、冲突时产生的能量等度量冲突严重程度的方法。多数基于冲突时间的冲突严重程度判别采用的是先估算车辆速度,进而判断冲突时间的方法来判定是否为严重冲突,如果冲突时间小于某一临界值,则为严重冲突,否则为非严重冲突。美国公路研究所提出的冲突时间的临界值为1s,瑞典是1.5s。基于冲突距离的冲突严重程度判别在实际应用中十分直观。该方法需要设定临界冲突距离,观测者通过目测或者仪器测量获得冲突对象间的距离,然后与临界冲突距离比较。如果车辆间的距离大于临界距离,则认为该冲突为非严重冲突;如果车辆间的距离小于临界距离,则可能发生碰撞并认为该冲突为严重冲突。我国也有研究将冲突距离作为判别冲突及严重程度的标准,因为实际观测过程中从感觉上来说,距离比时间更直观和更易把握,观测值相对更准确。

(2)基于减速操作的交通冲突严重程度判别

基于减速操作的交通冲突严重程度判别主要采用车辆的制动减速度为判别指标,当制动减速度大于临界值时,驾驶人的视觉就开始模糊,严重影响车辆的安全驾驶。随着制动减速度的进一步增加,驾驶人的不良反应急剧增大,忍受时间也越来越短,发生危险的可能性也越来越大。

相关研究资料表明在通常的驾驶行为中,制动减速度的值一般在 $0 \sim 2.6 \text{m/s}^2$ 区间之内。在信号控制交叉口,车辆正常行驶条件下,驾驶人看清交通信号交通标志并在足够时间内制动减速直至停车,减速度大小一般在 2m/s^2 左右。行驶过程中当减速度小于 2m/s^2 时,驾驶人或乘员一般没有任何不适的感觉。干燥路面上,车辆紧急制动的减速度一般在 $4 \sim 8 \text{m/s}^2$ 范围之内。有研究将制动减速度作为交通冲突判断指标之一,并对减速度的取值标准做了如下划分:

减速度 $a < 3\text{m/s}^2$,可能是交通遭遇或轻微交通冲突所致;

$3\text{m/s}^2 \leq a \leq 5\text{m/s}^2$,可能是中等交通冲突所致;

$a > 5\text{m/s}^2$,可能是严重交通冲突所致。

将减速度作为交通冲突及其严重性的判断指标之一,在很大程度上考虑了驾驶人的心理感受,而且还可以反映出制动强度,从而直接体现避险行为的"轻重缓急",但是,减速度临界指标的选取较难,目前大部分学者均采用经验值来作为临界值,没有一个科学的计算方法来决定减速度判定指标。

5. 交通冲突与交通安全的关系

采用交通冲突作为安全研究指标的重要前提是一定数量的交通冲突和事故之间必然存在着某种相对固定的关系。通过常识性的判断,交通冲突本身的严重程度是不同的,其中只有最严重的那部分才是危险的交通状态,即如果交通参与者没有及时做出正确的反应就会发展成为交通事故。因此,交通冲突的严重程度是决定能否被用于交通安全分析的关键因素。但冲

突分析方法还存在一些争议性,主要体现在两个方面:

(1)预测的有效性:严重冲突数和事故数是否存在固定关系。

(2)过程有效性:严重冲突发生的过程或原因与事故发生的过程或原因是否存在固定关系。

北京航空航天大学和清华大学根据安装在北京市50辆车出租车上的传感器,经过193天记录了1366个冲突数据,建立的冲突和事故的关系为:

$$A_i = \frac{E_i}{\alpha E_i + \beta} \tag{8-25}$$

式中:A_i——在一天中的第i个小时每10000辆车的每小时平均事故数;

E_i——在一天中的第i个小时每10000辆车的每小时平均冲突数量。

可以看出,交通事故的数量随着冲突数量的上升而上升,但是增加的速度比冲突增加的速度缓慢。

【复习思考题】

1. 简述道路交通安全评价的步骤。
2. 试用国家统计局网站、事故统计年报或相关统计报告中的数据对某省、某市或某区域的事故数据评价指标进行分析。
3. 查找数据,并尝试选择两种以上的基于事故数据的安全评价方法对某道路进行安全评价。
4. 寻找一交叉口,选择一种非事故数据评价方法对该交叉口的安全性进行评价。
5. 查阅文献和资料,探讨未来可用于道路交通安全评价的新方法和新思路。

第九章 道路交通安全分析

道路交通安全分析是使用系统工程的原理和方法,辨别、分析道路交通系统或特定的道路交通事故中存在的危险因素,并根据实际需要对其进行定性、定量描述的方法。其目的是为了保证交通系统安全运行,查明系统中的危险因素,找出交通系统中潜在的导致事故发生的原因,以便制订相应的措施防止或减少事故的发生。

第一节 概 述

安全分析方法较多,道路交通安全分析作为安全分析的重要组成部分,安全分析的一般方法都能用于道路交通安全分析,但具体分析过程中,需要根据分析的对象和目的,选择合适的分析方法。

一、道路交通安全分析的内容

道路交通安全分析从安全角度对交通系统中的危险因素进行分析,主要分析可能导致交通事故的各种因素及其相互关系,通常包括如下内容:

(1)对可能出现的初始的、诱发的及直接引起事故的各种危险因素及其相互关系进行调查和分析。

(2)对交通系统有关的环境条件、装备、人员及其他有关因素进行调查和分析。

(3)对一些能够控制或根除特殊危险因素的措施进行分析。

(4)对可能出现的危险因素控制措施及实施这些措施的方法进行调查和分析。

(5)对不能根除的危险因素可能出现的后果进行调查和分析。

(6)对危险因素一旦失去控制,为防止伤害和损害的安全防护措施进行调查和分析。

二、安全分析方法的分类

安全分析方法有许多种,在危险因素辨识中得到广泛应用的安全分析方法主要有:统计图表分析、因果分析图、安全检查表、预先危险性分析、故障模式及影响分析、事件树分析、事故树分析、危险性和可操作性分析、管理疏忽和风险树分析、原因—后果分析、共同原因分析。

这些方法可以进行分类。按数理方法,可分为定性分析和定量分析。按逻辑方法,可分为归纳分析和演绎分析。安全检查表、预先危险性分析、故障模式及影响分析、危险性和可操作性分析等属于归纳分析的范畴,是从原因推论结果的方法。事件树分析、管理疏忽和风险树分析则属于演绎分析的范畴,是从结果推论原因的方法。

三、安全分析方法的特点及适用范围

各种安全分析方法都是根据危险性的分析、预测以及特定的评价需要而研究开发的,因此,它们都有各自的特点和一定的适用范围。

(1)统计图表分析。统计图表分析是一种定量分析方法,适用于对事故情况进行统计分析,便于找出事故发生规律。

(2)因果分析图。因果分析图将引发事故的重要因素分层(枝)加以分析,分层(枝)的多少取决于安全分析的广度和深度要求,分析结果可供编制安全检查表和事故树用。此方法简单,用途广泛,但难以揭示各因素之间的组合关系。

(3)安全检查表。安全检查表是按照一定方式(检查表)检查设计、系统和工艺过程,查出危险性所在。此方法简单,用途广泛,没有任何限制,工程中很实用。

(4)预先危险性分析。预先危险性分析是确定系统的危险性,尽量防止采用不安全的技术路线,使用具有危险性的物质、工艺和设备。其特点是把分析工作做在行动之前,避免由于考虑不周而造成的损失。

(5)故障模式及影响分析。故障模式及影响分析是对系统中的组成元件进行逐个研究,查明每个元件的故障模式,然后进一步查明每个故障模式对子系统以至系统的影响。此方法易于理解,是广泛采用的标准化方法,但一般不能考虑人、环境和部件之间相互关系等因素,主要用于设计阶段的安全分析。

(6)致命度分析。致命度分析是确定系统中每个元件发生故障后造成的严重性,按其严重度定出等级,以便改进系统性能。

(7)事件树分析。事件树分析是由初始(希望或不希望)的事件出发,按照逻辑推论其发展过程及结果,即由此引起的不同事件链。此方法广泛用于各种系统,能够分析出各种事件发展的可能结果,是一种动态的宏观分析方法。

(8)事故树分析。事故树分析是从不希望的事件(顶事件、事故)开始,找出引起顶事件(事故)的各种失效事件及其组合。最适用于找出各种失效事件之间的关系,即寻找系统失效的可能方式。此方法可包含人、环境和部件之间相互作用等因素,具有简明、形象化的特点,是安全系统工程的主要分析方法。

(9)危险性和可操作性分析。危险性和可操作性分析研究各类状态参数的变动,以及操作控制中偏差的影响及其发生的原因。其特点是由中间的状态参数的偏差开始,分别向下找原因,向上判明其后果,是故障模式及影响分析和事故树分析方法的引申,具有二者的优点。

(10)原因—后果分析。原因—后果分析是事件树分析和事故树分析方法的结合,从某一初始条件出发,向前用事件树分析,向后用事故树分析,兼有二者的优缺点。此方法灵活性强,可以包罗一切可能性,易于文件化,可以简明地表示因果关系。

(11)共同原因分析。共因事故是一种相依失效事件,避免了故障模式及影响分析单一输入的故障模式的缺点,因此,是故障模式及影响分析和事故树分析方法的补充。

四、交通安全分析方法的选择

在进行交通安全分析方法选择时应根据实际情况考虑如下四个方面:

(1)分析的目的

交通安全分析的最终目的是辨识可能导致事故的危险源,但实际的分析工作往往是面向最终目的进行其中一部分工作。由于每种方法都有其自身的特点和局限性,使用中有时要综合应用多种方法,以取长补短或相互比较,验证分析结果的正确性。要明确分析的对象是整个系统,还是其中的某一环节,要根据明确的分析目的选取合适的分析方法。

(2)资料的影响

资料收集的数量、详细程度、新旧程度等,对安全分析方法的选择有着至关重要的影响。不同的方法对应的需要搜集的资料是不同的。一般来说,资料的获取与被分析的系统所处的阶段有直接关系。

(3)系统的特点

要针对被分析系统的特点选择安全分析方法。对于复杂和规模大的系统,由于需要的工作量和时间较多,应先用较简捷的方法进行筛选,然后根据分析的详细程度选择相应的分析方法。对于复杂的系统应先找一个简单的方法,发现主要矛盾,有了一个简单的结论之后再进行深入的分析。

(4)系统的危险性

当系统的危险性较高时,通常采用系统、严格、具有预测性的方法,如故障模式和影响分析、事件树分析、事故树分析等。当系统的危险性较低时,一般采用经验性、不太详细的分析方法,如安全检查表等。

在使用交通安全分析方法时应注意:现有分析方法不能生搬硬套,必要时应进行改造或简化;不能局限于已有分析方法的应用,应从系统原理出发,根据交通系统的特征,进行交通安全分析。

第二节 事故致因理论

事故致因理论是基于大量典型事故的本质原因分析所提炼出的事故机理和事故模型。这些机理和模型反映了事故发生的一般规律性,能够为事故原因的定性、定量分析,为事故的预测预防,为改进安全管理工作,从理论上提供科学、完整的依据。随着科学技术和生产方式的发展,事故发生的本质规律在不断变化,人们对事故原因的认识也在不断深入,因此先后出现了十几种具有代表性的事故致因理论和事故模型。

一、事故倾向性格论

1919年,格林伍德(M. Greenwood)和伍兹(H. Woods)提出"事故倾向性格"论(Accident Proneness Theory)。他们对许多工厂伤亡事故数据中的事故发生次数按不同的分布进行了统计。结果发现,工人中的某些人比其他人更容易发生事故。从这种现象出发,1939年法默(Farmer)等提出事故频发倾向概念。所谓事故频发倾向,是指个人容易发生事故的、稳定的、个人的内在倾向。根据这种观点,事故频发倾向是由个人内在因素决定的,并且长时间容易发生事故的倾向不会变化。也就是说,有些人的本性就是容易发生事故,具有事故频发倾向的人被称为事故频发倾向者。

事故频发倾向理论过分强调了人的个性特征在事故中的影响。关于事故频发倾向者存在与否的争议持续了半个多世纪,近年来也有许多研究结果表明,事故频发倾向者并不存在。

在交通安全研究领域,驾驶人的事故倾向也成了众多研究者关注的对象。如1994年华东师范大学的沈玮等采用柳井晴夫等人编制的新性格检查问卷对60名公交车驾驶员的人格特征进行了测量。对事故驾驶人与安全驾驶人进行了人格特征的比较研究,发现:

(1)事故组驾驶人与安全组驾驶人在五个人格特征上存在显著性差异,其中事故组驾驶人攻击性、神经质倾向较强,而持久性、协调性和同情性较差。

(2)男性事故组驾驶人与安全组驾驶人在四个人格特征上存在显著性差异,其中事故组驾驶人攻击性和神经质倾向较强,但持久性和协调性较差。

(3)女性事故组驾驶人与安全组驾驶人在两个人格特征上存在显著性差异,前者较后者攻击性强,但缺乏同情性。

对驾驶人事故多发倾向的研究,往往集中在驾驶人的某项心理或生理特征与事故的关系,对驾驶人中有无事故频发倾向者还没有明确的结论。有趣的是,国内外对优秀驾驶人的研究发现,优秀驾驶人在智力和体力上与普通驾驶人没有多大差别,但他们热爱自己的工作,在工作单位里是"可靠、忠实和勤奋的职工",在家里是"忠实、可靠、节俭和谨慎的丈夫和父亲",无论在什么场合,都没有攻击性,总是礼让别人,具有被社会所接纳的良好人格特征。

这一理论对交通安全的指导意义在于,对驾驶人比较集中的运输企业,如果能够找到一种比较合适的测度方法来发现具有事故频发倾向的人群,避免这类人成为职业驾驶人,可以减少事故的发生。

二、事故因果连锁理论

1. 海因里希因果连锁理论

1931年,美国的海因里希在《工业事故预防》一书中阐述了工业安全理论,该书的主要内容之一就是论述了事故发生的因果连锁理论(Accident Causation Sequence Theory),后人称其为海因里希因果连锁理论。该理论阐述了导致伤亡事故的各种因素,以及这些因素与伤害之间的关系,其核心思想是:伤亡事故的发生不是一个孤立的事件,而是一系列原因事件相继发生的结果,即伤害与各原因相互之间具有连锁关系。

海因里希提出的事故因果连锁过程包括如下5种因素:

一是,遗传及社会环境(Ancestry and Social Environment)。遗传及社会环境是造成人的缺点的原因。遗传因素可能使人具有鲁莽、固执、粗心等不良性格;社会环境可能妨碍教育,助长不良性格的发展。这是事故因果链上最基本的因素。

二是,人的缺点(Worker Fault)。人的缺点是由遗传和社会环境因素造成,是使人产生不安全行为或使物产生不安全状态的主要原因。这些缺点既包括各类不良性格,也包括缺乏安全生产知识和技能等后天的不足。

三是,人的不安全行为或物的不安全状态(Unsafe Act or Unsafe Condition)。人的不安全行为或物的不安全状态是指那些曾经引起事故,或可能引起事故的人的行为,或机械、物质的状态,它们是造成事故的直接原因。

四是,事故(Accident)。事故是指会导致财产损失或人身伤害的事件。

五是,损失或伤害(Damage or Injury)。损失或伤害是指直接由事故而产生的人身伤害或财产损失。

上述事故因果连锁关系,可以用5块多米诺骨牌(图9-1)来形象地加以描述,因此,该理论又被称为多米诺骨牌理论(Domino Theory)。

图9-1 多米诺骨牌理论

海因里希从物理学的作用与反作用的角度来解释事故,指出事故是一种失去控制的事件。他首先提出人的不安全行为和物的不安全状态的概念,提出安全工作的中心是为了禁止人的不安全行为,消除物质的不安全状态,中断事故连锁而防止事故发生的著名论点。

海因里希一方面强调了人的不安全行为在事故发生中的重要作用,同时也指出物的不安全状态也是事故发生的直接原因。同时,他把人的不安全行为和物的不安全状态的产生完全归因于人的缺点,进而追究人的遗传因素和社会环境方面的问题。

1941年,海因里希统计了55万件机械事故,其中死亡、重伤事故1666件,轻伤48334件,其余则为无伤害事故,从中得出一个重要结论,即在机械事故中,死亡或重伤、轻伤和无伤害事故的比例为1:29:300,国际上把这一法则称为海因里希事故法则。这个法则说明,在机械生产过程中,每发生330起意外事件,有300件未产生人员伤害,29件造成人员轻伤,1件导致重伤或死亡。

海因里希因果连锁理论对交通安全管理的积极意义在于:如果移去因果连锁中的任意一块多米诺骨牌,则连锁被破坏,事故过程被中止,即达到控制事故的目的;安全工作的中心就是要移去中间的多米诺骨牌,即防止人的不安全行为发生和物的不安全状态存在,从而中断事故的进程,避免伤害的发生。当然,通过改善社会环境,使人具有更为良好的安全意识,加强培训,使人具有较好的安全技能,或者加强应急抢救措施,也能在不同程度上移去事故连锁中的某一多米诺骨牌,或增加该骨牌的稳定性,使事故得到预防和控制。尽管海因里希因果连锁理论是在工厂工伤事故调查的基础上得出的,但对作为一种特殊事故类型的交通事故而言,海因里希的事故理论仍具有重要的指导意义。

【例 9-1】 某车队在高速公路上行驶时下起了小雨,同时前方道路因修路而由双行道改为单行道,前面的汽车突然减速,后面的汽车由于速度过快而来不及制动减速,造成多辆车相撞,导致人员伤亡和财产损失。

这是一起普通的高速公路追尾事故,引发这起事故的主要因素有:车速过快、车距过小、前车减速过急、路面湿滑、发现情况迟、突然改变车道、驾驶人思想麻痹等。这些因素构成了事故的多米诺骨牌,从中拿走任意一块多米诺骨牌,事故都有可能不发生:如果车队行进速度再慢一些,事故也许就不会发生;如果车队之间的行车间距再大一些,事故也许就不会发生;如果前面道路一直是双行道,事故也许就不会发生,等等。要防止这类事故的发生,就应移除更多的多米诺骨牌、排除更多的安全隐患。从改变人的不安全行为的角度:车队的管理人员应从增大行车间距、降低行车速度、加强驾驶人安全行车意识、提高驾车时的注意力、加强驾驶人技能培训、增强带车人员责任意识等方面入手,来应对复杂的道路和恶劣的天气等不良环境的影响,预防车辆事故发生,保证行车安全。从改善物的不安全状态的角度:道路管理部门可以在距双行道改单行道地段足够远的地点设置警告标志,将道路变化产生的安全隐患消除或将其危害降至最低。

2. 博德事故因果连锁理论

美国前国际损失控制研究所所长博德(Frank Bird)在海因里希事故因果连锁理论的基础上,提出管理观点较强的事故因果连锁理论。博德认为,尽管人的不安全行为和物的不安全状态是导致事故的重要原因,必须认真追究,但这只是事故根本原因的一种表面现象。他认为事故的根本原因是管理失误。管理失误主要表现在对导致事故的根本原因控制不足,也可以说是对危险源的控制不足。

博德的事故因果连锁过程同样涉及 5 个因素(图9-2),但与海因里希的都有所不同:

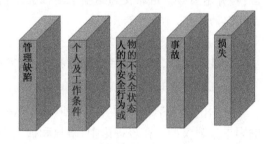

图9-2 博德事故因果连锁理论

(1)管理缺陷。事故因果连锁中一个最重要的因素是安全管理。大多数企业由于各种原因,完全依靠工程技术上的改进来预防事故是不现实的,需要完善安全管理工作,进而防止事故的发生。

(2)基本原因。为了从根本上预防事故,必须查明事故的基本原因,并针对查明的基本原因采取对策。基本原因包括个人原因及与工作有关的原因。

(3)直接原因。人的不安全行为或物的不安全状态是事故的直接原因,这是最重要的、必须加以追究的原因。但是,直接原因只是更深层原因的征兆,是一种表面现象。

(4)事故。从实用的角度出发,往往把事故定义为最终导致人员损伤、死亡,财物损失等不希望发生的事件。但是,越来越多的安全专业人员从能量的观点把事故看作人的身体或构筑物、设备与超过阈值的能量接触,或人体与妨碍正常生产活动的物质接触。

(5)损失。博德因果模型中的伤害,包括工伤、职业病以及对人员精神方面、神经方面或全身性的不利影响。人员伤害及财物损坏统称为损失。

托普斯(Topves)对这一理论进行了简单的改进,在事故之后引入初始损失(Initial Loss)和最终损失(Final Loss),构成如下的因果连锁:管理缺陷→基本原因→直接原因→事故→初始损失→最终损失。根据托普斯提出的事故致因理论,当事故发生后,并不是直接形成最终损失,而是首先会产生初始损失,即造成一定程度的人员伤亡和财产损失,经过应急救援之后,最后所形成的损失才是事故所致的最终损失。在初始损失和最终损失之间,可以通过采取积极有效的救护行动来尽量降低事故损失。

【例9-2】 博德事故因果连锁理论对道路交通安全管理的指导意义。

(1)博德理论认为管理缺陷是事故的根本原因。在道路交通运输中,管理方面的缺陷是导致事故的重要原因。部分企业、个人片面追求经济效益,超载、疲劳驾驶、无证驾驶、车辆维护检修不足等导致的交通事故时有发生,如果相关部门加强管理,很多事故是可以避免的。我国目前交通安全管理中存在强调依靠技术进步改善安全的思想,在一定程度上忽视了安全管理的重要作用。

(2)博德理论认为管理缺陷会造成个人及工作条件的缺陷,形成事故隐患。在道路交通运输中也是如此。人的因素对事故的影响很大,造成错误行为的原因主要有:安全意识淡薄、经验不足、驾驶技能不强、个体差异。道路环境因素具体表现在以下几个方面:较为平缓且较直的道路易导致驾驶疲劳,使得驾驶人注意力不集中,易发生事故;天气等原因致使路面不利于车辆行驶;能见度、照明条件也会对驾驶造成影响。车的因素主要包括车的正常使用年限、定期的维护检修等。

(3)博德把事故的直接原因归结为人的不安全行为或物的不安全状态。道路交通事故的直接原因可以从这两方面进行分析。人的不安全行为主要有:不遵守交通规则;对车辆维护不当;操作不当等。道路交通运输主要依靠车辆运输,因此物的不安全状态主要是指车辆的状态和道路的状态。

(4)应急救援是道路交通安全改善的重要环节。根据托普斯的观点,通过强化违法占用应急车道的处罚,增强交通事故救援力度,可以减少交通事故带来的最终损失。

3. 亚当斯事故因果连锁理论

英国伦敦大学的约翰·亚当斯(John Adams)教授提出一种与博德事故因果连锁理论类似的因果连锁模型。在该理论中,事故和损失因素与博德理论相似。这里把人的不安全行为和物的不安全状态称作现场失误,其目的在于提醒人们注意不安全行为和不安全状态的性质。该理论的核心在于对现场失误的背后原因进行深入的研究。操作者的不安全行为及生产作业中的不安全状态等现场失误,是由于企业领导者及事故预防工作人员的管理失误造成的。管理人员在管理工作中的差错或疏忽,企业领导人决策错误或没有作出决策等失误,对企业经营管理及事故预防工作具有决定性的影响。管理失误反映企业管理系统中的问题,它涉及管理体制,即如何有组织地进行管理工作,如何确定具体管理目标,如何计划、实现确定的目标等方面。管理体制反映作为决策中心的领导人的信念、目标及规范,它决定各级管理人员安排工作的轻重缓急、工作基准及指导方针等重大问题。该模型以表格的形式给出,见表9-1。

亚当斯事故因果连锁模型 表9-1

管理体系	管理失误		现场失误	事故	损失
目标、组织、机能	领导者在下述方面决策错误或没有作出决策:方针政策、目标、规范、责任、职级考核、注意范围、权限授予	安全技术人员在下述方面管理失误或疏忽:行为、责任、权限规范、规则、指导、主动性、积极性、业务活动	人的不安全行为、物的不安全状态	伤亡事故、损坏事故、无伤害事故	对人、对物

4. 北川彻三事故因果连锁理论

前面几种事故因果连锁理论把考察的范围局限在企业内部。实际上,工业伤害事故发生的原因是很复杂的,一个国家或地区的政治、经济、文化、教育、科技水平等诸多社会因素,对伤害事故的发生和预防都有着重要的影响。日本北川彻三正是基于这种考虑,对海因里希的理论进行了一定的修正,提出另一种事故因果连锁理论,见表9-2。

北川彻三事故因果连锁理论 表9-2

基本原因	间接原因	直接原因		
管理原因、学校教育的原因、社会和历史的原因	技术的原因、教育的原因、身体原因、精神的原因	人的不安全行为、物的不安全状态	事故	伤害

北川彻三事故因果连锁理论认为:事故的间接原因包括技术、教育、身体、精神的原因。技术原因是指机械、装置、设施的设计、建造、维护有缺陷;教育原因是指因教育培训不充分而导致人员缺乏安全知识及操作经验;身体原因是指人员的身体状况不佳;精神原因是指人员的不良态度、不良性格、不稳定情绪。而事故的基本原因是管理、学校教育、社会和历史的原因。管理原因是指领导者不重视,作业标准不明,制度有缺陷,人员安排不当;学校教育原因是指教育机构的教育不充分;社会和历史的原因是指安全观念落后,法规不全,监管不力。

在北川彻三事故因果连锁理论中,基本原因中的各个因素已经超出企业安全的工作范围。但是,充分认识这些基本原因因素,对综合利用可能的科学技术、管理手段来改善间接原因因素,达到预防伤害事故发生的目的,是十分重要的。

5. 多原因理论

多原因理论(Multiple Causation Theory)是多米诺骨牌理论的发展。该理论认为对于一个单一的事故可能存在多个促成因素(Contributory Factors)、原因(Causes)和次原因(Sub-causes),这些因素的某种组合导致事故发生。

促成因素可分为下面两个类别:

①行为的(Behavioural)因素。这一类别属于劳动者的因素,如不正确的态度,缺乏知识,缺乏技能,以及生理和心理上的不良状态。

②环境的(Environmental)因素。这一类别包括对有危险的工作的不适当保护,由于设备使用导致设备性能的下降,以及不安全的程序。

该理论的主要贡献在于,指出一起事故很小概率是由于单一的原因或行为导致的。

该理论有助于对各种事故的调查、分析和预防。从以往大量的事故报告的分析可知,绝大多数的事故既存在行为要素,又存在环境要素。然而该理论未对行为要素和环境要素的背后原因作深入的分析,因而对于事故的预防缺少理论指导。

三、能量转移理论

1961年由吉布森(Gibson)提出,并在1966年由哈登(Haddon)引申的"能量转移"理论(Energy Transfer Theory),是事故致因理论发展过程中的重要一步。

能量在生产过程中是不可缺少的,人类利用能量做功以实现生产目的。人类为了利用能量做功,必须控制能量。在正常生产过程中,能量受到种种约束的限制,按照人们的意志流动、转换和做功。如果由于某种原因能量失去控制,超越人们设置的约束或限制而意外地逸出或释放,发生不希望的能量转移,则表示发生事故,这种对事故发生机理的解释被称作能量转移理论。

调查大量伤亡事故原因发现,大多数伤亡事故都是因为过量的能量,或干扰人体与外界正常能量交换的危险物质的意外释放引起的,并且这种过量能量或危险物质的释放都是由于人的不安全行为或物的不安全状态引起的。即人的不安全行为或物的不安全状态是导致能量或危险物质意外释放的直接原因。哈登建立的新的事故因果连锁理论模型如图 9-3 所示。

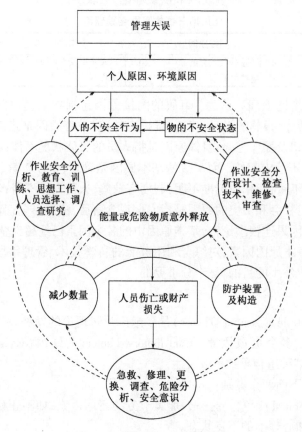

图 9-3　哈登事故因果连锁理论模型

能量转移理论阐述了伤害事故发生的物理本质,指明防止伤害事故就是防止能量意外释放、防止人体接触意外释放的能量。根据这种理论,人们要经常注意生产过程中能量的流动、转换,以及不同形式能量的相互作用,防止发生能量的意外逸出或释放。

由于每一次能量改变都存在能量源(Source)、路径(Path)和接受者(Receiver),因此,应通过控制能量源,或者切断能量转移的路径,或者帮助能量接受者采取防范措施来预防伤害事故的发生。

可通过下列措施控制能量源:

(1)从源头上加以消灭。如改变工作要素的设计或规范;进行预防性维护。

(2)改变能量转移的途径。如途径封闭;设置屏蔽;设置吸收物;将能量与人隔离。

(3)帮助能量转移的接受者。如限制暴露;人员必须使用防护设备才允许工作。

能量转移理论的另一个重要概念是:在一定条件下,某种形式的能量能否产生人员伤害,除了与能量大小有关以外,还与人体接触能量的时间和频率、能量的集中程度、身体接触能量的部位等有关。

用能量转移理论分析事故致因的基本方法如下：
（1）确认某个系统内的所有能量源；
（2）确定可能遭受该能量伤害的人员、伤害的严重程度；
（3）确定控制该能量异常或意外转移的方法。

能量转移理论与其他事故致因理论相比，具有两个主要优点：
（1）把各种能量对人体的伤害归结为伤亡事故的直接原因，从而确定了以对能量源及能量传送途径加以控制作为防止或减少伤害发生的手段这一原则。
（2）依照该理论建立的伤亡事故统计分类，是一种可以全面概括、阐明伤亡事故类型和性质的统计分类方法。

能量转移理论的不足之处：由于意外转移的机械能（动能和势能）是造成伤害的主要能量形式，这就使得按能量转移观点对伤亡事故进行统计分类的方法尽管具有理论上的优越性，然而在实际应用上却存在一定难度。

【例9-3】 用能量转移理论来分析和解释汽车安全保障措施。

能量源头控制措施的例子：车辆设计中限制可燃材料的使用、道路管理中限制车速的措施、车辆设计中油箱远离发动机、油罐车通过良好的搭铁消除蓄积静电等。

控制能量转移路径的措施的例子：在车上使用耐火材料、提高驾驶舱强度等。

能量接受者的防护措施的例子：设计吸能结构、使用安全气囊等。

四、瑟利事故模型

1969年美国人瑟利（J. Surry）提出一种事故模型，以人对信息的处理过程为基础描述事故发生因果关系。这种理论认为，人在信息处理过程中出现失误从而导致人的行为失误，进而引发事故。这一模型被称为瑟利事故模型（Surry's accident model）。与此类似的理论模型还有1970年的海尔（Hale）模型，1972年威格里沃思（Wigglesworth）的"人失误的一般模型"，1974年劳伦斯（Lawrence）提出的"金矿山人失误模型"，以及1978年安德森（Anderson）等对瑟利模型的修正，等等。

瑟利把事故的发生过程分为危险出现和危险释放两个阶段，这两个阶段各自包括一组类似的人的信息处理过程，即知觉、认识和行为响应过程（图9-4）。

瑟利模型不仅分析了危险出现、释放直至导致事故的原因，还为事故预防提供了一个良好的思路。即要想预防和控制事故，首先应采用技术手段使危险状态充分地显现出来，使操作者能够有更好的机会感觉到危险的出现或释放，这样才有预防或控制事故的条件和可能。其次，应通过培训和教育的手段，提高人感觉危险信号的敏感性，包括抗干扰能力等，同时也应采用相应的技术手段帮助操作者正确地感觉危险状态信息，如采用能避开干扰的警告方式或加大警告信号的强度等。再次，应通过培训和教育的手段使操作者在感觉到警告之后，准确理解其含义，并明确应采取的具体措施，以避免危险发生或控制事故后果。同时，在此基础上，结合各方面的因素作出正确的决策。最后，应通过系统及其辅助设施的设计使人在作出正确的决策后，有足够的时间和条件作出行为响应，并通过培训的手段使人能够迅速、正确地作出行为响应。这样，事故就会在相当大的程度上得到控制，取得良好的预防效果。

【例9-4】 基于瑟利事故模型，对山区高等级公路路侧的安全分析如图9-5所示。

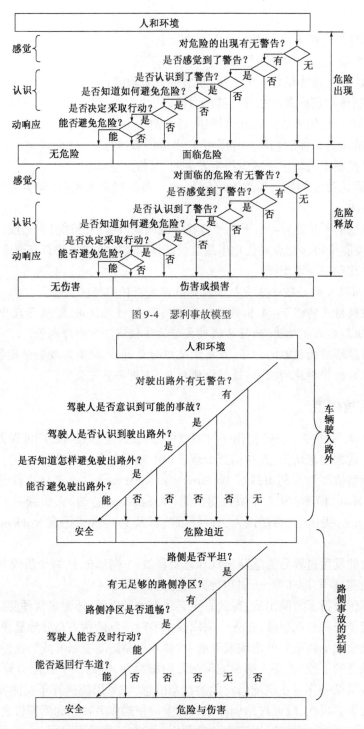

图 9-4 瑟利事故模型

图 9-5 基于瑟利模型对山区高等级公路路侧的安全分析

五、动态变化理论

动态和变化的观点是近代事故致因理论的又一基础。1972 年,本尼尔(Benner)提出在处于动态平衡的生产系统中,由于"扰动"(Perturbation)导致事故的理论,即事故 P 理论(P-theory of Accident),进而提出"多线事件连锁法"(Multilinear Events Sequencing Methods)事故调查方法。约翰逊(Johnson)于1975年发表了"变化-失误"模型,1981年佐藤吉信提出"变化-失误连锁"模型。

1. P 理论

本尼尔认为,事故过程包含一组相继发生的事件。这里,事件是指生产活动中发生的某种事情,如一次瞬间或重大的情况变化,一次已经被避免的或导致另一事件发生的偶然事件等。因而,可以将生产活动看作一个自觉或不自觉地指向某种预期或意外结果的事件链,它包含生产系统各元素间的相互作用和变化的外界影响。由事件链组成的正常生产活动是在一种自动调节的动态平衡中进行的,在事件的稳定运行中向预期的结果发展。

事件发生必然是因某人或某物引起的。如果把引起事件的人或物称为"行为者"(Actor),而其动作或运动称为"行为"(Act),则可以用行为者及其行为来描述一个事件。在生产活动中,如果行为者的行为得当,则可以维持事件过程稳定地进行;否则,可能中断生产,甚至造成伤害事故。

生产系统的外界影响是经常变化的,可能偏离正常的或预期的情况。这里称外界影响的变化为"扰动"(Perturbation)。扰动将作用于行为者。产生扰动的事件称为开始事件(Beginning event)。当行为者能够适应不超过其承受能力的扰动时,生产活动可以维持动态平衡而不发生事故;如果其中一个行为者不能适应这种扰动,则自动平衡的过程被破坏,开始一个新的事件过程(Process of Accident)。该事件过程可能使某一行为者承受不了过量的能量而发生伤害或损害,这些伤害或损害事件可能依次引起其他变化或能量释放,作用于一个行为者并使其承受过量的能量,发生连续的伤害或损害。当然,如果行为者能够承受冲击而不发生伤害或损害,则事件过程将继续进行。

综上所述,可以将事故看作由事件链中的扰动开始,以伤害或损害为结束的过程,这种事故理论叫作"P 理论"。

【例 9-5】 用 P 理论解释追尾事故。

在追尾事故中,后车一般负事故的全部责任,后车驾驶人是引起事故的"行为者"(Actor),而前车的状态往往是后车运行环境的影响变量,前车忽然减速可以看作外界对后车运动影响的"扰动"。后车应对前车行为的操作可以看作后车驾驶人的"行为"(Act)。后车驾驶人的操作如果能够适应前车减速这一扰动带来的影响,则后车能够维持安全状态,否则将发生追尾事故。

2. 变化-失误理论

约翰逊(Johnson W. C.)认为:事故是由意外的能量释放引起的,这种能量释放的发生是由于管理者或操作者没有适应生产过程中人或物的因素的变化,产生人为失误或计划错误,从而导致人的不安全行为或物的不安全状态的出现,破坏了对能量的屏蔽或控制,即发生事故,由此造成生产过程中的人员伤亡或财产损失。图 9-6 所示为约翰逊的变化-失误理论(Change-error Theory)示意图。

按照变化的观点,变化可引起人的失误和物的故障,因此,变化被看作一种潜在的事故致因,应尽早发现并采取相应的措施。作为安全管理人员,应对变化给予足够的重视,且尽早发现并采取相应的措施。

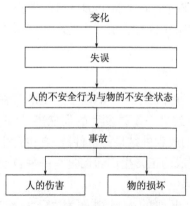

图 9-6　约翰逊变化-失误理论示意图

需要指出的是,在管理实践中,变化是不可避免的,也不一定都是有害的,关键在于管理是否能够适应客观情况的变化。要及时发现和预测变化,并采取恰当的对策,做到顺应有利的变化,克服不利的变化。

约翰逊认为,事故的发生一般是由多重原因造成的,包含一系列的变化-失误连锁。从管理层次上看,有企业领导的失误、计划人员的失误、监督者的失误及操作者的失误等。

另外,佐藤吉信给出"变化-失误连锁"的事故模型,见图 9-7。

变化-失误理论模型能够对各种事故作出理论上的解释,尤其有助于对新情况、新问题提出管理上的要求。在具体的事故分析中,运用该理论的关键是识别各种变化以及随后的行动,该理论是有效的事故调查方法之一。但该理论主要着眼于事后的行动,不适宜作为事故预防的理论指导。

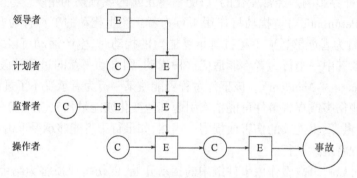

图 9-7　左藤吉信的变化-失误连锁
E-失误；C-变化

六、轨迹交叉论

轨迹交叉论(Orbit Intersecting Theory)的基本思想是:伤害事故是许多相互联系的事件顺序发展的结果。这些事件概括起来不外乎人和物(包括环境)两大发展系列。当人的不安全行为和物的不安全状态在各自发展过程中(轨迹),在一定时间、空间发生接触(交叉),能量转移于人体时,伤害事故就会发生。而人的不安全行为和物的不安全状态之所以产生和发展,又是受多种因素作用的结果(图 9-8)。

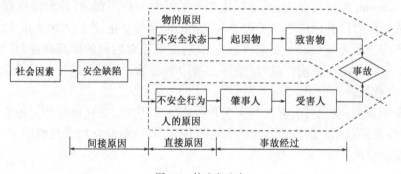

图 9-8　轨迹交叉论

图9-8中,起因物与致害物可能是不同的物体,也可能是同一个物体。同样,肇事人和受害人可能是不同的人,也可能是同一个人。

在人和物两大系列的运动中,两者往往是相互关联、互为因果、相互转化的。有时人的不安全行为促进了物的不安全状态的发展,或导致新的物的不安全状态的出现;而物的不安全状态又可以诱发人的不安全行为。因此,事故的发生可能并不是如图9-8所示的那样简单地按照人、物两条轨迹独立地运行,而是呈现较为复杂的因果关系。

人的不安全行为和物的不安全状态是事故的直接原因,如果对它们进行更进一步的考虑,则可以挖掘出两者背后深层次的原因。这些深层次原因的示例见表9-3。

轨迹交叉论事故原因 表9-3

基本原因(社会因素)	间接原因(管理缺陷)	直接原因
遗传、经济、文化、教育培训、民族习惯、社会历史、法律	生理和心理状况、知识技能情况、工作态度、规章制度、人际关系、领导水平	人的不安全行为
设计、制造缺陷,标准缺乏	维护不当、故障、使用错误	物的不安全状态

轨迹交叉理论作为一种事故致因理论,在实质上仍属于海因里希因果连锁理论的发展。但该理论强调人的因素和物的因素在事故致因中占有同样重要的地位。按照该理论,可以通过避免人的不安全行为与物的不安全状态两种因素的运动轨迹交叉,来预防事故的发生。

【例9-6】 人的不安全行为对物的不安全状态的影响。

在交通事故致因中,有一些事故的直接原因可能是物的不安全状态,比如长下坡路段制动器失效导致事故。究其背后的原因,物的不安全状态可能是人的不安全行为的结果。制动器失效是物的不安全状态,但这种状态可能是由于超载这样的人的不安全行为导致制动负荷过大,使得制动器温度过高而造成的后果。

七、事故致因理论的发展及其对道路交通安全分析的意义

事故致因理论的发展虽然很不完善,没有给出事故调查分析和预测预防方面的普遍和有效的方法,却对道路交通安全分析具有非常积极的意义:

(1)从本质上阐明事故发生的机理,奠定道路交通安全管理的理论基础,为道路交通安全管理实践指明正确的方向。如事故因果连锁理论,让人们深刻认识到管理对交通安全的积极意义,有利于矫正重技术轻管理的思维。

(2)有利于对与道路交通安全相关的人、车、路设计进行系统的安全分析,如根据能量转移理论来分析交通事故潜在能量的意外释放方式。

(3)指导交通系统安全措施的制订和实施。如根据瑟利事故模型,建立各阶段有效的危险警示方法等。

第三节 安全分析数据表述方法

能够利用交通事故数据统计分析来反映客观事实,揭示规律,据此作出科学的推理和判断,及时采取措施,解决问题。如何对交通事故的原始数据更为直观地进行表述是非常重要的

问题,本节主要介绍交通事故数据的表述方法。

交通事故数据主要包括两类:事故数据,如事故类型、严重程度、道路环境条件等;道路数据,即交通状况冲突图、道路环境图、用GIS绘制的碰撞地图。

一、事故数据表述

事故数据通常可分为三类:事故的基本信息、事故中车辆的信息、事故中人的信息。

事故数据主要包括以下内容:

(1)事故基本信息:事故时间、地点。

(2)事故类型:由现场的交警判定,或根据受害方的自陈报告判定。典型的事故类型有:正面碰撞、追尾碰撞、侧面碰撞、斜碰撞、撞固定物、侧翻、滚翻、刮撞行人等。

(3)事故严重程度:根据我国道路交通事故的严重程度、涉及的范围等因素,将道路交通事故分为特别重大道路交通事故、重大道路交通事故、较大道路交通事故、一般道路交通事故四级。在美国,《道路交通安全手册》根据人受伤程度的不同将道路交通事故分为K、A、B、C、O五个等级,分别为死亡(K)、致残(A)、非致残的伤害(B)、可能有伤害但伤害比较轻(C)、无伤害或只有财产损失(O)。

(4)事故记录:行驶方向、事故双方的位置等。

(5)对于事故有重要作用的环境条件:

①事故双方:车辆与车辆、行人与车辆、自行车与车辆;

②事故发生时的路面条件:干燥、潮湿、冰雪等;

③事故发生时的照明条件:黎明、白天、黄昏、夜间有路灯照明、夜间无路灯照明;

④事故发生时的天气条件:晴、阴、雨、雪、雾、冰雹等;

⑤事故双方状态:饮酒、吸毒、疲劳等。

这些数据都可由交警事故记录报告得到。柱状图、饼图或表格都能较好地表述这些数据。图9-9、表9-4所示为美国《道路交通安全手册》列出的统计案例。

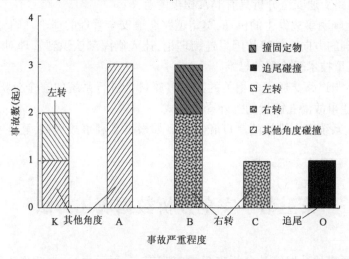

图9-9 事故严重程度与事故数

表 9-4 事故基本信息表

事故编号	1	2	3	4	5	6	7	8	9	10
发生日期	1992-1-3	1992-2-5	1992-8-11	1993-7-21	1993-1-9	1993-2-1	1994-9-4	2008-12-5	1994-4-7	1994-2-9
星期	星期日	星期六	星期日	星期二	星期三	星期四	星期六	星期四	星期一	星期日
时间	21:15	20:10	19:25	7:50	13:10	9:50	11:15	15:00	17:10	22:20
事故严重程度	A	A	O	B	K	K	B	C	A	B
事故类型	斜碰撞	斜碰撞	追尾碰撞	右转	斜碰撞	左转	右转	右转	斜碰撞	撞固定物
道路通行条件	潮湿	干燥	干燥	干燥	潮湿	干燥	干燥	干燥	潮湿	潮湿
照明条件	夜晚	夜晚	夜晚	微暗	白天	白天	白天	白天	微暗	夜晚
行驶方向	北	北	西南	西	南	西	北	南	北	北
酒精含量(mg/mL)	0.05	0.08	0.00	0.05	0.00	0.00	0.07	0.00	0.00	0.15

二、道路数据表述

道路数据可以用三种图来表述:事故分布图、道路环境图、基于 GIS 的事故分布图。

1. 事故分布图

事故分布图是一个二维平面图,代表在指定时间内某一地点发生事故时的具体情况。事故分布图是对事故分布可视化的简化。图 9-10 所示是美国《道路交通安全手册》中一个交叉口的事故分布图,图中每个符号的具体含义见图 9-11。图中标明了每个事故位置、事故类型、事故时间等基本信息数据。

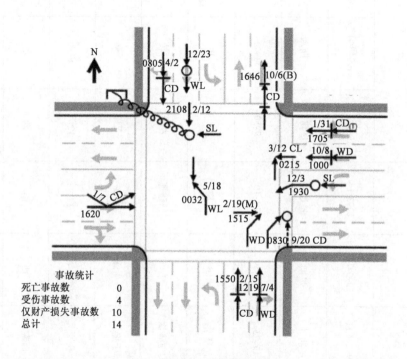

图 9-10 交叉口的事故分布图

图 9-12 中的事故符号表示,该事故是南向西的左转车与北向南的直行车相撞事故,事故发生在 5 月 18 日 00:32,发生事故时道路湿滑,夜间有路灯。

2. 道路环境图

道路环境图是平面图,该图的绘制要尽可能多地描述道路的特征。图中应包含以下道路特征:

(1)路面情况:基础设施与交通控制,行人、自行车通过是否便利,道路交通标志标线,道路景观,排水设施,公共设施的位置等。

(2)土地利用状况:土地利用类型(如学校、住宅等),沿线集镇化程度。

(3)人行道情况。

图 9-13 所示是美国《道路交通安全手册》中的一张道路环境图。

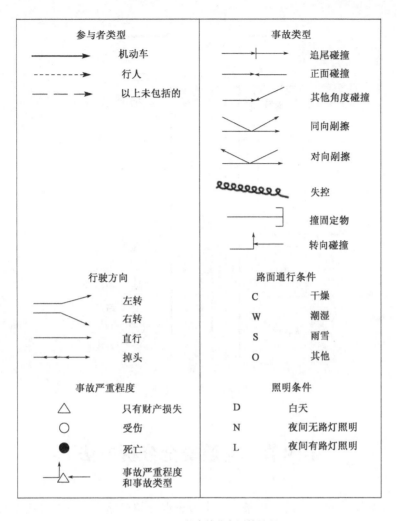

图 9-11　交叉口的事故分布图符号含义

图 9-12　交叉口的事故符号样例

3. 基于 GIS 的事故分布图

基于 GIS 的事故分布图把事故数据融合到 GIS 系统上,可以在一个比较大的空间清晰地表现事故的分布情况,是进行宏观交通安全分析的有力工具。

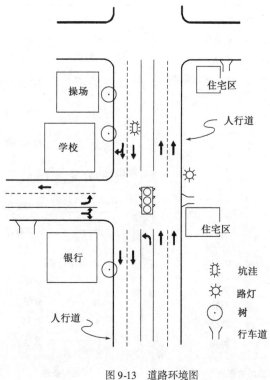

图 9-13 道路环境图

第四节 交通安全分析方法

不同的安全方法针对不同的应用条件。本节重点介绍道路交通安全分析中常用的统计图表分析法、因果分析法、安全检查表分析法、可靠性分析法、事件树分析法和事故树分析法。在具体分析过程中，需要根据分析对象和分析目标选择一种或多种方法进行综合分析。

一、统计图表分析法

统计图表分析法，是利用统计图表对交通事故数据进行整理和粗略的原因分析，这也是在交通安全管理工作中常用的分析方法。

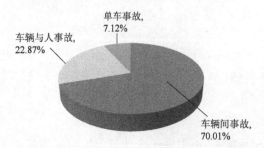

图 9-14 2013 年我国道路交通事故形态构成

1. 比重图

比重图是一种表示事物构成情况的平面图形，可以在平面图上形象、直观地反映事物的各种构成部分所占的比例。

利用比重图有利于对各类交通事故进行统计分析。图 9-14 所示为 2013 年我国道路交通事故形态构成。

2. 趋势图

趋势图是指按一定的时间间隔统计数据,利用曲线的连续变化来反映事物动态变化的图形。趋势图借助于连续曲线的升降变化来反映事物的动态变化过程,可以帮助我们掌握交通事故的发生规律,预测其未来的变化趋势,以便采取预防措施,降低事故损失。

趋势图通常用直角坐标系表示,横坐标表示时间间隔,纵坐标表示事物数量尺度。根据事物动态数列资料,在直角坐标系上确定各图示点,然后将各点连接起来,即为趋势图。图 9-15 所示为 1970—2013 年我国道路交通事故示意图。

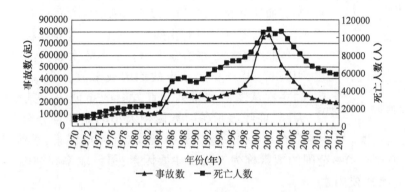

图 9-15　1970—2013 年我国道路交通事故示意图

在绘制趋势图的过程中,如果事物的历史数据变化范围较大,可以用纵坐标轴表示事物数据的对数,即以对数数列为尺度。由于对数数列与数列本身的变化趋势是一样的,这就保证了所作的对数趋势图与原趋势图的总趋势是相同的,由此可解决作图的技术难题。

3. 直方图

直方图是交通安全分析中较为常用的统计图,由建立在直角坐标系上的一系列高度不等的柱状图形组成,因而也被称为柱状图,如图 9-16 所示。直角坐标系的横坐标表示需要分析的各个因素,柱状图形的高度则代表对应于横坐标的某一指标的数值。采用直方图进行交通事故统计分析,可以直观、形象地表示出各个因素对交通事故的影响程度。

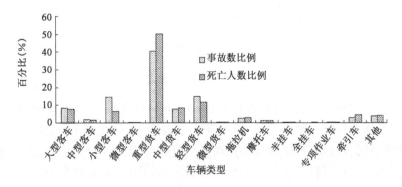

图 9-16　2013 年我国道路交通事故的机动车类型分布

4. 圆图法

圆图法是把要分析的项目,按比例画在一个圆内。即整个圆360°为100%,180°为50%,90°为25%,1°为1/360,这样在一个圆内便可以比较直观地显示出各个因素所占的比例。其形式如图9-17所示。

5. 排列图法(累积曲线图)

排列图全称主次因素排列图,也称巴雷特图,可用于确定影响交通安全的关键因素,以便明确主攻方向和工作重点。

排列图(图9-18)由两个纵坐标、一个横坐标、几个直方图和一条曲线组成。左边纵坐标表示事故次数,右边纵坐标表示累积频率。横坐标表示事故原因或事故分类,一般按影响因素的主次从左向右排列。直方图的高低表示某个因素影响的大小,曲线表示各因素影响大小的累计百分数。按主次因素的排列,可分为三类:累计频率在0~80%范围的因素,称为A类因素,显然是主要因素;累计频率在80%~90%范围的因素称为B类次主要因素;累计频率在90%~100%范围的因素称为C类次要因素。

图9-17 道路交通事故原因分析图

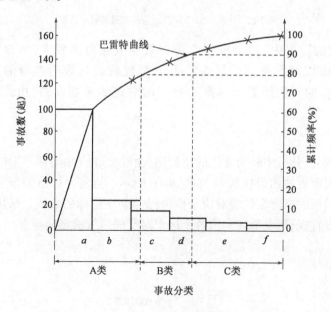

图9-18 累积频率曲线图

这种排列图可根据分析目的的不同而改变横坐标中的因素。例如,分析机动车驾驶人事故原因时,可以把横坐标设为酒后驾驶、超速行驶、无证驾驶、违法超车、违法会车等项目;分析道路交通事故现象时,可以把横坐标设为机动车与自行车相撞、机动车与行人相撞、机动车与拖拉机相撞、机动车自身事故等项目。但分析时所采用的因素不宜过多,要列出主要因素,去掉从属因素,以便突出主要矛盾。

二、因果分析法（鱼刺图法）

因果分析图也称鱼刺图或特性因素图。交通安全与否是交通参与者、运载工具、运输路线等多方面因素综合作用的结果，这些因素与交通安全的关系相当复杂，彼此之间也存在着错综复杂的关系。分析发生交通事故的原因时，可以将各种可能的事故原因进行归纳分析，用简明的文字和线条表现出来，如图9-19所示。用鱼刺图分析法分析交通安全问题，可以使复杂的原因系统化、条块化，而且直观、逻辑性强，因果关系明确，便于把主要原因弄清楚。

图9-19中，"结果"表示不安全问题、事故类型；主干是一条长箭头，表示某一事故现象；长箭头两边有若干支干"要因"，表示与该事故现象有直接关系的各种因素，它是综合分析和归纳的结果；"中原因"则表示与要因直接有关的因素。依次类推，便可以把事故的各种大小原因客观、全面地找出来。

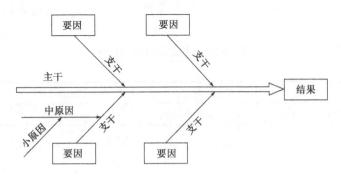

图9-19 鱼刺图示意图

在运用因果分析图对交通事故原因进行分析时，要从大到小、从粗到细、由表及里、寻根究底，直到能采取具体措施为止。

用因果分析图法分析交通事故的具体案例，对吸取事故教训、采取防范措施、防止类似事故的再次发生尤为适用。

【例9-7】 翻车事故鱼刺图（图9-20）。

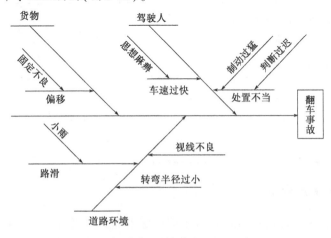

图9-20 翻车事故鱼刺图

三、安全检查表分析法

安全检查表是交通系统安全分析中一种常用分析方法。其基本任务是发现和查明系统的各种危险和隐患,监督各项安全法规、制度、标准的实施,制止违法违规行为,预防事故,消除危险,保障安全。在交通安全管理中,对安全检查是十分重视的。

安全检查是运营中常规、例行的安全管理工作,是及时发现物的不安全状态及人的不安全行为的有效途径,也是消除事故隐患、防止事故发生的重要手段。

安全检查表是为系统地发现运输工具、运输路线、港、站、车间、班组、工序或机器、设备、装置、环境以及各种操作管理和组织设施中的不安全因素而事先拟好的问题清单。它根据系统工程分解和综合的原理,事先对检查对象加以剖析,把大系统分割成若干个小的子系统,然后确定检查项目,查出不安全因素,以正面提问的方式,将检查项目按系统或子系统的顺序编制,以便进行检查和避免漏检,这种表就称为安全检查表。表9-5为某地春运车辆安全检查记录表。

某地春运车辆安全检查记录表　　　　　　　　　表9-5

单位:

车号:		检查时间:　月　日	检查地点:	
	检查项目	检查结果	检查人签名	送检人签名
	制动			
	转向			
	灯光			
	刮水器			
	轮胎			
	灭火器			
客运车辆	是否加装座位			
	玻璃破碎器配备情况			
危运车辆	反光膜粘贴情况			
	槽罐容器是否稳固,容器检测是否在合格有效期			
	安全告示牌安装情况			
复检情况				

四、预先危险性分析法

预先危险性分析是一种定性分析系统危险因素和危险程度的方法,主要用于交通线路、港、站、枢纽等新系统设计、已有系统改造之前的方案设计、选址、选线阶段,在人们还没有掌握该系统详细资料时,对系统存在的危险类型、来源、出现条件、事故后果及有关措施等作一概略分析,并尽可能在系统付诸实施之前找出预防、纠正、补救措施,以消除或控制危险因素。

1. 预先危险性分析的内容

在进行预先危险性分析时应对偶然事件、不可避免事件、不可知事件等进行剖析,并通过分析和评价,控制事故的发生。分析的内容包括:

①识别危险的路段、设备等,并分析其发生事故的可能性条件。如检查视距是否达到要求,曲线的形式是否达到速度的要求。

②分析道路交通系统中各子系统、各元件的交接面及其相互关系与影响。如不同坡度的连接会产生不同的效果。

③分析货物、特别是有毒有害物质的性能及储运。

④分析运输操作过程及有关参数。

⑤分析人、机关系(操作、维修等)。

⑥分析对交通及运输安全有影响的环境因素,如大雾、洪水、高(低)温、振动、线路景观等。

⑦有关安全装备,如安全防护设施、冗余系统及设备、灭火系统、安全监控系统、个人防护设备等。

2. 预先危险性分析的主要优点

①分析工作做在行动之前,可及早采取措施排除、降低或控制危害,避免由于考虑不周而造成损失。

②依据对系统规划、设计、建设等做的分析结果,可以提供应遵循的注意事项和指导方针。

③分析结果可为制定标准、规范和技术文献提供必要的资料。

④根据分析结果可编制安全检查表以保证实施安全,并可作为安全教育的材料。

3. 危险等级

根据事故原因的重要性和事故后果的严重程度,确定危险因素的危险等级。通常把危险因素划分为4级。

①Ⅰ级:安全的。暂时不会发生事故,可以忽略。

②Ⅱ级:临界的。有导致事故的可能性,系统处于发生事故的临界状态,可能造成人员伤亡或财产损失,应采取措施,予以排除或控制。

③Ⅲ级:危险的。可能导致事故发生,造成人员伤亡或财产损失,应立即采取措施,予以排除或控制。

④Ⅳ级:灾难的。会导致事故发生,造成人员严重伤亡或财产巨大损失,必须立即设法消除。

五、可靠性分析法

1. 可靠性、维修性和有效性

可靠性的经典定义是指产品或系统(设备)在规定条件下和规定时间内完成规定功能的能力。

对于可修复的产品,一旦出现故障是可能修复的,修复的能力通常用维修性表示。维修性是指在规定条件下使用的产品在规定的时间内,按规定的程序和方法进行维修时保持或恢复到能完成规定功能的能力。

产品的狭义可靠性和维修性能反映产品的有效工作能力,这一能力称为有效性,它是指可以维修的产品在某时刻具有或维持规定功能的能力。

2. 可靠度函数和故障率

(1)可靠度,是衡量可靠性的尺度,具体指产品或系统(设备)在规定条件下和规定时间内完成规定功能的概率。

(2)维修度,是衡量维修难易的客观指标。其定义是在规定的条件下和规定时间内,可修复产品或系统(设备)在发生故障后能够完成维修的概率。其中,"规定的条件"无疑与维修人员的技术水平、熟练程度、维修方法、备件以及补充部件的后勤体制等密切相关。

(3)有效度,是指在某种使用条件下和规定的时间内,产品或系统(设备)保持正常使用状态的概率。

给定使用时间 t,维修所容许的时间 τ(τ 远小于 t),设某产品的可靠度、维修度和有效度分别为 $R(t)$、$M(\tau)$ 和 $A(t,\tau)$,则它们之间的关系为:

$$A(t,\tau) = R(t) + [1 - R(t)]M(\tau) \tag{9-1}$$

为了满足某种有效度,最好一开始就做到高可靠度或高维修度,当然也可以使可靠度较低,通过提高维修度来满足所需的有效度,但这样就会经常发生故障,从而提高维修费用。反之,若采用高可靠度、低维修度,则产品的初始费用过高。所以,设计师必须在产品的价值和产品的可靠度二者之间进行均衡。在一定的使用条件下,可靠度是时间的函数。设可靠度为 $R(t)$,不可靠度为 $F(t)$,则有:

$$R(t) + F(t) = 1$$

故障(或失效)概率密度函数为:

$$f(t) = \frac{\mathrm{d}F(t)}{\mathrm{d}t} = -\frac{\mathrm{d}R(t)}{\mathrm{d}t}$$

$$F(t) = \int_0^t f(t)\mathrm{d}t$$

$$R(t) = \int_t^\infty f(t)\mathrm{d}t$$

3. 系统可靠度计算

(1)串联系统

组成系统的所有单元中,任一单元发生故障就会导致整个系统发生故障;或者说只有当系统中所有单元都正常工作时,系统才能正常工作。这样的系统称为串联系统(图9-21)。

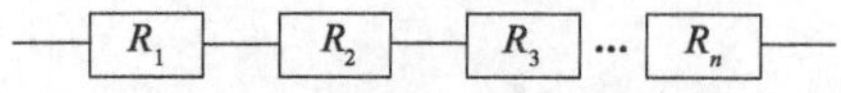

由 n 个相互独立的单元组成的串联系统,假定第 i 个单元的可靠度为 $R_i(t)$,则系统的可靠度为:

图9-21 串联系统

$$R_s(t) = \prod_{i=1}^n R_i(t)$$

从设计角度考虑,要提高串联系统的可靠度,应从以下几方面着手:

①提高单元可靠度;

②尽可能减少串联单元数目;

③等效缩短任务时间。

(2) 并联系统

并联系统属于工作储备系统。由各单元组成的并联系统具有如下特征：系统中只要有一个单元正常工作，系统就能正常工作；只有系统中所有单元都失效，系统才失效（图9-22）。

由 n 个相互独立的单元组成的并联系统，假定第 i 个单元的可靠度为 $R_i(t)$，不可靠度为 $F_i(t) = 1 - R_i(t)$。根据定义，只有系统中所有单元均失效，系统才失效，所以有：

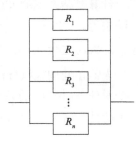

图 9-22　并联系统

$$F_s(t) = \prod_{i=1}^{n} F_i(t)$$

根据可靠度与不可靠度的关系，有：

$$R_s(t) = 1 - \prod_{i=1}^{n} F_i(t) = 1 - \prod_{i=1}^{n} [1 - R_i(t)]$$

(3) 混合系统

实际系统多为串并联的组合，称为混合系统（图9-23）。在这种情况下，可以先把每一组成单元（串联与并联）的可靠度求出，转换成单纯的串联或并联系统，然后求出系统的可靠度。

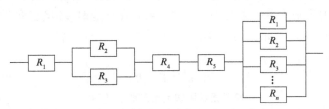

图 9-23　串联和并联的混合系统

(4) 表决系统

表决系统的特征：系统中的 n 个单元中，至少要有 $k(1 \leq k \leq n)$ 个单元正常工作，系统才能正常工作，也称为 k/n 系统（图9-24）。

(5) 复杂系统

有些系统中，各单元之间并不能简单归纳为上述哪一类系统模型，它是一种网络结构的可靠性问题，这类系统即为复杂系统，如图9-25所示。

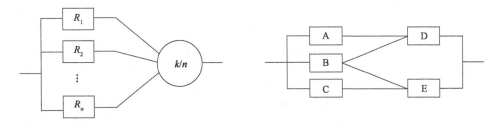

图 9-24　表决系统　　　　　　　　　图 9-25　复杂系统

计算复杂系统的可靠度可利用布尔真值表法、结构函数法、最小路集法、概率分解法、联络矩阵法等。

4. 人的可靠性

人们在处理或执行任何一次任务时,例如操作人员在操纵设备、装置和处理物料时,都有一个对任务(情况)的识别(输入)、判断和行动(输出)的过程,在这三个过程中都有发生差错的可能性。就某一行动而言,人的基本可靠度为:

$$R = R_1 R_2 R_3$$

式中:R_1——与输入有关的可靠度;

R_2——与判断有关的可靠度;

R_3——与输出有关的可靠度。

R_1、R_2、R_3 的参考值见表 9-6。

R_1、R_2、R_3 的参考值　　　　　　　　　　　表 9-6

类别	影响因素	R_1	R_2	R_3
简单	变量较少,人机工程学上考虑全面	0.9995 ~ 0.9999	0.9990	0.9995 ~ 0.9999
一般	变量不超过 10 个	0.9990 ~ 0.9995	0.9950	0.9990 ~ 0.9995
复杂	变量超过 10 个,人机工程学上考虑不全面	0.9900 ~ 0.9990	0.9900	0.9900 ~ 0.9990

由于受作业条件、作业者自身因素及作业环境的影响,作业者的基本可靠度还会降低。例如,有研究表明,人的舒适温度一般是 19~22℃,当人在作业时,环境温度若超过 27℃,人的失误概率就会上升约 40%。因此,还需要用修正系数 k 加以修正(表 9-7),从而得到作业者单个动作的失误概率为:

$$q = k(1 - R)$$

修正系数影响因素及取值范围　　　　　　　　　　　表 9-7

符号	项目	内容	取值范围
作业时间系数	作业时间	有充足的富余时间	1.0
		没有充足的富余时间	1.0 ~ 3.0
		完全没有富余时间	3.0 ~ 10
操作频率系数	操作频率	频率适当	1.0
		连续操作	1.0 ~ 3.0
		很少操作	3.0 ~ 10
危险状况系数	危险情况	即使误操作也安全	1.0
		误操作时危险性大	1.0 ~ 3.0
		误操作时有产生重大灾害的危险	3.0 ~ 10
生理、心理条件系数	生理、心理条件	综合条件(教育、训练、健康状况等)较好	1.0
		综合条件不好	1.0 ~ 3.0
		综合条件很差	3.0 ~ 10
环境条件系数	环境条件	综合条件较好	1.0
		综合条件不好	1.0 ~ 3.0
		综合条件很差	3.0 ~ 10

【例9-8】 假设人机共驾系统由人和自动驾驶机器同时进行感知、决策,并由机器执行。驾驶人的感知、决策可靠度分别为 $R_{H1}=0.999$、$R_{H2}=0.995$,自动驾驶机器的感知、决策可靠度分别为 $R_{M1}=0.990$、$R_{M2}=0.990$,机器执行的可靠度为 $R_{M3}=0.9999$。

(1)试绘制该系统可靠性分析图,并计算该系统的失效概率。

(2)假如驾驶人习惯了自动驾驶辅助决策,其感知、决策可靠度分别降低为 $R_{H1}=0.990$、$R_{H2}=0.980$,试分析这时候人机共驾系统的可靠性与人在其可靠性降低前单独做感知、决策、执行(可靠度为 $R_1=0.999$、$R_2=0.995$、$R_3=0.9999$)是减小了,还是增加了?

(3)假如该系统要使其可靠性不低于人在其可靠性降低前单独做感知、决策、执行(可靠度为 $R_1=0.999$、$R_2=0.995$、$R_3=0.9999$)的水平,人的感知决策可靠性可降低到什么程度?

解:(1)可靠性分析图如图9-26所示。

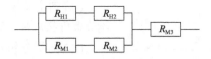

图 9-26 可靠性分析图

可靠性 $R=[1-(1-R_{H1}R_{H2})(1-R_{M1}R_{M2})]R_{M3}=0.9998$

失效概率 $F=1-R=0.0002$

(2)人的感知、决策能力降低后的人机共驾系统可靠性:

$$R_g=[1-(1-R_{H1}R_{H2})(1-R_{M1}R_{M2})]R_{M3}=0.9993$$

$$R_h=R_1R_2R_3=0.9939$$

从计算看,由于有自动驾驶辅助系统,尽管人的感知决策可靠性有一定的下降,但整个系统的可靠性是增加了的。

(3)人在其可靠性降低前单独做感知、决策、执行(可靠度为 $R_1=0.999$、$R_2=0.995$、$R_3=0.9999$)的可靠性为 $R_h=R_1R_2R_3=0.9939$,人的感知决策综合可靠性可降低到:

$$R_g=[1-(1-R_{H1}R_{H2})(1-R_{M1}R_{M2})]R_{M3}=R_h$$

$$R_{H1}R_{H2}=1-(1-R_h/R_{M3})/(1-R_{M1}R_{M2})=0.6987$$

一般情况下驾驶人在行驶过程中,自动驾驶辅助带来的主要是注意分散,即感知可靠性下降,上述计算中假如驾驶人的决策可靠性不变,即 $R_{H2}=0.995$,则在系统维持原有可靠性的情况下,驾驶人的感知可靠性可以下降到 $R_{H1}=\dfrac{R_{H1}R_{H2}}{R_{H2}}=0.7023$。

六、事件树分析法

1. 事件树分析的含义

事件树分析是指从一个初始事件开始,按顺序分析事件向前发展中各个环节成功与失败的过程和结果。它是一种时序逻辑的事故分析方法,以一初始事件为起点,按照事故的发展顺序,分阶段、一步一步地进行分析,每一事件可能的后续事件只能取完全对立的两种状态(成功或失败,正常或故障,安全或危险等)之一的原则,逐步向结果方面发展,直到达到系统故障或事故为止。所分析的情况用树枝状图表示,故称其为事件树。

事件树分析是由决策树演化而来,最初用于可靠性分析。它的原理是每个系统都是由若干元件组成,每一个元件对规定的功能都存在具备和不具备两种可能。事件树既可以定性了解整个事件的动态变化过程,又可以定量计算出各阶段的概率,最终了解事故发展过程中各种状态的发生概率。

通过事件树分析,可以把事故发生发展的过程直观地展现出来,如果在事件隐患发展的不同阶段采取恰当措施阻断其向前发展,就可达到预防事故的目的。

2. 分析步骤

(1)确定初始事件。初始事件是事件树中在一定条件下造成事故后果的最初原因事件。

(2)找出与初始事件有关的环节事件。环节事件是指出现在初始事件后的一系列可能造成事故后果的其他原因事件。

(3)画事件树。初始事件写在最左边,各个环节事件按顺序写在右边。

(4)说明分析结果。在事件树最后面写明由初始事件引起的各种事故后果或结果。

事件树的一般形式如图9-27所示。

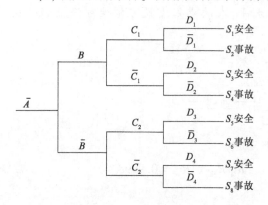

图9-27 事件树的一般形式

3. 定性与定量分析

1)事件树定性分析

事件树定性分析在绘制事件树的过程中就已进行,绘制事件树必须根据事件的客观条件和事件的特征做出符合科学性的逻辑推理,用与事件有关的技术知识确认事件可能状态,所以在绘制事件树的过程中就已对每一发展过程和事件发展的途径作了可能性的分析。事件树画好之后的工作,就是找出发生事故的途径、类型以及预防事故的对策。

(1)找出事故连锁

事件树的各分支代表初始事件一旦发生后可能的发展途径。其中,最终导致事故的途径即为事故连锁。事故连锁中包含的初始事件和安全功能故障的后续事件之间具有"逻辑与"的关系,显然,事故连锁越多,系统越危险;事故连锁中事件越少,系统越危险。

(2)找出预防事故的途径

事件树中最终达到安全的途径指导我们如何采取有效措施来预防事故。在达到安全的途径中,发挥安全功能的事件构成事件树的成功连锁。如果能保证这些安全功能发挥作用,则可以防止事故。由于事件树反映了事件之间的时间顺序,所以应尽可能地从最先发挥功能的安全功能着手。

2)事件树定量分析

事件树定量分析是指根据每一件事的发生概率,计算各种途径的事故发生概率,比较各个途径概率值的大小,做出事故发生可能性序列,确定最容易发生事故的途径。一般而言,当各事件之间统计相互独立时,其定量分析比较简单。当事件之间统计相互不独立时(如共同原因故障、顺序运行等),则定量分析变得非常复杂。

定量分析要由事件概率数据作为计算的依据,而且事件过程的状态又是多种多样的,一般都因缺少概率数据而不能实现定量分析。

3)事故预防方案分析

事件树分析把事故的发生发展过程表述得清楚而有条理,对设计事故预防方案、制定事故预防措施提供了有力的依据。从事件树上可以看出,最后的事故是一系列危害和危险的发展结果,如果中断这种发展过程就可以避免事故的发生。因此,在事故发展过程的各阶段,应采取各种可能措施,控制事件的可能性状态,减少危害状态出现的概率,增大安全状态出现的概率,把事件发展过程引向安全的发展过程。采取在事件不同发展阶段阻截事件向危险状态转化的措施,最好在事件发展前期实现,从而产生阻截多种事故发生的效果。但有时因为技术、经济等原因无法控制,这时就要在事件发展后期采取控制措施。

【例 9-9】 双向两车道超车常有事故发生,图 9-28 所示是双向两车道超车事件树分析简图。

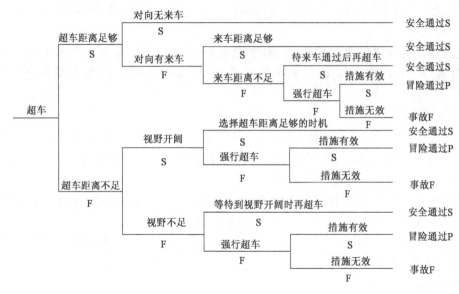

图 9-28 双向两车道超车事件树分析简图

七、事故树分析法

1. 事故树分析法的基本概念

事故树分析(FTA)法是一种演绎推理法,这种方法把系统可能发生的某种事故与导致事故发生的各种原因之间的逻辑关系用一种称为事故树的树形图来表示,通过对事故树的定性与定量分析,找出事故发生的主要原因,为确定安全对策提供可靠依据,以达到预测与预防事故发生的目的。

事故树分析法具有以下特点:

(1)事故树分析法是一种图形演绎方法。围绕某特定的事故作层层深入的分析,在清晰的事故树图形下,表达了系统内各事件间的内在联系,并指出单元故障与系统事故之间的逻辑关系,便于找出系统的薄弱环节。

(2) 具有很大的灵活性。不仅可以分析某些单元故障对系统的影响,还可以对导致系统事故的特殊原因,如人的因素、环境影响进行分析。

(3) 分析的过程是一个对系统更深入认识的过程。要求分析人员把握系统内各要素间的内在联系,弄清楚各种潜在因素对事故产生影响的途径和程度,因而许多问题在分析的过程中就被发现和解决,从而提高了系统的安全性。

(4) 利用事故树模型可以定量计算复杂系统发生事故的概率,为改善和评价系统安全性提供了定量依据。

2. 事故树分析步骤

1) 准备阶段

(1) 确定所要分析的系统。在分析过程中,合理地处理好所要分析的系统、外界环境及其边界条件,确定所要分析系统的范围,明确影响系统安全的主要因素。

(2) 熟悉系统。这是事故树分析的基础和依据。对于已经确定的系统进行深入调查研究,收集系统的有关资料与数据,包括系统的结构、性能、工艺流程、运行条件、事故类型、维修情况、环境因素等。

(3) 调查系统发生的事故。收集、调查所分析的系统曾经发生的事故和将来有可能发生的事故,同时还要收集、调查本单位与外单位、国内与国外同类系统曾发生的所有事故。

2) 事故树的编制

(1) 确定事故树的顶事件。确定事故树的顶事件是指确定所要分析的对象事件。根据事故调查报告分析其损失大小和事故频率,选择易于发生且后果严重的事故作为事故树的顶事件。

(2) 调查与顶事件有关的所有原因事件。从人、机、环境和信息等方面调查与事故树顶事件有关的所有事故原因,确定事故原因并进行影响分析。

(3) 编制事故树。采用一些规定的符号,按照一定的逻辑关系,把事故树顶事件与引起顶事件的原因事件绘制成反映因果关系的树形图。

3) 事故树定性分析

事故树定性分析主要是按事故树结构,求取事故树的最小割集或最小径集,并进行基本原因事件的结构重要度分析,根据定性分析的结果,确定预防事故的安全保障措施。

4) 事故树定量分析

事故树定量分析主要是根据引起事故发生的各基本事件的发生概率,计算事故树顶事件发生的概率;计算各基本事件的概率重要度和关键边重要度。根据定量分析的结果以及事故发生以后可能造成的伤害,对系统进行风险分析,以确定安全投资方向。

5) 事故树分析的结果总结与应用

必须及时对事故树分析的结果进行评价、总结,提出改进建议,整理、储存事故树定性和定量分析的全部资料与数据,并注重综合利用各种安全分析的资料,为系统安全性评价与安全性设计提供依据。

3. 事故树的符号及其意义

事故树采用的符号包括事件符号、逻辑门符号和转移符号三大类。

1)事件符号

在事故树分析中各种非正常状态或不正常情况皆称事故事件,各种完好状态或正常情况皆称成功事件,两者均简称为事件。事故树中的每一个节点都表示一个事件。

(1)结果事件

结果事件是由其他事件或事件组合所导致的事件,它总是位于某个逻辑门的输出端。用矩形符号表示结果事件,如图9-29所示。结果事件分为顶事件和中间事件。

①顶事件,是指事故树分析中所关心的结果事件,位于事故树的顶端,它是所讨论事故树中逻辑门的输出事件而不是输入事件,即系统可能发生的或实际已经发生的结果事故。

②中间事件,是位于事故树顶事件和底事件之间的结果事件。它既是某个逻辑门的输出事件,又是其他逻辑门的输入事件。

(2)底事件

底事件是导致其他事件的原因事件,位于事故树的底部,它总是某个逻辑门的输入事件而不是输出事件。底事件又分为基本事件和省略事件。

①基本事件,表示导致顶事件发生的最基本的或不能再向下分析的原因或缺陷事件,用图9-30的圆形符号表示。

②省略事件,表示没有必要进一步向下分析或其原因不明确的原因事件。另外,省略事件还表示二次事件,即不是本系统的原因事件,而是来自系统之外的原因事件,用图9-31中的菱形符号表示。

图9-29 结果事件　　　　图9-30 基本事件　　　　图9-31 省略事件

(3)特殊事件

特殊事件是指在事故树分析中需要表明其特殊性或引起注意的事件。特殊事件又分为开关事件和条件事件。

①开关事件又称正常事件,是在正常工作条件下必然发生或必然不发生的事件,用图9-32中屋形符号表示。

②条件事件,是限制逻辑门开启的事件,用图9-33中椭圆形符号表示。

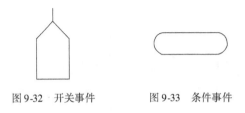

图9-32 开关事件　　　　图9-33 条件事件

2)逻辑门符号

逻辑门是连接各事件并表示其逻辑关系的符号。

(1)与门

与门可以连接数个输入事件 $E_1, E_2, \cdots, E_n$ 和一个输出事件 E,表示仅当所有输入事件都发生时,输出事件 E 才发生的逻辑关系。与门符号如图 9-34 所示。

(2)或门

或门可以连接数个输入事件和一个输出事件,表示至少一个输入事件发生时,输出事件就发生。或门符号如图 9-35 所示。

(3)非门

非门表示输出事件是输入事件的对立事件。非门符号如图 9-36 所示。

图 9-34　与门　　　　图 9-35　或门　　　　图 9-36　非门

(4)特殊门

①顺序与门。仅当输入事件按规定的"顺序条件"发生时,输出事件才发生。顺序与门符号如图 9-37 所示。

②表决门。n 个输入事件中,至少有 r 个事件发生,输出事件才发生。表决门符号如图 9-38 所示。

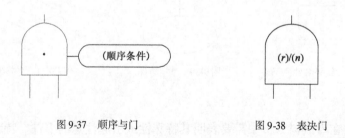

图 9-37　顺序与门　　　　图 9-38　表决门

③异或门。输入事件中任何一个发生都可引起输出事件发生,但所有输入事件不能同时发生。异或门符号如图 9-39 所示。

④禁门。仅当"禁门打开条件"发生,输入事件的发生才会导致输出事件的发生。禁门符号如图 9-40 所示。

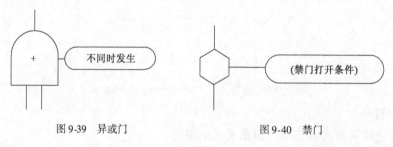

图 9-39　异或门　　　　图 9-40　禁门

3)转移符号

当事故树规模很大或整个事故树中多处包含相同的部分树图时,为了简化整个树图,便可用转移符号。

(1)相同转移符号如图 9-41 所示。

图 9-41a)表示下面转到以字母、数字为代号所指的地方。图 9-41b)表示由具有相同字母、数字的符号处转移到这里。

图 9-41 相同转移

(2)相似转移符号如图 9-42 所示。图 9-42a)表示下面转到以字母、数字为代号所指结构相似而事件标号不同的子树,不同事件标号在三角形旁注明。图 9-42b)表示相似转移符号所指子树相似但事件标号不同。

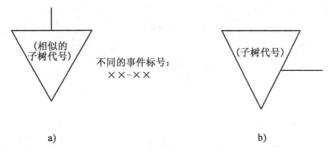

图 9-42 相似转移

4. 事故树的编制

事故树编制是事故树分析中最基本、最关键的环节。编制工作一般应由系统设计人员、操作人员和可靠性分析人员组成的编制小组来完成。通过编制过程能使小组人员深入了解系统,发现系统中的薄弱环节,这是编制事故树的首要目的。

(1)事故树编制的基本程序如图 9-43 所示。

(2)事故树的结构如图 9-44 所示。

(3)事故树编制举例。

【例 9-10】 图 9-45 所示为某一特大道路交通事故的事故树分析图。

5. 事故树定性分析

分析事故树的割集与最小割集、径集与最小径集、最小割集和最小径集在事故树分析中的作用。

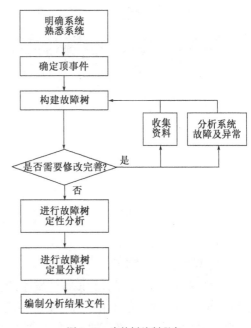

图 9-43 事故树编制程序

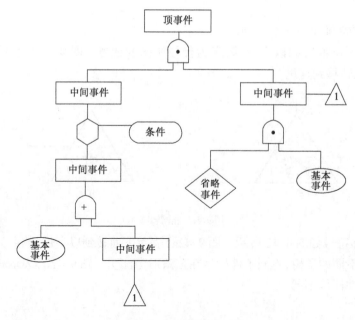

图 9-44 事故树结构图

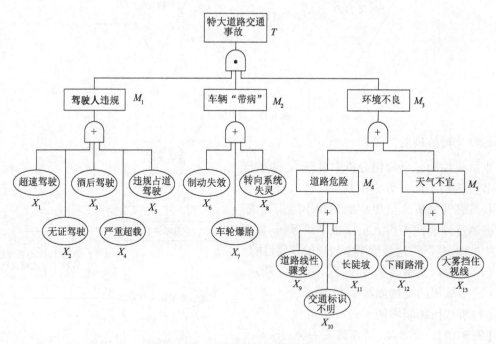

图 9-45 特大道路交通事故的事故树分析图

1）最小割集

（1）割集和最小割集

在事故树分析中，把引起顶事件发生的基本事件的集合称为割集，也称截集或截止集。一个事故树中的割集一般不止一个，在这些割集中，凡不包含其他割集的，叫作最小割集（不包括其他割集的割集）。换言之，如果割集中任意去掉一个基本事件后就不是割集，那么这样的割集就是最小割集。最小割集是引起顶事件发生的充分必要条件。

(2)最小割集的求法

最小割集的求法有多种,但常用的有布尔代数化简法、行列法和结构法三种。布尔代数化简法最为简单,应用较为普遍。

布尔代数化简法也称逻辑化简法,逻辑代数运算的法则很多,有的和代数运算法一致,有的则不一致,主要有交换律、结合律、分配律、吸收律、幂等律等。对独立事件 A、B 和 C,A' 和 B' 分别是事件 A 和事件 B 的独立事件,"+"为或运算符,"·"为与运算符(可省略),则运算规律如下:

交换律:$A + B = B + A, AB = BA$

结合律:$A + (B + C) = (A + B) + C, A(BC) = (AB)C$

分配律:$A(B + C) = AB + AC, A + (BC) = (A + B) \cdot (A + C)$

吸收律:$A \cdot (A + B) = A, A + A \cdot B = A$

互补律:$A + A' = 1, A \cdot A' = 0$

幂等律:$A + A = A, A \cdot A = A$

狄摩根定律:$(A + B)' = A' \cdot B', (A \cdot B)' = A' + B'$

对偶律:$(A')' = A$

重叠律:$A + A'B = A + B = B + B'A$

【例9-11】 运用布尔代数法求图9-46所示事故树示意图的最小割集。

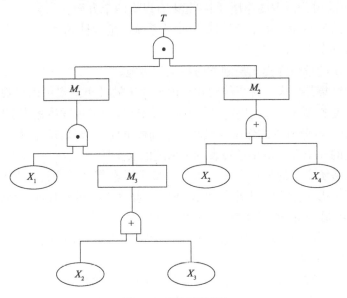

图9-46 事故树示意图

解:写出事故树的布尔表达式:
$$T = M_1 \cdot M_2 = (X_1 \cdot M_3) \cdot (X_2 + X_4)$$
$$= [X_1 \cdot (X_2 + X_3)] \cdot (X_2 + X_4)$$

化简求取最简式:
$$T = X_1 X_2 X_2 + X_1 X_2 X_4 + X_1 X_3 X_2 + X_1 X_3 X_4$$
$$= X_1 X_2 + X_1 X_2 X_4 + X_1 X_3 X_2 + X_1 X_3 X_4$$
$$= X_1 X_2 + X_1 X_3 X_4$$

最小割集：$T_1 = \{X_1, X_2\}$，$T_2 = \{X_1, X_3, X_4\}$。

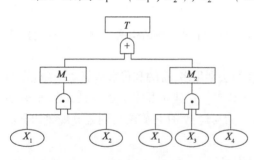

图 9-47　由最小割集确定的等效事故树

根据上述最小割集的计算结果，可得等效事故树（图 9-47）。

2）最小径集

（1）最小径集

这些在事故树中，使顶事件不发生的基本事件的集合称为径集，也称通集或路集。在同一事故树中，不包含其他径集的径集称为最小径集。如果径集中任意去掉一个基本事件后就不再是径集，那么该径集就是最小径集。所以，最小径集是保证顶事件不发生的充分必要条件。

（2）最小径集的求法

根据对偶原理，事故树的对偶树是成功树，成功树是顶事件不发生的树。求事故树最小径集的方法：首先将事故树变换成其对偶的成功树，然后求出成功树的最小割集，即是事故树的最小径集。

将事故树变为成功树的方法，就是将原来事故树中的逻辑与门改成逻辑或门，将逻辑或门改为逻辑与门，便可得到与原事故树对偶的成功树。

3）最小割集和最小径集在事故树分析中的作用

最小割集在事故树分析中的作用，归纳起来有以下四个方面：

（1）表示系统的危险性。最小割集越多，说明系统的危险性越大。

（2）表示顶事件发生的原因组合。

（3）为降低系统的危险性提出控制方向和预防措施。

（4）每个最小割集都代表一种事故模式。由事故树的最小割集可以直观地判断哪种事故模式最危险，哪种次之，哪种可以忽略，以及如何采取措施使事故发生概率下降。

最小径集在事故树分析中的作用与最小割集同样重要，主要表现在以下三个方面：

（1）表示系统的安全性。最小径集表示了系统的安全性。

（2）选取确保系统安全的最佳方案。每一个最小径集都是一个防止顶事件发生的方案，可以根据最小径集中所包含的基本事件个数的多少、技术上的难易程度、耗费的时间以及投入的资金数量，来选择最经济、最有效控制事故的方案。

（3）利用最小径集同样可以判定事故树中基本事件的结构重要度和计算顶事件发生的概率。

4）系统安全性改善的途径

（1）减少最小割集数。首先应消除那些含基本事件最少的割集。

（2）增加割集中的基本事件树。首先应给含基本事件少、不能清除的割集增加基本事件。

（3）增加新的最小径集。可以设法将原有含基本事件较多的径集分成两个或多个径集。

（4）减少径集中的基本事件树。首先应着眼于减少含基本事件多的径集。

事故树中或门越多，得到的最小割集就越多，这个系统也就越不安全。对于这样的事故树，最好从求最小径集着手，找出包含基本事件较多的最小径集，然后设法减少其基本事件树，或者增加最小径集数，以提高系统的安全程度。

事故树中与门越多，得到的最小割集的个数就越少，这个系统的安全性就越高。对于这样的事故树,最好从求最小割集着手,找出少事件的最小割集,消除它或者设法增加它的基本事件树,以提高系统的安全性。

6. 事故树的定量分析

事故树的定量分析首先是确定基本事件的发生概率,然后求出事故树顶事件的发生概率。求出顶事件的发生概率之后,可与系统安全目标值进行比较和评价。当计算值超过目标值时,就需要采取防范措施,使其降至安全目标值以下。

进行事故树定量计算时,一般假设:

①基本事件之间相互独立;

②基本事件和顶事件都只考虑发生和不发生两种状态;

③假定故障分布为指数函数分布。

(1) 基本事件的发生概率

基本事件的发生概率包括系统的单元(部件或元件)故障概率及人的失误概率等。在工程上计算时,往往用基本事件发生的频率来代替其概率值。

(2) 顶事件发生概率的计算

当给定事故树各基本事件的发生概率、各基本事件又是独立事件时,就可以计算顶事件的发生概率。相对简单的计算方法是最小割集法。根据基本事件之间的相互独立关系,可计算顶事件的概率。

可近似计算顶事件发生概率,就是将基本事件之间的相互独立关系看作相互排斥关系。

7. 基本事件的重要度分析

事故树中各基本事件的发生对顶事件的发生有着程度不同的影响,这种影响主要取决于两个因素,即各基本事件发生概率的大小以及各基本事件在事故树模型结构中处于何种位置。为了明确最易导致顶事件发生的事件,以便分出轻重缓急采取有效措施,控制事故的发生,必须对基本事件进行重要度分析,包括:基本事件的结构重要度、基本事件的概率重要度、基本事件的临界重要度。

1) 基本事件的结构重要度

确定基本事件的结构重要度的方法有很多,如基本事件的结构重要度系数、基本事件的割集重要度系数、用最小割集或最小径集进行结构重要度分析等,后者最简单、常用。

按以下准则定性判断基本事件的结构重要度:

(1) 仅在同一最小割(径)集中出现的所有基本事件结构重要度相等。

(2) 单事件最小割(径)集中的基本事件结构重要度最大。

(3) 两个基本事件仅出现在基本事件个数相等的若干最小割(径)集中,这时在不同最小割(径)集中出现次数相等的基本事件其结构重要度相等;出现次数多的结构重要度大,出现次数少的结构重要度小。

(4) 两个基本事件出现在基本事件个数不等的若干最小割(径)集中。基本事件结构重要度大小依下列不同条件而定:

①若它们在各最小割(径)集中重复出现的次数相等,则少事件最小割(径)集中出现的基本事件结构重要度大;

②在少事件最小割(径)集中出现次数少的,与多事件最小割(径)集中出现次数多的基本

事件相比较。

【例 9-12】 如某系统的最小割集为 $\{A\}$，$\{B,C\}$，$\{B,D\}$，$\{D,E,F\}$，$\{F,G,H,I\}$，则其基本事件的结构重要度为 $I_A > I_B > I_D > I_C > I_F > I_E > I_G = I_H = I_I$。

2) 基本事件的概率重要度

基本事件的结构重要度分析只是按事故树的结构分析各基本事件对顶事件的影响程度，没有考虑基本事件发生概率的变化对顶事件发生概率的影响。

事故树的概率重要度分析是依靠各基本事件的概率重要度系数大小进行定量分析。基本事件的概率重要度系数是指某基本事件发生概率的变化引起顶事件发生概率变化的程度。

由于顶事件发生概率函数是 n 个基本事件发生概率的函数，对自变量 q_i 求一次偏导，可得该基本事件的概率重要度系数 $I_g(i)$ 为：

$$I_g(i) = \frac{\partial P(T)}{\partial q_i} \quad (i = 1, 2, \cdots, n)$$

式中：$P(T)$——顶事件发生概率；

q_i——第 i 个基本事件 X_i 的发生概率。

若所有基本事件的发生概率都等于 0.5，则基本事件的概率重要度系数等于其结构重要度系数，可用概率重要度系数的计算公式求取结构重要度系数。

【例 9-13】 设事故树最小割集为

$$E_1 = \{X_1, X_3\}, E_2 = \{X_1, X_5\}, E_3 = \{X_3, X_4\}, E_4 = \{X_2, X_4, X_5\}$$

各基本事件概率分别为

$$q_1 = 0.01, q_2 = 0.02, q_3 = 0.03, q_4 = 0.04, q_5 = 0.05$$

求各基本事件概率重要度系数。

解：顶事件发生概率为：

$$P(T) = 1 - (1 - q_1 q_3)(1 - q_1 q_5)(1 - q_3 q_4)(1 - q_2 q_4 q_5)$$
$$= 1 - 0.9997 \times 0.9995 \times 0.9988 \times 0.99996$$
$$= 0.002$$

因为：

$$P(T) = q_2 q_4 q_5 + q_3 q_4 - q_3 q_4^2 q_5 + q_1 q_5 - q_1 q_2 q_4 q_5^2 - q_1 q_2 q_3 q_4 + q_1 q_3 q_4^2 q_5 + q_1 q_3 - q_1 q_2 q_3 q_4 q_5 - q_1 q_3^2 q_4 + q_1 q_3^2 q_4^2 q_5 - q_1^2 q_3 q_5 + q_1^2 q_2 q_3 q_4 q_5^2 + q_1^2 q_3 q_4 q_5 - q_1^2 q_3 q_4^2 q_5^2$$

各个基本事件的概率重要度系数为：

$$I_g(1) = \frac{\partial P}{\partial q_1} = q_5 - q_2 q_4 q_5^2 - q_2 q_3 q_4 + q_3 q_4^2 q_5 + q_3 - q_2 q_3 q_4 q_5 - q_3^2 q_4 + q_3^2 q_4^2 q_5 - 2 q_1 q_3 q_5 + 2 q_1 q_2 q_3 q_4 q_5^2 + 2 q_1 q_3 q_4 q_5 - 2 q_1 q_3 q_4^2 q_5^2$$
$$= 0.0799$$

$$I_g(2) = \frac{\partial P}{\partial q_2} = q_4 q_5 - q_1 q_4 q_5^2 - q_1 q_3 q_4 - q_1 q_3 q_4 q_5 + q_1^2 q_3 q_4 q_5^2 = 0.0020$$

$$I_g(3) = \frac{\partial P}{\partial q_3} = q_4 - q_4^2 q_5 - q_1 q_2 q_4 - q_1 q_4^2 q_5^2 + q_1 - q_1 q_2 q_4 q_5 - 2 q_1 q_3 q_4 + 2 q_1 q_3 q_4^2 q_5 - q_1^2 q_5 + q_1^2 q_2 q_4 q_5^2 + 2 q_1^2 q_3 q_4 q_5 - 2 q_1^2 q_3 q_4^2 q_5^2$$
$$= 0.0499$$

$$I_g(4) = \frac{\partial P}{\partial q_4} = q_2q_5 + q_3 - 2q_3q_4q_5 - q_1q_2q_5^2 - q_1q_2q_3 + 2q_1q_3q_4q_5^2 - q_1q_2q_3q_5 -$$
$$q_1q_3^2 + 2q_1q_3^2q_4q_5 + q_1^2q_2q_3q_5^2 + q_1^2q_3^2q_5 - 2q_1^2q_3^2q_4q_5^2$$
$$= 0.0309$$

$$I_g(5) = \frac{\partial P}{\partial q_5} = q_2q_4 - q_3q_4^2 + q_1 - q_1q_2q_4 + 2q_1q_3q_4^2q_5 - q_1q_2q_3q_4 +$$
$$q_1q_3^2q_4^2 - q_1^2q_3 + 2q_1^2q_2q_3q_4q_5 + q_1^2q_3^2q_4 - 2q_1^2q_3^2q_4^2q_5$$
$$= 0.0107$$

这样,就可以按概率重要度系数的大小排出各基本事件的概率重要度顺序:
$$I_g(1) > I_g(3) > I_g(4) > I_g(5) > I_g(2)$$

3) 基本事件的临界重要度

当各基本事件发生概率不相等时,一般情况下,改变概率大的基本事件比改变概率小的基本事件容易,但基本事件的概率重要度系数并未反映这一事实,因而它不能从本质上反映各基本事件在事故树中的重要程度。

事故树的临界重要度分析是依靠各基本事件的临界重要度系数大小来进行定量分析。临界重要度系数是指某个基本事件发生概率的变化率引起顶事件发生概率的变化率,它是从敏感度和概率双重角度来衡量各基本事件的重要程度。

$$I_g^c(i) = \lim_{\Delta q_i \to 0} \frac{\Delta P(T)/P(T)}{\Delta q_i/q_i} = \frac{q_i}{P(T)} \cdot \lim_{\Delta q_i \to 0} \frac{\Delta P(T)}{\Delta q_i} = \frac{q_i}{P(T)} \cdot I_g(i)$$

式中:$I_g^c(i)$——第 i 个基本事件 X_i 的临界重要度系数;

$I_g(i)$——第 i 个基本事件 X_i 的概率重要度系数;

$P(T)$——顶事件发生的概率;

q_i——第 i 个基本事件 X_i 的发生概率。

对例 9-13,按概率重要度系数的大小排出各基本事件的概率重要度顺序:
$$I_g(1) > I_g(3) > I_g(4) > I_g(5) > I_g(2)$$

按临界重要度系数的大小排列的各基本事件重要程度的顺序:
$$I_g^c(3) > I_g^c(4) > I_g^c(1) > I_g^c(5) > I_g^c(2)$$

结构重要度系数从事故树结构上反映基本事件的重要程度;结构重要度系数反映了某一基本事件在事故树结构中所占的地位。

概率重要度系数反映基本事件概率的增减对顶事件发生概率影响的敏感度;概率重要度系数起着一种过渡作用,是计算两种重要度系数的基础。

临界重要度系数从敏感度和自身发生概率大小双重角度反映基本事件的重要程度;临界重要度系数从结构及概率上反映了改善某一基本事件的难易程度。

第五节 典型道路交通事故的主要致因

本节介绍引发道路交通事故的典型原因,在进行道路交通安全分析时,可以从这些典型原因入手,开展进一步的分析工作。

一、路段事故的主要致因

表 9-8 列出了路段事故常见的事故类型和每种类型的可能影响因素。需要注意的是,交通事故可能是表 9-8 中某一原因或多个原因叠加的结果,在分析的过程中,也可能会发现一些其他因素。例如,撞固定物类型的事故可能是多个因素共同作用的结果,如在注意力不集中时以过高的速度通过急转弯等。

路段事故的类型及可能致因　　　　　　　　表 9-8

事故类型	可能致因	事故类型	可能致因
车辆滚翻事故	路侧设计问题(例如,无法横越的侧坡、路面边缘突降等)	对向刮擦或正面碰撞事故	道路几何形状设计问题
	路肩宽度问题		路肩设计问题
	车速过快		车速过快
	路面设计问题		路面标线问题
撞固定物事故	道路中央或附近的障碍物	驶离道路事故	交通标志问题
	照明不足		车道宽度不足
	路面标线问题		路面湿滑
	交通标志、轮廓标、护栏等问题		隔离带宽度不足
	路面湿滑		维护问题
	路侧设计问题(例如,净空不足)		路肩设计问题
	道路几何形状设计问题		轮廓线不清晰
	车速过快		能见度低
夜间事故	夜晚可见度过低或照明不足		车速过快
	交通标志可见度低	桥梁相关事故	车辆队列
	渠化或轮廓线问题		行车道过窄
	车速过快		能见度低
	视距不足		垂直净空不足
湿滑路面事故	路面设计问题(例如,排水、渗透性)		路面湿滑
	路面标线问题		桥面摩擦系数过大
	维护不足		屏障系统问题
	车速过快		

二、信号控制交叉口事故的主要致因

表 9-9 为信号控制交叉口事故的常见碰撞类型和每种类型的可能影响因素。考虑的碰撞类型包括：直角碰撞事故、追尾碰撞或侧向剐擦事故、左转或右转碰撞事故、夜间事故、湿滑路面事故。各种事故类型的原因可能是单一的，也可能是多个因素综合作用。表 9-9 未能包含所有事故类型的所有影响因素，需要根据具体研究对象进行具体分析。

信号控制交叉口事故类型及主要致因 表 9-9

事故类型	可能致因	事故类型	可能致因
直角碰撞事故	信号灯可见度低	左转或右转碰撞事故	与行人或自行车的冲突
	信号配时问题		信号配时问题
	车速过快		视距不足
	路面湿滑		与红灯时右转车辆的冲突
	视距不足	夜间事故	夜晚可见度过低或照明不足
	驾驶人闯红灯		交通标志可见度低
追尾碰撞或侧向剐擦事故	速度问题		渠化或轮廓线问题
	信号灯可见度差		维护不好
	突然换道		车速过快
	车道过窄		视距不足
	突然停车	湿滑路面事故	路面过滑
	路面湿滑		路面标线问题
	车速过快		维护不好
左转或右转碰撞事故	误判来车速度		车速过快

三、无信号控制交叉口事故的主要致因

表 9-10 为无信号控制交叉口事故的常见碰撞类型和每种类型的可能影响因素。碰撞类型包括：角度碰撞事故、追尾事故、支路上的碰撞事故、正面碰撞或侧向剐擦事故、左转或右转事故、夜间事故、湿滑路面事故。表 9-10 未能包含所有事故类型的所有影响因素。

无信号控制交叉口事故类型及主要致因　　　　　　　　　表 9-10

事故类型	可能致因	事故类型	可能致因
角度碰撞事故	视距受限	支路上的碰撞事故	主路交通量过大
	交通流量过大		支路交通量过大
	速度过快		视距受限
	突然的横穿车辆		车速过快
	驾驶人直接驶过"停"标志	正面碰撞或侧向刮擦事故	车道标线问题
	路面湿滑		车道过窄
追尾事故	突然横穿道路的行人	左转或右转事故	车辆间隙问题
	驾驶人注意力不集中		视距受限
	路面湿滑	夜间事故	夜晚可见度过低或照明不足
	转弯车辆过多		交通标志可见度低
	突然换道		渠化或轮廓线问题
	车道过窄		车速过快
	视距受限		视距不足
	跟驰间距不足	湿滑路面事故	路面湿滑
	车速过高		车道标线问题
支路上的碰撞事故	左转车辆问题		维护不足
	支路位置问题		车速过快
	右转车辆问题		

四、公路与铁路平交道口事故的主要致因

表 9-11 列出了公路与铁路平交道口事故的常见事故类型和每种类型的可能影响因素。表 9-11 未能包含所有事故类型的所有影响因素。

公路与铁路平交道口事故类型及主要致因　　　　　　　　　　　表 9-11

事故类型	主要致因	事故类型	主要致因
公路与铁路平交道口事故	视距受限	公路与铁路平交道口事故	公路、铁路交叉角度过小
	交通控制设备可见度低		路权配时问题
	车道标线问题		车速过高
	穿行道路表面过于粗糙或湿滑		驾驶人缺乏耐心

五、车辆与行人、车辆与自行车事故的主要致因

表 9-12 列出了车辆与行人事故的常见类型和每种类型的可能影响因素。表 9-13 列出了车辆与自行车事故的常见类型和每种类型的可能影响因素。表 9-12、表 9-13 也未能包含所有事故类型的所有影响因素。

车辆与行人事故的类型及主要致因　　　　　　　　　　　表 9-12

事故类型	主要致因	事故类型	主要致因
车辆与行人事故	视距有限	车辆与行人事故	缺少横穿道路的机会
	车辆和行人间障碍物问题		车速过快
	信号灯或交通标志问题		行人走在行车道上
	信号灯相位问题		到最近人行横道的距离过长
	路面标线问题		人行道距离行车道过近
	照明不足		横穿学校区域
	驾驶人忽视横向道路中的警示		

车辆与自行车事故的类型及主要致因　　　　　表 9-13

事故类型	主要致因	事故类型	主要致因
车辆与自行车事故	视距有限	车辆与自行车事故	车速过快
	交通标志问题		自行车行驶在行车道上
	车道标线问题		自行车道距离行车道过近
	照明不足		自行车道过窄

【复习思考题】

1. 什么是交通安全分析？其目的是什么？主要包括哪些内容？
2. 简要说明统计图表分析法中各种图表的特点。
3. 什么是因果分析图法？其特点是什么？
4. 安全检查表的基本任务及特点是什么？
5. 预先危险性分析的基本含义是什么？
6. 简述故障模式及影响分析的作用、致命度分析的目的。
7. 简要说明事件树分析的含义、步骤。
8. 某事件的事故树如图 9-48 所示，试求顶事件的发生概率，并给各基本事件的结构重要度、概率重要度、临界重要度排序。

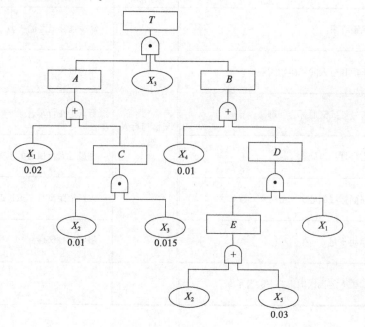

图 9-48　事故树示意图

9. 选择某一交叉口或路段进行调查,分析其主要安全问题。
10. 请列举出能量源头控制措施。
11. 请列举出控制能量转移路径的措施。
12. 请列举出能量接受者的防护措施。

第十章
道路交通安全管理概述

道路交通受人、车、路、环境等复杂因素的影响,只要一个环节出现差错就可能引发交通事故。交通事故已成为一个社会问题,世界各国都投入了大量的人力、物力和财力来研究减少和避免交通事故的政策与具体的安全管理措施。本章主要介绍以提升交通安全为目标的交通安全管理流程、交通安全改善措施及其效益分析方法等。

第一节 道路交通安全管理流程

所谓交通安全管理,就是在对道路交通事故进行充分研究并认识其规律的基础上,由国家行政机关根据法律法规、标准规范,采用科学的管理方法,在社会公众的积极参与下,对构成道路交通系统的人、车、路、交通环境等要素进行有效的组织、协调、控制,以实现防止事故发生、减少死伤人数和财产损失、保障道路交通安全、畅通目标的管理活动。

交通安全水平的提升是一个持续不断的过程。交通安全的管理流程,一般可分为六个相对独立的过程(图10-1)。

(1)交通安全评价(事故多发点辨识)。对整个路网进行事故多发点筛选,在交通网络内按降低事故率的可能性大小对路段(或交叉口、区域)进行排序,从而确定交通安全改善的实施对象。

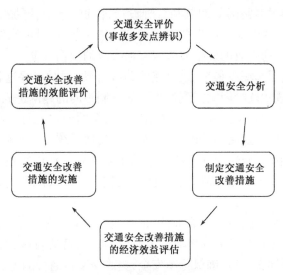

图 10-1　交通安全管理流程

（2）交通安全分析。通过对事故数据、现场数据和现场状况，对事故多发点或交通安全改善实施对象进行深入分析，揭示事故致因，为制定交通安全改善措施奠定基础。

（3）制定交通安全改善措施。以交通安全分析结果为依据，针对交通安全改善实施对象的主要事故致因，提出一项或多项交通安全改善措施。

（4）交通安全改善措施的经济效益评估。评估交通安全改善措施的优势和成本，并确定经济合理的改善项目。

（5）交通安全改善措施的实施。在评估交通安全改善措施的经济效益的基础上，考虑成本、环境影响等因素，对多个改善措施进行排序，选择较优的措施安排实施。

（6）交通安全改善措施的效能评价。对交通安全改善措施在改善交通安全水平、降低事故率或事故严重程度方面的效果进行效能评价。

道路交通安全管理流程中的各个过程在交通系统的规划、设计、运营、维护等阶段都可以独立进行，也可以集成到一个不断循环改进的流程中，用于交通安全状况的不断改进。

第二节　交通安全改善措施的选择

从人、车、路、环境等因素出发，制定合理的交通安全改善措施，可以防止事故发生、减少损失。

一、针对道路与行车环境的改善措施

在道路设计或制订道路改造方案时，要贯彻"以人为本"的思想，将道路的安全设计作为首要考虑因素。

以道路线形设计为例。道路线形的安全设计要使驾驶人能根据道路线形及时、准确地判断行驶路段的特征和线形的变化，防止驾驶人产生视觉差错，道路线形应连贯、均匀、协调舒畅，变化要柔和、过度要自然，避免不必要的巨变，从而减少因视觉跳跃的不适而引起的事故。

道路交通安全设计应通过对路网的调节和合理设计,使道路环境更加"宽容"。也就是说,即使驾驶人发生驾驶失误,该道路仍能保持安全行车的道路条件,对可能发生的危险起到消除或者减缓的作用,以避免交通事故的发生或减轻交通事故的损伤程度。

高效的路网可以确保车辆以最短、最直接的路线行驶,同时确保这样的路线最快捷、最安全,从而将道路交通事故的危险因素减到最少。如限制不同的路网进入、在路网中给予高载客量车辆优先通行、提供短程安全路线、鼓励使用较为安全的公共交通方式等。

道路交通安全设施属于道路的基础设施,是道路交通系统不可或缺的重要组成部分,是保证行车安全、防止交通事故、减轻交通事故后果的重要手段。在进行道路交通安全管理设施,如交通标志、交通标线、安全护栏、隔离设施、防眩设施和诱导设施的配置时,应遵循正确的原则,进行合理配置。

交叉口是道路交通系统的重要组成部分,是路网的节点和枢纽。交叉口的存在提高了交通的灵活性和可达性,但由于交叉口交通量大、冲突点多、视线盲区大,成为交通事故的多发点,因此应合理规划、设计交叉口,确保行车安全,提高交叉口通行能力。信号灯是城市交通秩序化的标志,信号灯的设置能明显改善区域内的交通秩序,并降低事故率。信号控制对道路交通安全的影响是区域性的,不仅局限于交叉口,还波及周边路段。交叉口设置信号灯,有利于路段上的车流按脉冲流行驶,降低了路段上车流的紊乱程度,因而路段上的事故率也随之降低。交叉口设置信号灯后,如果能配套实施相应的交通安全措施,则可进一步降低交叉口事故率。

二、针对交通参与者的改善措施

道路交通系统是由人、车、路及其环境等要素构成的复杂的动态系统。其中"人"包括驾驶人、骑行人、行人等。交通事故是道路交通系统中由于人、车、路、环境动态系统诸要素的配合失调而偶然发生的事件。在道路交通系统中,由于人是四大要素中唯一的自主型变量,因此,人是交通事故预防的核心。加强交通安全宣传教育、提高交通参与者的交通素质,对预防和减少交通事故有较为明显的作用。具体改善措施如下:

(1)严格管理,提高驾驶人安全素质。机动车驾驶人必须经过全天候的行车训练,才能获得驾驶证,对于大客车、大货车、特种车的专职驾驶人来说,这一点特别重要。加强对驾驶人的安全教育,严禁无证驾驶,严禁酒后驾驶、违法驾驶、疲劳驾驶。对于违反规定的要给予严处,不能只是罚款了事,一定要按情节严重程度分别实施行政或刑事处罚。通过违法处罚与事故处理加强对驾驶人的教育与管理,对交通违法及发生交通事故当事人,给予扣分和必要的再教育;根据情况进行驾驶适应性测验,凡不合格者,严禁上路行驶。

(2)加强交通安全教育宣传,强化全体交通参与者的安全意识。为提高人们的交通安全意识,必须加强交通法规与安全宣传,让人们了解交通管理知识,理解交通语言,提高全体交通参与者的交通安全意识,进而使交通安全宣传教育产生最好的效果。提高公众交通意识要从幼儿和小学教育开始,根据幼儿和小学生的特点,采用挂图、漫画、拼图等儿童易于接受的形式,让儿童从小接受交通安全教育,为将来提高全民交通意识奠定良好的基础。在中学开展交通法规宣传,牢固树立遵守交通法规的观念。定期开展交通安全宣传周活动,向全社会宣传有关交通法规方面的指示,提醒广大市民提高交通安全意识。定期举办交通安全教育展览会,使驾驶人重温交通安全常识和交通规则,并了解各地近期的交通动向以及各种与交通有关的政策措施。同时展开咨询活动,增加交通管理部门与驾驶人的沟通渠道,及时交流思想和反馈意见。有条件的情况下,应向不同交通参与者,如老人、儿童、城乡接合部居民、外来打工者发放有针对性的交通宣传读物。

三、针对机动车的改善措施

目前,常见的机动车安全设施有安全气囊、报警监控系统、防抱死制动系统、巡航控制系统和其他安全设施(故障显示器、可调式座椅、品质优良的轮胎、车外的防撞架等)。应积极鼓励机动车安装行车安全装置、汽车自动约束装置、行车自动监控装置以及交通情报通信装置等,完善机动车安全设施。

第三节 道路交通安全改善措施的效益分析

道路交通安全改善措施的效益分析是指将改进措施带来的效益与成本进行比较。

在安全改善措施效益分析中,项目成本是以货币形式体现。两种典型的安全改善措施效益分析方法是效益-成本分析和成本-效能分析。作为实施安全措施的结果,这两种方法都量化拟建项目的效益,即预估事故数或事故严重程度的变化。

在效益-成本分析中,将平均事故数和严重度的变化预估值转换为货币,再与实施安全改善措施的成本比较。在成本-效能分析中,直接用实施改进措施带来的事故数或事故严重程度的变化与成本进行比较。

图10-2 所示为安全改善措施效益分析过程示意。

一、安全措施效益分析方法

在经济效益评估过程中,对某一给定的安全改善措施,可以根据不同的值,如项目成本、项目效益的货币价值、事故减少的数量、死亡或伤残事故减少的数量、净现值(NPV)、效益成本比(BCR)、成本-效能指数进行排序。

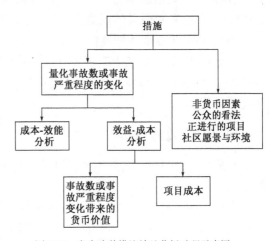

图10-2 安全改善措施效益分析过程示意图

安全措施或项目的经济评价有两个主要目标:

(1)确定一个项目在经济上是否合理(即收益是否大于成本);

(2)确定哪些项目或替代方案最具效益。

对某安全改善对象拟采取的多项措施进行效益分析后,可选择出较合适的安全改善措施来实施。

二、效益-成本分析

1. 净现值(NPV)

净现值是指按设定的折现率,将安全改善措施寿命期内年成本和经济效益折现到基准时间点的现值之和。

净现值方法有如下两个基本功能：
(1)确定最具成本-效能的安全改善措施。净现值越大,安全改善措施相对越优。
(2)评估单个项目在经济上是否合理。净现值大于零,说明实施的安全措施有效。
净现值的计算公式为：

$$NPV = PV_{benefits} - PV_{costs} \tag{10-1}$$

式中：$PV_{benefits}$——项目效益的现值；

PV_{costs}——项目成本的现值。

尽管净现值能评估一个项目的经济合理性,也便于排序,但它的大小不能解释为效益成本比。

2. 效益成本比(BCR)

效益成本比是指在基准时间点上的经济效益现值与成本现值之比,它是考查项目的效率型指标。如果效益成本比大于1.0,则该项目被认为在经济上是合理的。

效益成本比的计算公式为：

$$BCR = \frac{PV_{benefits}}{PV_{costs}} \tag{10-2}$$

式中：BCR——效益成本比；

$PV_{benefits}$——项目效益的现值；

PV_{costs}——项目成本的现值。

通过效益成本比,便于决策者对拟采取措施的相对可取性进行比较。但效益成本比不能直接用于不同措施或针对不同安全改善对象的措施的比较决策,需要进行增量效益成本分析来完成决策。

三、成本-效能分析

在成本-效能分析中,并不把预测的平均事故数量化为货币价值,而是直接与项目成本进行比较。

安全措施实施项目的成本-效能表现为减少事故而花费的年度成本。安全改善措施的成本和估计的平均事故数减少值应在同一时期。该方法需要对事故数进行估计。

成本-效能分析流程如下：

(1)根据安全改造项目,估计平均事故数的变化。

(2)计算与实施项目相关的成本。

(3)计算安全改进项目的成本-效能,将项目全寿命周期内预测的平均事故数变化值除以项目成本的现值[式(10-3)]。

$$\text{Cost-Effectiveness Index} = \frac{N_{predicted} - N_{observed}}{PV_{costs}} \tag{10-3}$$

式中：PV_{costs}——项目成本的现值；

$N_{predicted}$——预测的改善措施实施后的年均事故数；

$N_{observed}$——记录的年均事故数。

该方法计算简单、快速,但没有区分改善措施对致死事故、伤人事故和仅财产损失事故的不同影响。

四、非货币性的考虑因素

在大多数情况下,安全改善措施项目的主要效益可以用平均事故数变化率、受伤减少程度或其对应的货币值进行预估。然而,还有许多与事故数变化不直接相关的因素会影响安全措施实施项目决策。这些因素不能用货币来量化。非货币的考虑因素包括:

(1) 公共需求;
(2) 公众对安全改善项目的认知和接受程度;
(3) 改善措施项目对沿线交通和可达性的影响;
(4) 空气质量噪声以及其他环境因素;
(5) 道路使用者的需求;
(6) 解决方案是否符合周围社区期望和环境要求。

例如,环岛的建设通常能带来可量化的和不可量化的效益。可量化的效益一般包括:降低平均延误,减少车辆的燃料消耗,减少正面碰撞和斜(角度)碰撞事故数。这些效益可转换成货币价值来计算成本和效益。

不能量化的效益,也就是不能转换为货币价值的效益,包括:

(1) 相对于其他路口交通控制设施,环岛更为美观;
(2) 环岛可改进驶入社区的路线或改善道路功能;
(3) 环岛可作为有效的交通管理工具,消除多辆车同时驶入交叉口时车辆之间的冲突;
(4) 环岛处掉头更容易。

对于以降低事故发生数和事故严重程度为目的的项目而言,首先货币形式的效益成本分析可以作为其主要的决策工具,其次可以考虑一些定性因素。在对较大规模的项目进行决策的过程中,不能只关注事故发生数的改变,同时应考虑一些定性的或是能应用权重系数来定量的决策判别指标,如交通安全、交通运营、空气质量、噪声等。

五、案例分析

表10-1是案例的基本信息,表中列出了某一交叉口的事故类型、事故严重性和可选的改进措施等。

交叉口的事故类型、事故严重性和可选改进措施　　　表10-1

年平均日交通量 AADT(主路/辅路)		22100辆/1650辆
主要事故类型		斜(角度)碰撞、正面碰撞
事故的严重性	致命	6%
	损伤	65%
	财产损失	29%
影响因素		交通量增加
		高峰时段的容量不足
		非高峰时的高行驶速度
可选的改进措施		设置环状交叉口

假设环岛的使用年限是10年,该路口年交通增长率为2%,贴现率为4.0%,项目成本估计为200万元。

1. 预测安全改善措施在设施服役期内对事故数的影响

根据安全性能函数(SPF,见第七章),在不设置环岛情况下预测的事故数,具体见表 10-2。

在不设置环岛情况下预测的事故数　　　　　　　　　　表 10-2

服役期(年)	主路 AADT(辆)	辅路 AADT(辆)	预测的事故总数(起)	预测的死伤事故数(起)
1	23533	1758	10.4	5.2
2	23906	1785	10.5	5.3
3	24265	1812	10.5	5.3
4	24629	1839	10.6	5.4
5	24998	1866	10.7	5.4
6	25373	1894	10.7	5.4
7	25754	1923	10.8	5.5
8	26140	1952	10.9	5.5
9	26532	1981	11.0	5.5
10	26930	2011	11.0	5.6
总计			107.1	54.1

在设置环岛的情况下,预测事故数,具体见表 10-3。

用经验贝叶斯方法预测设置环岛后的总事故数　　　　　　　　　表 10-3

服役期(年)	预测的事故总数(起)	预测的死伤事故数(起)
1	5.8	0.9
2	5.9	1.0
3	5.9	1.0
4	5.9	1.0
5	6.0	1.0
6	6.0	1.0
7	6.0	1.0
8	6.1	1.0
9	6.2	1.0
10	6.2	1.0
总计	60.0	9.9

根据上述计算,可以预测环岛项目能够减少的事故数,具体见表 10-4。

环岛项目实施后的平均事故数变化预测　　　　　　　　　　表 10-4

服役期(年)	预测减少的总事故数(起)	预测减少的死伤事故数(起)	预测减少的财产损失事故数(起)
1	4.6	4.3	0.3
2	4.6	4.3	0.3
3	4.6	4.3	0.3
4	4.7	4.4	0.3
5	4.7	4.4	0.3

续上表

服役期（年）	预测减少的总事故数（起）	预测减少的死伤事故数（起）	预测减少的财产损失事故数（起）
6	4.7	4.4	0.3
7	4.8	4.5	0.3
8	4.8	4.5	0.3
9	4.8	4.5	0.3
10	4.8	4.6	0.2
总计	47.1	44.2	2.9

2. 把改善措施导致的事故数变化换算成等效货币值

假设不同严重度的事故平均损失，见表10-5。

按严重度估计的事故平均损失　　　　　　　　　　表10-5

伤害严重度	事故平均损失（元）	伤害严重度	事故平均损失（元）
死亡事故（K）	250900	严重伤害事故（B）	79000
死伤事故（K/A/B/C）	158200	轻伤事故（C）	44900
致残事故（A）	216000	仅财产损失事故（O）	7400

根据表10-4和表10-5，将事故数量的减少换算成等效的货币收益，见表10-6。

事故数量的减少换算为年度货币价值　　　　　　　表10-6

服役期（年）	死伤事故减少带来的收益（元）	仅财产损失事故减少带来的收益（元）	事故减少带来的总收益（元）
1	680260	2220	682480
2	680260	2220	682480
3	680260	2220	682480
4	696080	2220	698300
5	696080	2220	698300
6	696080	2220	698300
7	711900	2220	714120
8	711900	2220	714120
9	711900	2220	714120
10	727720	1480	729200

按4%的折现率，假设将表10-6中的每年等效货币收益转换为现值，见表10-7。

如果每年项目的效益是一致的，则式（10-4）可用来将一系列效益一致的项目转换成单一的现值。

$$P(i,y) = \frac{(1.0+i)^y - 1.0}{i \times (1.0+i)^y} \tag{10-4}$$

式中：$P(i,y)$——将第y年的收益按折现率i转换为现值的转换系数。

将年度收益转换为现值的结果 表 10-7

服役期(年)	转换系数	收益(元)	现值(元)
1	1.0	682480	682480
2	1.9	682480	1296710
3	2.8	682480	1910940
4	3.6	698300	2513880
5	4.5	698300	3142350
6	5.2	698300	3631160
7	6.0	714120	4284720
8	6.7	714120	4784604
9	7.4	714120	5284488
10	8.1	729200	5906520
总计			33437858

3. 计算效益成本

根据表10-7,该安全改善项目的效益现值为3343.7858万元,而该项目的成本估计为200万元,根据式(10-2),其效益成本比为16.72。

第四节 交通安全改善措施的效能评价

安全改善措施的效益分析是从经济性的角度考虑某项措施是否值得投入。安全效能则更多的是从社会效益的角度出发,考查安全改善措施是否对改善交通安全状况起到积极的作用。

一、安全效能评价的基本方法

安全效能评价是对某安全改善措施、某项目或一组项目如何影响事故数或事故严重程度,并对其定量估计的过程。每组项目或安全改善措施效能的评价都可能会为以后的安全决策和政策的制定提供宝贵的资料。

为了评价安全措施在减少事故数或事故严重程度方面的效能,该措施必须至少在一个地方实施,最好是在多个地方都实施后再进行评价。安全效能评价方法的选择取决于安全措施的性质、实施安全措施的对象(或路段、交叉口)类型以及数据情况。

安全效能评价法要比简单比较改善措施实施前后事故数据的变化复杂,因为它还需要在改善措施未实施前,就考虑改善措施实施前和实施后事故发生数的变化。同时,事故的发生受很多因素的影响,而且这些因素还会随着时间的推移发生变化,如交通量、天气和驾驶行为等。另外,事故发生的总体趋势也可能会影响改善过的以及未改善过的地点。因此,大多数效能评价方法都同时使用改善措施实施和未实施地点的数据和信息。获取数据的方式包括直接的事故记录或通过安全性能函数估计的事故数。

安全效能评价可解决如下问题：

(1)评估并证实特定地点某项目的安全效能；

(2)评估并证实一组类似项目的安全效能；

(3)评估量化某项措施的事故修正因子(AMF)；

(4)考虑特定类型项目或改善措施的成本，对项目或改善措施进行综合安全效能评价。

用于安全效能评价的基本方法主要是实施前/后的事故数据对比分析(Observational before/after Studies)法和横向对比分析(Observational Cross-sectional Studies)法。

二、实施前后的事故数据对比分析法

实施前后的事故数据对比分析是最常用于安全效能评估的方法。该方法用到事故多发点在安全改善措施实施前后的事故数据和交通量数据。

(1)经验贝叶斯方法

经验贝叶斯方法是指使用安全效能函数，对实施前后的事故数据进行对比分析。应用经验贝叶斯方法时，评估对象要有相似性。为了降低随机性的影响，在每一评估对象组中，对象的数目要足够大。某些地点由于事故数异常高，被选出来实施安全改善措施，这种选择可能会导致"趋均数回归"的偏差，经验贝叶斯方法可以弥补"趋均数回归"偏差。经验贝叶斯方法用于安全效能评价的关键是要有现成的安全性能函数(SPF)可用。如果没有合适的安全性能函数，则可通过收集事故和交通量数据构造合适的安全性能函数。

(2)对照组方法

对照组方法是指将安全改善措施实施前后的事故指标进行直接对比分析，该法是最常采用的方法。该方法假设在没有安全改善措施实施的情况下，评估对象的事故率等于安全改善措施实施前的事故率。一般直接应用事故数的均值及方差等指标的前后对比进行评估。

可将未实施改善措施的地点作为对照组，进行实施前后的事故数据对比分析。在实施前后的对照组评价分析中，对照组的目的是评估如果未实施安全改善措施，则事故数会如何变化。因此，适当的对照组选择是关键。

三、横向对比分析法

由于以下原因，可能会导致不能使用实施前后的事故数据对比分析方法进行评价：

(1)安全改善措施实施的数据不支持该分析方法；

(2)缺乏实施改善措施前的事故数和交通量数据；

(3)缺乏与道路几何条件相对应的事故修正因子。

在这样的情况下，可以运用横向对比分析法。

横向对比分析法是指对同类的不同对象在统一标准下进行比较的方法。在交通安全效能评价中，可通过获取交通安全改善措施实施地点和同类地点在同期的事故数据，通过横向对比来评价措施的安全效能。因为所获得的资料是在某一时刻或在一个较短时间区间内收集的，所以它客观地反映了这一时刻或区间的事故数和事故严重程度的分布，并推断出安全措施的实施与事故之间的关联。

四、用实施前后事故数据评价安全效能的经验贝叶斯法应用案例

在此案例中,安全效能评价的基本输入数据包括13条乡村双车道路段的超车车道设置前后共七年间的事故数据,见表10-8。

安全效能评价的基本输入数据 表10-8

路段编号	路段长度 L (mile)	AADT(辆/d)		改造前每年的事故数(起)					改造前的事故总数(起)	改造后每年的事故数(起)		改造后的事故总数(起)
		前	后	Y_1	Y_2	Y_3	Y_4	Y_5		Y_1	Y_2	
1	1.114	8858	8832	4	4	1	5	2	16	1	1	2
2	0.880	11190	11156	2	0	0	2	2	6	0	2	2
3	0.497	11190	11156	1	0	2	1	0	4	1	1	2
4	1.000	6408	6388	2	5	4	3	2	16	0	1	1
5	0.459	6402	6382	0	0	1	0	0	1	0	1	1
6	0.500	6268	6250	1	1	0	2	1	5	1	0	1
7	0.987	6268	6250	4	3	3	4	3	17	6	3	9
8	0.710	5503	5061	4	3	1	1	3	12	0	0	0
9	0.880	5523	5024	2	0	6	0	0	8	0	0	0
10	0.720	5523	5024	1	0	1	1	0	3	0	0	0
11	0.780	5523	5024	2	2	2	1	2	9	3	2	5
12	1.110	5523	5024	1	0	2	4	2	9	4	2	6
13	0.920	5523	5024	3	2	3	3	5	16	0	1	1
总计				26	22	26	27	21	122	16	14	30

1. 改造前平均事故数的经验贝叶斯估计

运用安全性能函数(SPF)来预测双车道总事故数的公式如下:

$$N_{\text{spf,rs}} = \text{AADT} \times L \times 365 \times 10^{-6} \times e^{-0.312} \tag{10-5}$$

式中:$N_{\text{spf,rs}}$——安全性能函数预测的路段总事故数;

AADT——年平均日交通量;

L——路段长度,mile。

过度离散参数 k 计算公式如下:

$$k = \frac{0.263}{L} \tag{10-6}$$

预测的事故数计算公式如下:

$$N_{\text{predicted}} = N_{\text{spfx}} \times (\text{AMF}_{1x} \times \text{AMF}_{2x} \times \cdots \times \text{AMF}_{yx}) \times C_x \tag{10-7}$$

式中:$N_{\text{predicted}}$——预测的事故数;

N_{spfx}——根据 SPF 基本条件计算的事故数;

AMF_{yx}——事故修正因子;

C_x——SPF 校正系数。

第 1 步:使用 SPF 和表 10-8 中的数据,计算每个路段在改善措施实施前的预测事故数(表 10-9)。

预测的改造前事故数　　　　　　　　　　　表 10-9

路段编号	按年度预测的改造前事故数					SPF 预测的改造前5 年事故总数
	Y_1	Y_2	Y_3	Y_4	Y_5	
1	2.64	2.64	2.64	2.64	2.64	13.18
2	2.63	2.63	2.63	2.63	2.63	13.15
3	1.43	1.43	1.43	1.43	1.43	7.13
4	1.71	1.71	1.71	1.71	1.71	8.56
5	0.79	0.79	0.79	0.79	0.79	3.93
6	0.84	0.84	0.84	0.84	0.84	4.19
7	1.65	1.65	1.65	1.65	1.65	8.26
8	1.04	1.04	1.04	1.04	1.04	5.22
9	1.30	1.30	1.30	1.30	1.30	6.49
10	1.06	1.06	1.06	1.06	1.06	5.31
11	1.15	1.15	1.15	1.15	1.15	5.75
12	1.64	1.64	1.64	1.64	1.64	8.19
13	1.36	1.36	1.36	1.36	1.36	6.79
总计	19.24	19.24	19.24	19.24	19.24	96.19

第 2 步:计算每个路段前期的加权调整系数,并用经验贝叶斯方法估计改造前的平均事故数。

计算出路段 i 前期的过度离散参数(表 10-10),计算出路段 i 预测的事故数。

$$N_{\text{expected},i,B} = w_{i,B} N_{\text{expected},i,B} + (1 - w_{i,B}) N_{\text{observed},i,B} \tag{10-8}$$

$$w_{iB} = \frac{1}{1 + k_i \sum_{\text{前}} N_{\text{predicted},i,B}} \tag{10-9}$$

式中:$N_{\text{expected},i,B}$——第 i 个路段改造前的预测事故数;

$N_{\text{observed},i,B}$——第 i 个路段改造前的观测事故数;

k_i——安全性能函数(SPF)的过度离散系数。

每个路段改造的过度离散参数 k、加权调整系数 w
和经验贝叶斯方法估计的改造前事故数　　　　　表 10-10

路段编号	过度离散参数 k	加权值 w	经验贝叶斯方法估计的改造前 5 年事故数
1	0.212	0.264	15.26
2	0.268	0.221	7.58
3	0.493	0.221	4.70
4	0.236	0.331	13.54
5	0.514	0.331	1.97
6	0.472	0.336	4.73
7	0.239	0.336	14.06
8	0.332	0.336	9.52
9	0.268	0.365	7.45

续上表

路段编号	过度离散参数 k	加权值 w	经验贝叶斯方法估计的改造前5年事故数
10	0.328	0.365	3.84
11	0.303	0.365	7.82
12	0.213	0.365	8.70
13	0.257	0.365	12.64
总计			111.81

2. 计算改造后的预测事故数

第3步:预测每条路段的年事故数。

利用 SPF 计算每条路段改造后的年平均事故数。结果显示在表10-11中。

第4步:计算调整因子 r_i。此处,调整因子表示改造前后预测事故数间的线性关系(改造前后,统计数据的年度数不一样,通过调整因子进行调整)。

$$r_i = \frac{\sum_{后期} N_{predicted,i,A}}{\sum_{前期} N_{predicted,i,B}} \tag{10-10}$$

式中: $N_{predicted,i,A}$ ——第 i 个路段改造后的预测事故数。

以第1路段为例,改造后的预测事故数为5.26,预测的改造前事故数为13.18,则调整因子 $r = 0.399$。

第5步:计算若不改造的事故数。

用式(10-11)计算每个路段经贝叶斯方法估计的事故数,结果显示在表10-11中。

$$N_{expected,i,A} = N_{expected,i,B} \times r_i \tag{10-11}$$

以第1路段为例,经贝叶斯方法估计的改造前事故数为15.26(5年),调整因子为0.399,则若不改造,后2年统计期内的预测事故数为6.08。

预测每个路段的年平均事故数　　　　表10-11

路段编号	改造后的预测事故数		改造后2年的预测事故数	调整因子 r	若不改造,后2年统计期内的预测事故数
	Y_1	Y_2			
1	2.63	2.63	5.26	0.399	6.08
2	2.62	2.62	5.25	0.399	3.02
3	1.43	1.43	2.86	0.399	1.87
4	1.71	1.71	3.41	0.399	5.40
5	0.78	0.78	1.57	0.399	0.79
6	0.83	0.83	1.67	0.399	1.89
7	1.65	1.65	3.30	0.399	5.61
8	0.96	0.96	1.92	0.368	3.50
9	1.18	1.18	2.36	0.364	2.71
10	0.97	0.97	1.93	0.364	1.40
11	1.05	1.05	2.09	0.364	2.84
12	1.49	1.49	2.98	0.364	3.17
13	1.23	1.23	2.47	0.364	4.60
总计	18.53	18.53	37.06		42.88

3. 安全措施的效能评估

第6步：以优势比 OR_i 的形式，计算安全改善措施安全的效能。

$$OR_i = \frac{N_{\text{observed},i,A}}{N_{\text{expected},i,A}} \tag{10-12}$$

式中：OR_i——第 i 个地点的 OR 值；

$N_{\text{observed},i,A}$——第 i 个路段改造后记录的事故数；

$N_{\text{expected},i,A}$——第 i 个路段经贝叶斯方法估计的预测事故数。

第7步：计算安全效能，用每一路段事故数变化百分数表示。

$$SME_i = 100(1 - OR_i) \quad (\%) \tag{10-13}$$

第8步：以 OR' 的形式，计算所有路段的整体效益。

$$OR' = \frac{\sum\limits_{\text{所有地点}} N_{\text{observed},i,A}}{\sum\limits_{\text{所有地点}} N_{\text{expected},i,A}} \tag{10-14}$$

得到 $OR' = \dfrac{30}{42.88} = 0.700$。

第9步：计算 OR 调整值。

$$OR = \frac{OR'}{1 + \dfrac{\text{Var}(\sum\limits_{\text{所有地点}} N_{\text{expected},i,A})}{(\sum\limits_{\text{所有地点}} N_{\text{expected},i,A})^2}} \tag{10-15}$$

$$\text{Var}(\sum_{\text{所有地点}} N_{\text{expected},i,A}) = \sum_{\text{所有地点}} [r_i^2 \times N_{\text{expected},i,B} \times (1 - w_{iB})] = 11.162 (\text{表 10-12}) \tag{10-16}$$

$$OR = \frac{0.700}{1 + \dfrac{11.162}{42.88^2}} = 0.695$$

OR 小于1，表示实施安全改善措施后事故数在减少。

第10步：计算所有路段的安全效能，用事故数变化的百分数表示。

$$SME = 100 \times (1 - OR) \quad (\%) \tag{10-17}$$

得到 $SME = 100 \times (1 - 0.695)\% = 30.5\%$。

4. 安全改善措施效能评价精度

第11步：计算 OR 的方差。由上述计算结果及表10-12进行计算。

$$\text{Var}(OR) = \frac{(OR')^2 \left[\dfrac{1}{N_{\text{observed},iA}} + \dfrac{\text{Var}(\sum\limits_{\text{所有地点}} N_{\text{expected},iA})}{(\sum\limits_{\text{所有地点}} N_{\text{expected},i,A})^2} \right]}{\left[1 + \dfrac{\text{Var}(\sum\limits_{\text{所有地点}} N_{\text{expected},i,A})}{(\sum\limits_{\text{所有地点}} N_{\text{expected},i,A})^2} \right]} = 0.019 \tag{10-18}$$

第12步：计算 OR 的标准差。

得到 $SE(OR) = \sqrt{0.019} = 0.138$。

第13步：计算 SME 的标准差。

得到 $SE(SME) = 100\% \times 0.138 = 13.8\%$。

第14步:评价安全效能的统计意义。

得到 $|SME/SE(SME)| = \frac{30.5}{13.85} = 2.20$。

由于 $|SME/SE(SME)| \geq 2.0$,因此,所得结论在95%的置信度内显著。

综上所述,评价结果表明:在13条乡村双车道公路设置超车车道的安全改善措施,使总事故数平均下降了30.5%,并且该结果在95%的置信度内具有统计意义。改善路段安全效能的估计值见表10-12。

改善路段安全效能的估计值　　　表10-12

路段编号	改造后2年的事故数(起)	若不改造,后2年统计期内的预测事故数(起)	OR	安全有效性(%)	方差 Var
1	2	6.08	0.329	67.13	1.787
2	2	3.02	0.662	33.84	0.939
3	2	1.87	1.068	-6.75	0.582
4	1	5.40	0.185	81.47	1.440
5	1	0.79	1.274	-27.35	0.209
6	1	1.89	0.530	46.96	0.499
7	9	5.61	1.604	-60.44	1.486
8	0	3.50	0.000	100.00	0.817
9	0	2.71	0.000	100.00	0.627
10	0	1.40	0.000	100.00	0.323
11	5	2.84	1.758	-75.81	0.657
12	6	3.17	1.894	-89.44	0.732
13	1	4.60	0.217	78.26	1.063
总计	30	42.88			11.162

第五节　道路运输企业交通安全管理

一、道路运输企业交通安全管理概述

1. 道路运输企业安全管理概念

道路运输企业是指专业从事道路客运、货运的企业。道路运输企业安全生产是企业通过驾驶员驾驶营运车辆,利用路网将人员或货物按照客户的要求安全运送至目的地的运输过程。

道路运输企业交通安全管理是指交通管理部门及企业自身利用各种资源和方法对企业的生产过程进行监控、引导,促进企业安全生产的管理过程。

作为国民经济的重要基础产业,道路运输以其灵活、方便、快捷、覆盖面广等特点,成为现代交通运输体系的重要组成部分,是国民经济高速、健康、持续发展的生命线。道路运输安全是道路运输最基本的要求,是道路运输企业取得经济效益的前提,也是国家安全管理部门、道路运输管理部门、道路交通参与者共同的责任。

2.道路运输企业交通安全影响因素分析

在导致交通事故的基本要素中,人是控制交通事故的关键因素,其业务水平、驾驶经验、安全意识及年龄分布等都与交通事故的发生密切相关。机动车各部件的可靠性、行驶性能和车况等是保证安全行驶的前提。道路因素及交通环境(主要指季节、时间、气候等)因素,也是影响交通安全的重要因素。对于道路运输企业而言,驾驶员及车辆因素可控,企业通过内部管理及时适应外部环境,从而达到减少事故发生、保障运输安全的目的。

对于道路运输企业而言,只有驾驶员因素属于主观因素,其他属于客观因素。主观因素是由人的主观意识决定的,道路运输企业可以通过纠正驾驶员的主观认识加以克服,客观因素是以客观形式存在的,不以人的意识为转移,道路运输企业无法通过主观努力来改变客观因素的存在,但企业可以通过主观努力来适应客观因素,即道路运输企业通过采取相应的管理措施来弥补客观上的不足。

二、企业交通运输安全管理流程

企业安全管理目标模式就是把一定时期内需要完成的安全指标任务,分解到企业各个部门和个人,每个部门和个人严格按照安全目标进行工作,管理人员围绕自己的安全目标和下级目标进行管理。安全目标管理体系将安全目标进行层层分解、落实,部门和个人逐级签订安全目标责任书,可实现安全责任追究制。安全目标管理是企业目标管理的重要组成部分,是围绕实施安全目标开展安全管理的一种综合性较强的管理方法。安全目标管理的基本内容包括安全目标的设定、安全目标的实施、安全目标的考核与评价。

1.安全目标的设定

安全目标的设定是安全管理目标的核心,目标设立是否恰当直接关系安全管理的成效。目标设定得过高或过低,都调动不了职工的积极性和创造性。目标设定后,各级工作人员根据目标开展工作,从而保证安全工作总目标的实现。

1)安全目标设定的依据

(1)国家的安全生产方针、政策,上级部门的要求。

(2)企业安全工作的现状、自身经济技术条件等。

(3)交通事故统计数据。

2)安全目标设定的原则

(1)突出重点。应体现组织在一定时期内在安全工作上主要达到的目标,要切中要害,体现组织安全工作的关键问题,集中控制重大伤亡事故和后果严重的交通事故的发生。

(2)先进性。目标要有一定的先进性、挑战性,要高于本企业前期的安全工作各项指标,略高于同行业平均水平。

(3)可行性。目标制定要结合企业的具体情况,综合分析,确保经过努力可以实现,否则会影响职工参与安全管理的积极性。

(4)全面性。目标设定既要体现基本战略和基本安全条件,又要考虑企业外部环境对企业的影响;安全分目标的实现是各职能部门和各级人员的责任和任务,安全总目标的实现需要各级部门各类人员的共同努力和部门与部门间、人员与人员间的协调和配合。因此,总目标的设定既要考虑企业的全面工作和在经济、技术方面的条件及安全工作的需求,也要考虑各职能部门、各级各类人员的配合与协作的可能与方便。

(5) 尽可能量化。目标具体并尽可能量化,不但有利于对目标的检查、评比、监督和考核,而且有利于调动职工的积极性。对难以量化的目标可以采取定性的方法加以具体化、明确化。

(6) 目标与措施要对应。目标的实现需要措施作保证。

(7) 灵活性。所设定的目标要有可调性,在目标实施过程中企业内部、外部环境均有可能发生变化,要求主要目标的实施有多重措施作保证,使环境的变化不影响主要目标的实现。

3) 安全目标设定的内容

安全目标的设定内容包括安全目标和保障措施两部分。

(1) 安全目标随企业性质、作业条件、作业内容的不同而不同,一般包括:

① 重大事故次数,包括死亡事故、重伤事故、重大财产损失等;

② 死亡人数指标;

③ 伤亡事故率;

④ 事故造成的经济损失,如工作日损失天数、工伤治疗费和死亡抚恤费等;

⑤ 安全设施完好率、安全隐患整改率等;

⑥ 驾驶员安全教育率、特种作业人员培训率等。

(2) 保障措施包括技术措施、组织措施,涉及措施进度和责任者。

① 安全教育措施,包括教育的内容、时间安排、参加人员规模、宣传教育场地;

② 安全监察措施,包括检查内容、时间安排、责任人、检查结果的处理等;

③ 危险因素的控制和整改,对危险因素和危险点要采取有效的技术和管理措施进行控制和整改,并确定整改期限和完成率;

④ 安全评比,定期组织安全评比;

⑤ 安全控制点的管理,要求制度无漏洞、检查无差错、设施无故障、人员无违法违规。

4) 安全目标的分解

道路交通运输企业的总安全目标设定后,必须按层次逐级进行目标的分解落实,将总目标从上而下层层展开,从纵向、横向或时序上分解到各级、各部门直至每个人,形成自上而下层层保证的目标体系。

目标分解时应注意:上层安全目标应具有战略性和指导性,下层安全目标要具有战术性和灵活性;目标分级的方法和策略,要便于目标实施和考核;落实目标责任的同时要明确利益和授权相应的权利,做到责权统一,上下级之间、部门之间、人员之间的责权协调一致。

安全目标分解的常见形式有以下三种:

① 按管理层次纵向分解,即总目标自上而下逐级分解为每个管理层直至每个人。企业安全总目标可分解为集团公司级或公司级(安全生产委员会)、公司级(安全技术处)、分公司级(安全科)、车队级(安全员)、个人(驾驶员)的安全目标。

② 按职能部门横向分解,即总目标在同一层次上分解为不同部门的分目标。如企业安全目标的实现涉及安全生产委员会、运输部门、安全技术部门、计划部门、动力部门、人事部门等,要将企业安全目标分解到上述各部门,以协作配合完成总目标。

③ 按时间顺序分解,即总目标按照时间的顺序分解为各时期的分目标。道路交通运输企业在一定时期的安全总目标可以分为不同年度的分目标,不同年度的分目标又可分为不同季度的分目标。这种方法便于检查、控制和纠正偏差。

在实际应用中,往往是将几种方法结合运用,道路运输企业在一定时期内的安全总目标既要横向分解到各部门,又要纵向分解到分公司和个人,还要在不同季度设分目标。只有结合不同时期的工作重点,才能构成科学有效的目标。

2. 安全目标的实施

安全目标的实施是指在落实保障措施、促使安全目标实现的过程中所进行的管理活动。目标实施的效果如何,对目标管理的成效起决定性作用。该阶段主要是要求各级目标责任者充分发挥主观能动性与创造性,根据目标责任,实行自我控制和自我管理,辅之以上级的控制与协调。

1) 安全目标实施中的控制

控制是指通过对计划执行情况的监督、检查和评比,发现目标偏差,采取措施纠正偏差,发现薄弱环节,进行自我调节,保障目标顺利实施。控制可分为以下几种:

(1) 自我控制。自我控制是安全目标实施中的主要控制形式,通过责任者(包括驾驶员、相关员工、管理人员等)自我检查、自行纠偏达到目标的有效实施。自我控制实现的目标是:人人参与安全管理,关心安全工作,激发个人的责任感。

(2) 逐级控制。逐级控制是按目标管理的授权关系,由目标的下达到领导逐级控制被授权人员,一级控制一级,形成逐级检查、逐级调节、环环相扣的控制链。逐级控制可以使发现的问题及时得到解决。道路运输企业在总公司的总体安全任务布置和监管下,由分公司全盘负责车辆的维护、驾驶员的考核和培训,再由车队技术员负责出车前人、车的状态检查,最后由驾驶员负责运行过程中的行车安全。这样的逐级监控加强了运输安全问题的监控和解决问题的实时性。

(3) 行车核心控制。在道路运输企业,行车过程是安全管理的核心,对实现安全总目标有决定意义和重大影响,直接关系整个道路运输企业的安全生产状况。行车控制中,包括运输前对驾驶员状态的监管,对乘员状态、货物属性进行检查,气候、环境、路面状况检查;运输中,包括气候变化安全监控、GPS 监控、行驶记录监控、驾驶员驾驶交接班情况监控等。

2) 安全目标实施中的协调

通过有效的协调,可以消除实施过程中的各阶段、各部门之间的矛盾,保证目标按计划顺利实施。协调方式有以下两种:

(1) 指导型协调,是指管理层中上下级之间的一种纵向协调方式,主要采取指导、建议、劝说、激励、引导等方式。该方式的特点是不干预目标责任者的行动,按上级意图进行协调。

(2) 自愿型协调,是指横向部门之间自愿寻找配合措施和协作方法的协调方式,其目的在于相互协作、避免冲突,更好地实现目标。

3. 安全目标的考核与评价

考核是评价的前提,是有效实现目标的重要手段。为提高安全目标管理效能,目标在实施过程中和完成后都要进行考核、评价,并对有关人员进行奖励或惩罚。

对目标的考评内容包括:目标的完成情况,包括完成的数量、质量和时间;协作情况,包括目标实施过程中组织内部各部门或个人间的联系与配合情况等。安全目标考评应遵循以下原则:

①公开、公正;

②以目标成果为考评依据；

③考评标准化；

④实行逐级考评。

4. 企业年度安全目标管理示例

为认真贯彻执行《中华人民共和国安全生产法》《道路运输车辆动态监督管理办法》《道路交通安全法》等安全生产法律、法规，确保公司2023年安全生产工作的稳定，依据公司总体安全生产方针与目标，经公司安全生产委员会研究，确定2023年安全生产方针与目标实施方案如下：

1）方针、目标确定与目标分解

2022年12月底之前，由公司安全生产委员会组织开展2023年安全生产方针目标的确定工作，经认真研究分析公司内外部安全形势，并结合相关政策法规要求和本单位实际，确定以下安全工作方针和目标：

（1）2023年公司安全生产工作方针与目标

2023年在坚持"安全第一、预防为主、综合治理"的方针下，坚持以"红线不可逾越、底线不可触碰"为指导思想，围绕一个中心（以"三查、三降"为中心，即查人、查车、查危险源；降违法、降微小事故、降超速），两项重点工作（即在做好计划内的常规工作基础上，一是严格执行安全标准化体系要求，落实各项措施；二是完善安全管理平台建设及卫星定位动态监控系统升级），三个目标（全年各项安全指标控制在上级下达目标值以下，固化一批行之有效的管理机制，安全管理信息系统实用性及安全管理水平居省内首列的总体工作思路），开展安全管理工作。

（2）2023年公司安全生产控制指标

①道路运输安全管理指标。

2023年在"守红线、保底线"的原则下制定安全管理指标如下：

(a)责任事故率：≤1.5起/百万车公里；

(b)责任死亡率：≤0.1人/百万车公里；

(c)责任受伤率：≤0.57人/百万车公里；

(d)事故经济损失率：≤2万元/百万车公里；

(e)无一次死亡三人以上(含三人)道路交通责任事故，执行伤亡划分标准(一票否决)。

②指标分解(各基层单位道路运输安全管理指标)。

(a)责任事故率：≤0.95起/百万车公里；

(b)责任死亡率：≤0.076人/百万车公里；

(c)责任受伤率：≤0.57人/百万车公里；

(d)事故经济损失率：≤1.9万元/百万车公里；

(e)无一次死亡三人以上(含三人)道路交通责任事故，执行伤亡划分标准(一票否决)。

（3）阶段性安全控制指标分解

公司根据杜绝重特大事故、减少一般事故、降低经济损失的总要求，建立纵向到底、横向到边的安全管理网络，安全指标控制在公司全年安全工作目标以内。结合春、夏、秋、冬的季节特点，对安全控制指标阶段性分解如下：

一季度：道路交通责任事故率≤0.3起/百万车公里、责任死亡率0.01人/百万车公里、责任受伤率≤0.17人/百万车公里、事故经济损失率≤0.6万元/百万车公里，确保不发生重特大交通责任事故。

二季度:道路交通责任事故率≤0.4起/百万车公里、责任死亡率≤0.03人/百万车公里、责任受伤率≤0.1人/百万车公里、事故经济损失率≤0.5万元/百万车公里,确保不发生重特大交通责任事故。

三季度:道路交通责任事故率≤0.1起/百万车公里、责任死亡率≤0.03人/百万车公里、责任受伤率≤0.1人/百万车公里、事故经济损失率≤0.4万元/百万车公里,确保不发生重特大交通责任事故。

四季度:道路交通责任事故率≤0.4起/百万车公里、责任死亡率≤0.03人/百万车公里、责任受伤率≤0.2人/百万车公里、事故经济损失率≤0.5万元/百万车公里,确保不发生重特大交通责任事故。

2)实现方针、目标的具体措施

(1)认真贯彻上级主管部门对安全生产工作的要求,牢固树立"安全第一、预防为主、综合治理"的方针,强化红线意识和底线思维,以对人民生命、财产高度负责的态度,狠抓安全生产责任制的落实。

(2)进一步落实安全主体责任,深入贯彻一岗双责、党政同责原则,确保各项安全责任落实到部门、单位、岗位。

(3)严格执行安全标准化体系要求,规范安全生产行为和管理活动。

(4)进一步加强动态监控,严控违法违规行为。升级动态监控和安管系统,提高信息化水平。

(5)继续深入开展安全生产大检查、隐患排查工作,及时发现并消除各类安全隐患,减少微小事故。

(6)定期召开安全生产工作会议,研究解决安全生产工作重要问题。

(7)加强安全管理队伍建设,提高安全管理人员素质。通过系统的安全培训,提高安全人员执业能力。

(8)提高驾驶员队伍素质,进一步通过季度素质教育、每周安全学习、家访等方式帮助广大驾驶员牢固树立安全意识。

(9)加强危险源排查和行车安全风险评估,防患于未然,最大限度使生产安全处于可控状态。

(10)加强应急预案的完善和宣传教育工作,不定期开展应急演练。做好节假日等运输高峰期的安全管理工作。

3)指标的执行和考核

根据公司安全生产实际,通过认真落实安全生产责任制和各项安全生产管理制度,强化安全宣传教育,进一步加大安全生产监督力度等措施,把公司的安全生产伤亡人数控制在指标内。结合控制指标进行安全生产目标考核,对不认真履行职责、安全生产考核目标不能实现的单位,进行诫勉谈话或给予相应的行政、经济处罚。

4)实施步骤

(1)方针、目标确定。2022年12月底以前,安全生产委员会负责组织调研,明确方针、目标。

(2)方针、目标宣传、反馈。2023年1月,安全生产委员会办公室负责向各单位宣传年度安全工作方针与目标,收集反馈意见,全面签订安全生产责任状。

（3）调整确定目标、落实措施。根据方案中所列具体措施，实施有效安全管理并定期进行自查自纠与总结提升，确保目标按计划实现。

（4）考核改进。根据年度目标定期进行考核，查找管理中的不足或薄弱环节，总结经验教训，研究制订改进措施，兑现奖惩。

三、道路运输企业交通安全管理方法

道路运输企业同一般的企业一样，追求利益最大化，即在企业运营过程中以最低的成本，获取最高的利润。事故损失在企业运营成本构成中占有很大的比例，交通事故的发生不仅使道路运输企业蒙受巨大的直接经济损失，更会使企业的社会形象受损，而这种形象受损带来的间接损失是无法估量的，因此，道路运输企业都将最大限度地减少交通事故放在首位。

道路运输企业安全管理对策见表10-13。

道路运输企业安全管理对策　　　　　　　　　　　　表10-13

交通安全构成要素		要素内容	管理对策
主观因素	驾驶员因素	违法操作、超速行驶、疏忽大意	进行培训、教育、监督、监控，健全制度
客观因素	车辆因素	机动车转向系统、制动系统、动力照明系统和仪表、行驶系统、电气系统	进行日常维护、例行检查
	道路因素	道路线形设计、道路路面设计、道路安全设施、专用车道、道路养护	遵章行驶、提高注意力、及时采取措施
	环境因素	交通信息管理系统、交通流量、交通混杂程度、城市建筑物规划、绿化	遵章行驶、提高注意力、及时采取措施

道路运输企业的安全管理实际上就是不断地对各交通安全因素进行干预，将企业不可控的客观因素转化为可控因素的过程，其控制过程分为事前控制、事中控制和事后控制，见表10-14。

道路运输企业安全管理控制过程　　　　　　　　　　表10-14

安全措施		具体内容	控制特点
约束机制	规章、制度	车辆例行检查制度、车辆维护手册、其他相关制度	事前控制
	操作规程	安全操作手册	
	绩效考核体系	奖惩措施	事后控制
安全监控设备	汽车行驶记录仪	监控驾驶行为	
	GPS监控设备	实时监控车辆行驶	事中控制
执法检查	自建检查站点	抽检、巡检	
	交管部门现场处罚	信息汇总	事后控制
	非现场处罚		

道路运输企业安全管理模型是指通过建立可行的约束机制、安装车辆行驶安全监控设备、采取执法检查等措施，使企业将不可控的安全因素变为可控，最大限度地降低安全风险。

第六节　风险动态平衡理论及其对安全管理的影响

人是道路交通最积极的要素。人的行为对交通安全有重要的影响,因此,在进行交通安全管理的过程中,必须重视各种措施对人的行为的影响。由于人在面对危险时,会根据所感知的危险程度调整自己的行为,因此,一些安全措施因为人的风险补偿影响,未必能够起到预期的作用。

一、风险补偿与风险动态平衡理论

20世纪70年代,Näätänen和Summala提出零风险理论(Zero-risk Theory),认为一般情况下风险会低于驾驶人的风险感知阈值,只有在风险较高的情况下,驾驶人才会根据经历的风险动态地降低风险感知阈值。1977年,O'Neil提出基于风险补偿的决策理论,认为作为理性的人,总是期望能够获得最大的收益,所以,在行车过程中受尽快到达目的地的欲望驱使,驾驶人会通过提高车速来抵消各种安全措施的效果。作为风险补偿理论的发展,1982年,Wilde提出风险动态平衡理论,认为驾驶人在行车过程中所能承受的目标危险水平是一个相对稳定的参数,驾驶人会通过调整行车的谨慎程度来均衡目标危险水平和危险感知水平两者的关系,从而保证安全驾驶。1984年,Fuller还提出风险回避理论,认为如果驾驶过程的正面效应高于害怕事故发生的负面效应,驾驶危险就是可接受的。

在上述各种与风险相关的理论中,影响比较大的是风险补偿理论和风险动态平衡理论。在风险动态平衡理论提出后的二十余年里,学者对风险动态平衡理论开展了广泛的讨论,并通过交通事故数据分析、驾驶模拟器实验、卡丁车驾驶实验等方法对风险动态平衡理论的正确性进行了分析。

风险动态平衡理论认为:在任一时刻,驾驶人将自己的感知危险水平与自己能接受的危险水平作比较,从而决定是否采取或改进相应的驾驶行为(图10-3)。以跟驰为例,驾驶人根据自己的驾驶经验和驾驶环境,有一个可接受的危险水平,如果驾驶人感觉到的危险水平超过自己可接受的危险水平,则会采取制动行为来增加跟驰车间距,使危险水平减低到可接受范围内;如果驾驶人感觉到的危险水平较低,则会通过加速行为,使危险水平增加。在整个行驶过程中,驾驶人感知的危险水平始终围绕其可接受的危险水平动态变化。

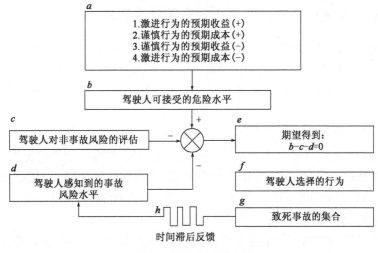

图10-3　风险动态平衡理论

二、风险动态平衡理论对交通安全的影响

驾驶人会根据感知危险水平对驾驶行为进行调整。当驾驶人感知的危险水平较高时,会更加谨慎小心;反之,当驾驶人感知的危险水平较低时,就会降低警惕性。有研究发现,驾驶人在系安全带的情况下驾驶车辆速度比不系安全带快。风险动态平衡理论对一些安全措施的补偿效应进行了非常好的解释和说明,也在一定程度上说明了风险动态平衡理论在交通安全管理中具有重要的指导意义。

1. 瑞典从左侧通行变为右侧通行的风险动态平衡过程

1967 年,瑞典从靠左行驶变为靠右行驶后 18 个月内的交通事故致死率明显下降,之后又逐渐恢复到以前的水平。风险动态平衡理论的提出者 Wilde 认为,当驾驶人的感知危险水平上升时,在驾驶时会更加小心,而在习惯于新的政策后就会恢复以前的驾驶习惯。冰岛的行驶方向从靠左行驶变为靠右行驶时也出现了类似的情况。

2. ABS 使用前后的风险动态平衡过程

ABS 旨在通过减少车辆制动时的侧滑来提高车辆的安全性。一项针对慕尼黑出租车事故的研究给一定数量的车辆装上 ABS,另外的等量车辆则没有安装 ABS,研究结果发现两种类型的车辆事故率基本相同。然而,2010 年的一项研究表明,装有 ABS 的摩托车,与未装 ABS 的摩托车相比,致死事故率降低了 37%。2004 年的一项研究发现,ABS 使多车碰撞事故率降低了 18%,但驶出道路的事故率则增加了 35%。

驾驶人之所以经常出现不安全驾驶行为,一是受时间上、空间上或经济上的利益驱使,二是驾驶人对自己不安全驾驶行为导致事故可能性的估计偏低。每一位驾驶人都想在自己可接受的危险水平下获得时间上、空间上或经济上的最大利益,当驾驶人认为自己的不安全驾驶行为的危险水平将超出自己的可接受水平时,将放弃不安全行为带来的时间上、空间上或经济上的利益而采取合理的驾驶行为。如果给车辆装上 ABS 后让驾驶人觉得制动距离短了,为了维持既定的危险水平,驾驶人可能会缩短跟车距离,这样 ABS 的一部分安全效能将被抵消掉。

三、风险动态平衡理论在道路交通安全管理中的应用

按照风险动态平衡理论的观点,可以通过调整驾驶人感知到的风险水平来"修正"驾驶人的不安全驾驶行为,达到降低交通事故率的目的。根据风险动态平衡理论,驾驶人根据主观感觉到的危险水平与其内在的危险可接受水平的差值来调整驾驶行为,因此可以从以下两个角度来提升行车安全水平。

(1)降低驾驶人的危险可接受水平

驾驶人的危险可接受水平是在长期行车过程中形成的,具有一定的稳定性,并不易在安全管理方面得到很快改变,但可以通过强化处罚力度,增加危险驾驶行为(如超速)可能带来的损失(如高额罚金),从而达到降低驾驶人风险可接受水平的目的。

(2)增加驾驶人感知到的危险水平

驾驶人行车过程中感知到的危险水平是实时的,与环境密切相关,因此在安全管理中,适

当改变行车环境,提高行车过程中驾驶人主观感觉到的危险水平,可以让驾驶人行车更谨慎小心,从而提升安全行车水平。

【复习思考题】

1. 请列举出至少三个适用于路段的交通安全措施,并分析其对于道路安全水平的提升效果。
2. 选择一个交叉口进行实地调查,列举应用于该交叉口的交通安全措施,并分析其对于安全水平的提升效果。
3. 比较第四节中的三种安全效能评价方法的异同,并分析各自的优缺点。
4. 简述道路运输企业安全管理。
5. 试分析影响企业交通安全的因素。
6. 在企业安全目标管理模式中,安全目标如何分解?
7. 试分析风险动态平衡理论对于道路设计和安全管理的影响。
8. 思考如何利用风险动态平衡理论来提升道路交通安全水平。

第十一章
道路交通安全保障体系

通常,人们将教育(Education)、执法(Enforcement)、工程(Engineering)和急救(Emergency Rescue)并称为道路交通安全保障的综合对策,简称为"4E"对策。教育可以使人们改善对交通安全的认识和态度;执法可以改善人们的交通行为,强化人们的交通安全意识;工程可以改善道路交通环境和车辆的安全性,提升交通环境的安全水平;急救可以改善交通事故的后果,降低交通事故的死伤人数、财产损失和不利影响。它们之间相辅相成,共同构成了道路交通安全的综合保障体系,本章将对道路交通安全教育、道路交通安全执法、道路交通安全工程技术规范和道路交通事故应急救援四个方面进行介绍。

第一节 道路交通安全教育

道路交通安全教育是社会主义精神文明建设的重要内容,对于提高我国公民文明素质和社会文明程度、营造文明和谐的道路交通环境具有重要的现实意义。进入21世纪以来,为了适应我国城市化和机动化水平的快速提高,我国采取多项重大举措来提升公民交通素养和交通安全文化的水平。2003年,卫生部、公安部、交通部、教育部和国家安全生产监督管理总局联合下发通知,要求各地相关部门组织宣传《道路交通安全法》、交通安全常识、道路交通事故危害、交通事故人员创伤的急救处理等知识,对中小学生开展交通安全知识教育,增强群众交通安全意识,推动全社会都来关心道路交通安全。为了推进交通安全宣传教育实施,公安部在全国部署开展了交通安全宣传教育的"五进"活动,即进农村、进社区、进企业、进学校和进家庭;2006年,中宣部、公安部、教育部、司法部和国家安全生产监督管理总局联合部署实施为期三年的"保护生命,平安出行"的交通安全宣传工程;2010年,由中央文明办、公安部和交通运输部联合发起了全国范围的2010—2012年为期三年的"文明交通行动计划",目的是切实增强公民文明交通意识,着力纠正各类违反交通法规的现象,创造良好道路交通环境,进一步提升公民文明素质和社会文明程度,使公民交通出行的法制意识、安全意识、文明意识明显增强,交通事故明显下降,交通执法更加规范,交通管理更加科学,交通秩序明显改善,文明交通长效机制进一步完善。2012年,国务院批准将每年的12月2日定为"全国交通安全日",标志着从国家层面对道路交通安全的进一步重视。2017年8月17日,公安部、中央文明办、住房和城乡建设部和交通运输部发布了《城市道路交通文明畅通提升行动计划(2017—2020年)》,该计划从2017年起至2020年在全国组织实施,其中"交通文明提升工程"就是五大工程之一,即在"文明交通行动计划"的基础上,进一步广泛开展文明交通宣传和推进文明交通征信体系建设。2022年7月1日,国务院安委会办公室印发了《"十四五"全国道路交通安全规划》,该规划提出了七大提升工程,全民交通安全规则意识提升工程位列其中,这标志着提升道路交通参与者安全文明素质已经上升到了国家规划层面。

目前,我国政府、社会组织和企事业单位等利用多种媒体、多种渠道、多种平台,形成我国道路交通安全教育的网络体系,交通安全教育活动广泛推进,在提升人们的交通安全意识、普及交通安全文化、规范人们的交通行为、改善社会交通秩序和减少道路交通事故等方面效果日益显现。

本节对道路交通安全教育的概念、特征、意义、主体、内容和途径等进行阐述。

一、道路交通安全教育的概念及其特征

1. 道路交通安全教育的概念

道路交通安全教育,是指为了适应道路交通发展以及道路交通活动的需要,各级政府及其职能部门、社会组织、学校、企事业单位等组织针对广大群众、交通参与者、机动车驾驶人、行人、学生、单位员工等,实施的道路交通安全法律法规普及、交通安全知识和交通安全常识教育、交通事故危害及急救常识宣传、交通安全文化培训等活动,充分调动社会力量,运用多种教育形式和手段,达到普及交通安全法律法规和交通安全知识,提升人们的交通安全意识,规范人们的交通行为,改善社会交通秩序,减少道路交通事故的目的,营造安全、有序、文明、畅通及和谐的交通环境。

道路交通安全教育直接关系广大人民群众的利益,关键是满足人们适应城市化和机动化的社会需要,保障交通参与者的个人安全,促进交通活动的社会和谐。交通安全教育有助于提高交通参与者的法律意识,增强交通参与者的交通安全观念和交通安全责任感,提升交通参与者的交通文明素质,促进交通参与者自觉遵守交通法律法规、维护交通秩序和创造和谐的社会秩序。

2. 道路交通安全教育的特征

道路交通安全教育的特征其实有许多,在此仅介绍其广泛性、针对性、效益性、长期性和艰

巨性等特征。

(1) 广泛性

广泛性包括两个方面,即主体的广泛性和受众的广泛性。主体的广泛性,是指交通安全教育工作涉及政府部门多、社会面广,必须依靠各级政府及其职能部门、社会组织、学校、企事业单位等,依靠广大群众的参与,依靠社会共同努力才能顺利推动和完成。受众的广泛性,是指社会上生活中的每一个人都会成为交通参与者,他们既是交通活动的参与者,又是交通活动的影响者,这些交通安全教育的受众涉及不同地区、不同职业、不同单位、不同年龄的各类人员,这些人员分布在社会各行各业,具有广泛性。

(2) 针对性

由于交通安全教育的受众具有广泛性和差异性,教育重点也应随时间、地点和各个时期的工作重心以及教育受众的不同而有所侧重。这就要求交通安全教育工作区分层次、分类指导、因人施教、因地制宜,具有明确的针对性。不同的交通参与者,由于其性别、年龄、个性和职业等的不同,在交通活动中也表现出不同的行为习惯和特征,具有明显的差异性,他们对道路交通安全法律法规、交通安全知识、交通安全常识、交通安全技能、交通事故急救常识和交通安全文化等具有不同的认知和需求。基于此,交通安全教育活动需要对不同的受众,采取有针对性的教育内容、教育方式、教育形式和教育手段等。

(3) 效益性

交通安全教育的社会效益体现在多个方面,有助于提升人们的交通安全意识、规范人们的交通行为、改善社会交通秩序和减少道路交通事故等,有助于社会主义精神文明建设和社会文明程度的提升。

(4) 长期性和艰巨性

相对而言,人们良好的交通意识和交通习惯养成滞后于城市的变化和交通硬件变化,人们既有的交通观念和交通习惯具有相对稳定性,欲改善之,短期内的交通安全教育并不能达到立竿见影的效果,而需要长期潜移默化的教育,任重而道远。交通安全教育是社会交通秩序改善和交通事故预防的治本之举,随着我国城市化和汽车化水平的不断提升,不同时期的交通安全教育的需求和内容也应与时俱进,交通安全教育工作也要与时俱进,这也体现了交通安全教育的长期性和艰巨性。

二、道路交通安全教育的意义

我国道路交通安全形势依然严峻,随着我国社会经济的快速发展,城市化和机动化水平快速提升,道路交通拥堵、交通秩序不良、"停车难、乱停车"以及交通事故多发的现状依然在短期内难以改观,未来交通管理依然面临新的挑战。交通安全宣传教育是预防道路交通事故的治本之策,具有重要现实意义。

1. 交通安全教育是进一步推进依法治国的重要措施

建立法治国家关键是提高全社会的法制意识,道路交通安全法律法规是国家法制建设的重要组成部分,加强交通安全法律法规的宣传教育,有助于提高人们的法律意识。道路交通安全教育是普及道路交通安全法律法规的重要途径。开展道路交通安全教育,可以全面普及我国道路交通安全法律法规,使交通参与者知晓我国交通安全管理政策和措施,了解交通活动中的权利和义务,增强交通参与者的交通法制意识,提高交通活动中遵规守法的自觉性和主动性,有助于推进我国依法治国的进程。

2. 交通安全宣传教育是提高交通参与者安全意识的根本途径

随着我国社会经济的快速发展,我国的城市化和机动化发展已经走上了快车道,制度化的交通安全教育能使所有交通参与者提高安全意识和法规意识,保证道路交通安全和畅通。有效的交通安全教育可使人们有效掌握交通安全法律法规和交通安全常识,提高交通安全技能和交通安全文化等。

3. 交通安全宣传教育是预防和减少道路交通事故的治本之策

据统计,我国约90%以上的道路交通事故是由交通安全违法行为引起的。交通安全教育可以有效提高交通参与者的法律意识和交通安全常识,能有效增强全民的交通安全意识、法制意识和文明意识,增强自我保护能力和遵守交通安全法律法规的自觉性,从根本上减少交通安全违法行为和交通事故的诱发因素,实现预防和控制道路交通事故的目的。

4. 交通安全教育是道路交通安全综合治理工作的核心内容和有效措施

通过交通安全教育促使各级政府、有关组织认清交通安全面临的严峻形势,把思想统一到交通安全这一根本目的上来,明确各自在预防和减少交通事故中应承担的责任和义务,增强共同促进交通安全的自觉性,推动交通安全综合治理工作机制的建立。

三、道路交通安全教育的主体、内容和途径

1. 道路交通安全教育的主体

依据《道路交通安全法》的有关规定,各级人民政府应当经常进行道路交通安全教育,提高公民的道路交通安全意识;公安机关交通管理部门及其交通警察执行职务时,应当加强道路交通安全法律、法规的宣传,并模范遵守道路交通安全法律、法规;机关、部队、企业事业单位、社会团体以及其他组织,应当对本单位的人员进行道路交通安全教育;教育行政部门、学校应当将道路交通安全教育纳入法制教育的内容;新闻、出版、广播、电视等有关单位,有进行道路交通安全教育的义务。上述所涉及的单位就构成了交通安全教育的重要主体。

(1)各级人民政府

各级人民政府要将开展道路交通安全宣传教育纳入群众性社会主义精神文明创建活动的总体布局中,将增强公民的交通法制意识和交通文明意识作为提高国民素质和社会公共生活文明程度的一项基础工作,加强组织协调和指导监督工作,建立健全道路交通安全组织,会同有关部门发动全社会力量广泛开展道路交通安全宣传工作。

(2)公安机关交通管理部门

公安机关交通管理部门作为道路交通安全工作的政府主管部门,应全面加强宣传教育工作,要在日常交通安全管理、交通安全违法处置、交通事故处理、车辆和驾驶人管理等工作中,宣传道路交通安全法律法规,使交通参与者受到法制教育;提高道路交通安全管理水平,坚持严格、公正、文明执法;按照教育与处罚相结合的原则,寓道路交通安全宣传教育于执法之中;同时自身应当自觉、模范地遵守道路交通安全法律法规,用自己遵守法律的实际行动为广大群众,特别是驾驶人做出表率,增强全社会遵守《道路交通安全法》的意识。

(3)机关、部队、企业事业单位、社会团体以及其他组织

机关、部队、企业事业单位、社会团体以及其他组织,应当把道路交通安全宣传教育工作纳

入本单位安全生产管理措施之中,制定和完善道路交通安全责任制,加大监督和管理力度,健全规章制度。各单位要教育其所属的机动车驾驶人注意保持车况良好,认真学习、自觉遵守道路交通安全法律法规;同时要教育本单位其他人员掌握必要的道路交通安全知识,自觉遵守道路交通安全法律法规。

(4) 教育行政部门和学校

教育行政部门、学校应当认真贯彻落实中央十二部委关于"交通安全要从娃娃抓起"的要求,将道路交通安全教育作为法制教育的内容纳入学校教育教学计划,特别要强化少年儿童道路交通安全法制教育,帮助少年儿童提高交通安全意识和自护能力。教育行政部门和学校要将交通法制教育渗透在学校有关课程中,针对学生特点,开展道路交通安全法制教育工作,增强其文明骑车、走路、乘车的自觉性和遵守交通安全法律法规、维护道路交通安全的主动性。

(5) 新闻、出版、广播、电视等有关单位

新闻、出版、广播、电视等有关单位,通过开办栏目、制作和播放专题节目、播发公益广告、组织记者采写、报道等形式,扩大道路交通安全宣传教育的覆盖面;通过召开新闻发布会、专家访谈、新闻调查、跟踪报道、网络论坛等形式,曝光交通安全违法行为,剖析交通安全隐患形成的原因,引导全社会共同关注道路交通安全,引导广大交通参与者增强交通文明意识和交通安全意识。

2. 道路交通安全教育的内容

道路交通安全教育的内容主要包括道路交通安全法律法规、交通安全常识、交通安全意识和交通自律意识等。

(1) 道路交通安全法律法规

交通安全法律法规规范了交通参与者的权利义务关系和交通行为准则。道路交通安全教育的内容应该让交通参与者知晓法律法规的具体内容,知道什么是正确的、什么是错误的,哪些是可为的、哪些是不能为的,具体交通活动的权利和义务,以及违反法律法规可能承担的不利后果,等等。道路交通安全法律法规也属于普法的内容,通过深入开展道路交通安全教育,让所有交通参与者知晓交通安全法律法规的立法目的、指导思想和基本原则,熟知参与交通活动的行为准则等,这些有助于交通参与者自觉遵守和维护道路交通安全法律法规。

(2) 交通安全常识

交通安全常识是指交通参与者进行交通活动时,为保障交通安全所必须掌握的最基本、最普通的安全知识,既包括道路交通安全法律法规规定的道路通行条件、机动车通行规定、非机动车通行规定、行人和乘车人通行规定等,又包括交通信号灯、交通标志标线、交通语言、交通符号等的含义,也包括各类交通设施功能及其规范使用,更包括不同交通情形的交通风险识别和避险常识,等等。

(3) 交通安全意识

交通安全意识是人们对交通安全的观点和认识,其核心在于关注安全、关爱生命。通过加强对公众的交通安全形势教育,引导广大交通参与者关注交通安全,增强安全生存的危机意识,懂得遵守交通安全法律法规的必要性和重要性。通过剖析交通安全违法行为的危害,开展交通事故警示教育,引导每一位交通参与者时刻注意安全、尊重生命,在从事交通活动时自觉调整自身的行为,以不侵犯他人的权利为准则,肩负起维护交通安全的权利和义务,主动支持

和配合交通安全管理工作,营造良好的交通环境。

(4)交通自律意识

交通自律意识也属于交通道德,是指交通参与者自觉自愿地严格遵守交通安全法律法规,共同维护交通秩序与交通安全的社会意识和行为规范,是社会主义道德的组成部分,对交通参与者的行为有着内在的约束和影响。增强交通参与者的自律意识,是倡导现代交通文明、构建和谐交通环境的前提和基础。在开展交通安全宣传教育活动中,要注重倡导宣传交通安全文化,用安全发展理念、文明道德风尚武装人、塑造人;组织对交通安全违法现象以及交通陋习进行评析和讨论,用公众的批评、社会的谴责教育人、警示人,调动交通参与者内在的积极因素,全面增强其自律意识和责任意识,提高其道德水准。

3.道路交通安全教育途径和方式

我国道路交通安全宣传教育常见的传播途径主要有大众传媒、网络媒体、驾驶培训学校、教育机构、社区、企事业单位等六大类。

(1)大众传媒

①电视。

电视是目前影响面最大的大众传媒,能生动地进行交通安全宣传教育。电视的综合性与广泛性决定其适合深度的教育专题节目、安全公益广告节目以及各种案例教育等,也能在各类专题节目中进行生活教育。根据收视率调查显示,情景再现、事故叙述、案例说法、生活提示和实验求证等类型的交通安全电视节目收视率较高,宣传效果显著,深受观众喜爱。

②广播。

广播媒体是受空间和设备影响最小、传播范围较广的大众媒体。受众多为交通参与者,针对性强,为路面移动传播的主要途径,但缺点是表现形式较为单一,不够直观。广播适合做知识讲解与传播,费用相对较低,传播面广。各地交通广播频道收听率较高,适合播报日常出行相关的路况、交通诱导、安全常识、保险理赔和政策解读等栏目。

③报纸。

报纸媒体的特点是适应范围广,相对经济,便于保存和传递。长期坚持在报纸开辟专栏进行交通安全教育,有助于我国人口整体交通素质提高。

④杂志。

杂志媒体的特点是读者相对比较固定,内容保留时间较长。但受众必须具有一定的文化程度和阅读习惯。杂志主要适合各种交通安全法律法规内容讲解、安全知识介绍、安全行为教育和安全故事警示等。

⑤公共场所宣传路牌、平面招贴、横幅、户外电子屏等。

这类大众媒体是我国目前交通安全教育中常用的传统途径。平面招贴针对性强,内容与人群结合较好,经常使用;路牌、横幅内容简单,容易过目不忘,影响面广,但不适合复杂的内容;户外电子屏便于浏览,但不易保留和记忆。这种途径适合宣传交通基本知识和针对性问题。

(2)网络媒体

目前,网络媒体宣教渠道的作用日益显著,网络宣教内容量大,受众主动性强,可个性化选择内容,图文并茂、形象生动,是近年来发展起来的有较好宣传效果的媒体。网络媒体能承载大量的内容,可用形象生动的方式讲述案例,既能体现短小精练的内容,又能展示系统复杂的内容,并可不断地更新。

(3) 驾驶培训学校

驾驶培训学校一般具备正规的交通安全教育通道,教育方式正规,需要通过书面与技能教育考核,受教者普遍高度重视,有效性较高,但只局限于驾驶培训对象。驾驶培训学校中集中了多种教育内容载体,有书本教材、展板案例,有光盘录像,还有专业模拟驾驶操作的教学手段。由于对驾驶人的交通安全行为有更高的要求,因此,在驾校中使用多种载体综合多种教育方式与手段。

(4) 教育机构

少年儿童交通安全教育主要依托教育机构,重点针对中学、小学和幼儿园,借助现有的教育组织,对不同年龄和层次的幼儿与学生进行交通安全教育,是提高全面交通安全素质教育的有效通道。幼儿的特点决定要使用与其认知水平相适应载体,如图画书、漫画卡片、多媒体小故事等。小学生适合使用与其智力水平和行为发展相适应的载体,如寓教于乐、具有吸引力的教品,以兴趣导向教育为特点。中学生认知水平与能力已达到较高的程度,交通行为也相应比较复杂,可采用体验与互动的方式,在实践和比较中由内而外地理解交通安全行为的重要性。

(5) 社区

在社区中进行交通安全教育宣传,通过居住点的稳定性,增加内容的相互影响与传递。我国不同地区的交通安全实践活动也证明,社区教育通道是有效的通道。社区安全教育主要通过流动宣传车、展板、宣传招贴、光盘播放等载体形式,还可通过承载内容实用品的使用,反复提示注意安全的内容。为了把交通安全进社区工作落到实处,对社区的责任和义务也要进行细化,并将交通安全工作作为社区整体工作的一项重要内容来抓,使每个部门和具体负责人都增强做好交通安全工作的责任意识。

(6) 企事业单位

交通安全教育依托单位的组织功能,将宣传教育内容嵌入单位内部,通过提高个人的交通安全素质来提升全体员工的素质,其效果取决于企事业单位的重视与配合程度。企事业单位是一个地区最活跃的经济细胞,也是交通安全宣传管理的重点对象。企事业单位必须把交通安全工作纳入总体工作的议事日程,认真落实交通安全责任制,建立健全社会单位管理措施,开展本单位交通安全管理人员的岗位培训,加强交通安全宣传工作。

前文介绍了道路交通安全教育主体、教育内容和教育途径,不同的交通安全教育主体根据不同的教育目的,可以选择有针对性的教育内容和教育途径,开展形式新颖、题材多样的道路交通安全教育活动,既可以开展针对全体民众的"普及教育",也可以开展针对特定受众的针对性教育;既可以开展针对单位以外受众外部教育,也可以开展针对单位内部受众的内部教育;既可以开展针对职业驾驶人的职业教育,也可以开展针对其他交通参与者的普适教育;既可以开展针对特定时期特定问题的专题教育,也可以开展针对宏观问题的形势教育;既可以开展固定间隔的定期教育,也可以根据实际需求灵活开展不定期教育,等等。无论开展何种道路交通安全教育,一定要有明确的教育目的,根据教育目的和受众特点,选择有针对性的教育内容和教育方式,尽量做到有的放矢,满足受众的教育需求。

因此,交通安全教育应该针对不同交通参与群体的交通行为特点、认知能力和素质基础,确定有针对性的交通安全宣传教育重点。例如,针对机动车驾驶人,重点是法律法规的普及、交通安全意识的增强、驾驶技能的提高以及职业道德教育;针对中小学生,重点是良好交通习惯和文明交通行为的养成,以及抵制交通安全违法意识的增强;对公路沿线村民重点是交通安全意识的增强和自我保护能力的提高;对城市居民,主要是提高交通文明素质,倡导交通文明风尚,抵制不文明交通行为,让市民的交通意识和交通行为与城市发展相匹配、相协调。此外,在道路交通安全教育确保针对性教育的前提下,对每一群体不同时期的交通安全教育内容应当保持连贯性和递进性,确保对其教育内容形成完整的知识体系。

此外,交通安全宣传教育的形式很多,传统的形式包括常规宣讲式、直观展示式、参与活动式、舆论引导式和寓教于乐式等。随着社会的发展和科技的进步,互联网、手机短信平台、楼宇电视系统等现代宣传形式已经非常普及,在交通安全宣传教育实践中,要不拘一格,灵活运用,并不断创新,尽可能地以新颖活泼的形式吸引交通参与者接受教育。

第二节 道路交通安全执法

随着社会的发展,我国的道路交通安全法律法规日益完善,相应的道路交通安全执法不仅可以为法律法规的实施保驾护航,还起到在日常生活中对人们交通行为的评价和教育作用。通过道路交通安全执法,让那些与法律法规相抵触的交通行为受到应有的惩处和警告,起到预防道路交通安全违法的作用,有助于维护法律法规的严肃性,有利于社会形成良好的交通秩序,有助于人们更加主动地维护交通安全良好风尚和社会公共规则,为遏制道路交通安全违法行为和预防交通事故起到很好的保障作用。

本节对道路交通安全执法的概念、原则、法律体系和法律责任等进行阐述。

一、道路交通安全执法的概念

道路交通安全执法是相关道路交通安全管理主体实施道路交通运输管理和交通安全管理行为,是将道路交通安全法律法规适用并直接产生法律效果的行为,也是综合性的执法行为。从执法主体上讲,是所有承担道路运输管理和交通安全管理职责的主体实施的道路交通安全管理行为,包括相关汽车生产许可、汽车产品质量核查、道路运输许可、客货运输管理、道路施工许可、机动车驾驶许可、交通安全违法行为查处和交通事故处理等。这些都是广义的道路交通安全执法行为;按照目前的《道路交通安全法》的规定,道路交通安全执法的主体不限于公安机关交通管理部门,还包括质量技术监督部门、市场监督部门、交通运输部门、市政建设部门、农机部门和安监部门等,这些部门依据我国法律法规所赋予的职权进行相应的管理活动。狭义的道路交通安全执法活动指的是公安机关交通部门的执法活动。从执法行为的种类来讲,道路交通安全执法行为包括行政执法和刑事执法。

二、道路交通安全行政执法原则

通常,比较常见的是道路交通安全行政执法,现介绍其执法原则。

1. 依法行政的原则

依法行政是道路交通安全行政执法最基本和最主要的原则,也是其他原则的基础,它是实行法治现代化的基本要求,也是法治原则在道路交通安全行政执法中的具体体现。依法行政

主要包括以下几层含义:

(1)执法主体法定

在我国行使道路交通安全行政执法权的主体包括公安机关交通管理部门、交通运输部门、质量监督部门、市场监督部门和农机部门等,这些部门的职责是法定的,只有在其职权范围内才有依法实施道路交通安全行政执法的权力。

(2)执法依据法定

公安机关交通管理部门、交通运输部门、质量监督部门、市场监督部门、农机部门等这些部门实施行政执法行为的前提,必须是法律、法规有明确规定,这些部门只能在法律、法规规定的职权范围内行使职权。

(3)执法程序法定

《行政处罚法》第四条规定:"公民、法人或者其他组织违反行政管理秩序的行为,应当给予行政处罚的,依照本法由法律、法规、规章规定,并由行政机关依照本法规定的程序实施。"道路交通安全行政执法必须遵守法定的程序,这要求交通安全执法部门在执法时,必须按照法律法规预先设置的程序进行,违反法定程序实施的执法行为是无效的。

2. 公开、公正原则

《行政处罚法》明确规定:"行政处罚遵循公正、公开的原则。设定和实施行政处罚必须以事实为依据,与违法行为的事实、性质、情节以及社会危害程度相当。对违法行为给予行政处罚的规定必须公布;未经公布的,不得作为行政处罚的依据。"这是《行政处罚法》为行政处罚确立的一个基本原则。因此,公开、公正原则也是交通安全行政执法必须遵守的原则,对该原则可作如下理解:

(1)公正原则是指交通安全执法部门在执法时,做到法律面前人人平等,公正地行使裁量权,以事实为根据,以法律为准绳。不仅如此,在执法时还应当符合法律、法规的立法意图或精神,符合公平、正义等法律理性,注重社会效果。

(2)公开原则是保证执法公正性的一种手段和方法,即通过公开性的形式来确保公正性的实现。道路交通安全行政执法的公开要求,一方面要求执法的法律依据要公开,未经公布的,不得作为执法的依据;另一方面,当事人违法的事实及给予处罚的具体依据要公开,执法的程序和结果要公开,以体现行政执法工作的公开性、透明性。

3. 教育与处罚相结合的原则

道路交通安全行政执法的最终目的在于纠正道路交通安全违法行为,教育公民、法人和其他组织自觉守法,维护交通秩序,预防和减少交通事故,保障交通安全与畅通。《行政处罚法》明确规定:"实施行政处罚,纠正违法行为应当坚持处罚与教育相结合,教育公民、法人或者其他组织自觉守法。"教育和处罚是相辅相成的,在对违反道路交通安全行为处罚时,要告知当事人违法行为的基本事实及处罚的法律依据,要对其进行教育,达到让违法者知道法律法规的规定并了解自身的行为对社会的危害性,以起到避免再犯的作用。因此,教育与处罚是紧密联系、缺一不可的两个方面。

4. 保障当事人合法权利的原则

在行政执法的实施过程中,保障当事人合法权利是非常必要的,道路交通安全法律、法规以及有关的法律规范中均有这方面的体现。一是保障当事人的知情权。当事人有知悉交通安全执法部门作出行政处罚所认定的违法事实、证据以及法律依据的权利。二是保障当事人申请回避的权利。当案件承办人员与案件有利害关系或者其他关系可能影响公正处理时,当事人有权申请回避。三是保障当事人陈述和申辩的权利。这是法律赋予当事人陈述自己对自己行为的看法和理由及与交通安全执法部门进行辩论和质证的权利;四是保障当事人要求听证的权利。听证程序的目的在于赋予违法行为人了解行政主体做出的决定所依据的事实、理由并为自己辩护的权利,以促进行政活动的公正性;五是保障当事人法律救济的权利。《道路交通安全法》《行政处罚法》《行政复议法》和《行政诉讼法》等相关的法律规范,都赋予了当事人对行政处罚提出行政复议或行政诉讼的救济权利,另外,当行政机关非法侵害其权益使其遭受损失时,当事人有权要求行政机关赔偿。所有这些对于保护当事人的合法权益都是十分有利的。

三、道路交通安全法律体系

狭义的道路交通安全法律是指2003年10月28日通过的《道路交通安全法》,这是我国第一部全面规范道路交通安全管理主体行为和道路交通参与人权利义务关系的基本法律。它从我国实际国情出发,总结历史经验并借鉴国外相关的成功做法,以保障道路交通安全、有序、高效为指导思想,以依法管理、方便群众为基本原则,明确了依法统一管理、以人为本、道路交通和谐发展的基本理念,对政府责任及相关部门义务、道路交通安全管理基本制度、道路交通参与人交通行为规范、执法规范及道路交通安全违法行为处罚等做了明确规定。《道路交通安全法》从我国的道路交通实际出发,为维护道路交通秩序,解决道路交通面临的新问题提供了法律保障,是我国道路交通管理法治建设的里程碑。

而广义的道路交通安全法则是规范道路交通安全管理及道路交通参与人行为的法律、法规、规章以及相关技术性规范的总和,是道路交通安全管理和道路交通参与者进行道路交通活动必须遵守的行为规则的总称。它既包括专门的道路交通安全法律规范,也包括其他法律法规中涉及道路交通安全方面的法律规范,还包括与道路交通安全管理相关的技术性规范,道路交通安全法律体系即是由它们构成的规范性文件体系。

迄今为止,以《道路交通安全法》为龙头,以《道路交通安全法实施条例》和部门规章为主体,以地方性法规规章、技术标准与工作规范为补充的道路交通管理法律体系已经形成。从形式上包括法律、行政法规、部门规章、地方性法规、自治条例、单行条例、地方政府规章和技术法规等。

1. 道路交通安全法律

道路交通安全法律,是指全国人大或者人大常委会制定的有关道路交通安全的适用于全国的规范性文件,是制定行政法规规范和其他法规、规章的依据。法律的地位和效力次于《宪法》,但高于其他国家机关制定的规范性文件。在道路交通安全法律体系中属于法律的有《道路交通安全法》《公路法》《安全生产法》以及交通安全执法必须依据的《立法法》《行政处罚法》《治安管理处罚法》和《刑法》等。

2. 道路交通安全行政法规

行政法规由国务院制定,适用于全国范围,是制定地方性道路交通安全法规、规章的依据。道路交通安全法规的效力低于法律,高于地方性法规、规章。在道路交通安全法律体系中属于国务院制定的行政法规主要有《道路交通安全法实施条例》《机动车交通事故责任强制保险条例》《道路运输条例》《公路安全保护条例》《危险化学品安全管理条例》《校车安全管理条例》《城市道路管理条例》和《国务院关于特大安全事故行政责任追究的规定》等。

3. 部门规章

部门规章是由国务院各部委制定的，在道路交通安全法律体系中法律效力等级低于行政法规，在全国范围内实施。部门规章目前是道路交通安全法律体系的主要构成部分，主要包括公安部出台的《道路交通安全违法行为处理程序规定》《道路交通事故处理程序规定》《机动车登记规定》和《机动车驾驶证申领和使用规定》等；交通运输部颁布的《公路水运工程安全生产监督管理办法》《超限运输车辆行驶公路管理规定》《农村公路养护管理办法》《道路旅客运输及客运站管理规定》《巡游出租汽车经营服务管理规定》《道路运输从业人员管理规定》《出租汽车驾驶员从业资格管理规定》《放射性物品道路运输管理规定》《网络预约出租汽车经营服务管理暂行办法》和《机动车驾驶员培训管理规定》等，交通运输部、公安部、应急管理部颁布的《道路运输车辆动态监督管理办法》等，公安部、国家发展和改革委员会、生态环境部、商务部联合颁布的《机动车强制报废标准规定》等，国家市场监督管理总局出台的《机动车安全技术检验机构监督管理办法》等。在道路交通管理行政诉讼中部门规章由审理案件的人民法院参照执行。

4. 地方道路交通安全法规

地方道路交通安全法规是由省、自治区、直辖市的人民代表大会及其常务委员会制定，地方性法规不得与法律、行政法规相抵触。较大的市的地方性法规不得与本省、自治区的地方性法规相抵触，地方性法规只在本行政区域内有效，其效力高于本级和下级地方政府规章。在道路交通安全法律体系中，目前各省、自治区、直辖市制定的就属于地方道路交通安全法规，如《北京市实施〈中华人民共和国道路交通安全法〉办法》《广东省道路交通安全条例》《天津市道路交通安全管理若干规定》《陕西省实施〈中华人民共和国道路交通安全法〉办法》《海南省实施〈中华人民共和国道路交通安全法〉办法》《西安市道路交通安全条例》和《武汉市实施〈中华人民共和国道路交通安全法〉办法》等。

5. 地方道路交通安全行政规章

地方道路交通安全行政规章是由各地省级人民政府、省会市政府以及国务院批准的较大市政府以及经济特区的人民政府制定。地方规章在道路交通安全法律体系中效力等级最低，只在本行政区域内有效。如《上海市临时占用城市道路管理办法》《内蒙古自治区治理货物运输车辆超限超载办法》《甘肃省电动自行车残疾人机动轮椅车管理办法》《云南省电动自行车管理规定》《武汉市机动车道路临时停放管理办法》《西宁市查处车辆非法客运办法》和《合肥市查处车辆非法客运暂行规定》等。

6. 道路交通安全法规的有权法律解释

有权法律解释是指依法享有法律解释权的特定国家机关对有关法律文件进行具有法律效力的解释，主要有立法解释、司法解释和行政解释。如《最高人民法院关于审理道路交通事故损害赔偿案件适用法律若干问题的解释》（法释〔2012〕19号）、《最高人民法院关于审理交通肇事刑事案件具体应用法律若干问题的解释》（法释〔2000〕33号）、《最高人民法院关于道路运输市场管理的地方性法规与部门规章规定不一致的法律适用问题的答复》（〔2003〕行他字第 4 号)和《最高人民法院关于执行案件中车辆登记单位与实际出资购买人不一致应如何处理问题的复函》(〔2000〕执他字第 25 号)等。

7. 技术法规

技术法规是标准文件的一种形式,是规定适用于产品、工艺或生产方法的专门术语、符号、包装、标志或标签等要求的文件,可以是一项标准(即技术标准)、一项标准的一部分或一项标准的独立部分。这些文件可以是国家法律、法规、规章,也可以是其他的规范性文件,以及经政府授权由非政府组织制定的技术规范、指南、准则等。如与道路交通安全及其管理相关的技术规范有《机动车运行安全技术条件》(GB 7258—2017)、《机动车安全技术检验项目和方法》(GB 38900—2020)、《自行车安全要求》(GB/T 3565)、《电动自行车安全技术规范》(GB 17761—2018)、《城市道路工程设计规范(2016 年版)》(CJJ 37—2012)、《道路运输危险货物车辆标志》(GB 13392—2005)和《机动工业车辆 安全标志和危险图示 通则》(GB/T 26560—2011)等。

诸如上述包括法律、行政法规、部门规章、地方性法规、自治条例、单行条例、地方政府规章和技术法规等共同构成了道路交通安全法律体系,共同形成了道路交通安全执法的法律依据,为执法部门提供执法依据、执法规范和执法保障。

四、道路交通安全法律法规的作用

道路交通安全法律法规对人们交通行为的影响和功能可以从规范作用和社会作用两个方面考量,前者是指道路交通安全法律法规作为行为规则在人们交通活动中所起到的规范作用,后者是指道路交通安全法律法规在社会生活中起到的作用。其中,规范作用是手段、形式,而社会作用是目的和内容。

1. 道路交通安全法律法规的规范作用

作为人们交通行为的规则,道路交通安全法律法规的作用与一般法律规范的作用是相同的,即通过规范人们的交通行为实现其维护交通秩序、保障交通安全和畅通、保护道路交通参与者权益的作用。

(1)指引作用

指引作用是指以道路交通安全法律法规作为行为规范,为人们提供进行交通活动的行为模式,指引人们可以做出哪些交通行为,必须做出哪些交通行为和不能做出哪些交通行为。道路交通安全法律法规指引作用的对象是道路交通活动的人的行为,它属于规范指引的范畴,是建立社会交通秩序的必要条件。

(2)评价作用

评价作用是指道路交通安全法律法规具有判断、衡量人们交通行为是否符合规定以及违法的性质和程度。评价作用的对象主要是人们的交通行为,每个人在交通活动中的行为都被社会中的其他成员作为评价的对象而进行合法与否的评价,而评价的标准就是道路交通安全法律法规。通过评价作用,就实现了一种他律的功能,为建设道路交通法治建设创造了条件。

(3)预测作用

预测作用是指进行道路交通活动的人们可以根据道路交通安全法律法规预估在交通活动中如何行为以及某种行为的法律后果。预测作用的对象是人们的相互行为,即人们通过道路交通安全法律法规,预测在交通活动中他人的交通行为和国家对某种交通行为的评价。预测作用是其十分重要的,它可以形成人们正常的对社会交通秩序的预期,有助于道路交通法治建设。

(4) 教育作用

教育与处罚相结合一直是道路交通安全管理行政处罚的原则之一。道路交通安全法律法规的教育作用是指通过对道路交通安全违法行为处罚的实施,对其他道路交通参与人今后的交通行为产生影响,教育作用的对象是一般道路交通参与人的交通行为。教育作用的实现途径:一是对违法行为人的制裁,二是对守法者的保护。通常及时、公正地对道路交通安全违法行为实施制裁比对其施加严厉的制裁更能达到良好的教育目的,及时公正地处罚道路交通违法行为人也是对守法者的奖励和保护。

(5) 强制作用

强制作用是指道路交通安全法律法规对交通安全违法的行为人进行制裁、惩罚。强制作用通过对违反交通安全管理行为人的制裁直接表现出来,具有威慑力。道路交通安全法律法规的强制力通过其强制性来规范人们的交通行为,使人们做出合法的选择。

2. 道路交通安全法律法规的社会作用

社会作用是法律法规执行社会公共事务方面所起作用的具体体现,通过规范人们的交通行为而达到社会效果,达到规范人们交通行为的目的,主要采取维护交通秩序来保障交通安全、提高通行效率。主要体现在以下几个方面:

(1) 明确交通安全管理部门的主体地位,确立了依法统一管理的基本原则。例如,《道路交通安全法》规定:"国务院公安部门负责全国道路交通安全管理工作。县级以上地方各级人民政府公安机关交通管理部门负责本行政区域内的道路交通安全管理工作。县级以上各级人民政府交通、建设管理部门依据各自职责,负责有关的道路交通工作。"这是新中国成立以来第一次以法律的名义明确了道路交通安全管理主体地位。

(2) 保障交通安全、提高通行效率是制定道路交通安全法的基本出发点。道路交通安全法律法规要求道路交通安全管理者依法对道路交通活动进行管理,规范人们的交通活动,尽量减少和避免道路交通事故造成的人身伤亡和财产损失,并保证道路交通的畅通。

(3) 规范人们的交通行为,为人们的交通行为提供法律依据。道路交通安全法律法规作为行为规范,告诉人们如何进行道路交通行为,是人们进行道路交通活动的法律依据,也明确了交通活动中的权利和义务,是保护人们合法权益的法律依据。

(4) 道路交通安全法律法规有助于减少道路交通事故,保障道路交通的安全与畅通。道路交通安全违法行为是引起道路交通事故的主要原因之一,减少违法行为有助于减少道路交通事故的发生、保障人们的交通安全和实现道路畅通。人们通过学习道路交通安全法律法规可以提高交通法治意识和自觉遵法意识,规范道路交通安全行为,保障道路交通安全和畅通。

五、道路交通安全的法律责任

道路交通安全法律责任,主要是指对道路交通管理部门和被管理者违反道路交通安全法律、法规和规章的行为设定的应当承担的不利后果。通常,根据行为违反的法律规范的不同以及造成的后果的不同,法律责任分为行政责任、民事责任和刑事责任三种。道路交通安全行政责任是指行为人的行为违反了道路交通安全法律、法规、规章的规定以及部分不当行政,依法应承担的不利后果。道路交通安全法中涉及的民事责任主要有：道路交通事故损害赔偿责任；因拖车不当造成被拖机动车损坏的赔偿责任；未经批准，擅自挖掘道路、占用道路施工或者从事其他影响道路交通安全活动而造成损失的赔偿责任；道路施工作业或者道路出现损毁，相关职责的单位未及时履行交通安全义务而造成损失的赔偿责任，等等。道路交通安全刑事执法中主要涉及交通肇事罪、危险驾驶罪、重大劳动安全事故罪、以危险方法危害公共安全罪、提供虚假证明文件罪和危险物品肇事罪等。

目前，我国道路交通安全法律责任主要包括道路通行违法责任，机动车非法生产、销售的法律责任，机动车安全技术检验质量安全责任，道路及其安全设施违法责任，道路及其安全设施违法责任和重特大道路交通事故责任等。

1. 道路通行违法责任

道路通行违法责任，是指对行为人违反道路通行规定的行为而设定的行政处罚责任。道路通行违法责任主要包括：行人、乘车人和非机动车驾驶人道路通行违法责任，机动车驾驶人道路通行违法责任，酒后驾驶机动车通行违法责任，超载通行违法责任，道路通行严重交通违法责任，驾驶拼装、报废机动车上道路行驶违法责任等。

2. 机动车非法生产、销售的法律责任

机动车产品包括机动车整车及其配件。生产、销售的机动车产品是否符合国家的安全技术标准，是决定车辆行驶安全的重要源头。我国对车辆生产企业及产品准入有严格的管理规定，实行严格的准入制度，即准予准入许可的机动车生产企业及产品，以《道路机动车辆生产企业及产品公告》的方式予以发布，并在国家主管部门网站向社会公布。无论是机动车产品主管部门，还是机动车生产、销售单位，如果不执行国家机动车安全技术标准，使不合格的机动车车型投入生产、制造和销售的，都要承担相应的法律责任。

(1) 国家机动车产品主管部门未按标准严格审查的法律责任

国家机动车产品主管部门未按照机动车国家安全技术标准严格审查，许可不合格机动车型投入生产的，对负有责任的主管人员和其他直接责任人员给予降级或者撤职的行政处分。

(2) 机动车生产企业生产机动车质量不合格的法律责任

机动车生产企业经国家机动车产品主管部门许可生产的机动车型，不执行机动车国家安全技术标准或者不严格进行机动车成品质量检验，致使质量不合格的机动车出厂销售的，由质量技术监督部门依照《中华人民共和国产品质量法》的有关规定给予处罚。

(3) 生产、销售未经国家机动车产品主管部门许可生产的机动车型的处罚

擅自生产、销售未经国家机动车产品主管部门许可生产的机动车型的，没收非法生产、销售的机动车成品及配件，可以并处非法产品价值三倍以上五倍以下罚款；有营业执照的，由工商行政管理部门吊销营业执照，没有营业执照的，予以查封。

(4) 生产、销售拼装、改装的机动车的处罚

生产、销售拼装的机动车或者生产、销售擅自改装的机动车的，依照生产、销售未经国家机动车产品主管部门许可生产的机动车型的处罚规定进行处罚。

(5) 违法生产、拼装或者销售不符合安全标准的机动车的刑事责任

生产或者销售不符合机动车国家安全技术标准的机动车，构成犯罪的，依法追究刑事责

任。对道路交通事故中涉及车辆非法生产、改装、拼装以及机动车产品严重质量安全问题的,要严查责任,依法从重处理。

3. 机动车安全技术检验质量安全责任

机动车安全技术检验机构是指机动车安全技术检测站(场),对机动车进行注册登记检验、定期检验、临时检验和特殊检验等。机动车安全技术检验机构承担保障机动车安全性,防止不符合安全标准的机动车上道路行驶的重要职责;同时,机动车安全技术检验机构又与广大机动车所有人有着服务与被服务的关系,其服务质量、价格直接关系机动车所有人的利益。为了规范机动车安全技术检验机构的行为,保障机动车安全技术检验机构正确履行法律赋予的义务,保障道路交通安全,维护广大机动车所有人的合法权益,道路交通安全法设定了机动车安全技术检验机构的法律责任。

(1)机动车安全技术检验机构不按国家收费标准收取费用的法律责任。机动车安全技术检验机构实施机动车安全技术检验超过国务院价格主管部门核定的收费标准收取费用的,退还多收取的费用,并由价格主管部门依照《中华人民共和国价格法》的有关规定给予处罚。

(2)机动车安全技术检验机构出具虚假检验结果的法律责任。机动车安全技术检验机构不按机动车国家安全技术标准进行检验,出具虚假检验结果的,由公安机关交通管理部门处以所收检验费用五倍以上十倍以下罚款,并依法撤销其检验资格;构成犯罪的,依法追究刑事责任。

4. 道路及其设施安全违法责任

道路及其配套设施是道路交通安全基础。《道路交通安全法》在道路通行条件中规定,未经许可,任何单位和个人不得占用道路从事非交通活动,具体包括不得擅自挖掘道路、占用道路施工或者从事其他影响道路交通安全活动;道路施工作业或者道路出现损毁,要及时设置警示标志或采取防护措施等。为确保这些法定义务的履行,法律专门设定了道路及其设施安全的法律责任。

(1)擅自挖掘道路、占用道路施工等影响道路交通安全活动的法律责任。未经批准,擅自挖掘道路、占用道路施工或者从事其他影响道路交通安全活动的,由道路主管部门责令停止违法行为,并恢复原状,可以依法给予罚款;致使通行的人员、车辆及其他财产遭受损失的,依法承担赔偿责任。

(2)道路施工作业或者道路出现损毁时未确保安全的法律责任。道路施工作业或者道路出现损毁,未及时设置警示标志、未采取防护措施,或者应当设置交通信号灯、交通标志、交通标线而没有设置,或者应当及时变更交通信号灯、交通标志、交通标线而没有及时变更,致使通行的人员、车辆及其他财产遭受损失的,负有相关职责的单位应当依法承担赔偿责任。

(3)道路上遮挡交通信号、妨碍驾驶安全的法律责任。在道路两侧及隔离带上种植树木、其他植物或者设置广告牌、管线等,遮挡路灯、交通信号灯、交通标志,妨碍安全视距的,由公安机关交通管理部门责令行为人排除妨碍物;拒不执行的,处二百元以上二千元以下罚款,并强制排除妨碍物,所需费用由行为人负担。

5. 重特大道路交通事故责任

重特大道路交通事故责任,不仅是道路交通事故当事人的责任,也包括道路交通运输单位的管理责任、地方政府及相关部门的安全责任。重特大道路交通事故不仅涉及交通肇事罪,也有可能涉及重大劳动安全事故罪、以危险方法危害公共安全罪等。因此,在2012年的《国务院关于加强道路交通安全工作的意见》中,强调严格和加大对重特大道路交通事故责任的追究力度。

追究重特大道路交通事故责任的法律依据包括《道路交通安全法》《生产安全事故报告和调查处理条例》《国务院关于加强道路交通安全工作的意见(国发〔2012〕30号)》和《刑法》的有关规定,追究的情形包括以下三种:

(1)对六个月内发生二次以上一次死亡三人以上的交通事故的专业运输单位的行政处罚。《道路交通安全法》第一百零二条规定:"对六个月内发生二次以上特大交通事故负有主要责任或者全部责任的专业运输单位,由公安机关交通管理部门责令消除安全隐患,未消除安全隐患的机动车,禁止上道路行驶。"

(2)重特大道路交通事故的管理责任。对发生特别重大道路交通事故的,或者一年内发生三起及以上重大道路交通事故的,省级人民政府要向国务院作出书面检查;对一年内发生两起重大道路交通事故或发生性质严重、造成较大社会影响的重大道路交通事故的,国务院安全生产委员会办公室要会同有关部门及时约谈相关地方政府和部门负责人。

(3)建立重特大道路交通事故的跨区域责任追究机制。对发生重大及以上或者六个月内发生两起较大及以上责任事故的道路运输企业,依法责令停业整顿;停业整顿后符合安全生产条件的,准予恢复运营,但客运企业三年内不得新增客运班线,旅游企业三年内不得新增旅游车辆;停业整顿仍不具备安全生产条件的,取消相应许可或吊销其道路运输经营许可证,并责令其办理变更、注销登记直至依法吊销营业执照。对道路交通事故发生负有责任的单位及其负责人,依法依规予以处罚,构成犯罪的,依法追究刑事责任。发生重特大道路交通事故的,要依法依纪追究地方政府及相关部门的责任。

6. 伪造、变造和套用机动车牌证违法责任

伪造、变造和套用机动车牌证违法行为是严重的违法行为。使用伪造、变造和套用机动车牌证的机动车在行驶中经常发生超速、违反交通信号等严重交通安全违法行为,发生交通事故后甚至驾车逃离现场。

(1)伪造、变造或者使用伪造、变造的机动车登记证书、号牌、行驶证、驾驶证的,由公安机关交通管理部门予以收缴,扣留该机动车,处十五日以下拘留,并处二千元以上五千元以下罚款;构成犯罪的,依法追究刑事责任。

(2)伪造、变造或者使用伪造、变造的检验合格标志、保险标志的,由公安机关交通管理部门予以收缴,扣留该机动车,处十日以下拘留,并处一千元以上三千元以下罚款;构成犯罪的,依法追究刑事责任。

(3)使用其他车辆的机动车登记证书、号牌、行驶证、检验合格标志、保险标志的,由公安机关交通管理部门予以收缴,扣留该机动车,处二千元以上五千元以下罚款。

以上是违反道路交通安全法律法规应当承担不利后果的几种情形,只有明确并让违法者承担应有的法律责任,才能使负有道路交通安全管理职责的部门及其工作人员积极主动履行

管理职责,也能使受管理的单位和个人积极主动、依法依规履行自己的权利和义务,从而有助于减少各种道路交通安全违法行为,有助于创造良好的交通秩序和和谐的社会氛围,为道路交通安全起到保障作用。

第三节　道路交通安全工程技术规范

在预防道路交通事故、保障道路交通安全方面,工程技术手段是不可或缺的,也是非常重要的。有效的工程技术手段不仅可以规范道路工程和车辆工程的每个环节,而且有助于提升道路环境和交通工具的安全性能,从而改善道路交通环境的安全水平,为道路交通安全起到有效的技术保障和工程保障。

我国的"道路"是指公路、城市道路和虽在单位管辖范围内但允许社会机动车通行的地方,包括广场、公共停车场等用于公众通行的场所;我国的"车辆"是指机动车和非机动车,其中"机动车"是指以动力装置驱动或者牵引,上道路行驶的供人员乘用或者用于运送物品以及进行工程专项作业的轮式车辆;"非机动车"是指以人力或者畜力驱动,上道路行驶的交通工具,以及虽有动力装置驱动但设计最高时速、空车质量、外形尺寸符合有关国家标准规定的残疾人机动轮椅车、电动自行车等交通工具。

本节重点枚举部分我国道路工程、机动车和非机动车方面的技术规范,旨在体现我国完善的道路交通安全工程技术规范体系,也凸显这些工程技术规范为我国道路交通安全起到保障作用。

一、道路工程技术规范

我国的道路工程技术规范主要包括城市道路技术规范、公路工程技术规范和交通管理工程技术规范共三个方面。

1. 城市道路技术规范

为适应城市道路建设和发展,规范城市道路工程设计,统一城市道路主要技术指标,我国针对城市道路制定了相关技术标准,主要包括城市道路设计的基本规定、通行能力和服务水平、道路横断面、平面和纵断面、道路及道路交叉、行人与非机动车动车交通、公共交通设施、公共停车场和城市广场、路基和路面、桥梁和隧道、交通安全和管理设施等。相关的主要技术标准包括:《城市道路工程设计规范》(CJJ 37—2012)、《城市快速路设计规程》(CJJ 129—2009)、《城市道路路线设计规范》(CJJ 193—2012)、《城市道路交叉口设计规程》(CJJ 152—2010)、《城市道路交通设施设计规范》(GB 50688—2011)、《城市道路交通规划设计规范》(GB 50220—1995)、《城市道路路基设计规范》(CJJ 194—2013)、《城镇道路养护技术规范》(CJJ 36—2016)、《城镇道路路面设计规范》(CJJ 169—2012)和《城市停车规划规范》(GB/T 51149—2016)等。

2. 公路工程技术规范

公路工程技术规范标准化是我国公路工程领域的一项基础性工作。我国自1981年起正式建立公路工程行业标准体系,迄今为止,已经建立完善的标准体系,主要涉及公路工程基础、公路工程设计、公路工程施工、公路工程养护与管理等。

(1)公路工程基础方面的标准主要包括:《公路工程技术标准》(JTG B01—2014)、《城镇化地区公路工程技术标准》(JTG 2112—2021)、《公路工程抗震规范》(JTG B02—2013)、《公路建设项目环境影响评价规范(附条文说明)》(JTG B03—2006)、《公路环境保护设计规范》(JTG B04—2010)、《公路项目安全性评价规范》(JTG B05—2015)、《公路工程结构可靠性设计统一标准》(JTG 2120—2020)。

(2)公路工程设计方面的标准主要包括:《公路路线设计规范》(JTG D20—2017)、《公路路基设计规范》(JTG D30—2015)、《公路水泥混凝土路面设计规范》(JTG D40—2011)、《公路沥青路面设计规范》(JTG D50—2017)、《公路桥涵设计通用规范》(JTG D60—2015)、《公路圬工桥涵设计规范》(JTG D61—2005)、《公路钢筋混凝土及预应力混凝土桥涵设计规范》(JTG 3362—2018)、《公路桥涵地基与基础设计规范》(JTG 3363—2019)、《公路隧道交通工程设计规范》(JTG/T D71—2004)、《公路隧道设计规范》(JTG D70—2004)、《公路交通安全设施设计规范》(JTG D81—2017)、《公路路基施工技术规范》(JTG/T 3610—2019)等。

(3)公路工程施工方面的标准主要包括:《公路水泥混凝土路面施工技术细则》(JTG/T F30—2014)、《公路路面基层施工技术规范》(JTJ 034—2000)、《公路沥青路面施工技术规范》(JTG F40—2004)、《公路桥涵施工技术规范》(JTG/T 3650—2020)、《公路隧道施工技术规范》(JTG 3660—2020)、《隧道施工技术细则》(JTG/T F60—2009)、《公路工程质量检验评定标准》(JTG 2182—2020)、《公路工程施工监理规范》(JTG G10—2016)等。

(4)公路养护与管理方面的标准主要包括:《公路养护技术规范》(JTG H10—2009)、《公路桥涵养护规范》(JTG 5120—2021)、《公路养护安全作业规程》(JTG H30—2015)、《公路隧道养护技术规范》(JTG H12—2015)等。

3.交通管理工程技术规范

交通管理工程技术规范主要列举交通秩序管理、交通组织设计和车辆管理三个方面。

(1)交通秩序管理专业通用标准主要包括:《道路交通标志和标线 第1部分:总则》(GB 5768.1—2009)、《道路交通标志和标线 第2部分:道路交通标志》(GB 5768.2—2022)、《道路交通标志和标线 第3部分:道路交通标线》(GB 5768.3—2009)、《道路交通标志和标线 第4部分:作业区》(GB 5768.4—2017)、《道路交通标志和标线 第5部分:限制速度》(GB 5768.5—2017)、《城市道路交通标志和标线设置规范》(GB 51038—2015)和《道路交通信号灯设置与安装规范》(GB 14886—2016)等。

(2)交通组织设计门类标准主要包括:《城市道路单向交通组织原则》(GA/T 486—2015)、《公交专用车道设置》(GA/T 507—2004)和《城市道路路内停车管理设施应用指南》(GA/T 1271—2015)等。

(3)车辆管理专业通用标准主要包括:《机动车运行安全技术条件》(GB 7258—2017)和《机动车安全技术检验项目和方法》(GB 38900—2020)等。

二、机动车技术规范

我国对机动车生产企业及产品准入有严格的管理规定,实行严格的准入制度,准入许可的机动车生产企业及产品定期在《道路机动车辆生产企业及产品公告》中发布,机动车的技术标准体系为其标准化生产和准入许可提供技术规范和评价规范,为我国提升机动车安全水平起到相应的保障作用。

目前,我国机动车技术标准主要包括:汽车整车、碰撞试验及碰撞防护、汽车节能、车辆动力学、客车、挂车、专用车、矿用车、汽车发动机、火花塞、活塞和活塞环、滤清器、变速器、转向系统、底盘、制动、汽车电器、汽车电子、灯光、车身、车身附件、车轮、基础通用、金属材料、非金属制品、仪表、车辆用玻璃、燃气汽车、电动车辆、全地形车和摩托车等标准。下面将遴选部分与机动车的主动安全性、被动安全性和可靠性方面关联性较大的予以列举。

1. 汽车整车标准

汽车整车与交通安全性能有关的标准主要有:《车辆车速限制系统技术要求及试验方法》(GB 24545—2019)、《乘用车顶部抗压强度》(GB 26134—2010)、《乘用车列车通用技术条件》(QC/T 757—2006)、《道路运输车辆综合性能要求和检验方法》(GB 18565—2016)、《道路运输危险货物车辆标志》(GB 13392—2005)、《机动工业车辆安全标志和危险图示通则》(GB/T 26560—2011)、《轿车的外部防护》(QC/T 566—1999)、《轿车脚踏板的侧向间距》(GB/T 17346—1998)、《轿车手操纵件、指示器及信号装置的位置》(GB/T 17867—1999)、《汽车、挂车及汽车列车外廓尺寸、轴荷及质量限值》(GB 1589—2016)、《汽车保险杠的位置尺寸》(QC/T 487—2009)、《汽车的故障模式及分类》(QC/T 34—2009)、《汽车整车产品质量检验评定方法》(QC/T 900—2009)、《轻型汽车牵引装置》(GB 32087—2015)、《商用车辆前端牵引装置》(GB/T 28948—2012)和《肢体残疾人驾驶汽车的操纵辅助装置》(GB/T 21055—2007)等。

2. 碰撞试验及碰撞防护标准

碰撞试验及碰撞防护与交通安全性能有关的标准主要包括:《汽车正面碰撞的乘员保护》(GB 11551—2014)、《汽车侧面碰撞的乘员保护》(GB 20071—2006)、《乘用车后碰撞燃油系统安全要求》(GB 20072—2006)、《道路车辆安全气囊部件 第2部分:安全气囊模块试验》(GB/T 19949.2—2005)、《乘用车正面偏置碰撞的乘员保护》(GB/T 20913—2007)、《汽车对行人的碰撞保护》(GB/T 24550—2009)、《压缩天然气汽车燃料系统碰撞安全要求》(GB/T 26780—2011)和《电动汽车碰撞后安全要求》(GB/T 31498—2021)等。

3. 客车标准

客车与交通安全性能有关的标准主要包括:《客车座椅及其车辆固定件的强度》(GB 13057—2014)、《客车结构安全要求》(GB 13094—2017)、《客车上部结构强度要求及试验方法》(GB 17578—2013)、《轻型客车结构安全要求》(GB 18986—2003)、《低地板及低入口城市客车结构要求》(GB 19260—2016)、《专用校车学生座椅系统及其车辆固定件的强度》(GB 24406—2012)、《专用校车安全技术条件》(GB 24407—2012)、《客车用安全标志和信息符号》(GB 30678—2014)、《铰接客车机械连接装置》(GB/T 7726—2009)、《卧铺客车结构安全要求》(GB/T 16887—2008)、《开启式客车安全顶窗》(GB/T 23334—2009)、《客车平顺性评价指标及限值》(QC/T 474—2011)、《客车座椅》(QC/T 633—2009)、《客车安全顶窗》(QC/T 766—2006)、《城市客车塑料座椅及其车辆固定件的强度》(QC/T 964—2014)、《客车全承载整体框架式车身结构要求》(QC/T 997—2015)、《客车外推式应急窗》(QC/T 1030—2016)、《城市客车塑料座椅》(QC/T 1047—2016)、《客车应急锤》(QC/T 1048—2016)、《乡村公路营运客车结构和性能通用要求》(JT/T 616—2004)、《营运客车爆胎应急安全装置技术要求》(JT/T 782—2010)、《营运客车安全例行检查技术规范》(JT/T 893—2014)和《青藏高原营运客车技术要求》(JT/T 963—2015)等。

4. 挂车标准

挂车与交通安全性能有关的标准主要包括:《道路车辆牵引车与挂车之间气制动管连接器》(GB/T 13881—2019)、《道路车辆牵引车与半挂车之间机械连接互换性 第2部分:低牵引座半挂牵引车与大容积半挂车》(GB/T 39015.2—2020)、《半挂车通用技术条件》(GB/T 23336—2022)、《车辆运输车通用技术条件》(GB/T 26774—2016)、《挂车支撑装置》(GB/T 26777—2011)、《道路车辆牵引座通用技术条件》(GB/T 31879—2015)、《半挂牵引车与半挂车匹配技术要求》(QC/T 912—2013)、《液压悬挂挂车通用技术条件》(QC/T 913—2013)、《厢式挂车技术条件》(JT/T 389—2010)、《轿车运输挂车通用技术条件》(JT/T 427—2000)、《冷藏保温厢式挂车通用技术条件》(JT/T 650—2006)、《牵引杆挂车转盘》(JT/T 651—2006)、《道路车辆牵引座》(JT/T 652—2006)和《道路甩挂运输车辆技术要求》(JT/T 886—2014)等。

5. 专用车标准

我国专用车种类较多,在此主要列举部分标准如下:《道路运输爆炸品和剧毒化学品车辆安全技术条件》(GB 20300—2018)、《危险货物运输车辆结构要求》(GB 21668—2008)、《装甲防暴车》(GB/T 25987—2010)、《消防车 第1部分:通用技术条件》(GB 7956.1—2014)、《高空作业车》(GB/T 9465—2018)、《液化气体运输车》(GB/T 19905—2005)、《混凝土搅拌运输车》(GB/T 26408—2020)、《流动式混凝土泵》(GB/T 26409—2022)、《起重机随车起重机安全要求》(GB/T 26473—2021)和《城市物流配送汽车选型技术要求》(GB/T 29912—2013)等。

6. 制动标准

机动车制动与交通安全性能有关的标准主要包括:《商用车辆和挂车制动系统技术要求及试验方法》(GB 12676—2014)、《乘用车制动系统技术要求及试验方法》(GB 21670—2008)、《机动车和挂车防抱制动性能和试验方法》(GB/T 13594—2003)、《乘用车爆胎监测及控制系统技术要求和试验方法》(GB/T 30513—2014)、《轻型汽车电子稳定性控制系统性能要求及试验方法》(GB/T 30677—2014)、《汽车用气压制动卡钳总成性能要求及台架试验方法》(GB/T 31970—2015)、《汽车用制动器衬片》(GB 5763—2018)和《机动三轮车用制动器衬片》(GB/T 26741—2011)等。

7. 灯光标准

机动车灯光与交通安全性能有关的标准主要包括:《汽车用灯丝灯泡前照灯》(GB 4599—2007)、《机动车用前雾灯配光性能》(GB 4660—2016)、《汽车及挂车外部照明和光信号装置的安装规定》(GB 4785—2019)、《汽车及挂车前位灯、后位灯、示廓灯和制动灯配光性能》(GB 5920—2019)、《摩托车白炽丝光源前照灯配光性能》(GB 5948—1998)、《机动车和挂车用后雾灯配光性能》(GB 11554—2008)、《机动车回复反射器》(GB 11564—2008)、《汽车及挂车倒车灯配光性能》(GB 15235—2007)、《汽车及挂车转向信号灯配光性能》(GB 17509—2008)、《摩托车光信号装置配光性能》(GB 17510—2008)、《机动车及挂车侧标志灯配光性能》(GB 18099—2013)、《汽车及挂车后牌照板照明装置配光性能》(GB 18408—2015)、《汽车驻车灯配光性能》(GB 18409—2013)、《机动车用三角警告牌》(GB 19151—2003)、《发射对称近光和/或远光的机动车前照灯》(GB 19152—2016)、《汽车用气体放电光源前照灯》(GB 21259—2007)、《货车及挂车车身反光标识》(GB 23254—2009)、《车辆尾部标志板》(GB 25990—2010)、《汽车用 LED 前照灯》(GB 25991—2010)、《汽车用自适应前照明系统》(GB/T 30036—2013)、《汽车用角灯配光性能》(GB/T 30511—2014)、《警车、消防车、救护车、工程救险车标志灯具》(GB 13954—2009)、《道路机动车辆灯泡尺寸、光电性能要求》(GB/T 15766.1—2008)和《道路机动车辆灯泡性能要求》(GB/T 15766.2—2016)等。

8. 车身标准

车身与交通安全性能有关的标准主要包括：《汽车座椅头枕强度要求和试验方法》(GB 11550—2009)、《乘用车内部凸出物》(GB 11552—2009)、《防止汽车转向机构对驾驶员伤害的规定》(GB 11557—2011)、《汽车驾驶员前方视野要求及测量方法》(GB 11562—2014)、《乘用车外部凸出物》(GB 11566—2009)、《汽车罩(盖)锁系统》(GB 11568—2011)、《机动车乘员用安全带、约束系统、儿童约束系统 ISOFIX 儿童约束系统》(GB 14166—2013)、《汽车安全带安装固定点、ISOFIX 固定点系统及上拉带固定点》(GB 14167—2013)、《汽车座椅、座椅固定装置及头枕强度要求和试验方法》(GB 15083—2019)、《汽车前、后端保护装置》(GB 17354—1998)、《商用车驾驶室外部凸出物》(GB 20182—2006)、《商用车前下部防护要求》(GB 26511—2011)、《商用车驾驶室乘员保护》(GB 26512—2021)、《机动车儿童乘员用约束系统》(GB 27887—2011)、《轿车侧门强度》(GB/T 15743—1995)、《汽车安全带提醒装置》(GB/T 24551—2021)和《乘用车座椅总成》(QC/T 740—2012)等。

9. 车身附件标准

车身附件与交通安全性能有关的标准主要包括：《汽车风窗玻璃除霜和除雾系统的性能和试验方法》(GB 11555—2009)、《机动车辆间接视野装置性能和安装要求》(GB 15084—2022)、《汽车风窗玻璃刮水器和洗涤器性能要求和试验方法》(GB 15085—2013)、《汽车门锁及车门保持件的性能要求和试验方法》(GB 15086—2013)、《乘用车用刮水器刮片长度尺寸系列及连接尺寸》(GB/T 19463—2004)、《汽车门锁和车门保持件》(QC/T 323—2007)、《汽车后视镜》(QC/T 531—2009)、《汽车电动门锁装置》(QC/T 627—2013)、《汽车防护杠》(QC/T 905—2013)、《汽车安全带织带性能要求和试验方法》(QC/T 946—2013)、《汽车自动防炫目后视镜技术条件》(QC/T 947—2013)、《汽车安全带卷收器性能要求和试验方法》(QC/T 987—2014)和《汽车车门外拉手》(QC/T 988—2014)等。

10. 车轮标准

车轮与交通安全性能有关的标准主要包括：《载重汽车翻新轮胎》(GB/T 7037—2007)、《轿车轮胎》(GB 9743—2015)、《载重汽车轮胎》(GB 9744—2015)、《胎圈用钢丝》(GB/T 14450—2016)、《轮胎单位产品能源消耗限额》(GB 29449—2012)、《充气轮胎物理性能试验方法》(GB/T 519—2017)、《摩托车轮辋系列》(GB/T 13202—2015)、《汽车轮胎滚动阻力限值和等级》(GB/T 29042—2020)、《汽车轮胎耐撞击性能试验方法》(GB/T 30195—2013)和《轮胎静负荷性能测定方法》(HG/T 2443—1993)等。

11. 车辆用玻璃标准

车辆玻璃与交通安全性能有关的标准主要包括：《汽车安全玻璃试验方法 第 1 部分：力

学性能试验》(GB/T 5137.1—2020)、《汽车贴膜玻璃贴膜要求》(GB/T 31848—2015)、《汽车贴膜玻璃》(GB/T 31849—2015)、《平板玻璃》(GB 11614—2022)等。

12. 燃气汽车标准

燃气汽车与交通安全性能有关的标准主要包括:《燃气汽车专用装置的安装要求》(GB 19239—2013)、《液化天然气汽车专用装置安装要求》(GB/T 20734—2006)、《汽车用压缩天然气减压调节器》(GB/T 20735—2006)、《汽车用液化石油气蒸发调节器》(GB/T 20912—2007)、《天然气汽车定型试验规程》(GB/T 23335—2009)、《汽车用液化天然气加注装置》(GB/T 25986—2010)、《液化石油气汽车定型试验规程》(GB/T 28962—2012)、《液化天然气(LNG)汽车专用装置技术条件》(QC/T 755—2006)、《在用燃气汽车燃气供给系统泄漏安全技术要求及检验方法》(GB 19344—2003)和《使用乙醇汽油车辆性能技术要求》(GB/T 25351—2010)。

13. 电动车辆标准

电动车辆与交通安全性能有关的标准主要包括:《电动汽车操纵件、指示器及信号装置的标志》(GB/T 4094.2—2017)、《电动道路车辆用锂离子蓄电池》(GB/Z 18333.1—2001)、《电动汽车用锌空气电池》(GB/T 18333.2—2015)、《电动汽车定型试验规程》(GB/T 18388—2005)、《混合动力电动汽车定型试验规程》(GB/T 19750—2005)、《混合动力电动汽车安全要求》(GB/T 19751—2005)、《燃料电池电动汽车安全要求》(GB/T 24549—2020)、《纯电动乘用车技术条件》(GB/T 28382—2012)、《插电式混合动力电动乘用车技术条件》(GB/T 32694—2021)、《加氢车技术条件》(QC/T 816—2009)、《超级电容电动城市客车》(QC/T 838—2010)和《超级电容电动城市客车定型试验规程》(QC/T 925—2013)等。

14. 全地形车标准

全地形车与交通安全性能有关的标准主要包括:《全地形车制动性能要求及试验方法》(GB/T 24926—2010)、《全地形车安全带及其安装固定点要求》(GB/T 24927—2010)、《全地形车燃油箱安全性能要求和试验方法》(GB/T 24930—2010)、《全地形车安全防护装置》(GB/T 24937—2010)、《全地形车道路试验方法》(GB/T 32229—2015)、《全地形车发动机通用技术条件》(GB/T 32231—2015)和《全地形车辆轮胎》(GB/T 32381—2015)等。

15. 摩托车标准

摩托车与交通安全性能有关的标准包括:《摩托车和轻便摩托车后视镜的性能和安装要求》(GB 17352—2010)、《摩托车和轻便摩托车燃油箱安全性能要求和试验方法》(GB 19482—2004)、《摩托车和轻便摩托车制动性能要求及试验方法》(GB 20073—2018)、《摩托车和轻便摩托车外部凸出物》(GB 20074—2017)、《摩托车乘员扶手和脚踏》(GB 20075—2020)、《电动摩托车和电动轻便摩托车安全要求》(GB 24155—2020)、《摩托车和轻便摩托车制动力要求及试验方法》(GB/T 5382—2008)、《电动摩托车和电动轻便摩托车通用技术条件》(GB/T 24158—2018)、《摩托车和轻便摩托车转向轮限位装置及最大转向角的技术要求和测定方法》(GB/T 24553—2009)、《摩托车和轻便摩托车制动手柄强度要求及试验方法》(QC/T 232—2009)、《摩托车和轻便摩托车制动踏板静强度性能要求及试验方法》(QC/T 233—2014)、《摩托车和轻便摩托车制动器技术条件》(QC/T 655—2005)、《摩托车和轻便摩托车通用技术条件》(QC/T 688—2016)、《摩托车和轻便摩托车制动盘》(QC/T 781—2007)、

《摩托车轮胎》(GB 518—2020)和《摩托车乘员头盔》(GB 811—2010)等。

三、非机动车技术规范

非机动车有关的主要标准包括:《自行车安全要求》(GB 3565—2005)、《电动自行车安全技术规范》(GB 17761—2018)、《电动自行车轮胎性能试验方法》(GB/T 31549—2015)、《儿童自行车安全要求》(GB 14746—2006)、《自行车照明设备》(GB/T 22791—2008)和《自行车反射装置》(GB/T 31887—2015)等。

第四节 道路交通事故应急救援

急救可以改善交通事故的后果,降低交通事故的死伤人数、财产损失和不利影响。据统计,对于死亡交通事故中同样伤势的重伤员,在 30min 内获救,其生存率为 80%;在 60min 内获救,其生存率为 40%;而在 90min 内获救,其生存率为 10% 以下。发生道路交通事故后,救援拖延的时间越长,伤亡率越高,而且对交通秩序乃至社会的影响也将更加严重,甚至可能引发新的次生灾害。道路交通事故应急救援对于减轻道路交通事故后果及其不利影响是非常重要的。

我国已经认识到道路交通事故应急救援的重要性并对其建设日益重视。2002 年 1 月,公安部、卫生部联合下发了《关于建立交通事故快速抢救机制的通知》,明确要求各地建立交通事故快速抢救机制,实现"119""120"和"122"急救信息联动和反馈制度,切实提高交通事故现场急救能力。部分省、自治区、直辖市也设立了道路交通事故救援机构,并且县级行政区域成立了相应的机构,指导其交通事故应急救援工作。2008 年,公安部出台了《高速公路交通应急管理程序规定》,根据道路交通中断造成车辆滞留的影响范围和严重程度,将高速公路应急响应级别从高到低分为一级、二级、三级和四级。国家也相继出台了《突发公共卫生事件应急条例》《电力安全事故应急处置和调查处理条例》《生产安全事故应急预案管理办法》《突发公共卫生事件交通应急规定》《突发环境事件应急管理办法》《交通运输突发事件应急管理规定》《化学事故应急救援管理办法》和《院前医疗急救管理办法》等,全国各地也出台了诸如《上海市急救医疗服务条例》《北京市院前医疗急救服务条例》和《广州市社会急救医疗管理条例》等,这些法律法规对救援机构、救援规范、救援保障、急救能力建设和法律责任等方面进行了规定,为各类道路交通事故应急救援起到很好的规范和保障作用,有助于道路交通事故应急救援的完善和实施。此外,我国也出台了诸如《消防应急救援装备 手动破拆工具通用技术条件》(GB 32459—2015)、《危险化学品单位应急救援物资配备要求》(GB 30077—2013)、《地震灾害紧急救援队伍救援行动 第 1 部分:基本要求》(GB/T 29428.1—2012)和《民用运输机场应急救护设施设备配备》(GB 18040—2019)等标准,这些标准的实施也有助于交通事故应急救援的水平的提高。目前,我国越来越多的地方建立了多个部门协作、资源共享、应急联动的交通事故急救制度和应急救援机制,切实提高了多个部门参与的交通事故应急救援的信息传递、快速反应、科学决策、现场急救和急救转运等综合救援能力。此外,随着我国智能交通技术的发展,道路交通事故应急救援水平将进一步提升,特别是在事件检测、信息发布、急救网络、方案决策及急救技术等方面已经取得明显成就,使我国的交通事故应急救援日益走向成熟。

一、道路交通事故应急救援的目的

随着我国机动车数量的快速增加,各类道路交通客运以及货运的任务日益繁重,各种形成的道路交通事故都会发生,造成的事故后果也是难以预料的,有的会造成人员伤亡、车辆损坏,或者道路交通设施、电力设施、通信设施等公共设施的损毁,有的会造成人员被困、车辆倾翻或者货物散落,有的会造成车辆坠河或掉沟、化学品泄漏以及火灾、爆炸、环境污染等次生灾害,有的会引发二次交通事故甚至多车连环相撞事故,有的会造成交通拥堵、交通秩序混乱或者社会突发事件等。

有的道路交通事故会出现上述的单一后果,有的会出现多种后果,虽然不同类型的道路交通事故的后果严重程度和影响范围不同,但是道路交通事故应急救援的目的就是为了最大限度地减少人员的死亡率和减轻人员的受伤程度,减轻道路交通事故损坏,减轻道路交通事故造成的交通拥堵和降低设施损毁等对交通运行和群众生活的影响程度,降低次生灾害对周边环境以及周围区域的影响程度等。

二、道路交通事故应急救援的分类

实际上,道路交通事故应急救援的情形是多种多样的,根据不同的标准可以分为多种类型。

(1)根据交通事故发生地点的道路性质的不同,可以将道路交通事故应急救援分为城市道路交通事故应急救援和公路交通事故应急救援。通常,城市道路路网可达性好,距离救援的实施单位、医院等相对较近,交通事故应急救援便于实施;而公路上发生交通事故后,通常距离救援单位较远,救援单位到达的时间相对较长,加上公路上事故发生地点和地形等特点,公路交通事故应急救援实施难度相对较大。对于公路交通事故应急救援,也可以按照公路技术等级分为高速公路交通事故应急救援和普通公路应急救援,相对而言,高速公路交通事故应急救援的可达性差,救援的交通组织和救援实施空间受到很大的制约。

(2)根据救援地点特征,可以将道路交通事故应急救援分为路段交通事故应急救援、路口交通事故应急救援、窄桥交通事故应急救援和隧道交通事故应急救援等。这些类型的道路交通事故应急救援时受到事故发生地点条件和空间条件的限制,需要根据不同的地点采取不同的交通组织方案和救援实施方案,救援实施地点直接影响救援方案的实施。

(3)根据救援时的天气状况,可以将道路交通事故应急救援分为白天交通事故应急救援和夜间交通事故应急救援,夜间救援时需要考虑照明条件等约束因素。在不良天气状况下,道路交通事故应急救援又可以分为雨天、雪天、雾天、雾霾等气候条件下的交通事故应急救援,针对这些不良气候条件,制定和实施救援方案时应考虑这些气候条件的影响。

(4)根据被救援的交通事故形态,可以将道路交通事故应急救援分为碰撞、翻车、坠车和失火等交通事故的应急救援。由于交通事故类型的不同,因此应急救援时的救援内容存在差异。例如,坠车事故就需要起吊装备,坠落水中就需要水中打捞的设备等,失火交通事故就需要根据着火材料,选用不同的灭火材料和灭火方案。

(5)根据交通事故造成的后果,道路交通事故应急救援可以分为救人、救物、灭火、抢险救灾、恢复交通、预防次生灾害、恢复公共设施、保护环境等,上述几项内容可能在交通事故救援任务中单独出现,也可能在救援任务中多项同时出现,救援内容的多少会影响交通事故应急救援任务的多寡,因而参与救援部门就会有所不同,救援的难易程度也会不同。

(6)根据救援参与部门的多寡,道路交通事故应急救援可以分为单部门参与和多部门参与的交通事故应急救援。当交通事故应急救援需要多部门参与时,就需要多部门信息共享、相互协同、统一指挥、联合行动、密切配合。应急救援的协同非常重要,由于救援内容紧迫性不同以及救援空间分配的需求不同等,需要合理分配不同部门参与救援的时空及资源。交通事故应急救援任务包括医疗急救、现场抢险和交通管制等时,参与应急救援的部门就会包括公安、交通、医疗、消防、路政等部门,一起交通事故的救援工作需要哪些部门参加,应根据实际的救援需求来确定不同部门参与救援的时空及资源等。

(7)根据救援时是否需要外界力量介入,道路交通事故应急救援可以分为自救和他救。自救是指当交通事故发生后,当事人自行采取救援措施而不需要外界力量帮助,例如发生交通事故后,当事人自行包扎、止血,也包括自行摆设锥筒、将车辆挪移到安全的地方,车辆失火驾驶人自行使用灭火器材控制火情等,当事人就可将交通事故的不良影响降到最低,这就需要在交通安全宣传教育中向交通参与者巩固相关的急救常识和急救技术。在我国私家车越来越普及的形势下,向广大交通参与者培训相关急救常识是非常必要的。而他救需要外界力量的帮助,在外界力量介入的情况下,交通事故的危害才会得到控制,例如车辆变形导致车内乘员被困其中,就需要外界力量对车体进行破拆;当事人受伤严重就需要医务人员的帮助,车辆落水就需要打捞人员的帮助,交通事故造成公共电力设施、通信设施损坏,就需要相关部门进行及时抢修等。实际上,这两种类型的救援在一起交通事故中多会同时出现,只有自救与他救有效配合,才能将交通事故后果降至最低,因为交通事故发生以后,当事人就处在事故现场,如果在外界力量到达事故现场之前能有效自救,可以有效控制事故的不良后果,就能为他救赢得时间和机会。通常,人们所说的交通事故应急救援主要指的是多部门参与的他救活动。

(8)对于有人员受伤的交通事故,可以将对伤者的施救过程分为现场救援、转运途中救援和入院后救援。现场救援是指医务人员在达到交通事故现场后在事故现场对伤者伤情进行诊断并采取有效的控制和施救措施,这是非常重要的,有效的现场救援会为后期的转运途中救援和入院后救援赢得时间和机会,有助于伤者伤情的控制,有效的现场诊断以及与院内医务人员信息共享,有助于入院后救援的准备和实施,因此转运车辆需要在向事故现场出发之前依据伤者伤情信息配备合适的医务人员和医药医疗器械。转运途中救援是指将伤者从事故现场运送到医院之前的运送途中对伤者采取的有效控制和施救措施,这也是至关重要的,有效的转运途中救援既是现场救援的延续,也是为入院后救援赢得时间和机会,有助于伤者伤情的控制,有助于入院后救援的准备和实施,所以转运途中救援不能仅仅是简单的搬运。入院后救援就是将伤者送到医院之后继续诊断并采取有效的控制和施救措施,包括外科手术、内科手术以及医务护理等。综上,对交通事故伤者的现场救援、转运途中救援和入院后救援必须有效信息共享、有机衔接,这样才会向伤者提供最有利的救援。

(9)根据人们对于道路交通事故应急救援的理解,交通事故应急救援有广义和狭义之分。通常,人们所说的道路交通事故应急救援是指在相应政策法规及机制的保障下,由组织机构统一协调管理,充分整合交通、公安、医务、应急、保险、环卫、特种物品处置等各职能响应部门,有效整合社会资源,在交通事故影响的范围内,以最快的反应能力针对突发的交通事故采取有效的应对、控制和处理措施,对伤员实施急救、抢修道路设施、排除事故造成的障碍、恢复交通,将事故造成的各种损失降到最低,实现救援社会效益最大化,这就是狭义的交通事故应急救援。

而广义的交通事故应急救援不仅包括狭义救援,还应包括前文提到的交通事故应急救援中的伤者的自救、单部门参与的救援和伤者入院后救援等,只要是针对交通事故后果实施的有效应对、控制和处理措施的活动,都属于广义的救援。

对交通事故应急救援依据不同标准可能会有更多的分类结果,在此不再列举。所要强调的是,不同的分类结果可以体现出不同交通事故应急救援的特殊性和差异性,而具体的交通事故应急救援多数情形下必然是上述类型的组合,是非常复杂并瞬息万变的,这就需要交通事故救援与时俱进、灵活实施。

三、道路交通事故应急救援的任务

道路交通事故应急救援的任务就是保证社会效益最大化。通常,道路交通事故应急救援任务包括实施交通疏导和交通管制、抢救事故受伤人员等,现分别介绍如下。

1. 实施交通疏导和交通管制

当交通事故发生以后,一方面造成车辆损坏和人员伤亡,现场需要保护,另一方面可能引起交通堵塞或中断,因此加强现场交通管制和疏导十分重要。实施交通疏导和交通管制可以为救援车辆和人员提供最优路径和较为通畅的通行条件,为事故影响范围内的行人和车辆提供管制信息服务。对事故地点上下游的交通流实施管理和控制,可确保道路通行交通安全与畅通,尽力避免交通拥堵和二次事故的发生,减少道路交通事故影响的时间和空间范围;同时,维护事故现场及其周边的交通秩序,及时疏散有关人员至安全地带,避免无关人员进入事故现场等,确保救援活动不被干扰并有序进行。事故现场处置结束之后,发布交通恢复信息并解除交通管制,提供交通恢复管理和信息服务。

2. 抢救事故受伤人员

及时、有效地紧急救护可以减轻受伤人员的伤情,减少事故受伤人员的死亡数量,提高入院后的治疗效果,同时能够减少治疗费用和康复成本。道路交通事故应急救援中,"抢救生命"是首要的任务,当道路交通事故现场救援力量不足时,应当本着"先救生、后救亡""先救多、后救少""先救重、后救轻""先救危险性大的、后救危险性小的"原则和顺序,实施对被困和受伤人员的救助。当道路交通事故现场救援力量充足时,救人行动应当同时展开。

3. 帮助事故人员脱离险情

交通事故发生后,事故当事人可能陷入困境,难以脱身或者处于危险境地,包括驾驶室严重变形、车门无法正常开启、事故车辆门锁损坏等情形下驾驶人和乘员困在其中,这些受困人员需要及时救助;同时,救援人员要根据现场情况合理制定救援方案,最大限度地保护被困人员不受二次伤害,在对车体进行稳固处理后,救援人员应利用扩张器、液压剪切等破拆工具对事故车体进行破拆,迅速将被困人员救出。需要注意的是,在破拆过程中现场应用水枪掩护,防止破拆过程中产生的火花引燃油气。此外,交通事故发生后出现危险物品泄漏或者抛洒等,受困人员需要外部力量帮助才可以脱离险境;对于有火灾险情的事故现场,应及时通知消防部门消除火情,确保现场人员及时疏散和财物受损最少;如果车辆装载的为化学气体或者液体,对泄漏气体或者液体可能影响的范围内的群众也应及时疏散,确保他们不处在险情范围之中;如有肇事车辆翻入道路边沟或者严重损坏,需要进行起吊和牵引等。

4. 防范和处置次生灾害

道路交通事故处置过程中，应急救援面临着可燃气体、易燃液体泄漏，有可能发生爆炸、火灾的现场，或者有毒有害物质泄漏，有可能造成人员中毒或者严重环境污染的现场，应急救援人员在积极抢救人员生命的同时，应采取相应措施防范或者排除爆炸、火情、人员中毒、环境污染等次生灾害的发生；道路交通事故发生后，若已经引起爆炸、火情、人员中毒、环境污染等次生灾害，应急救援人员在积极抢救人员生命的同时，应采取相应措施控制爆炸危害、扑灭火情、转移或者封存有毒有害物质、救助中毒人员，控制并处置次生灾害的影响范围，避免损失进一步扩大。

5. 及时转运人员或货物

事故发生后，事故车辆出现严重损坏或车辆需要检验、鉴定等，应调度相关救援设备对事故车辆所载货物和人员进行及时转运，以尽快疏通事故路段和减少二次事故的发生。

6. 保护事故现场，使现场勘查工作顺利开展

现场勘查是道路交通事故处理工作的基础，对于全面分析道路交通事故的过程和成因、准确认定道路交通事故责任、进行行政处罚和道路交通事故损害赔偿的调解工作都有重要意义。

7. 抢修在事故中损坏的道路设施和公共设施

在事故发生后，有的道路护栏、信号灯、防撞墙等交通设施受到损坏，有关部门应及时抢修，尽早恢复其正常功能；有的电力设施、通信设施等公用设施发生损坏，有关部门应及时抢修，尽早恢复其正常功能，减少其损坏对群众正常的生产和生活的影响。总而言之，应尽早抢修在交通事故中受到损坏的公共设施，尽量减少对正常的交通活动、生产活动和群众生活的影响，最大限度地降低交通事故的影响程度。

8. 清理事故现场

事故现场救援活动和事故现场调查活动结束之后，应当对散落在事故现场的肇事车辆零部件、货物抛撒物或油污等及时清除，及时组织抢修在交通事故发生过程中遭到损坏的道路基础设施和交通安全管理设施等，确保事故路段的道路交通安全与畅通。

实际上，交通事故应急救援的任务、内容因交通事故类型不同而不同，有的是上述救援任务之一，有的是多项，有的可能超出上述救援内容，具体道路交通事故应急救援任务是具体而明确的，在具体的交通事故应急救援活动中应本着实事求是的原则，具体问题具体分析，依据具体交通事故的后果、影响程度和影响范围，实事求是地确定具体的救援任务。

四、道路交通事故应急救援的基本原则

通常，道路交通事故应急救援要坚持以下原则：

1. 政府领导、统一指挥

大型道路交通事故应急救援是涉及面广和专业性强的系统工程，应急救援单靠一个部门是很难完成的，往往是多部门共同参与的系统工程，必须组织社会各方面的救援力量，形成由地方政府领导的应急救援指挥系统，要始终坚持"政府领导，统一指挥"的原则，多个部门密切配合、通力协作，充分发挥各自的职能，以迅速有效地组织和实施救援工作，提高整体的救援效能。

2. 以人为本、生命第一

在道路交通事故各项救援任务中,必须根据灾情的轻重缓急确定救援力量的部署。积极、快速、有效地抢救生命是降低人员伤亡率、减少交通事故损失的关键。在人员生命和财产损失同时受到威胁时,应以抢救人员生命为第一任务。当控制险情能够减轻和消除对人员生命的威胁时,也可以先控制险情,而控制险情要首先以保护人员生命为前提。

3. 快速准确、科学施救

快速行动是由道路交通事故的突发性和不确定性决定的。由于道路交通事故具有不确定性的特点,一旦发生,有关人员的生命和财产就会受到威胁,因此加强救援工作的快速反应能力,在道路交通事故发生后第一时间到达现场并快速施救,是保证救援工作圆满完成的关键环节。进行道路交通事故应急救援,要注意观察、侦检,及时掌握人员被困状况、车辆被困状况、交通事故灾情特征及其危害的范围和程度、发展趋势及可能造成的次生灾害等情况。在道路交通事故应急救援过程中,要根据事故现场不断变化的需要,实时调整救援方案,有预见性地研判可能出现的新情况、新问题,做好各项应急准备,确保道路交通事故现场处置和救援行动科学有效。

4. 确保安全、强力保障

特大道路交通事故发生以后,尤其是伴有次生灾害的事故,往往会出现险情加重、影响范围扩大的情况,其灾害状态和危害程度有时在短时间很难处置完毕,救援时间延长、救援难度增大的情况时有发生,救援工作必须在确保救援人员和被救人员安全的前提下进行,相关的防护装备、救援装备、保障装备、保障措施应齐全到位。基于此,必须加大清障救援设备投入力度,配齐配好清障救援装备;理顺救援管理机制,完善政策标准;加强救援人员的培训,提高救援人员素质和专业技术水平;促进先进技术在道路交通事故应急救援中的应用,充分应用先进的智能交通技术(包括计算机技术、监控技术、GIS技术、卫星导航技术和数据库技术等)。

五、道路交通事故应急救援系统

道路交通事故应急救援系统是在一体化管理的基础上,充分利用各个部门资源和社会资源,争取以最快的响应速度在交通事故影响的范围内,对伤员实施急救、抢修道路设施、排除事故造成的障碍、恢复交通流,减少交通事故的影响和损失,实现交通事故损失的最小化和社会效益最大化的目标。

道路交通事故应急救援的资源主要来自医疗部门、公安部门、公安交通管理部门、交通运输部门、应急部门、应急通信部门、环卫部门、安监部门、市政设施等部门。而这些部门必须在一体化管理的前提下,统一指挥、协调联动、密切配合、联合处置。

1. 道路交通事故应急救援系统的基本构成

通常,道路交通事故应急救援系统主要包括道路交通事故检测及性质判断、道路交通事故决策分析、道路交通事故应急救援调度、道路交通事故现场处置、道路交通组织管理和道路交通事故数据记录分析等子系统。

(1) 道路交通事故检测及性质判断子系统。主要利用人工检测及先进的技术设备检测事故的发生,并确认事故发生地点、事故性质、事故类别及影响范围等细节,从而为事故救援方案的生成和修正提供依据。在事故的检测过程中,可以运用先进的检测技术及手段,利用监视系统和视频等先进的设备,对道路交通异常情况等进行自动检测,再配合一些常规的方法对道路交通事故进行检测和确认。

(2)道路交通事故决策分析子系统。道路交通事故决策分析子系统接收到检测及性质判断子系统提供的信息后,通过预先设定的模型和算法对事故进行分析计算,输出最佳的救援方案,包括部门及装备调度方案、救援路线选择方案、事故现场急救与处理方案、交通流控制和疏导方案等。道路交通事故决策分析子系统还应包括分级响应功能,即根据事故发生后的伤亡情况、车辆损害情况对事故进行分级预判,为生成救援预案提供保障。

(3)道路交通事故应急救援调度子系统。要求道路交通事故应急救援调度子系统能准确、快速、有效的发布明晰指令,合理安排救援人力、设备部署、救援车辆及行驶路径,使其迅速到达事故现场,加速事故处理,减少事故损伤。在救援调度中,充分利用卫星导航及 GIS 技术有助于迅速到达事故现场,争取清障救援时间,达到快速反应的效果。

(4)道路交通事故现场处置子系统。道路交通事故应急救援系统的主体便是道路交通事故现场处置子系统,其时间跨度主要指救援部门到达事故现场后,到事故路段救援完成、恢复正常通车为止的这段时间。在事故处置过程中,运用先进的计算机技术构建应急处理信息系统、通信系统、调度系统以及应急救援决策支持系统,进而实现现场处置过程中的资源有效配置,大幅提高事故处置效率。

(5)道路交通组织管理子系统。道路交通组织管理子系统包括交通信息发布、交通管制及交通诱导,是智能交通系统的重要组成部分。其主要作用是通过先进的信息共享平台,向交通参与者提供事故及交通管制情况,给予出行者驾驶建议及一定的控制和引导。

(6)道路交通事故数据记录分析子系统。道路交通事故数据记录分析子系统主要是将道路交通事故救援事件中的重要数据信息记录下来,形成事故数据库,生成事故分析报告,为道路交通应急救援系统的后续研究提供基础数据。

综上,发生道路交通事故后,救援指挥中心在接到现场人员报警或利用监测设备检测到事故后,启动交通事故性质判断子系统,确认事故类型,生成救援方案,随后通过交通事故应急救援调度子系统组织相关人力、物力参与现场救援,同时通过交通信息传播平台,发布事故信息和相应路段交通管制信息。事故处理完毕后,将详细事故和救援信息记录在事故数据库中,对救援工作得失做出分析和评价,为进一步改进救援方案提供基础。需要说明的是,当救援人员到达道路交通事故现场之后,需要进一步了解事故现场的情况,进一步研判、确定救援方案,科学组织救援力量实施救援,在救援过程中根据事故现场情况适时调整救援方案,直至救援工作完成。

2. 道路交通事故应急救援系统的要求

道路交通事故所造成的影响范围和影响程度与事故发现的时间、救援响应时间等有较大关系。从事故发生到完成救援工作、交通流恢复正常的时间越少,所造成的后果及其影响程度就会降到越低。一个功能完善、响应迅速的道路交通事故应急救援体系应达到如下要求:

(1)事故快速检测和报警。通过路过事故地点的人员报警、自动检测器、巡逻车辆和视频图像监控等快速检测到交通事故的发生。

(2)迅速获取事故信息。信息包括事故类型、等级、发生地点、事故后果,以及与事故报警人员的联系方式等。

(3)快速生成事故的救援方案。根据获取的事故信息争取以最快的时间确定救援需求,生成相关救援方案。事故救援方案的内容包括参与的救援力量、救援路径的选择、救援装备的安排、实施救援的要求、事故现场及事故影响范围内的交通控制措施等。依据救援方案,各部门应迅速展开行动,按照先急后缓的原则,集中力量救护受伤人员。

(4)参与救援的部门和人员应具备迅速响应能力和现代的技术水平和技术装备,高效的物资装备是应急救援顺利开展的保障。

(5)实现科学的救援管理。参与救援的各部门应在应急救援的实施过程中,相互配合、信息共享、统一协调,实现信息的实时共享和快速沟通,以促使救援方案的调整和微观修正,保证救援效益的最大化。

我国道路交通事故应急救援系统主要适用于重大道路交通事故的救援工作,部分高速公路率先建立了相对完善的救援系统。随着我国道路交通事故应急救援技术与国际接轨,我国的道路交通事故应急救援系统也在趋于完善,并且能够起到快速响应的作用,救援效果日益显著。

【复习思考题】

1. 简述道路交通安全教育的特征。
2. 结合某道路交通安全教育活动,设计具有针对性的教育内容和教育方式。
3. 简述道路交通安全法律法规的作用。
4. 简述道路交通安全的法律责任。
5. 结合我国当前电动自行车或者老年代步车的管理现状,分析可能涉及的管理部门及所涉及的法律责任。
6. 试分析我国道路交通安全技术规范对道路交通安全的保障作用。
7. 结合道路交通事故应急救援的某种具体分类,阐述其救援的特点和救援任务。
8. 试分析道路交通事故应急救援对道路交通安全的保障作用。
9. 结合某交通事故案例,分析"4E"对策对交通安全的综合保障作用。

参 考 文 献

[1] 北京市公安消防总队. 道路交通事故救援技术[M]. 北京:中国人民公安大学出版社,2012.
[2] 本教材编审委员会组织编写. 市政道路工程[M]. 北京:中国建筑工业出版社,2007.
[3] 曹阳,刘小明,任福田,等. 道路交通事故伤亡经济损失的计量方法[J]. 中国公路学报,1995(S1):115-119.
[4] 陈爽. 驾驶员心理应激与事故倾向性的相关研究[J]. 山东交通学院学报,2005,13(4):77-81.
[5] 刁山虎. 高速公路交通事故应急救援对策[J]. 消防界,2016(5):14-15.
[6] 高峰. 浅析公路平面交叉口交通安全设计[J]. 建材与装饰,2014(20).
[7] 高克跃. 城市道路平面交叉口视距控制与计算[J]. 城市交通,2013,11(3):15-20.
[8] 高扬. 道路交通事故紧急救援体系建立的初探[J]. 科技经济导刊,2016(22):192-193.
[9] 格卢什科,克柳耶夫. 汽车驾驶员的劳动与保健[M]. 北京:人民交通出版社,1987.
[10] 公安部交通管理局. 道路交通事故处理工作手册[M]. 北京:人民交通出版社股份有限公司,2015.
[11] 公安部交通管理局. 中华人民共和国道路交通事故统计年报(2013年度)[M]. 北京:人民交通出版社,2014.
[12] 顾雯雯,俞敏,丛黎明. 酒后驾车现状与危害及预防控制研究进展[J]. 中国预防医学杂志,2010(8):854-857.
[13] 顾宇倩. 公路平面交叉口交通安全设计[J]. 现代管理科学,2008(6):53-55.
[14] 郭忠印. 道路安全工程[M]. 北京:人民交通出版社,2012.
[15] 过秀成. 道路交通安全学[M]. 南京:东南大学出版社,2011.
[16] 韩跃杰. 道路横断面因素对自由流车辆行驶速度及交通安全影响研究[D]. 西安:长安大学,2006.
[17] 何勇,唐琤琤. 道路交通安全技术[M]. 北京:人民交通出版社,2008.
[18] 温纳,哈库里,沃尔夫,等. 驾驶员辅助系统手册[M]. 北京:北京理工大学出版社,2016.
[19] 赫蕊,刘广珠. 基于驾驶人认知特性的事故预防对策研究[J]. 价值工程,2011,30(7):182-183.
[20] 侯德藻. 汽车纵向主动避撞系统的研究[D]. 北京:清华大学,2004.
[21] 侯赛因. 横断面因素对双车道公路交通安全影响研究[D]. 西安:长安大学,2014.
[22] 胡圣能. 双车道二级公路平曲线要素与交通安全关系研究[D]. 西安:长安大学,2006.
[23] 黄岑. 基于交叉口视距三角形的交通冲突研究[D]. 成都:西南交通大学,2014.
[24] 黄文松. 关于交通安全宣传教育工作的思考[J]. 江苏警官学院学报,2007,22(1):16-19.
[25] 霍月英. 基于驾驶人心生理反应的草原公路最大直线长度研究[D]. 呼和浩特:内蒙古农业大学,2010.

[26] 吉德志. 基于蒙特卡洛方法的汽车防撞预警系统研究[D]. 青岛:中国海洋大学,2008.

[27] 吉小进,方守恩,黄进. 高速公路基本路段 V/C 比与事故率的关系[J]. 公路交通科技,2003,20(1):122-124.

[28] 姜华平,尹涛,李新来,等. 道路交通事故社会经济损失量化指标与方法的探讨[J]. 公路交通科技(技术版),2005,22(4):120-124.

[29] 姜华平. 道路交通事故社会经济损失评价理论研究[D]. 长春:吉林大学,2005.

[30] 姜文龙,牛学军,高万云. 道路交通事故处理实务指南[M]. 北京:中国人民公安大学出版社,2013.

[31] 中华人民共和国交通运输部. 公路工程技术标准:JTG B01—2014[S]. 北京:人民交通出版社,2014.

[32] 解玉宾,张小兵. 重大道路交通事故救援"任务—职责—履责"探讨[J]. 中国安全生产科学技术,2015,11(12):18-25.

[33] 景超. 行人过街交通特性研究[D]. 长春:吉林大学,2007.

[34] 康崇禄. 蒙特卡罗方法理论和应用[M]. 北京:科学出版社,2015.

[35] 康国祥,方守恩. 基于风险分析的交通事件持续时间预测[J]. 同济大学学报(自然科学版),2012,40(2):241-245.

[36] 黎刚. 关于改善交通安全宣传教育的探讨[J]. 道路交通管理,2016(2):34-35.

[37] 黎美清,苏红帆. 机动车驾驶员心理特征与交通事故关系的研究进展[J]. 医学动物防制,2009,25(9):678-680.

[38] 李都厚,刘群,袁伟,等. 疲劳驾驶与交通事故关系[J]. 交通运输工程学报,2010,10(2):104-109.

[39] 李文权,陈茜. 道路交通安全管理规划方法及应用[M]. 南京:东南大学出版社,2013.

[40] 李相勇. 道路交通事故预测方法研究[D]. 成都:西南交通大学,2004.

[41] 李旭,蔡凤田,宋翔,等. 我国道路交通事故应急救援现状分析与对策初探[J]. 公路交通科技(应用技术版),2012,8(10):182-184.

[42] 李彦武,霍明. 《公路工程技术标准》(JTG B01—2014)新变化解读[J]. 中国公路,2014(23):54-56.

[43] 林震,杨浩. 基于车速的交通事故贝叶斯预测[J]. 中国安全科学学报,2003,13(2):34-36.

[44] 刘建军,张新海. 道路交通安全法学[M]. 北京:中国人民公安大学出版社,2015.

[45] 刘健,霍磊. 平面交叉口交通安全设计[J]. 城市建设理论研究,2013(5).

[46] 刘秀,王长君,何庆. 疲劳驾驶交通事故的特点分析与预防[J]. 中国安全生产科学技术,2008,4(1):128-131.

[47] 刘秀芝. 试分析道路交通事故中汽车财产损失价值之涵义[J]. 现代经济(现代物业下半月刊),2008,6(10):131-132.

[48] 刘援朝,孙忠友,魏玉桂. 机动车驾驶人注意及相关因素的调查研究[J]. 社会心理科学,2007,22(1):89-100.

[49] 刘运通. 道路交通安全指南[M]. 北京:人民交通出版社,2004.

[50] 罗婷,焦书兰. 注意分配与注意选择能力的年龄差异比较[J]. 心理科学,2004,27(6): 1307-1309.

[51] 吕正昱,季令. 交通运输外部成本问题研究[J]. 同济大学学报(自然科学版),2005,33(7):931-936.

[52] 马艳丽,王要武. 驾驶人注意分配特性及其对行车安全的影响[J]. 交通运输工程学报, 2009,9(4):115-117.

[53] 孟祥红,连珂. 机动车驾驶员人格特征研究[J]. 统计研究,2004(6):14-20.

[54] 牛学军,高万云,姜文龙. 道路交通事故现场勘查实务指南[M]. 北京:中国人民公安大学出版社,2013.

[55] 裴玉龙,马骥. 道路交通事故道路条件成因分析及预防对策研究[J]. 中国公路学报, 2003,16(4):77-82.

[56] 裴玉龙,王炜. 道路交通事故成因及预防对策[M]. 北京:科学出版社,2004.

[57] 裴玉龙,张殿业. 道路交通安全[M]. 北京:人民交通出版社,2004.

[58] 亓伟,裴玉龙. 城市道路车道宽度取值合理性研究[C]. 中国城市交通规划学会年会暨第21次学术研讨会论文集,2005.

[59] 全国人大常委会. 中华人民共和国道路交通安全法[M]. 北京:中国法制出版社,2023.

[60] 任福田,刘小明. 论道路交通安全[M]. 北京:人民交通出版社,2001.

[61] 日本总务厅. 交通安全白皮书[M]. 东京:大藏省印刷局,1991:21-22.

[62] 尚炜,丛浩哲,马金路. 交通安全宣传教育传播途径与载体形式研究[J]. 交通标准化, 2014,42(21):12-16.

[63] 沈斐敏,钱新明. 道路交通安全[M]. 北京:机械工业出版社,2007.

[64] 沈玮,何存道. 事故驾驶员与安全驾驶员人格特征的比较研[J]. 心理科学,1994(5): 282-286.

[65] 史建港. 大型活动行人交通特性研究[D]. 北京:北京工业大学,2007.

[66] 宋健,王伟玮,李亮,等. 汽车安全技术的研究现状和展望[J]. 汽车安全与节能学报, 2010,01(2):98-106.

[67] 宋守信,叶龙,李森. 安全行为学[M]. 北京:清华大学出版社,北京交通大学出版社,2005.

[68] 宋晓琳,冯广刚,杨济匡. 汽车主动避撞系统的发展现状及趋势[J]. 汽车工程,2008,30(4):285-290.

[69] 唐铮铮,何勇,张铁军. 道路交通安全手册[M]. 北京:人民交通出版社,2009.

[70] 汪益纯,陈川. 我国交通安全宣传教育的问题分析与建议[J]. 道路交通与安全,2009,9(4):12-16.

[71] 王德平,郭孔辉,高振海. 汽车驱动防滑控制系统[J]. 汽车技术,1997(4):22-27.

[72] 王洪明,刘玉增. 道路交通事故处理[M]. 北京:人民公安大学出版社,2009.

[73] 王荣本,余天洪,郭烈,等. 基于机器视觉的车道偏离警告系统研究综述[J]. 汽车工程, 2005,27(4):463-466.

[74] 王生昌,李新耀. 驾驶员动作、反应特性与交通事故的相关性研究[J]. 西安公路交通大

学学报,1995,15(4):59-65.

[75] 王颖.驾驶导航设备应用情况调查[EB/OL].(2015-06-06)[2016-10-24].https://sojump.com/jq/3643464.aspx.

[76] 魏春源.汽车安全性与舒适性系统[M].北京:北京理工大学出版社,2007.

[77] 魏朗,周维新,李春明,等.驾驶人道路认知特性模型[J].交通运输工程学报,2005,5(4):116-120.

[78] 温安文,胡辉,李想.道路交叉口与交通安全的关系[J].交通标准化,2010(13):108-111.

[79] 温志刚.我国道路交通安全宣传教育体系的构建[J].山西警官高等专科学校学报,2009,17(2):71-76.

[80] 文江辉,郭浩,吴超仲,等.基于结构方程模型的疲劳驾驶行为影响因素间量化关系研究[J].交通信息与安全,2014,32(5):95-102.

[81] 向红艳,朱顺应.山区高速公路曲线超高与汽车行驶安全[J].公路,2007(4):34-37.

[82] 项岳兴.超速行为的干预措施[J].公路交通科技(应用技术版),2009,5(5):242-244.

[83] 肖贵平,朱晓宁.交通安全工程[M].2版.北京:中国铁道出版社,2011.

[84] 谢龙利,程云.机动车驾驶员心理障碍危险因素的病例对照研究[J].中国行为医学科学,2004,13(3):330-331.

[85] 徐建闽.交通管理与控制[M].北京:人民交通出版社,2007.

[86] 许洪国.交通事故分析与处理[M].北京:人民交通出版社,2003.

[87] 许洪国.汽车事故工程[M].北京:人民交通出版社,2004.

[88] 于成喜.汽车驾驶人驾驶行为可靠性分析[J].科技资讯,2011(13):228-229.

[89] 于增亮.基于仿真环境驾驶员临界反应能力的研究[D].长春:吉林大学,2005.

[90] 苑红伟,肖贵平.基于交通心理的行人不安全行为研究[J].中国安全科学学报,2008,18(1):20-26.

[91] 岳晓晗.长下坡路段交通安全分析与评价[D].西安:长安大学,2009.

[92] 张保平.城市道路交通事故紧急救援体系研究[D].西安:长安大学,2012.

[93] 张存保,杨晓光,严新平.交通信息对驾驶人选择行为的影响研究[J].交通与计算机,2004,22(5):31-34.

[94] 张福渊,郭绍建,萧亮壮,等.概率统计及随机过程[M].北京:北京航空航天大学出版社,2000.

[95] 张会莹.公路交叉口视距设计技术措施[J].交通世界:运输,2014(5):134-135.

[96] 张金换,杜汇良,马春生.汽车碰撞安全性设计[M].北京:清华大学出版社,2010.

[97] 张鸣.影响驾驶人行车安全的心理和生理因素分析[J].濮阳职业技术学院学报,2010,23(6):128-129,160.

[98] 张平之.饮酒对安全驾驶的危害[J].汽车实用技术,2003(5):58-59.

[99] 张铁军,唐琤琤,宋楠.公路安全保障工程对下坡急弯路段车辆运行特征影响分析[J].公路交通科技,2007,24(1):130-133.

[100] 张维刚,何文,钟志华.车辆乘员碰撞安全保护技术[M].长沙:湖南大学出版

社,2008.

[101] 张卫华. 道路交通安全[M]. 北京:人民交通出版社股份有限公司,2016.

[102] 赵博,马钧. 驾驶员分心监测方法探究[J]. 农业装备与车辆工程,2016,54(3):59-61,71.

[103] 郑安文. 汽车安全[M]. 北京:北京大学出版社,2014.

[104] 公安部道路交通管理标准化技术委员会. 道路交通事故车辆速度鉴定:GB/T 33195—2016[S]. 北京:中国标准出版社,2016.

[105] PEDEN M,SCURFIELD R,SLEET D. 世界预防道路交通伤害报告[M]. 北京:人民卫生出版社,2004.

[106] ANGELL L S,AUFLICK J,AUSTRIA P A, et al. Driver Workload Metrics Task 2 Final Report[R]. 2006.

[107] AUTEY J,SAYED T,ZAKI M H. Safety evaluation of right-turn smart channels using automated traffic conflict analysis[J]. Accident Analysis & Prevention,2012,45:120-130.

[108] CAMPBELL J L. Human Factors Guidelines for Road Systems[M]. TRB,2012.

[109] Bonneson J A. Highway safety manual[J]. Washington D. C. : American Association of State Highway and Transportation Officials,2010.

[110] BRAVER E R,WHITFIELD R,FERGUSON S A. Seating positions and children's risk of dying in motor vehicle crashes[J]. Injury Prevention,1998,4(3):181-187.

[111] BRUMBY D P,SALVUCCI D D,HOWES A. Focus on driving: how cognitive constraints shape the adaptation of strategy when dialing while driving[C]// Proceedings of the SIGCHI conference on human factors in computing systems. ACM,2009:1629-1638.

[112] BUTTON N P,REILLY P M. Uncertainty in incident rates for trucks carrying dangerous goods[J]. Accident Analysis & Prevention,2000,32(6):797-804.

[113] CHRISTENSEN P,AMUNDSEN A H. Speed and road accidents: an evaluation of the powermodel[J]. Nordic Road and Transport Research,2005,17(1).

[114] COLLET C,CLARION A,MOREL M, et al. Physiological and Behavioural Changes Associated to the Management of Secondary Tasks while Driving[J]. Applied Ergonomics,2009,40(6):1041-1046.

[115] COOLS R. Encyclopedia of Psychopharmacology[M]. Berlin Heidelberg:Springer,2010:822-822.

[116] DEWAR R E,OLSON P L. Human factors in traffic safety[J]. Publication of Lawyers & Judges Publishing Company Incorporated,2007.

[117] DINGUS T A,NEALE V L,KLAUER S G, et al. The development of a naturalistic data collection system to perform critical incident analysis: an investigation of safety and fatigue issues in long-haul trucking. [J]. Accident Analysis & Prevention,2006,38(6):1127-1136.

[118] ELVIK R. How much do road accidents cost the national economy? [J]. Accident Analysis & Prevention,2000,32(6):849-851.

[119] ENGSTRÖM J, JOHANSSON E, ÖSTLUND J. Effects of Visual and Cognitive Load in Real and Simulated Motorway Driving[J]. Transportation Research Part F: Traffic Psychology and Behaviour, 2005, 8(2):97-120.

[120] EPPINGER R, SUN E, BANDAK F, et al. Development of improved injury criteria for the assessment of advanced automotive restraint systems-II[J]. National Highway Traffic Safety Administration, 1999:1-70.

[121] EVANS L. Safety-belt effectiveness: the influence of crash severity and selectiverecruitment [J]. Accident Analysis & Prevention, 1996, 28(4):423-433.

[122] EVANS L, FRICK M C. Seating position in cars and fatality risk[J]. American Journal of Public Health, 1988, 78(11):1456-1458.

[123] FRANTZESKAKIS J M, IORDANIS D I. Volume-to-capacity ratio and traffic accidents on interurban four-lane highways in Greece[J]. Transportation Research Record, 1987.

[124] FULLER R. A conceptualization of driving behaviour as threat avoidance[J]. Ergonomics, 1984, 27(11):1139-1155.

[125] HALL J W, PENDLETON O J. Relationship Between V/C Ratios and Accident Rates. Final Report[R]. 1989.

[126] HARWOOD D W, COUNCIL F M, HAUER E, et al. Prediction of the expected safety performance of rural two-lane highways[R]. 2000.

[127] HILLS P, JONES-LEE M. The costs of traffic accidents and the valuation of accident-prevention in developing countries[C] // Planning & Transport Res & Comp, Sum AnnMtg, Proc. 1981.

[128] HODGSON V R, THOMAS L M. Effect of long-duration impact on head[R]. SAE Technical Paper, 1972.

[129] HOLAHAN C J, CULLER R E, WILCOX B L. Effects of Visual Distraction on Reaction Time in a Simulated Traffic Environment[J]. Human Factors, 1978, 20(4): 409-413.

[130] HOYES T W, GLENDON A I. Risk homeostasis: issues for future research[J]. Safety science, 1993, 16(1):19-33.

[131] JOKSCH H C. Velocity change and fatality risk in a crash—a rule of thumb[J]. Accident Analysis & Prevention, 1993, 25(1):103-104.

[132] KAHANE C J. Fatality reduction by air bags: analyses of accident data through early 1996. NHTSA technical report[R]. 1996.

[133] KOORNSTRA M J. Risk-adaptation theory[J]. Transportation research part F: traffic psychology and behaviour, 2009, 12(1):77-90.

[134] LAITURI T R, PRASAD P, SULLIVAN K, et al. Derivation and evaluation of a provisional, age-dependent, AIS3+ thoracic risk curve for belted adults in frontal impacts[R]. SAE Technical Paper, 2005.

[135] Leonard Evans. Traffic Safety[M]. Bloomfield Hills MI: Science Serving Society, 2006.

[136] LOO R. Role of primary personality factors in the perception of traffic signs and driver

violations and accidents[J]. Accident Analysis & Prevention,1979,11(2):125-127.

[137] LORD D,MANAR A,VIZIOLI A. Modeling crash-flow-density and crash-flow-V/C ratio relationships for rural and urban freeway segments[J]. Accident Analysis & Prevention,2005,37(1):185-199.

[138] MAIBACH M,SCHREYER C,SUTTER D,et al. Handbook on estimation of external costs in the transport sector[J]. Ce Nl,2007,37(12):1198-1209.

[139] MARTIN J L. Relationship between crash rate and hourly traffic flow on interurban motorways[J]. Accident Analysis & Prevention,2002,34(5):619-629.

[140] MCGEHEE D V, MAZZAE E N, BALDWIN G H S. Driver Reaction Time in Crash Avoidance Research: Validation of a Driving Simulator Study on a Test Track[C]// Proceedings of the Human Factors and Ergonomics Society Annual Meeting. Los Angeles: SAGE Publications,2000,44(20):3-320-3-323.

[141] MERTZ H J, IRWIN A L, MELVIN J W, et al. Size, weight and biomechanical impact response requirements for adult size small female and large male dummies[R]. SAE Technical Paper,1989.

[142] MILLER T R. Costs and functional consequences of US roadway crashes[J]. Accident Analysis & Prevention,1993,25(5):593-607.

[143] MOCK C N, GLOYD S, ADJEI S, et al. Economic consequences of injury and resulting family coping strategies in Ghana[J]. Accident Analysis & Prevention,2003,35(1):81-90.

[144] MUSER M H,WALZ F H,SCHMITT K U. Injury criteria applied to seat comparison tests [J]. Traffic Injury Prevention,2002,3(3):224-232.

[145] NYBERG A,GREGERSEN N P,WIKLUND M. Practicing in relation to the outcome of the driving test.[J]. Accident Analysis & Prevention,2007,39(1):159-168.

[146] OWEN A M,MCMILLAN K M,LAIRD A R,et al. N-back Working Memory Paradigm: A Meta-analysis of Normative Functional Neuroimaging Studies[J]. Human Brain Mapping,2005,25(1):46-59.

[147] PERRY A R. Type A behavior pattern and motor vehicle drivers behavior[J]. Perceptual & Motor Skills,1986.

[148] PONTE G,MCLEAN A J. Travelling Speed and the Risk of Crash Involvement on Rural Roads[J]. Report,1997.

[149] RAKAUSKAS M E,GUGERTY L J,WARD N J. Effects of naturalistic cell phone conversations on driving performance[J]. Journal of Safety Research,2004,35(4):453-464.

[150] REED M P,GREEN P A. Comparison of Driving Performance On-road and in a Low-cost Simulator Using a Concurrent Telephone Dialing Task[J]. Ergonomics,1999,42(8):1015-1037.

[151] ROSENBLOOM T. Driving performance while using cell phones: an observational study[J]. Journal of Safety Research,2006,37(2):207-212.

[152] SHINAR D. Traffic Safety and Human Behavior[M]. Bingley: Emerald Publishing Limited, 2017.

[153] SILCOCK R. Guidelines for estimating the cost of road crashes in developing countries[R]. London, Department for International Development Project, 2003.

[154] SMITH K M, CUMMINGS P. Passenger seating position and the risk of passenger death or injury in traffic crashes[J]. Accident Analysis and Prevention, 2004, 36(2): 257-260.

[155] SMITH R A, NOGA J T. Accuracy and sensitivity of crash[C]//Proceedings: Stapp Car Crash Conference. Society of Automotive Engineers SAE, 1982, 26: 317-334.

[156] STREFF F M, GELLER E S. An experimental test of risk compensation: Between-subject versus within-subject analyses[J]. Accident Analysis & Prevention, 1988, 20(4): 277-287.

[157] TRIGGS T J, HARRIS W G. Reaction Time of Drivers to Road Stimuli[J]. Drivers, 1982.

[158] TRIMPOP R M. Risk homeostasis theory: problems of the past and promises for the future [J]. Safety Science, 1996, 22(1): 119-130.

[159] VERSACE J. A review of the severity index[R]. SAE Technical Paper, 1971.

[160] WASHINGTON S P, KARLAFTIS M G, Mannering F. Statistical and econometric methods for transportation data analysis[M]. Florida: CRC press, 2010.

[161] WILDE G J S. The theory of risk homeostasis: implications for safety and health[J]. Risk analysis, 1982, 2(4): 209-225.

[162] World Health Organization. Global status report on road safety 2015[M]. Geneva: World Health Organization, 2015.

[163] GEORGE Y, SIMON C. Traffic Safety Manual[M]. Wiley-ISTE, 2016.

[164] ZHOU M, SISIOPIKU V P. Relationship between VOLUME-TO-CAPACITY Ratios and Accident Rates[J]. Transportation Research Record, 1997: 47-52.

[165] BRODSKY H, HAKKERT A S. Risk of a road accident in rainy weather[J]. Accident Analysis & Prevention, 1988, 20(3): 161-176.

[166] 宁贵财, 康彩燕, 陈东辉, 等. 2005—2014年我国不利天气条件下交通事故特征分析[J]. 干旱气象, 2016, 34(5): 753-762.

[167] UEYAMA M, OGAWA S, CHIKASUE H, et al. Relationship between driving behaviour and traffic accidents-accident data recorder and driving monitor recorder[C]//Proceedings: International Technical Conference on the Enhanced Safety of Vehicles. National Highway Traffic Safety Administration, 1998: 402-409.

[168] SMADI O, HAWKINS N, NLENANYA I, et al. Pavement Markings and Safety[J]. Iowa Highway Research Board, Project Number TR-580, Iowa Department of Transportation, Ames, Iowa, 2010.

[169] 卢涛, 郭良久, 张义, 等. 冰雪天气下高速公路运营安全管理系统研究[J]. 公路交通科技, 2008, 25(9): 358-361.

[170] 陈勇. 不良气候条件下道路交通安全事故预防系统研究[D]. 重庆: 重庆大学, 2007.

[171] 罗强, 傅贵, 许健. 测速电子警察对城市道路交通安全的影响分析[J]. 广东公安科技,

2014（1）：59-64.

[172] 司远. 高速公路标志标线与交通安全分析[J]. 公路交通科技（应用技术版），2012，10：187-189.

[173] 潘晓东，蒋宏，高昂. 雾天高速公路交通事故成因分析及安全对策[J]. 交通标准化，2006（10）：200-203.

[174] HADI M A, ARULDHAS J, CHOW L F, et al. Estimating safety effects of cross-section design for various highway types using negative binomial regression[J]. Transportation Research Record, 1995.

[175] 王淳浩. 地面轮胎痕迹在道路交通事故重建中的作用[J]. 科技创新导报，2011（11）：77-78.

[176] WHO. Global plan for the decade of action for road safety 2021-2030[R]. WHO Regional Office for the Western Pacific, 2022.